中华现代佛学名著

杨仁山文集

杨文会 著　张 华 选编

2018年·北京

《中华现代佛学名著》编委会

主　编：赖永海　陆国斌

编　委（以姓氏拼音为序）：

陈　坚	陈永革	程恭让	邓子美	董　平
董　群	府建明	龚　隽	洪修平	黄夏年
净　因	赖永海	李利安	李四龙	李向平
李　勇	刘立夫	刘泽亮	吕建福	麻天祥
潘桂明	圣　凯	唐忠毛	王邦维	王雷泉
王月清	魏道儒	温金玉	吴根友	吴晓梅
吴言生	吴忠伟	徐文明	徐小跃	杨维中
业露华	余日昌	张风雷	张　华	朱丽霞

出版策划：王　皓

总　　序

晚清民国是中国近现代史上一个比较特殊却又非常重要的发展阶段。与清王朝的极度衰落相对应，中国佛教也进入一个"最黑暗时期"。在汉传佛教生死存亡的关键时刻，宁波天童寺的"八指头陀"和南京金陵刻经处的杨仁山居士，一僧一俗，遥相呼应，掀起了一场波澜壮阔的佛教复兴运动。

晚清民国的佛教复兴催生了一大批具有重大社会影响的佛教思想家。其中，既有以佛教为思想武器，唤醒民众起来推翻封建帝制的谭嗣同、章太炎，又有号召对传统佛教进行"三大革命"的太虚大师，更有许多教界、学界的知名学者，深入经藏，剖析佛理，探讨佛教的真精神，留下了数以百计的佛学著作。他们呼唤佛教应该"应时代之所需"，走上贴近社会、服务现实人生的"人间佛教"之路。这种"人间佛教"思潮，对当下的中国佛教仍然产生着深刻的影响。

晚清民国佛教复兴的另一个重要产物，是在中国近现代思想史上留下一大批哲学、佛学名著。诸如谭嗣同的《仁学》、太虚的《即人成佛的真现实论》、梁漱溟的《东西文化及其哲学》等。这批著作所产生的巨大影响力，既推动了当时中国佛教实现涅槃重生，实现历史性转变；也是那个时代整个社会思潮历史性转向的一个缩影，是一份极其宝贵的思想文化遗产。

习近平主席在联合国教科文组织总部的讲话中指出:"佛教产生于古代印度,但传入中国后,经过长期演化,佛教同中国儒家文化和道家文化融合发展,最终形成了具有中国特色的佛教文化,给中国人的宗教信仰、哲学观念、文学艺术、礼仪习俗等留下了深刻影响。"

从宗教、文化传播、发展史的角度说,佛法东传,既为佛教的发展焕发出生机,又为中国传统文化注入了活力。13世纪后,佛教在其发源地——印度日渐消失,与此不同,佛教在中国的发展却是另外一种景象。自两汉之际传入中国后,两千多年来,佛教与中国本土文化,在既相互排斥斗争,又相互吸收融合的道路上砥砺前行,逐渐发展成为一股与儒、道鼎足而三的重要的思想、学术潮流。此中,佛教在中国化过程中的契理契机,是其所以能不断发展壮大、历久弥新的最重要的原因之一。

值得一提的是,佛教的中国化,尤其是中国化佛教的形成,既成就了佛教自身,也进一步丰富和促进了中国传统文化的发展。

首先,中国化的佛教本身就是中国传统文化的一个重要组成部分,例如最能体现中国佛教特质的"禅宗",它本身就是一种中国传统文化。对此,学界、教界应已有共识。

其次,佛教的中国化,一直是在与中国本土文化互动的过程中实现的。在这个过程中,佛教对于中国本土传统文化影响之广泛和深远,在许多方面也是人们所始料未及的。

就哲学思想而论,中国古代传统的哲学思想,自魏晋南北朝起,就与外来的佛学产生深刻的互动乃至交融。佛教先是依附于老庄、玄学而得到传播,但当玄学发展到向、郭之义注时已达到顶点,是佛教的般若学从"不落'有''无'"的角度进一步发展了玄学。

隋唐时期的中国哲学，几乎是佛教哲学一家独大。此一时期作为儒家代表人物之韩（愈）、李（翱）、柳（宗元）、刘（禹锡）之哲学思想，实难与佛家之天台、华严、唯识、禅宗四大宗派的哲学思想相提并论。

宋明时期，儒学呈复兴之势，佛学则相对式微。但是，正如魏晋南北朝老庄玄学之成为"显学"，并不影响儒家思想在伦理纲常、王道政治等方面仍处于"主流"地位一样，对于宋明时期"中兴"的"新儒学"，如果就哲学思辨言，人们切不可忘记前贤先哲的一个重要评注："儒表佛里""阳儒阴释"。"儒表"一般是指宋明新儒学所讨论的大多是儒家的话题，如人伦道德、修齐治平，等等；"佛里"则是指佛教的本体论思维模式。一言以蔽之，宋明"新儒学"，实是以佛家本体论思维模式为依托建立起来的心性义理之学。

哲学之外，佛教对于中国本土传统文化的各种表现形式，诸如诗歌、书画、雕塑、建筑、戏剧、音乐乃至语言文字等，都有着十分深刻的影响。当今文史哲各学科，乃至社会各界之所以逐渐重视对佛学或佛教文化的研究，盖因中国传统文化与佛教确实存在着十分密切的甚至是内在的联系。就此而论，不了解佛教、佛学和佛教文化，实难对中国传统文化有一个全面深刻的理解和认识。

晚清民国时期是中国现代史上一个重要的历史阶段，也是中国本土文化与外来思想激烈碰撞的一个重要的时间节点。此一时期的中国佛教，一身而兼外来宗教与本土文化二任，扮演着十分重要的角色。当时所产生的一大批佛学名著，也是近现代中国思想文化的一个重要组成部分。整理、再版和研究这批历史名著，对于梳理近现代中国思想文化的发展大势，理解思想文化与社会发展之间的相互关系，进而达到文化自觉和文化自信，具有十分重要的意义。有鉴于此,商务印书馆约请了一批著名的佛学研究专家,组成"中华现代佛学名著"丛书编委会。由编委会遴选、整理出百部最具影响力的晚清民国时期的佛学名著,并约请了数十位专家、学者,撰写各部名著的导读。导读包含作者介绍、内容概要、思想特质、学术价值和历史影响等,使丛书能够最大限度地适应不同人群、不同文化层次读者的需求。丛书既为人文社会科学研究者提供了一批弥足珍贵的原始文献资料,也为普罗大众了解佛教文化打开了方便之门;既有利于进一步推动"全民阅读"和"书香社会"的建设,也能让流逝的历史文化获得重新彰显,让更多读者从优秀传统文化中汲取营养,不断提升人文素养和人生境界。应该说,这也是我们编纂"中华现代佛学名著"丛书之初衷。

第一辑佛学名著即将付梓,聊寄数语,以叙因缘,是为序。

赖永海

丁酉年仲秋于南京大学

凡 例

一、"中华现代佛学名著"收录晚清以来,为中华学人所著,成就斐然、泽被学林的佛学研究著作。入选著作以名著为主,酌量选录名篇合集。

二、入选著作内容、编次一仍其旧,正文之前加专家导读,意在介绍作者学术成就、著作成书背景、学术价值及版本流变等情况。

三、入选著作率以原刊或作者修订、校阅本为底本,参校他本,正其讹误。前人引书,时有省略更改,倘不失原意,则不以原书文字改动引文;如确需校改,则出脚注说明版本依据,以"编者注"或"校者注"形式说明。

四、作者自有其文字风格,各时代均有其语言习惯,故不按现行用法、写法及表现手法改动原文;原书专名(人名、地名、术语)及译名与今不统一者,亦不作改动。如确系作者笔误、排印舛误、数据计算与外文拼写错误等,则予径改。

五、原书为直排繁体,除个别特殊情况,均改作横排简体。原书无标点,仅加断句;有简单断句者,不作改动;专名号从略。

六、原书篇后注原则上移作脚注,双行夹注改为单行夹注。文献著录则从其原貌,稍加统一。

七、原书因年代久远而字迹模糊或纸页残缺者,据所缺字数用"□"表示;字数难以确定者,则用"(下缺)"表示。

目　录

导读·· 张　华　1

佛教初学课本
自叙·· 27
佛教初学课本·· 28
《佛教初学课本》注································· 37

十宗略说
十宗略说··· 87

《大宗地玄文本论》略注
序说·· 95
目录叙··· 96
《大宗地玄文本论》略注卷第一····················· 100
　　归依德处无边大抉择分第一··················· 100
　　归依德处因缘大抉择分第二··················· 106
　　一种金刚道路大抉择分第三··················· 108
　　金刚宝轮山王大抉择分第四··················· 115
　　金轮山王道路大抉择分第五··················· 116

独一山王摩诃山王大抉择分第六 …… 118

《大宗地玄文本论》略注卷第二 …… 121
大海部藏道路大抉择分第七 …… 121
深里出兴地藏大龙王大抉择分第八 …… 128
深里出兴地藏大龙王道路大抉择分第九 …… 131
大龙王重重广海无尽大藏大抉择分第十 …… 134
无尽无穷尘尘数量道路大抉择分第十一 …… 136

《大宗地玄文本论》略注卷第三 …… 145
不可思议不可称量俱俱微尘本大山王大抉择分第十二 …… 145
不可思议俱俱微尘一切山王道路大抉择分第十三 …… 146
一切虚空一切微尘数量高王大抉择分第十四 …… 147
独地非乱一定一定道路大抉择分第十五 …… 149
独地独天一种广大无二山王大抉择分第十六 …… 151
独一无二山王自在道路大抉择分第十七 …… 153
摩诃无二山王最胜高顶一地大抉择分第十八 …… 154
韗回陀尸梵迦诺道路大抉择分第十九 …… 155
韗回陀尸梵迦诺本王本地大抉择分第二十 …… 157
巍尸梵诺本王道路大抉择分第二十一 …… 158
摩诃巍尸梵诺母原主天王大抉择分第二十二 …… 159
一种功德纯纯无杂大圆满地道路大抉择分第二十三 …… 160
一种功德摩诃本地明白离恶品藏大抉择分第二十四 …… 161

摩诃本地具足品藏非患道路大抉择分第二十五...... 162
摩诃宝轮王广大圆满无上地地大抉择分第二十六
.... 163

《大宗地玄文本论》略注卷第四............ 165

系缚地地品类不吉祥道路大抉择分第二十七...... 165
系缚地地自然本王摩诃绹品大抉择分第二十八...... 167
自然本王广大转地无障无碍俱行道路大抉择分
第二十九............ 169
最极广大俱行山王无尽海海大抉择分第三十...... 169
出离系缚地清白解脱道路大抉择分第三十一...... 170
解脱山王根本地地无碍自在大抉择分第三十二...... 172
解脱山王大道路大抉择分第三十三............ 173
广大无尽解脱海海摩诃山王大抉择分第三十四...... 174
摩诃空尘海藏王道路大抉择分第三十五...... 174
大不可思议重重不可称量阿说本王大抉择分
第三十六............ 175
校量功德赞叹信行现示利益大抉择分第三十七...... 176
校量过患诃责诽谤现示罪业大抉择分第三十八...... 181
现示本因决定证成除疑生信大抉择分第三十九...... 183
劝持流通发大愿海大抉择分第四十............ 187

《佛说观无量寿佛经》略论

《佛说观无量寿佛经》略论............ 191
 附:《〈无量寿经〉优波提舍愿生偈》略释...... 210
 《坛经》略释............ 215

等不等观杂录

卷一 ··· 219
    读《法华经·妙音品》·································· 219
    《圆觉经·清净慧章》别记······························ 220
    弥陀报土·· 221
    《起信论》证果··· 221
    三身义··· 222
    大乘律··· 223
    佛法大旨·· 224
    学佛浅说·· 225
    《金刚经》四句偈说·································· 226
    藏经字体不可泥古说·································· 226
    鸦片说··· 227
    观未来··· 228
    支那佛教振兴策一····································· 230
    支那佛教振兴策二····································· 231
    释氏学堂内班课程刍议······························· 231
    释氏学堂内班课程····································· 232
    佛学研究会小引·· 234
    祇洹精舍开学记·· 235
    金陵本愿寺东文学堂祝文···························· 236
    般若波罗蜜多会演说一······························· 236
    般若波罗蜜多会演说二······························· 237
    般若波罗蜜多会演说三······························· 238

般若波罗蜜多会演说四·············· 238
　　南洋劝业会演说·················· 239
　　送日本得大上人之武林·············· 240
卷二······························ 241
　　佛学书目表····················· 241
卷三······························ 254
　　汇刻古逸净土十书缘起·············· 254
　　会刊古本《起信论义记》缘起··········· 255
　　天竺字母题词···················· 255
　　《梵网经菩萨戒本疏》题辞············ 256
　　《心经浅释》题辞················· 256
　　《欧阳母朱生西行述》题词············ 257
　　《大藏辑要》叙例················· 258
　　《贤首法集》叙··················· 259
　　日本《续藏经》叙················· 263
　　《大乘中观释论》叙················ 263
　　《中论疏》叙···················· 264
　　《成唯识论述记》叙················ 265
　　《普贤菩萨圆妙方便总持法门》叙········ 265
　　《释摩诃衍论集注》自叙·············· 266
　　重刊《净土四经》跋················ 266
　　《华严一乘十玄门》跋··············· 267
　　《〈起信论疏〉法数别录》跋··········· 267
　　《〈起信论〉真妄生灭法相图》跋········ 268

《西方极乐世界依正庄严圆图》跋 …… 268
《西归直指》跋 …… 269
书《〈起信论〉海东疏记》后 …… 270
书《华严念佛三昧论》后 …… 270
书《居士传》"汪大绅评语"后 …… 271

卷四 …… 272
《大藏总经目录》辨 …… 272
一藏数目辨 …… 272
评《佛祖统纪》 …… 273
评《楞严指掌疏》 …… 274
评《〈阿弥陀经〉衷论》 …… 274
评《金刚直解讲义合参》 …… 276
评方植之《向果微言》 …… 276
评日本僧一柳《读观经眼》 …… 277
评日本僧一柳《纯他力论》 …… 278
答释德高质疑十八问 …… 279
答廖迪心偈 …… 286
印施《西方接引图》回向发愿偈 …… 288

卷五 …… 290
谢客启 …… 290
南洋劝业会开设佛经流通所启 …… 290
报告同人书 …… 291
与释幻人书二通 …… 292
与释惟静书二通 …… 300

目录

与释遐山书 …………………………………… 301
与释式海书 …………………………………… 301
与释自真、智圆、国瑛书 …………………… 302
与周玉山书三通 ……………………………… 302
与冯华甫书 …………………………………… 304
与陈仲培书 …………………………………… 307
与陶槩林书 …………………………………… 309
与陈南陔书 …………………………………… 309
与李小芸书二通 ……………………………… 310
与冯梦华书 …………………………………… 311
与沈雪峰书 …………………………………… 311
与刘次饶书 …………………………………… 313

卷六 …………………………………………… 315
与郑陶斋书 …………………………………… 315
与夏穗卿书 …………………………………… 316
与桂伯华书二通 ……………………………… 318
与李澹缘书四通 ……………………………… 321
与黎端甫书 …………………………………… 327
与梅撷芸书 …………………………………… 329
与吕勉夫书 …………………………………… 330
与王雷夏书 …………………………………… 331
与陈大镫书 …………………………………… 331
与李质卿书 …………………………………… 332
与郭月楼书 …………………………………… 333

  与廖迪心书 … 333
  与某君书 … 334
  与陈栖莲书二通 … 335
  代陈栖莲答黄掇焦书二通 … 335
 卷七 … 337
  与日本笠原研寿、南条文雄书 … 337
  与日本南条文雄书十四通 … 337
 卷八 … 355
  与日本南条文雄书又十四通 … 355
  与日本藏经书院书三通 … 366
  与日本松林孝纯书二通 … 368
  与日本东海书 … 369
  与日本町田书 … 369
  与日本后藤葆真书 … 370
  与日本龙舟书 … 372
  代余同伯答日本末底书二通 … 373
等不等观杂录跋 … 375

阐教编

阐教刍言 … 379
评《真宗教旨》 … 381
评《选择本愿念佛集》 … 386
评小栗栖《阳驳阴资辩》 … 391
评小栗栖《念佛圆通》 … 397
杂评 … 406

阐教编跋 ································· 411

经典发隐

《论语》发隐 ······························· 415
《孟子》发隐 ······························· 422
《阴符经》发隐 ···························· 429
《道德经》发隐 ···························· 443
《冲虚经》发隐 ···························· 447
《南华经》发隐 ···························· 489

补遗

天地球图说 ································· 507
　天球图说 ································· 507
　地球图说 ································· 508
　舆图尺说 ································· 509
募刻全藏章程 ······························ 512
金陵刻经处章程 ··························· 514
金陵所刻佛典附言及跋（七篇） ······ 516
　造像量度经题记 ························· 516
　高僧传初集附言 ························· 516
　书本藏经启 ······························ 517
　《成唯识论》附记 ······················ 517
　《华严五十要问答》跋 ················ 518
　《梵网经菩萨戒本疏》跋 ············· 518
　重刻《云栖法汇》新例 ················ 518

与杨自超书三通·················· 519
与日本南条文雄书五通············· 524
诗十九首······················· 531

附录

杨氏分家笔据·················· 537
杨居士塔铭············ 沈曾植 538
杨仁山居士事略········ 濮伯欣 540
杨仁山居士传·········· 欧阳渐 545

导　　读

张　华

一、生平及成就简介

　　杨文会,字仁山,清道光十七年(1837)十一月十六日,生于安徽池州石埭县西南三十华里岭下杨家一个书香门第,卒于宣统三年(1911)中秋节后八月十七日(10月8日)。他的父亲杨朴庵(1800～1863,名摛藻,字锦园,号朴庵)是安徽名士。他出生的时候,父亲金榜题名,中得举人,而且他是母亲生了五个女儿之后的第一个男孩子,故合家非常欢喜,父为取名"文会"。道光十八年(1838),杨朴庵进士及第,与曾国藩、李鸿章之父李文安为同年进士,在京为官数载。道光二十五年(1845),杨朴庵携家眷南归,次年主讲石埭邻县旌德凫山书院,这时杨文会十岁,随父在书院读书。他好读奇书,凡音韵、历算、天文、地理及黄、老、庄、列等书广为涉猎。十四岁就颖悟能文,雅不喜科举业,与知交结社赋诗为乐,稍长,复练习驰射击刺之术,养成豪放任侠之性。他生平不做官、不科举,不走传统的科举仕途之路,而以自己奇特的眼光、开放的胸怀,爱科学、学佛学,志愿振兴中国佛教,并弘扬佛法于世界,普济众生。由此启蒙了近代不少先进人士追随学佛,融通佛学与西学,开时代变革先河。诚如杨仁山居士的孙女杨步伟所说,祖父是一个"不迷信而研究佛学"的人,更重要的,是一个"非常提倡新学"的人。她在自传中生动刻画了杨仁山的生命形象,他是一位在政治上支持维新、倾向革命,而佛学上也要革新的祖父。①

1. 战火纷飞中淬炼成才

杨仁山生活在中国近代社会发生天崩地裂的大变革时代,他的生命时程几乎与中国近代历史上的一些重大事件相始终,他出生后两三年爆发了使中国沦为半殖民地半封建社会的鸦片战争,他去世两天后武昌响起了推翻两千多年封建帝制的辛亥革命的枪声。他亲身经历了太平天国战争,在抗击太平军战火中淬炼成才,先是"里居襄办团练,在徽、宁则佐张小浦中丞、周百禄军门理军事。跣足荷枪,身先士卒,日夜攻守不倦,手刃间谍,血溅衣袂,论功则固辞不受"②;后来,曾国藩湘军崛起,咸丰十年(1860)六月移军驻扎祁门,皖南军务交曾氏统辖,杨仁山随父加入曾国藩幕府。曾国藩十分器重同年进士杨朴庵父子的人品和能力,委任杨父主持曾幕军政机构忠义局。同治二年(1863)七月,朴庵先生病逝。当时,杨家"家境贫困,无石米储",曾国藩委派杨仁山在谷米局任职。当时清军与太平天国的战事尚未结束,谷米局是一处重要的

---

① 杨步伟:《一个女人的自传》,传记文学出版社 1969 年版,第 83、90 页。杨步伟说:"祖父思想非常新,从英、法归国后,虽一面研究佛学,也一面赞助革命,并劝办学校等事。……因祖父除刻经外,立一研究部,一教养人才部,不但对政治赞成改革,而对于佛学也要革新。所以,很多学者名流常川不息地住在刻经处研究谈论,有时听祖父讲经等等。"

② 《杨仁山居士事略》,载《佛学丛报》第一号,民国元年十月初一出版。

后勤供应机构,且不说战时饷粮筹集之不易,这更是对主事者俭朴养廉的重要考验。这种委任既反映了曾国藩识才用人的高明,同时也从侧面显示杨家父子深得曾国藩的信任。

具有深厚理学底蕴的曾国藩在激烈的抗击太平军战争中,同时也在进行着一场无硝烟的文化之战与人才争夺战。1854年曾国藩为攻击太平天国发布《讨粤匪檄》,这篇著名的檄文说,太平军所到之处,"无庙不焚,无像不灭","举中国数千年礼义人伦诗书典则,一旦扫地荡尽。此岂独我大清之奇变,乃开辟以来名教之奇变!我孔子、孟子之所痛哭于九原"。他号召凡读书识字者,焉能袖手安坐而不思作为?其使一大批士子从过去单一的仕途政治的思维模式中解脱出来,完成角色转换投身到从军、入幕、卫道的现实实践中。他不但打出卫道的旗号抗击太平天国所崇奉的外教"异端"影响,且极为关心战后江南地区的学术文化复兴。曾幕设忠义局、编书局,则直接为卫道成功与文化传承作出了巨大贡献。同治三年(1864)六月十六日(7月19日),天京被曾国荃率领的湘军攻破,太平天国宣告失败。六月廿五日,坐镇皖省安庆的两江总督(管辖江西、安徽、江苏)曾国藩即移驻南京。杨仁山在曾国藩平定太平天国后随之来到南京,一方面负责战后南京城市的工程建设,另一方面机缘巧合使他义无反顾走上了复兴佛教文化的道路。

2. 走上佛教振兴之路,开创刻经事业

杨仁山晚年回顾自己的学佛历程,在一封书信中说"我二十六岁学佛"(见《与廖迪心书》),在另一封书信中则谈到:"自弱冠至今,以释氏之学治心,以老氏之道处世。与人交接,退让为先。"(见

《与陈南陔书》)表明他接触佛学的时间可能更早。而在老母去世后他对家人说:"我自二十八岁得闻佛法,已誓愿出家,而衰白在堂,鞠育之恩未报,未获如愿……"杨仁山二十八岁那年,回乡为父亲办理葬事,事毕归安庆,感染了"时疫"。病后读《大乘起信论》,爱不释手,连读五遍,窥得奥义,恍然觉悟。于是一心向佛,把杂书统统束之高阁,而遍求经书。《起信论》之后,杨仁山又读了《楞严经》,这部书也使他着迷,以致忘身书肆。而真正开创他振兴佛教事业的起点和机缘,是在同治五年(1866)杨仁山全家定居南京,他与一些学佛同道在南京创立了"金陵刻经处"。他们经常聚会讨论,大家都感到兵燹之后经书难觅,而末法时代,全赖流通经典以普济众生。有一次在工程局同事王梅叔家中,发现其藏有以经世之学著名的魏源所辑《净土四经》,不禁喜出望外,如获至宝,遂决定募资重刊。同年十二月初八"佛成道日",他撰写了《重刊净土四经跋》。《净土四经》系杨仁山首刻经书,该经的刊刻标志着金陵刻经处的成立。

同治七年(1868),杨仁山手订《募刻全藏章程》和《金陵刻经处章程》,并请号称"刻经僧"的妙空法师担任刻经处的"主僧",金陵刻经处的工作正式启动。刻经处有了章程之后,所刻的第一部经为同治八年(1869)二月刻成的《大佛顶首楞严经》(简称《楞严经》)。到光绪七年(1881),杨仁山曾致书日本友人南条文雄,告以募刻全藏之举,系与妙空及其他同志发起,至今已十三年,已成二千余卷,妙空已于去岁示寂。预计刻完全藏要花十年或二十年,尚难悬定。内中又说:"盖中华官宦中,信崇佛教者甚鲜。既不能得官给巨款,只有集腋成裘之法,随募随刊,以期渐次圆成耳!"[①] 募

[①] 引自南条文雄《大日本藏经序》中的忆文。

刻全藏工程浩瀚,谈何容易,时属末法,信心者希,人力、财力均甚不易,事业遇到种种困难可想而知,唯有采用集腋成裘之法,以蚂蚁啃骨头的精神,克服种种困难,渐进圆成。

同治十二年(1873),杨仁山三十四岁时首次屏绝世事,家居读书。时任直隶总督的李鸿章函聘其办理工程,辞而不就。但因家计艰窘,不得已再就职于"江宁筹防局"。光绪元年(1875),离金陵往汉口,经理盐局工程。次年,应湖南曹镜初之邀请,到长沙刻经处协助刊刻《大乘起信论疏》。

3. 两度出使英法,拓展国际视野

据传,曾国藩临终交代其子纪泽云,"杨仁山是个大有作用的人,一定要好好关照他!不过你须随他所愿意做的事叫他做,不可勉强他"①。光绪四年(1878)七月二十七日,曾纪泽出任英法钦差大臣,礼聘杨仁山为参赞,他携长子杨自新以随员身份一同前往,派自新到法、德研究科学,学习测量等事。1879年,杨仁山在伦敦与当时在牛津大学学梵文的日僧南条文雄会晤。初会面时,他赠南条《大乘起信论疏》和《净土三经新论》。通过南条文雄,他不仅了解到西方的佛教研究,还知道有梵文佛典以及散逸日本的汉语佛典,故此委托南条将《阿弥陀经》注音,以使"梵、汉、罗马合璧"。从此鸿雁不断,订为莫逆交。杨仁山首度出国,不仅考察欧洲各国"政教生业",精心研究天文、显微等学,同时研习梵文,发愿弘扬佛法于西方诸国。期满归国时,倾尽所有的薪水买回了大量科学仪器,如天文仪、地球仪、显微镜、测量仪、照相镜、钟表等,准备将来

---

① 杨步伟:《一个女人的自传》,第84页。

开办新式学校用。

光绪十二年(1886)春,杨仁山与李鸿章嗣子李经方一同应钦差大臣刘瑞芬(1827~1892,字芝田)召请,第二次出使英法,深入考察彼国政教生业及科技制造诸学,究明列强立国之原。此次携次子杨自超同往。1889年,巴黎埃菲尔铁塔成功举办博览会,杨仁山代表中国出席,他亲身体验到近代工业文明的神奇魅力;而李经方于是年回国,次年成为驻日公使(1890~1892),杨仁山内弟苏少坡随行出使日本,同时也充当了杨仁山托日本友人求购中国失传经籍的中介助手,如杨托他请南条代为寻觅失传的古本佛典,曾开列急切想购买的经书十八种,称为"别单"。杨仁山先后两次出国从事外交,阅历大增,特别对西国强盛背后的科学兴趣浓厚,以致他鼓励家人、士子将来不必考科举,"学科学不怕没有饭吃"。他期满归后都不受褒奖,一面专心从事刻经事业,一面研究佛学与科学。尝告诫学人:"斯世竞争,无非学问。欧洲各国政教工商,莫不有学。吾国仿效西法,不从切实处入手,乃徒袭其皮毛。方今上下相蒙,人各自私自利,欲兴国,其可得乎?"

1889年从英回国后,杨仁山辞去公职,托人从日本购得一部小字藏经,闭户诵读。光绪十七年(1891)起,他从搜求藏外中国古德逸书入手,与日本南条文雄、东海玄虎和町田久成诸君,互相寄赠经籍,互通有无。根据东海君赠送的《藏外目录》,先后开列甲、乙、丙三种求购书单,大规模求购古德逸书与失传经籍。凡是"古时支那人著述,为《明藏》所无者,无论敝单已开未开,均祈代为寻觅"。杨仁山从一开始就有意延续明刻藏经传统,向南条表示,"求法之心,无有餍足",准备将从日本收集到的失传佛典,择其精要,刊入《续藏》,"以为永远流传之计"。金陵刻经处事业的成功,南条文雄等日本友人起了很大的推动作用。在20多年的交往中,杨仁山陆续搜得明刻《大藏经》未收录的中国古德著述约300余种,择要刻印。其后,在《日本〈续藏经〉叙》中说,"明紫柏尊者以方册代梵策",因遭兵燹,"板已无存者,予与同志欲蹱刊之而未成也"。近代日本藏经书院以聚珍版刷《大藏经》,顷复制《续藏经》,"予亦为之搜辑,乐观其成。是辑也,得六朝、唐、宋之遗书,为紫柏所未见,诚世间之奇构……"①。

晚年杨仁山的佛教振兴理念,从刻经流通利济众生,逐渐转向佛学研究与佛学教育,培养国际弘法人才。杨仁山大量搜集中国失传的海外佛典,做了前人并不能做的事情,与其具有丰富的国际交往经验密切相关。而到晚年,杨仁山致力于佛学研究与佛学教育,更与他的国际视野密不可分。这种国际视野,首先来自于他中年时的外交生涯,实地考察了欧洲诸国的政教科技,且结识了南条文雄等日本友人;其次,还得益于与他交往的传教士或汉学家,如在杨文会的著作里提到的李提摩太(Timothy Richard,1845～1919)。依据传教士苏慧廉(William Soothill,1861～1935)的记录,1884年李提摩太到南京拜会曾国荃,期间遇到了杨仁山。听说杨仁山是因《大乘起信论》而从儒生变为佛教徒,他连夜读完了这部中国佛教史上的名著。最终他竟对自己同屋的传教士宣称,"这是一本基督教的书"。在他眼里,《起信论》虽然用的是佛教词语,却表达了基督教的思想。

光绪十九年(1893)八月,美国芝加哥举行世界博览会,期间,9月11日至27日召开"世界宗教大会"。与会者中有锡兰(今斯里兰卡)居士达摩波罗和英籍传教士李提摩太。因李提摩太的介绍,

---

① 《等不等观杂录》卷三。

杨仁山与达摩波罗会晤于上海龙华寺,相约共同复兴世界佛教,加强中印佛教文化的交流与合作。次年初则与李提摩太合作翻译《大乘起信论》,以为他日佛教西行之渐。杨文会事后觉得,李提摩太"借佛说耶",穿凿私见,有失原意。不过,李提摩太却由此对中国佛教思想有了深入的了解,并与杨结下了很深的友谊。而他推介达摩波罗与杨仁山居士接触,杨仁山获得了世界范围内佛教复兴的重大讯息,二人互通声气,对推动世界佛教复兴事业贡献良多,厥功至伟。杨仁山在《支那佛教振兴策二》中透露了这个重大讯息,认为美洲阿尔格特等人传播西方世界的佛教还只是"粗迹",而未触及佛法的精微奥妙,这样更加坚定了他当年出使欧洲就志愿弘法泰西诸国的信心,如今他深切意识到"刻经"之外须从创办"僧学"培养弘法人才着手。他的这个振兴佛教的宏大构想虽酝酿已久但因时事多艰,直到光绪三十一年(1905)颁诏正式废科举、兴学校,诸因缘成熟才得以付诸实施。

4. 融通佛学与新学,创办新佛教学堂

光绪二十年(1894),中日甲午战争爆发。中国惨败,国人深受刺激,杨仁山居士弟子谭嗣同、桂伯华、欧阳渐等,都由此而走上维新以至学佛之路。

光绪二十二年(1896),杨仁山六十岁,给老友周玉山通信说:"比年来时事多艰,知交中引退者有数人,阁下其一也。回忆摄山(今栖霞山)之游,何等豪健,一转瞬间,已成六十衰翁。阁下仕而后隐,弟不仕而隐;阁下以隐为隐,弟以不隐为隐,殊途同归。他日遭逢,定当相视而笑也。……娱老之方,莫妙于学佛……虽南面

王,吾不与易也。阁下既辞轩冕,敢以此言奉劝。"面对时事多艰,杨仁山一面以学佛娱老,一面与维新志士往来。此年二月,杨仁山作成《十宗略说》和《〈阴符经〉发隐》二书行世。六月二十九日,谭嗣同以江苏候补知府身份来南京,见官场黑暗而随杨仁老学佛。他给人写信说,金陵杨仁山居士"佛学、西学,海内有名"。又作《金陵听说法诗》,以杨仁山居士为"学佛导师"。谭嗣同深受杨仁山思想影响,善华严,著作《仁学》,通篇用"通""平等"来解仁,说"仁以通为第一义,通之象为平等";而"以太""电""心力"是所以通之具。其宗旨在融通佛学与西学,为现实的维新变法鸣锣开道,其中有两点引人注意,一是提倡平等的"冲决网罗之学",二是倡导革新传统的"儒释道",而把"孔释耶"确立为近代新"三教",以佛教统贯孔教与耶教。谭嗣同用佛学、西学、墨学等赋予"仁"丰富的开放的含义,打破了正统儒学的僵化信条。他认为西人崛起雄霸世界可归根于以救世为心之耶教,西人耶教之兴在"教于民",而孔教之衰在于孔庙成了"势利场",将来佛教复兴必须代行其教化于民。谭氏之言可谓振聋发聩。

次年五月,杨仁山与谭嗣同联络郑孝胥、蒯礼卿等人组织"金陵测量会",谭嗣同起草章程,会址设在金陵刻经处。此是中国近代第一个测量学会。未久,谭嗣同被光绪帝征召,参与维新变法。变法失败后,谭嗣同、刘光第等六君子被杀,谭嗣同拒绝逃亡国外的劝告,而慷慨陈词:"各国变法,无不从流血而成,今中国未闻有因变法而流血者,此国之所以不昌也。有之,请自嗣同始。"他以热血生命奉献给了维新事业,而在中国近代佛教史上则被称为一颗光彩夺目的"佛学彗星"。杨仁山长子当时也在京参与其事,因受牵连,南京家中被搜查。杨仁山居士在晚清以倡导学佛新风而知名,其与维新志士的密切关系颇引人瞩目。梁启超说:"晚清所谓新学家者,殆无一不与佛学有关系,而凡有真信仰者率皈依文会。"

光绪二十四年(1898)3月,张之洞发表《劝学篇》,动议庙产兴学。杨仁山作《支那佛教振兴策一》主张开设佛教"内班"与"外班",最终使"佛教渐兴,新学日盛,世出世法,相辅而行。僧道无虚縻之产,国家得补助之益";他借鉴西方诸国兴盛的经验,又作《支那佛教振兴策二》,强调佛教弘传与国运昌盛息息相关。他说:"泰西各国振兴之法,约有两端,一曰通商,二曰传教。通商以损益有无,传教以联合声气。我国推行商业者,渐有其人,而流传宗教者独付阙如。"这里所说的"宗教",虽不局限于佛教,但在他看来,佛教"通行无悖"最有可能成为"全球第一等宗教"。正如印顺法师的评价:"为佛教人才而兴学,且有世界眼光者,以杨氏为第一人!"

光绪二十六年(1900),杨仁山作《与夏曾佑书》两通,倡导复兴唯识学以接通新学,认为"支那佛教之衰实由禅宗,而日本则衰于净土真宗"。这个看法来自于前两年与日本真宗发生的法义辩论。光绪二十四年(1898)十二月,杨仁山作《阐教刍言》,随后又作《评〈选择本愿念佛集〉》和《评〈真宗教旨〉》,揭开与日本真宗法义辩论的序幕。他站在弘扬正法、振兴佛教的角度批评真宗废圣道门、舍菩提心及诸行。杨仁山对法相唯识学复兴的重视,至迟可追溯到1900年左右,与日本真宗辩论之后。杨仁山在教理上深通"法相""华严"两宗,而实践上以"净土"为归。他本人曾经概括过自己的佛教思想是"教宗贤首,行在弥陀",其晚年又倡导对法相(唯识)学进行研究,认为只有弄通了"因明、唯识"思想,才能使人"不致颠顶笼统,走入外道而不自觉",并把它看作是"实振兴佛法之要门",且对"净土道理深为有益"。

为了实施振兴佛法之蓝图,耄耋老母去世后,他就想把金陵刻经处房屋捐作十方公产,不仅可作刻经流通永远之所,也可辟做释氏学堂,培养弘法人才。光绪二十七年(1901)三月十九日,杨仁山召来三子即长子自新、次子自超、五子福严(三子、四子早夭),订立"分家笔据",将延龄巷房屋捐赠金陵刻经处作为十方公产,而把历年刻经所积欠的债务也分由诸子承担。1901年初,他函招桂伯华来金陵彻底通达研究唯识,续千年坠绪。桂伯华得杨仁山资助,举家移住在金陵刻经处内,边校点经文,边随师学佛。桂伯华(1861～1915),是杨文会遴选来专攻因明、唯识二部,并作为将来的"佛学导师"来培养的第一人。随杨学佛的江西籍弟子比较多,这都跟桂伯华大有关系,多为桂伯华所引进。如李澹缘、黎端甫、梅撷芸、李证刚、欧阳渐等。民国初年,桂伯华、李证刚和欧阳渐三人在佛学上各有成就,而桂伯华以年长及先入石埭门下之故,位居"江西三杰"之首。桂伯华引荐了许多江西籍的青年随居士学佛,李澹缘是其中最早向居士请教的人,他称杨文会是"当代昌明佛法第一导师"。

光绪二十九年(1903)三月,杨仁山作《道德经发隐》,这是继《〈阴符经〉发隐》之后,第二次对道家经典以佛理诠释,认为该经亦是"真俗圆融"之作,"实有裨于世道人心"。1904年夏间作《〈冲虚经〉发隐》,八月作《〈南华经〉发隐》。晚年杨仁山不仅思想圆融,而且思想很新,当时老友周玉山任两江总督,就劝他办"旅宁学堂",是为近代第一个女子学校。他又给李国治写信说,正准备在宅院内添造房屋,能住二十人,以培养佛学导师。又告诉他:"建立马鸣宗,以《大乘起信论》为本,依《大宗地玄文本论》中五位判教总括释迦如来大法,无欠无余,诚补偏救弊之要道也。"在佛教思想上,他开始倡导建立贯通整个佛法的马鸣宗,重视接通新学的唯识学研究；此外还以圆融无碍的佛理融通儒道，对儒道基本经典进行了"发隐"，试图使传统文化升华到近代境界。

光绪三十二年（1906），杨仁山七十岁作《谢客启》曰："本人性喜山林，不贪荣利。自二十七先君子弃世，家贫母老，无以为生，从事于宦途者三十年。内而吴楚，外而英法。公务之暇，游心释典。幸得一隙之明，遂以家事委诸儿辈。今年已七旬，精力衰颓，敬告新旧知交，权作谢客之计。及此桑榆晚景，藉以校订深经，刊之印之，嘉惠后学。庶不负四十年来一片婆心耳！"而事实上，杨老居士老当益壮，为兴办新佛教学堂鼓与呼，作成《〈佛教初学课本〉注》和《〈大宗地玄文本论〉略注》，这是居士晚年的两篇代表作。年初，作《与陶森甲书》，劝其治下的镇江、常州两地兴办僧学。四月，刻成《佛教初学课本》后，寄赠日本藏经书院10部，告知"敝邦新开僧学堂，相继而起者已有四处，苦于启蒙无书，因作《初学课本》三字韵语，便于读诵，并作注解以申其义"。十一月，刻成《〈大宗地玄文本论〉略注》后，寄赠南条文雄10部，同时请他帮助收集日本有关僧学堂章程，以资参考。"敝邦僧家学校，才见肇端，欲得贵国佛教各宗大小学校种种章程，以备参考。非仗大力，不能多得。"

光绪三十三年（1907）春，杨仁山与学佛同仁共议建立"祇洹精舍"。他在《与释式海书》中说："今春同志诸君，闻知印度佛法有振兴之机，彼土人士欲得中华名德，为之提倡。但两地语言文字难以交通，明道者年既长大，学语维艰。年少者经义未通，徒往无益，遂议建立祇洹精舍，为造就人才之基。……"杨仁山对当时国内"释氏之徒，不学无术，安于固陋"的状况很不满意，认为振兴佛教必须"自开学堂始"。为此他亲订《释氏学堂内班课程刍议》，把释氏学堂分为三等，"仿照小学、中学、大学之例"，循序渐进地学习，各为三年,共九年学成。学成之后,"方能作方丈,开堂说法,升座讲经,登坛传戒,始得称大和尚"。学堂可分为"教内""教外"二班,外班以普通学为主,兼读佛书;内班以学佛为本,兼习普通学。他设想释氏学堂内班课程,分专门学与普通学两大类,普通学三年,自第四年起,开始专门学,或两年,或三五年,不拘期限,学习各宗典籍,均随其自愿。总须一门通达,方可另学一门,不得急切改换,以致一事无成。他又指出,专门学者,不但要求文义精通,还须"观行相应,断惑证真,始免说食数宝之诮"!

光绪三十四年(1908),祇洹精舍开学。九月,苏曼殊应邀前来,担任英文教师;杨仁山将十多年前达摩波罗的两封来信,请他翻成中文。十月,作《祇洹精舍开学记》说:"建立祇洹精舍于大江之南建业城中,兴遗教也。"祇洹精舍的开办,得到社会名流沈曾植、陈散原的支持和赞助,僧人月霞也为募资。谛闲任学监。学僧有太虚、仁山、惠敏、智光、观同,居士有邱晞明、谢无量等。太虚因听闻南京有祇洹精舍为培养国际弘法人才开设,于1909年春前来求学。杨老居士上学期讲了《起信论》,下学期开讲《楞严经》,惜乎这两部经的讲义未有整理传世。太虚后在闭关中尤留意于《楞严》《起信》,又作成《首楞严经摄论》,认为《楞严经》是中国佛学的"大通量"。祇洹精舍办了不到两年,惜以经费短绌而中辍。该精舍以培养具有国际眼光的弘法人才为宗旨,采用新式佛教教育制度,对后世佛教教育启发很大。太虚在此虽只学了短短半年,但他毅然承担起革新佛教、传布佛教于世界的重任,并以参与祇洹精舍的重要分子自居,以扩充杨仁山和达摩波罗居士相约共同复兴佛教于世界的事业而自许。

5. 创立佛学研究会，报告同人未了愿

宣统二年（1910），南京开设"南洋劝业会"，这是中国历史上首次以官方名义主办的国际性博览会，由时任两江总督兼南洋通商大臣端方举办，历时达半年，四月二十八日（6月5日）在丁家桥隆重开幕，同年十月二十八日（11月29日）圆满闭幕。杨仁山认为通商与传教并行不悖，作《南洋劝业会开设佛经流通所启》。十月下旬，杨仁山发表《南洋劝业会演说》，内中言及"地球各国，皆以宗教维持世道人心。使人人深信善恶果报，毫发不爽，则改恶迁善之心，自然从本性发现。人人感化，便成太平之世"。不久，金陵刻经处同仁又成立"佛学研究会"，公推杨老居士为会长。该会每月开会一次，每七日讲经一次。杨老作《佛学研究会小引》，阐述本会宗旨在兴"本师释尊之遗教"，他说，"方今梵刹林立，钟磬相闻，岂非释迦遗教乎？曰：相则是矣，法则未也"。他指出，此时设立研究会的目的，正是为了对治禅门扫除文字的流弊，而深入研究顿渐、权实、偏圆、显密，种种法门，"皆是应机与药，浅深获益"。佛学研究会的研究、讲学方式比起正规化的祇洹精舍较为灵活，不需固定师资，学员不住校，经费较省。杨老居士年逾古稀，为佛学研究会作《报告同人书》，讲述心愿中未了之事，其要有三：一亟望金陵刻经处刻成全藏，务使校对刷印均极精审，不致贻误学者。二编辑《大藏》《续藏》提要，仿《四库提要》之例，分类编定，以便初学。三编《大藏集要》，日本《续藏》搜求甚富，但须甄别为必刊、可刊、不刊三类。于是，作《大藏辑要叙例》[①]示范。

---

① 《大藏集要》，一名《辑要》。——编者注

宣统三年（1911）八月十七日，杨老居士在金陵刻经处深柳堂住室安祥往生，享年七十五岁，门人弟子尊称他为"石埭大师"，又因其生前居深柳堂读书，或称为"深柳大师"。居士临终前预知，不久将有大事发生，遗言"经版所在，灵柩所在"，尽表其与刻经事业之生死与共。遗命将金陵刻经处事宜托付陈镜清、陈宜甫和欧阳渐三人共同担任，陈镜清负责刻经流通，陈宜甫负责外联交际，欧阳渐专门负责校经刻藏事，老居士对其生前还有半部未刻竣的《瑜伽》大论，特别叮咛欧阳续刻之。当天晚上，佛学研究会同仁在南京碑亭巷蒯宅集议，讨论成立护持金陵刻经处董事会，推梅光羲、吴康伯、狄楚青、蒯若木、濮伯欣等十一人为董事。

民国元年（1912）10月1日，第一篇题为《杨仁山居士事略》的传文，发表在上海出版的《佛学丛报》创刊号上，未署名，据说作者为佛学研究会成员、金陵刻经处第一任董事濮伯欣。1917年，有徐文蔚居士归心杨仁老，感其志业，整理编成《杨仁山居士遗著》，民国八年（1919）冬刻成行世。1918年，杨仁山居士墓塔落成于他生前所居的"深柳堂"后，深通佛学的当代宿儒沈曾植为撰《杨仁山居士塔铭》，称道："居士奋起于末法苍茫、宗风歇绝之会，以身任道，论师、法将、藏主、经坊，四事勇兼，毕生不倦，精诚磅礴。"

二、著作与内容简述

杨仁山居士毕生精力全在刻经，自从创办金陵刻经处后，一心从事刻经事业，搜罗、整理、刊布了许多散失海外的珍贵的佛教典籍，为其最显著之功德；晚年又兴办佛教学堂（祇洹精舍），成立佛学研究会等,培养了一大批弘扬佛法、研究佛学的人才,并加强中外佛教文化交流与合作,为中国佛教传播开辟了廓大境界,对中国近现代佛教复兴事业产生了巨大而深远影响。其被称为"中国近代佛教复兴之父",委实是当之无愧的。其著作中保留了他编刻整理佛典、研究佛学、兴教办学、国际交流等的思想和资料,对我们今日了解和研究中国近代佛教复兴历史弥足珍贵,从中也可察知当时日本、锡兰、欧美等世界佛教的动态。

杨仁山居士一生弘法四十五年,校刻经版二万余片,印刷流通经典著述百余万卷,刻成经典211种、1155卷;刻成佛菩萨像24种(幅),印刷流通10万余张。著作有《〈大宗地玄文本论〉略注》四卷,《佛教初学课本》一卷,《十宗略说》一卷,《〈佛说观无量寿佛经〉略论》一卷,《〈论语〉发隐》《〈孟子〉发隐》各一卷,《〈阴符经〉发隐》《〈道德经〉发隐》《〈冲虚经〉发隐》《〈南华经〉发隐》四卷,《等不等观杂录》八卷,《阐教编》一卷,另有《天地球图说》一卷单行。此外,尚有居士手辑《大藏辑要》460种,3300余卷,《贤首法集》100余卷,《华严著述集要》29种,《净土古佚书》10种,《净土经论》14种,《大乘起信论疏解汇编》《释氏四书》《释氏十三经及注疏》,和佛教中学古文课本甲乙丙丁四编及其他经论均别行。

杨仁山著作清单首次出现于民国元年(1912)10月1日出版的《佛学丛报》创刊号上发表的《杨仁山居士事略》,文后列居士生前著作云,著有《〈大宗地玄文本论〉略注》四卷,《佛教初学课本》,《阴符》《道德》《庄》《列》发隐诸书,久已风行海内。又,《等不等观杂录》,《论》《孟》发隐各若干卷待梓。

杨仁山一生著述,在其示寂后七年,由门下弟子徐文蔚于1917年编辑成《杨仁山居士遗著》,收居士著作12种。其中除居士生前已刻成流通的几种及《阐教编》一卷遵遗命缓刻外，皆于民国八年（1919）冬月由金陵刻经处刊刻成书，初木刻十册，廿二卷。《〈大宗地玄文本论〉略注》四卷，《佛教初学课本》一卷，《十宗略说》一卷，《〈阴符经〉发隐》《〈道德经〉发隐》《〈冲虚经〉发隐》《〈南华经〉发隐》，皆居士手订付梓。《〈佛说观无量寿佛经〉略论》一卷，《〈论语〉发隐》《〈孟子〉发隐》《阐教编》，皆未竣之书，而由徐文蔚于1917年就遗稿编次。《等不等观杂录》始刊十之一，继复搜集遗稿，增十之九，勒成八卷。其后北京刻经处在卧佛寺补刻《阐教编》一册，于1923年刻成。

本次商务印书馆重新出版"中华现代佛学名著"丛书，《杨仁山文集》列于首辑，系以民国八年金陵刻经处木刻《杨仁山居士遗著》为底本（以下简称《遗著》本），而以2016年6月金陵刻经处出版线装排印本《杨仁山居士全集》为对校本（以下简称《全集》本），略加编次并适当增补而成。

《遗著》本，共10册，第1册刊遗像、塔图、金陵刻经处图、塔铭、事略、杨氏分家笔据；第2、3册为《〈大宗地玄文本论〉略注》四卷，附金刚五位图；第4册为《佛教初学课本》一卷及注一卷，《十宗略说》一卷；第5册，《〈佛说观无量寿佛经〉略论》一卷，附《愿生偈略释》《坛经略释》，另有儒家经典《〈论语〉发隐》一卷，《〈孟子〉发隐》一卷；第6册为道家经典《〈阴符经〉发隐》一卷，《〈道德经〉发隐》一卷，《〈冲虚经〉发隐》一卷，《〈南华经〉发隐》一卷；第7～10册辑《等不等观杂录》八卷，第7册卷一以注疏为主，卷二为佛学书目表，第8册卷三、四以叙为主，第9册卷五、六以来往书信为主，第10册卷七、八专收与南条书信。

《全集》本内容，在木刻本基础上增加补遗部分，一是《天地球图说》，二是《募刻全藏章程》《金陵刻经处章程》；三是七篇金陵所刻佛典附言及跋；四是出使英法时给次子杨自超的三封家书；五是遗著未见收录的五封《与南条文雄书》；六是居士诗作十九首。书首收赵朴初于辛酉年(1981)作的《金陵刻经处重印经书因缘略记》。

当年，《遗著》本刻成后，欧阳竟无曾在《散原居士事略》中引用别人的话说，"石埭稿编虽不甚善"，但是"至人自有千古"①。本次藉新版机会校勘《遗著》本，大体遵循由浅而深而杂，自内而外而旁的结构次序，将目次调整如下几端：一、因《〈大宗地玄文本论〉略注》深奥晦涩，不如《佛教初学课本》等著通俗和实际影响大，故此把《佛教初学课本》与《十宗略说》移至《〈大宗地玄文本论〉略注》前；二、补刻的《阐教编》置于《等不等观杂录》后，与该录卷七、八与日本友人书相衔接；三、儒道六部经典发隐自成系列，为居士"旁通"之作，可作殿军。本次新版也将《全集》本"补遗"部分增入，以成完璧，利于学人研究方便。另将有关杨仁山的一些传文及其他材料精选作为附录。

兹对新版所辑主要著作刻成时间列表如次，并对其基本内容略作介绍。

	著　述	卷数	作成时间	刻成时间	出版机构
1	《十宗略说》	一卷	光绪二十二年(1896)二月作成	同年四月刻成	金陵刻经处
2	《〈阴符经〉发隐》	一卷		光绪二十二年(1896)丙申春二月开雕	金陵刻经处
3	《〈道德经〉发隐》	一卷	光绪二十九年(1903)癸卯季春月叙		金陵刻经处
4	《〈冲虚经〉发隐》	一卷	光绪三十年(1904)甲辰秋七月叙		

---

① 引自《竟无诗文》，金陵刻经处本。

(续表)

	著 述	卷数	作成时间	刻成时间	出版机构
5	《〈南华经〉发隐》	一卷	光绪三十年（1904）甲辰仲秋之月		
6	《佛教初学课本》及注	各一卷	光绪三十二年（1906）春二月叙	同年四月刻成	金陵刻经处
7	《〈大宗地玄文本论〉略注》	四卷	光绪三十二年（1906）冬十月叙	同年十一月刻成	金陵刻经处
8	《等不等观杂录》	八卷	民国六年（1917）丁巳夏编成	民国八年（1919）己未冬十一月刻竣	金陵刻经处
9	《阐教编》	一卷		民国十二年（1923）补刻	北京刻经处 西城卧佛寺佛经流通处

《十宗略说》，可能是杨仁山佛教著作中成书最早的一部。此书的最大思想特点是十宗平等，融会一体。此书之作参照了日本凝然上人《八宗纲要》，但力求简而易晓，反映了他基于华严十玄门圆融无碍之教而提倡十宗平等或实际上（大乘）八宗兼弘的思想。其中也显示他新的判教思想，在传统"教下三家""教外别传"之外，他突出净土为归，将净土宗从印度到中土的弘传判为"教内别传"。

光绪三十二年（1906），迈入古稀之年的杨仁山先后编成《佛教初学课本》及注与《〈大宗地玄文本论〉略注》，这是他为创办新式佛教学堂，培养堪作"佛学导师"的弘法人才所编著的两篇代表作。前者用作释氏学堂的入门教材，后者是他倡导建构马鸣宗的深研佛学著作。按照杨仁山计划的释氏学堂内班课程，《佛教初学课本》与《十宗略说》都为普通学，《〈大宗地玄文本论〉略注》及拟作的《释摩诃衍论集注》则专门学。《佛教初学课本》为三字韵语，便于初学诵读，原系明代天启年间蜀东中州聚云寺吹万老人（释广真）

19

仿效儒家启蒙读物《三字经》的体例而作《释教三字经》,三字一句、四句一偈,将佛教历史、佛教常识及佛学教理介绍给初学,以便记忆和学习。敏修长老为之作注,后由近代印光法师修订,将原文改正了十分之三,注释改正了十分之七。其内容主要包括如来降生成道、说法度生,列祖续佛慧命、随机施教及古德自利利他嘉言懿行。他希望世人通过诵习,可"知佛经之要义,明祖道之纲宗"。杨仁山有了创办佛教学堂的打算后,就着手编订了此书,以作为佛教学堂之教材。他改名为《佛教初学课本》,使法门更加齐备,义理更加周详,内容扩充为释迦立教、结集三藏、大法东来、十宗述要、忏法、法相、劝学等。为便于初学,他又详作注解一卷,以韵文的形式提挈佛法的纲领要义、辨析佛学的基本原理、介绍佛教的主要宗派等。该书刻成问世后,他还寄送给日本友人。他称此书"事略法备,言简意赅"。

《大宗地玄文本论》与《大乘起信论》一样,相传为马鸣大师的另一部重要论典。所谓大宗地的意思,即一切法门之总纲;玄文,意指此论义理深微。《大宗地玄文本论》体系博大如百川归海,思想晦涩而深邃,共有四卷四十分,《高丽古藏》作二十卷,宋、元藏皆未收入;《明藏》作八卷,复并作四卷,今从之。本论第一、二分为序分,第三分至第三十六分为正宗分,第三十七分至第四十分为流通分。正宗分阐述金刚五位、三十四法,流通分以譬喻赞叹论之胜用,警醒愚迷,叮咛告诫,发愿流通此论,普劝受持。通过研读这部论典,他从中找到了可以用来统摄全体佛教的基本纲领,也由此萌生了建立马鸣宗的构想。对于马鸣宗,杨仁山后的佛学界似乎较少谈及,只有他的故交沈曾植在其寂后撰写的《塔铭》中有所回应,这位深通佛学的当世宿儒既盛赞杨刻经之功德,又表彰其学"以马鸣为理宗,以法藏为行愿"云云。所谓"以马鸣为理宗",指的便是杨心仪的马鸣大师的两部论典,一是早年给他智慧启示、引他进入佛门的《大乘起信论》,二是晚年他精心注解而已经失传千有余年的《大宗地玄文本论》。杨仁山认为这两部大乘论典提供了融通性相、统摄全体佛教的思想纲领,如前者有"一心二门",后者有"金刚五位"。这无论是对初学者还是对研学经年而不得门径者把握和融会贯通纷繁复杂的庞大佛教思想体系,都是大有助益的。他曾在与人通信中说到他建立马鸣宗,就是以《大乘起信论》为本,依《大宗地玄文本论》中"(金刚)五位判教"来总括释迦如来大法。他认为,这是一种无欠无余的圆满大法,诚救弊补偏之要道也。在《大宗地玄文本论序说》中,他明确指出要救治的,就是"谈宗谈教、说有说空,分河饮水、互相是非之弊"。

宣统二年庚戌(1910),杨仁山七十四岁时作《报告同人书》说心中未了之事,提到《等不等观杂录》一书,约有百余页,原稿均散乱无序,略加编定,便可成书。此书乃居士之文集,共收录居士所著之专文及书信、序跋、演讲等150篇,其中专文及讲演共25篇,序跋28篇[①],评论及辩论文字共12篇,与国内同道往返书信43封,与日本南条文雄等往来书信41封,另外还收入居士所拟《佛学书目表》一份。此书所收录之文字融摄了居士的佛学思想、办学思想和兴教思想,是其最具代表性之著作。此书原先梅撷芸君曾刻其七篇,合《十宗略说》为八篇。徐文蔚1917年汇编《杨仁山居士遗著》时,以《十宗略说》别为一种,而就刻经处所藏稿本重加编次,勒成八卷,收入《杨仁山居士遗著》,于1919年由金陵刻经处印行。徐文蔚当年期望中日二国人士藏有先生手稿为兹

---

① 部分重复序跋本书予以了删减。——编者注

编所未录者,他日刊为续编,以饷法门。今补遗中所收材料,或可视为续编欤!

《阐教编》共收录杨仁山居士与日本真宗僧人论辩文字六篇。此论辩之缘起,乃因日本净土真宗曾于上海、杭州、南京等地设立本愿寺,宣扬纯他力净土法门,而居士认为真宗教义将圣道门与净土门对立起来,将净土门中自力与他力对立起来,乃有违经教。居士力主自力与他力之统一。论辩中,杨仁山深入净土诸经,广征博引,笔锋犀利,态度鲜明,直指真宗教义之要害,严护净土真旨。居士于净土教义之发明可谓深矣,修习净土者不可不读。

晚年杨仁山在他拟编的《大藏辑要》中开设"旁通"一门,专门吸纳他对儒道六部经典所作的"发隐",他说"归元无二,方便多门。儒道心传,岂有隔碍也"?早年他释道兼学,儒释道等诸家之说广泛涉猎,经过一番深入比较,方归于佛家,始知佛法之深妙,统摄诸教而无遗。他深通华严教理,推崇《华严经》为"经中之王",对于其他经论与儒家道家言,悉以华严真俗圆融、理事无碍、事事无碍圆旨通之。他在《〈阴符经〉发隐》中指出,"凡观内外典籍,须具择法眼,方不随人脚跟转耳"。

三、贡献与影响简评

杨仁山居士为振兴中国近代佛教文化事业作出了筚路蓝缕的杰出贡献,他被公认为中国近代复兴佛学的一代宗师。今精选几位代表人士之评论,以窥其贡献及影响之一斑。太虚法师

《中国佛学》认为,杨仁山居士乃"中国佛学重昌关系最巨之一人"。赵朴初居士在《金陵刻经处重印经书图像略记》中则说:"近世佛教昌明,义学振兴,居士之功居首。""《杨仁山居士遗著》开佛教一代风气,为居士著述之先河,有功于我国近世佛教发展者至巨。"美国哈佛大学中国问题专家韦尔慈(Holmes Welch)在1968年出版的《中国佛教复兴》一书中首次称杨仁山为"中国近代佛教复兴之父"。

释东初所著洋洋百万言的《中国佛教近代史》(1974年版),虽给杨文会不到四百字的篇幅,但对其创立的金陵刻经处和祇洹精舍却推崇备至,其文说:"杨仁山居士,先于同治五年成立金陵刻经处,后于光绪三十三年设立祇洹精舍……当时入学缁素,则有梅光羲、欧阳竟无、邱晞明、仁山、太虚、智光、观同等。虽仅十数人,却为日后五十年来之中国佛教领导人物。……其为时虽短,却为中国佛教种下革新的种子,无论于佛学发扬,或教育施设,以及世界佛化推进,无不导源于此。"此外,还有两处整体评价:其一,杨仁老在近代中国佛教史上,其所以荣居中兴佛教崇高的地位,一以悲智双运、慧解超人、弘道心殷;二以受日本南条文雄博士启发与协助,从日本搜得中国古德遗帙著疏一千余册,三百余部,上自梁隋、下至唐宋,以及日本著述。复与锡兰达摩波罗居士相约复兴印度佛教,因而发愿成立金陵刻经处,专事刻经,及创办祇洹精舍,培育弘法人才,以完成其中兴佛教大业。其二,将杨仁山与清中叶名居士彭际清(号二林)相提并论,曰"彭、杨二氏,系清季乾、光年间,研究佛学成绩最卓越者。他二人对于日后佛教启发很大。彭二林专弘净土,但其影响不及杨仁老,因杨氏不特悲智双运,且对佛法多有建树。……其志愿恢宏,影响之大,实非二林居士所可及。允为佛教中兴之伟人,亦未尝不可"!

蒋维乔在其名著《中国佛教史》中评述:文会自道其生平得力处曰"教尊贤首,行在弥陀"。盖于大小乘经论遍观博究而以是为归宿者也。"况今各省多有流通处,所流通之经典远及南洋、美洲,皆以文会校刊者为多。各地继起之刻经处,亦多依其《大藏辑要》,赓续其未完事业。文会于兵火摧残之后,继往开来,荷肩大业,推为清末特出之居士,诚无愧色矣。"

蓝吉富在《杨仁山与现代中国佛教》一文中写道:"从近百年来的佛教发展史看,杨仁山是一位使佛教起死回生的枢纽人物。""杨氏对当时国事的了解,自有比当时一般士大夫高明之处。而民初中国佛教之能在僧制、教育上都有一番新气象,这与杨氏思想的新颖,自有不可忽略的关系。以杨氏的出身(父为进士)、学养(擅工程)与受知于曾、李,又曾两度随朝廷官吏出使欧洲;这种背景,如果有意出仕,则要谋一中等官职是绝无问题的。然而他不但不热衷作官,而且对所擅的工程,也未曾多所施展。结果却在'光大佛教'一事为世人所知。"

佛教初学课本

自　　叙

　　《释教三字经》者,明季吹万老人效世俗训蒙之书而作也。敏修长老为之注释,流传二百余年矣。顷者,普陀印光法师从而新之,正文改十之三,注释改十之七,原本编为两排者,改而为一排。考据精详,文辞圆润,超胜旧作。而题名之处,不将重订者列于其次,可谓坦然忘我者矣。予不揣固陋,率尔改作,与新旧两本,迥不相同。事略而法备,言简而义周。人有劝予易其名者,因名之为《佛教初学课本》云。

光绪三十二年春二月
石埭杨文会仁山氏识,时年七十

佛教初学课本

【法界】

　　无始终,无内外,强立名,为法界。
　　法界性,即法身,因不觉,号无明。
　　空色现,情器分,三世间,从此生。
　　迷则凡,悟则圣,真如体,须亲证。

【释迦佛生】

　　证者谁,释迦尊,大悲愿,示诞生。
　　处王宫,求出离,夜逾城,人不知。
　　入雪山,修苦行,六年间,习寂定。
　　从定起,出山来,坐树下,心镜开。
　　天龙喜,魔胆落,睹明星,成正觉。
　　启大教,说《华严》,尘刹海,现宝莲。
　　愍凡愚,不能听,隐尊特,显劣应。
　　说《阿含》,第二时,四谛法,接小机。
　　证四果,出生灭,演《方等》,破法执。
　　第四时,谈《般若》,二乘转,教菩萨。
　　开显圆,《法华》会,学无学,得授记。
　　《涅槃经》,最后说,显真常,扶戒律。
　　五时教,如是说,亦融通,亦分别。

化道圆,归真际,双树间,吉祥逝。
阇毗后,分舍利,阿育王,变古制。
碎宝末,造浮图,役鬼神,遍阎浮。
优填王,始造像,令后人,修供养。

【集结三藏】

大迦叶,命阿难,集结经,石窟间。
修多罗,是经藏,毗奈耶,是律藏。
阿毗昙,是论藏,正法隆,外道丧。
藏分三,部十二,遇有缘,作佛事。

【大法东来】

汉明帝,梦金人,求圣教,遣蔡愔。
腾兰来,经像至,初译经,《四十二》。
道教徒,兴恶念,请焚经,为试验。
道经毁,佛经全,光炽盛,耀人天。
善男女,皆生信,求出家,期现证。
建十寺,安僧尼,三宝备,始于兹。

【十宗】

溯源流,知宗派,宗有十,分大小。

【成实宗】

成实宗,六代盛,《高僧传》,可为证。

【俱舍宗】

俱舍宗,陈至唐,五代后,渐微茫。
此二宗,是小乘。律小大,七大乘。

【禅宗】

传心印,为禅宗,佛拈花,迦叶通。

授阿难,为二祖,次第承,皆可数。
第十二,号马鸣,造《起信》,大乘兴。
十四祖,名龙树,入龙宫,《华严》遇。
传世间,法雨澍,造诸论,施甘露。
廿八祖,达摩尊,来东土,示性真。
离文字,要亲证,有慧可,得心印。
传僧璨,为三祖,《信心铭》,超今古。
第四祖,名道信,知无缚,解脱竟。
五祖忍,居黄梅,东山上,道场恢。
第六祖,名慧能,传衣钵,道大行。
六祖下,二禅师,南岳让,青原思。
南岳下,一马驹,踏杀人,遍寰区。
青原下,一石头,石头路,滑似油。
分五家,派各别,临济宗,行棒喝。
玄要分,宾主别,人与境,夺不夺。
沩仰宗,示圆相,暗机投,义海畅。
曹洞宗,传宝镜,定君臣,行正令。
云门宗,《顾鉴咦》,一字关,透者希。
法眼宗,明六相,禅与教,无两样。

【律宗】

既明宗,须知律,持五戒,本乃立。
为沙弥,持十戒,比丘僧,具足戒。
戒二百,又五十,尼增百,戒始足。
《梵网》戒,制菩萨,重有十,轻四八。
律门祖,优波离,承佛印,肃清规。

先束身，次摄心，得圆通，证道深。
唐道宣，精毗尼，大小乘，咸总持。
宋元照，继其后，著述多，善分剖。
既明律，须研教，辨权实，判大小。

【天台宗】

北齐朝，有慧文，读《中论》，得其精。
祖龙树，立三观，空假中，归一贯。
传弟子，南岳思，止观法，万世师。
第三世，有智者，演教观，判高下。
藏与通，别与圆，此四教，至今传。
谈性具，善恶兼，百界如，有三千。
此一派，号天台，宗《法华》，佛慧开。

【贤首宗】

《华严经》，最尊胜，初传来，在东晋。
杜顺师，是文殊，阐《华严》，盘走珠。
第一传，得智俨，作《搜玄》，记十卷。
第二传，是贤首，《探玄记》，世希有。
清凉疏，释《新经》，并作钞，博而精。
小与始，终与顿，至于圆，五教振。
四法界，十玄门，暨六相，义最纯。
因该果，果彻因，摄万法，归一真。
圭峰密，疏《圆觉》，《大钞》详，《小钞》略。
此一派，贤首宗，亦行布，亦圆融。

【慈恩宗】

唐玄奘，游西域，学《瑜伽》，祖弥勒。

依戒贤,大论师,亲传授,历年时。

归长安,传窥基,通因明,善三支。

《成唯识》,作《述记》,破邪宗,伸正义。

有现量,有比量,究竟依,圣教量。

遍计执,依他性,二者离,圆成证。

此一宗,号慈恩,先谈相,后显真。

【三论宗】

三论宗,传最古,秦罗什,来兹土。

真空义,为第一,群弟子,竞传习。

曰《中论》,曰《百论》,《十二门》,为三论。

唐吉藏,施大功,《三论疏》,传海东。

法藏释,《十二门》,《宗致记》,至今存。

【密宗】

善无畏,至长安,唐一行,受真传。

作疏释,《大日经》,真言教,始得明。

金刚智,及不空,接踵来,广流通。

灌顶法,不轻授,非法器,转获咎。

立禁令,自明始,秘密宗,敕停止。

【净土宗】

晋慧远,住匡庐,结莲社,德不孤。

魏昙鸾,修妙观,生品高,瑞相现。

唐道绰,暨善导,唱专修,为妙道。

此法门,三经说,《大经》该,《小经》切。

《观经》语,最惊人,许五逆,得往生。

三藏教,所不摄,佛愿力,诚难测。

一称名,众罪灭,临终时,佛来接。
下中上,根不齐,一句佛,同生西。
既生西,皆不退,亲见佛,得授记。
净土宗,真简要,协时机,妙中妙。

【忏法】
上十宗,已说完,忏悔法,更须探。
《慈悲忏》,何人集?志公等,高僧十。
梁武帝,心至诚,度故妻,脱蟒形。
唐悟达,有夙业,人面疮,生于膝。
遇神僧,为洗冤,三昧水,浇即痊。
作《水忏》,后世传,如法行,利无边。

【诸法】
为学者,须知法,染与净,善分别。

【五蕴】
色受想,并行识,此五蕴,本空寂。

【六根】
眼耳鼻,舌身意,此六根,应须记。

【六尘】
色声香,味触法,此六尘,亦须识。

【十二处】
前六根,与六尘,十二处,常相亲。

【十八界】
根尘接,有六识,十八界,从此立。

【转八识成四智】
末那识,为第七,阿赖耶,第八识。

八种识,为心王,转成智,性发光。
　　大圆镜,平等性,妙观察,成所作。
　　此四智,一心圆,八识转,体用全。

【三身】
　　曰法身,曰报身,曰应身,是三身。
　　自受用,他受用,一报身,说二用。
　　胎生身,变化身,此二种,皆应身。
　　约为三,开为五,相无定,随机睹。

【五眼】
　　有肉眼,有天眼,有慧眼,有法眼,
　　并佛眼,名五眼。见所见,皆无限。

【六通】
　　天眼通,天耳通,他心通,宿命通,
　　神境通,漏尽通。圣与凡,各不同。

【四谛】
　　曰苦集,曰灭道,四谛法,须寻讨。

【十二因缘】
　　自无明,至老死,十二因,为缘起。
　　顺流转,逆还灭,当处空,无分别。

【六度】
　　布施度,持戒度,忍辱度,精进度,
　　禅定度,智慧度。自他苦,从此度。

【四无量心】
　　慈与悲,喜与舍,四无量,称圣者。

【涅槃四德】
　　曰常乐,曰我净,此四德,涅槃证。

【十界】

　　有情界,说六凡,三途苦,须先论。
　　曰地狱,曰饿鬼,曰畜生,苦无比。
　　曰天道,曰人道,曰修罗,乐事少。
　　曰声闻,曰缘觉,取灭度,为独乐。
　　曰菩萨,曰如来,抚众生,如婴孩。
　　此四圣,并六凡,为十界,一性含。

【器世间】

　　既论身,须论土,土为依,身为主。
　　四大洲,共铁围,七金山,绕须弥。
　　为大地,风力持,水火金,不相离。
　　水轮含,十方界,性流动,如何载?
　　业力持,得自在,风金摩,火现彩。
　　庵摩果,比阎浮,果体圆,圆如球。
　　彼上下,与四周,人与物,如何留?
　　《楞严经》,秘密说,善会通,不可执。
　　日与月,绕虚空,不堕落,谁之功?
　　有过去,有现在,有未来,三世改。
　　南与北,西与东,并四维,上下通。
　　观十方,人在中,人居地,地居空。
　　数此地,至大千,凡圣居,各有缘。
　　同居土,方便土,实报土,寂光土。
　　分四土,自台教,前二粗,后二妙。
　　法性土,净化土,染化土,分三土。
　　贤首教,如是说,从本源,生枝节。

娑婆界,极乐界,华藏界,及余界。
界非界,非界界,重重涉,各无碍。

【劝学】

学佛者,首在信,信而解,解而行。
由解行,至于证,识次第,辨邪正。
宗说通,理事融,破我执,第一功。
四句离,百非遣。妄念消,真性显。

【叙述古德】

古之人,行履笃,言不诳,心不曲。
守清素,如慧开,竭尽施,不积财。
自洁者,如道林,入深山,远女人。
尊师者,如道安,服苦役,心自甘。
孝亲者,如道丕,为养母,自忍饥。
父捐躯,为报国,丕苦求,骨跃出。
高尚者,如道恒,避荣命,入山深。
感应者,如道生,石点头,听讲经。
求通经,如灵辨,骨肉穿,妙义显。
冲举者,尼净检,凌霄去,身冉冉。
神解者,李通玄,《华严论》,千古传。
机捷者,灵照女,老庞公,徒延伫。
举十德,励初学,依此修,成正觉。

【余韵】

三字偈,随分说,如风过,万籁歇。
非有言,非无言,会此意,是真诠。

《佛教初学课本》注

【法界】

无始终 时劫迁流,皆是众生妄见。证道之人长劫入短劫,短劫入长劫,故知无始终也。

无内外 一尘现法界,法界入一尘,何内外之有?

强立名 本无可名,为化众生,强安名耳。

为法界 即有之空,一法不立,即空之有,万法齐彰。

法界性 真妄平等,同一体性。

即法身 十界同具,无有差别。

因不觉 以不达一法界故,心不相应。

号无明 忽然念起,名为无明。

空色现 《楞严经》云:"晦昧为空,空晦暗中,结暗为色。"又云:"空生大觉中,如海一沤发。有漏微尘国,皆依空所生。"

情器分 有情世间、器世间,由此建立。

三世间 并正觉世间,是谓三世间。

从此生 从如来藏,变为阿赖耶。从阿赖耶,变起根身器界。又从转阿赖耶而显如来藏,则成正觉世间。所谓无不从此法界流,无不还归此法界也。

迷则凡 迷之则为六凡。

悟则圣 悟之则为四圣。

真如体　无有可遣,以一切法悉皆真故。亦无可立,以一切法皆同如故。

须亲证　惟证乃知,难可测。若以思维心推求,如取萤火爇须弥山,终不能著。

【释迦佛生】

证者谁　随分证入者,则不问,专问证入究竟者是为谁耶?

释迦尊　释迦牟尼如来为三界独尊,是贤劫千佛中第四佛也。

大悲愿　诸佛因地,皆以大悲愿力而行菩萨道。

示诞生　释迦应迹,从兜率天退,降神迦维罗卫国。父名净饭,母名摩耶。处胎十月,从右胁生,名为萨婆悉达。在周昭王二十四年(公元前977年)四月八日也。此是应身佛八相成道,一从兜率天退,二入胎,三住胎,四出胎。其余四相,详在下文。大乘见佛在母胎中住大宝楼阁,度无量众生,故有住胎相。小乘不见。

处王宫,求出离　悉达太子在王宫中,种种技艺,迥超凡流。五欲之乐,无不具备。十九岁时,游观四门,见老病死,生厌离心。忽遇沙门,生欣慕想,遂欲出家。父王防卫严密。

夜逾城,人不知　净居诸天,令彼军士、彩女悉皆昏睡。至夜半时,太子乘马,四天王捧马足,逾城而去,人不觉知。遂得剃发易服而为沙门。此是第五出家相。

入雪山,修苦行　既出家已,五年游历,遍访诸仙。种种论议,知非正道。遂入雪山,日食一麻一麦,勤修苦行。

六年间,习寂定　在雪山中结跏趺坐。先学不用处定,三年知非,遂舍。又学非想定,三年知非,亦舍。

从定起,出山来　即出雪山,诣尼连河沐浴受食。时年已三十矣。

坐树下,心镜开 菩提树下有金刚座,贤劫千佛皆坐此座,入金刚喻定。

天龙喜 诸天龙王欢喜赞叹,大兴供养。

魔胆落 魔王波旬见其宫殿无故隳裂,先遣魔女媚之,再遣魔军怖之,皆不能动。魔王震慑,举众降服。

大乘有住胎,无降魔;小乘有降魔,无住胎。乃大小二乘所见八相成道之异也。

睹明星,成正觉 忽睹明星,廓然大悟,即成无上正觉。叹曰:"奇哉!一切众生具有如来智慧德相,但以妄想执著,不能证得。若离妄想,一切智、无师智、自然智,即得现前。"此是第六成道相。

启大教,说《华严》 佛初成道,首演大法。是谓第一时教。

尘刹海,现宝莲 《华严》会上,佛现法界无尽身云,住华藏庄严世界海。有佛刹微尘数大宝莲华一时出现,身刹互融,无尽重重,重重无尽,惟法身大士方能见之。

愍凡愚,不能听 凡小之机不见不闻,如来愍之为说小法。

隐尊特,显劣应 尊特者,刹尘相好之身也。佛非隐显,隐显随机耳。劣应者,丈六身也。在色究竟天所现之高大身,名为胜应身,教化菩萨。居鹿野苑,现丈六身,教化凡夫二乘。若是圆机,见此丈六,即见无尽相好之身。

说《阿含》,第二时 《阿含经》,后人集为四部:《增一阿含》《中阿含》《长阿含》《杂阿含》也。一一部内,有多种经。

四谛法,接小机 苦、集、灭、道四谛,为接小机而说。

证四果,出生灭 修声闻法,证入四果,以为究竟,即阿罗汉是也。既证此果,生灭灭已,寂灭为乐。

演《方等》 第三时教,弹偏斥小,叹大褒圆,即《维摩》《楞伽》

等经是也。

破法执 二乘但破人我执，出分段生死。佛说《方等经》，破法我执，出变易生死，入菩萨地。

第四时，谈《般若》 般若如大火聚，触着即烧；般若如清冷水，涤除尘垢。佛说此法，烧之涤之，令一切世间法、出世间法究竟清净。其经即八部《般若》等是也。

二乘转，教菩萨 《般若》会上，罗汉弟子当机请法，佛为广谈般若妙谛，令其转教菩萨。此是《法华》会上，佛付家业之先导也。

开显圆，《法华》会 第五时说《法华经》。开权显实为纯圆之教。

学无学，得授记 三果已还，皆名有学。惟第四果，名为无学。他经惟菩萨蒙佛授记，《法华经》授声闻记。不但无学，即有学亦蒙授记，诚为希有。授记者，佛记弟子当来成佛，名字若何，国土若何，法住时劫等事，闻者庆幸无量。

《涅槃经》，最后说 说《法华》后，即说《涅槃》，通为第五时教。即是临涅槃时所说也。

显真常 真常不变，是名涅槃。

扶戒律 佛敕弟子以戒为师。戒律精严，则佛法能久住也。

五时教，如是说 释迦如来一代圣教，天台判为五时，如上文所说。

亦融通 通而言之，五教中随一一教皆遍五时。所谓一切时中，说圆融无尽法，皆名华严教；说声闻法，皆名阿含教；乃至说会三归一之法，皆名法华教。余可类推。

亦分别 别而言之，佛初成道三七日中说《华严经》，十二年说《阿含经》，八年说《方等经》，二十二年说《般若经》，八年说《法华经》,一日一夜说《涅槃经》,共成五十年说法度生也。以上三十二句,是第七转法轮相。

　　化道圆　化度众生之道,圆满具足。

　　归真际　摄末归本也。

　　双树间,吉祥逝　佛在拘尸那城娑罗双树间右胁而卧,默然示寂,右胁名为吉祥。是时大地震动,日月无光,双林变白,江湖枯涸,人天号泣,声震大千。是为第八入涅槃相。

　　阇毗后,分舍利　依法阇毗,凡火皆不能燃。佛从胸中自发圣火,乃能化尽。得舍利八斛四斗,遵佛遗嘱,分为三分。诸天得一分,龙王得一分,八大国王共得一分。八王均分。阿阇世王得八万四千粒,藏恒河中,作千岁灯供养。

　　阿育王,变古制　佛灭度后一百年,天竺有铁轮王,名曰无忧,即阿育王也。取阿阇世王所藏舍利,分布南洲。

　　碎宝末,造浮图　碎七宝末,造八万四千塔。

　　役鬼神,遍阎浮　役使鬼神,遍阎浮提同时安置。在震旦国有十九处,此时所能见者,惟明州鄮山一处耳。

　　优填王,始造像　佛升忉利天为母说法,三月安居。优填王渴仰如来,无由得见,发意造像。目连尊者摄三十二匠,升天瞻视。佛光耀目,乃至池侧,令匠观水中影。凡三返,像始造成。后佛从天而下,像自出迎,佛摩顶记之。

　　令后人,修供养　自此以后,王臣士庶造佛像者,不可胜数。去佛久远,能于像前供养瞻礼,皆优填王发起之力也。

【结集三藏】

　　大迦叶,命阿难,结集经,石窟间　摩诃迦叶集诸比丘得神通者,悉诣耆阇崛山毕钵罗窟,结集法藏,无令断绝。阿难未得漏尽,拒而不纳。后证阿罗汉果，乃能入会。

修多罗，是经藏 迦叶尊者先命阿难结集经藏。契理契机，故名《契经》。

毗奈耶，是律藏 次命优波离结集律藏。止恶修善，如世法律。

阿毗昙，是论藏 复命阿难结集论藏。问答抉择诸法性相，故名论也。

正法隆 三藏教典流传世间，能令正法常住不灭。

外道丧 佛教盛行于世，西竺九十五种外道渐渐消亡。利根者转邪归正而证道果矣。

藏分三 藏即含藏之义也，谓经、律、论三，各含文理，故名三藏。

部十二 一曰长行，直说法相，随其义理长短，不以字数为拘也。二曰重颂，应前长行之文而重宣其义。天竺八字成句，四句为偈。翻译华文，或五字句，或七字句，各随其便。三曰授记，如来为诸菩萨声闻，授成佛记。四曰孤起，不颂长行，直说偈句，亦四句为一偈。五曰无问自说，如来以他心智，观众生机而自宣说。六曰因缘，如来所说一切根本缘起之事。七曰譬喻，如来假譬喻以晓示之，令人开解。八曰本事，说诸菩萨、弟子因地所行之事。九曰本生，说佛菩萨本地受生之事。十曰方广，大乘方等经典，其义广大，犹如虚空。十一曰未曾有，现大神变不思议事。十二曰论议，问答辩论诸法之事。以上十二部经，亦名十二分教。或有一经只具一分，或有兼数分。具足十二分者，则未之见也。

遇有缘，作佛事 如来以平等大悲普度众生，众生受化因缘千差万别。因缘不具者，佛在当处，不闻不见。佛灭度后，三藏十二分教流布世间，遇有缘者，即能作如来度生之事业也。

【大法东来】

汉明帝,梦金人,求圣教,遣蔡愔　东汉明帝永平七年,帝梦金人,身长丈余,项有圆光,飞至殿庭。旦问群臣,太史傅毅奏曰:"臣览《周书·异记》,载昭王时,有五色光入贯太微。太史苏由奏曰:'有大圣人生于西方,故现此瑞。一千年后,声教及此。'王勒石记之。陛下所梦,将必是乎!"帝纳其言,即遣中郎将蔡愔等十八人往西域求佛法。

腾兰来,经像至　愔等至中天竺月氏国,遇梵僧摄摩腾、竺法兰二人。奉佛经像,返至洛京,馆于鸿胪寺。后建精舍,因白马驮经而来,因名之为白马寺。

初译经,《四十二》　最初译出《四十二章经》,是为法宝流传震旦之始也。

道教徒,兴恶念,请焚经,为试验。道经毁,佛经全。光炽盛,耀人天　五岳道士褚善信等千二百人上表,求试真伪。帝许之。乃筑三台,分置释道经典,举火焚之。道经顷刻俱烬。佛经光焰焕发,纤毫无损。摄摩腾、竺法兰踊身虚空而说偈曰:"狐非狮子类,灯非日月明。池无巨海纳,丘无嵩岳荣。法云垂世界,法雨润群萌。显通希有事,处处化群生。"道士中六百余人皈依佛教。

善男女,皆生信,求出家,期现证　司空刘峻等二百六十人、京师士庶三百九十人,后宫阴夫人、王婕妤并彩女等一百九十人,见此神异,俱求出家,期于现证圣果也。

建十寺,安僧尼　明帝许可,敕建十寺:城外七寺,安僧;城内三寺,安尼。

三宝备,始于兹　住世三宝,从此备矣。

【十宗】

溯源流，知宗派　佛为本源，后学为流派。各家所宗不同，所谓归元无二路，方便有多门也。

宗有十，分小大　略举十宗，有小乘，有大乘，下文详述。

【成实宗】

成实宗，六代盛，《高僧传》，可为证　如来灭后九百年中，诃梨跋摩取诸部所长，作《成实论》，释成三藏中之实义。姚秦鸠摩罗什译出，震旦诸师多造章疏，见于《高僧传》。后代式微矣。

【俱舍宗】

俱舍宗，陈至唐。五代后，渐微茫　世亲菩萨造《俱舍论》，在声闻对法藏内最为精妙。陈真谛三藏译出，并作疏释之，佚失不传。唐玄奘法师重译，三十卷。门人普光作记，法宝作疏，盛行于世。有专门名家者，遂立为一宗焉。至五代后，学者竞习禅宗，俱舍一门置之高阁矣。

此二宗，是小乘　成实、俱舍。

律小大　《十诵》《四分》等，是小乘。《梵网》《璎珞》等，是大乘。

七大乘　禅宗、天台宗、贤首宗、慈恩宗、三论宗、密宗、净土宗。

【禅宗】

传心印，为禅宗　佛之心印，即是般若波罗蜜。五祖令人诵《金刚般若经》，六祖称为学般若菩萨，皆以般若为心印也。后人名为禅宗，是出世间上上禅。言语道断，心行处灭，始有少分相应。

佛拈花，迦叶通　世尊在灵山会上，拈花示众。是时众皆默然，惟迦叶尊者破颜微笑。世尊曰："吾有正法眼藏，涅槃妙心，实相无相,微妙法门,不立文字,教外别传。付嘱摩诃迦叶。"

问曰:如来心印,独付迦叶,何也?

答曰:佛在世时,悟道之人,佛为印证。佛灭度后,若无正传,恐落偏邪,故以迦叶为初祖,次第相传,并付衣钵表信。世人悟道,必受祖师印证,方可自信。列祖住世,虽悟道弟子如麻似粟,而付法传衣,必待其人。可见三十三代祖师,皆于灵山会上一时印定矣。

授阿难,为二祖 阿难尊者多闻第一,持佛法藏。乃迦叶以别传之旨授之,盖以二门不相离也。

次第承,皆可数 载在《付法藏因缘传》,兹不具述。

第十二,号马鸣 应佛悬记,于六百年时,生于中印度。摧伏外道,兴隆正法。继富那夜奢尊者之后,而绍祖位。若克其本,大光明佛;若校其因,八地菩萨。

造《起信》,大乘兴 马鸣大士宗百部大乘经,造《起信论》,以一心二门总括佛教大纲。学者能以此论为宗,教律禅净,莫不贯通;转小成大,破邪显正,允为如来真子矣。

十四祖,名龙树 唐译《楞伽经》,如来悬记云:"未来世当有持于我法者,南天竺国中,大名德比丘,厥号为龙树。能破有无宗,世间中显我,无上大乘法。得初欢喜地,往生安乐国。"魏译《楞伽》亦同此文。龙树菩萨证得初地,传佛心宗。又生安乐国,承事阿弥陀佛。禅宗后学可不以此为法乎?

入龙宫,《华严》遇 《华严经》亦名《大不思议经》。尊者入龙宫,见有三本,上本有十三千大千世界微尘数偈,一四天下微尘数品;中本有四十九万八千八百偈,一千二百品。此二本皆非阎浮提人心力能持,乃诵下本十万偈,四十八品而出。

传世间,法雨澍　返至人间,写成梵笈。五天竺国方知有《华严经》出现于世,僧俗二众奉为至宝。

造诸论,施甘露　龙树菩萨造《大不思议论》十万偈,释《华严经》。今所传《十住毗婆沙论》,即是彼论释十地中初之二地。又造《无畏论》十万偈,《中论》出其中。又造《释摩诃衍论》阐扬马鸣菩萨《起信论》云,该摄百洛叉契经奥义。勉后学研究也。

廿八祖,达摩尊,来东土,示性真　菩提达摩尊者,南天竺国香至王第三子也。姓刹帝利,得法于般若多罗尊者。承师遗命,泛海达广州,在梁普通元年,刺史表闻于朝,武帝迎至金陵。帝问曰:"朕造寺、写经、度僧,不可胜纪,有何功德?"答曰:"并无功德。此但人天小果有漏之因,如影随形,虽有非实。"帝曰:"如何是真功德?"答曰:"净智妙圆,体自空寂。如是功德,不以世求。"帝又问:"如何是圣谛第一义?"答曰:"廓然无圣。"帝曰:"对朕者谁?"答曰:"不识。"帝不悟,祖知机不契,遂渡江,届洛阳,止于嵩山少林寺。面壁而坐,人莫能测。后世称为东土初祖。

离文字,要亲证　达摩尊者见东土有大乘气象,应时而来,专接利根上智,令脱名言习气,识自本心,见自本性,直下与诸佛无异。此是顿超之法,非小机所能领会也。

有慧可,得心印　二祖慧可,原名神光,武牢姬氏子。少通世典,长习竺坟。出家后,善大小乘。定中见神人指示南询,得参初祖于少林。勤恳备至,莫闻诲励。冬夜侍立,积雪过膝。继而断臂求法,祖始易其名曰"慧可"。问曰:"我心未宁,乞师与安。"祖曰:"将心来,与汝安。"可良久曰:"觅心了不可得。"祖曰:"我与汝安心竟。"后付袈裟,以表传法。即说偈曰:"吾本来兹土,传法救迷情。一华开五叶,结果自然成。"又曰:"有《楞伽经》四卷,亦用付汝,即是如来心地要门,令诸众生开示悟入。"

不立文字,是一种方便。若执为定法,则自误误人矣。当知摩诃迦叶承佛付嘱,为第一祖,至佛灭后,即以结集法藏为当务之急。及其传心,不传之他人而传之多闻总持之阿难。后来世世相承,莫不造论释经,宗说兼畅。达摩西来,得其传者为精通内典之慧可。倘慧可未通教义,岂能识达摩之高深哉?及至六祖始示现不识文字之相,以显无上道妙要在离言亲证,非文字所能及也。后人不达此意,辄以不识字比于六祖,何其谬哉!不观夫达摩只履西归乎?魏主闻而启棺,仅只履存焉。其表法之意,殆以宗教两门传于东土者,只一门耳。否则宋云所见之相,岂无所表而然哉?当时宋云问达摩何处去?答曰:"西天去。"志公已说达摩是观音化身,所云西天去者,即阿弥陀佛极乐世界也。观其付法之后,并付《楞伽》,其方便善巧,岂凡情所能测耶?

传僧璨,为三祖 二祖在北齐时,有一居士年逾四十,不言姓氏,来问祖曰:"弟子身缠风恙,请和尚忏罪。"祖曰:"将罪来与汝忏。"士良久曰:"觅罪了不可得。"祖曰:"与汝忏罪竟。宜依佛法僧住。"祖知是法器,即为剃发受具,命名僧璨。疾亦渐愈,执侍二载,付以衣法。

《信心铭》,超今古 后住舒州皖公山,往来于太湖县司空山。作《信心铭》六百言,流传于世。

第四祖,名道信,知无缚,解脱竟 道信为沙弥时,谒三祖曰:"愿和尚慈悲,乞与解脱法门。"祖曰:"谁缚汝?"曰:"无人缚。"祖曰:"何更求解脱乎?"信于言下大悟,服劳九载。祖试以玄微,知其缘熟,乃付衣法。信,蕲州人,姓司马氏,后住蕲春破头山。

五祖忍 祖名弘忍,黄梅人也。前生为破头山栽松道者。请于四祖曰："法道可得闻乎?"祖曰："汝已老,脱有闻,其能广化耶?倘若再来,吾尚可迟汝。"乃去,至水边,乞浣衣女子寄宿。女归而孕。父母大恶,逐之。后生一子,弃港中。明日见其溯流而上,气体鲜明。惊异,育之。童时遇四祖。祖问曰："子何姓?"答曰："姓即有,不是常姓。"祖曰："是何姓?"答曰："是佛性。"祖曰："汝无姓耶?"答曰："性空,故无。"祖默识其法器,即令出家。付以衣法。

居黄梅,东山上,道场恢 继四祖住破头山,后迁黄梅东山,宗风大振。

第六祖,名慧能 姓卢,岭南新州人。家贫,鬻薪供母。闻人诵《金刚经》,问所由来,遂往黄梅参五祖。祖验知根性太利,令入碓坊舂米。人称卢行者。经于八月,祖敕会下各述一偈,以表心得。上座神秀题壁曰："身是菩提树,心如明镜台。时时勤拂拭,莫使惹尘埃。"卢行者闻之,亦作一偈,请张别驾书于秀偈之侧。偈曰："菩提本无树,明镜亦非台。本来无一物,何处惹尘埃?"

传衣钵 祖潜诣碓坊,示以密机,卢即三鼓入室。祖付嘱心传,并授袈裟。卢问："法则既受,衣付何人?"祖曰："昔达摩初至,人未之信,故传衣以明得法。今信心已熟,衣乃争端,止于汝身,不复传也。"是夜南迈,众莫之知。

道大行 六祖既至岭南,隐于四会猎人队中,经十五载。一日至广州法性寺,夜间风扬刹幡,二僧对辩。一曰"幡动",一曰"风动"。祖曰："不是风动,不是幡动,仁者心动。"一众竦然。乃集诸名德为祖剃发,授满分戒,升座说法,闻者倾心。别传之道,由此大行。

六祖下,二禅师 得法弟子,见于记载者,四十三人。其中最显著者,有二大德。

南岳让　怀让禅师,金州杜氏子。由嵩山往曹溪礼六祖。祖曰:"何处来?"曰:"嵩山。"祖曰:"什么物怎么来?"曰:"说似一物即不中。"祖曰:"还可修证否?"曰:"修证即不无,污染即不得。"祖曰:"只此不污染,诸佛之所护念。汝既如是,吾亦如是。"后往衡岳,居般若寺。

　　青原思　行思禅师参六祖,问曰:"当何所务,即不落阶级?"祖曰:"汝曾作什么来?"曰:"圣谛亦不为。"祖曰:"落何阶级?"曰:"圣谛尚不为,何阶级之有?"祖深器之,后住吉州青原山静居寺。

　　南岳下,一马驹,踏杀人,遍寰区　道一禅师,汉州什邡县人。姓马氏,故俗称马祖。习定于衡岳,遇让和尚,发明大事。先是六祖谓让曰:"西天般若多罗谶汝足下出一马驹,踏杀天下人。"马祖应谶而出,住洪州开元寺,得法弟子八十余人,分化十方。水潦和尚初参马祖,问:"如何是西来的的意?"祖曰:"礼拜着。"师才礼拜,祖乃当胸踏倒。师大悟,起来拊掌呵呵大笑曰:"也大奇! 也大奇!百千三昧,无量妙义,只向一毫头上,识得根源去。"

　　青原下,一石头,石头路,滑似油　南岳石头希迁禅师,端州陈氏子。在曹溪剃染,得法于青原。衡山有石,状如台,乃结庵其上,时号石头和尚。著《参同契》二百余言行世。邓隐峰辞马祖,祖曰:"什么处去?"曰:"石头去。"祖曰:"石头路滑。"曰:"竿木随身,逢场作戏。"便去。才到石头,即绕禅床一匝,振锡一声,问:"是何宗旨?"石头曰:"苍天,苍天。"峰无语,却回,举似祖。祖曰:"汝更去问,待他有答,汝便嘘两声。"峰又去,依前问。石头乃嘘两声。峰又无语。回举似祖,祖曰:"向汝道石头路滑。"

　　分五家,派各别　僧问天隐修禅师,如何是临济宗?师曰:"怒雷掩耳。"如何是沩仰宗? 师曰:"光含秋月。"如何是曹洞宗? 师曰:"万派朝源。"如何是云门宗？师曰:"乾坤坐断。"如何是法眼宗？师曰:"千山独露。"

临济宗 马祖传百丈,百丈传黄檗,黄檗传临济义玄禅师,住镇州滹沱河侧,是谓临济宗。

行棒喝 临济问黄檗:"如何是佛法的的大意？"檗便打。如是三问,三度被打。后参大愚,得悟黄檗宗旨。却回黄檗,机锋迅捷。檗便打,师便喝。以后接人,棒喝交驰。师云:"有时一喝如金刚王宝剑,有时一喝如踞地狮子,有时一喝如探竿影草,有时一喝不作一喝用。"世人称为"临济四喝"。

玄要分 师云:"大凡演唱宗乘,一句中须具三玄门,一玄门须具三要。有权有实,有照有用。汝等诸人作么生会？"

宾主别 四宾主者,宾看主,主看宾,主看主,宾看宾。皆是辨魔拣异,知其邪正。

人与境,夺不夺 师曰:"我有时夺人不夺境,有时夺境不夺人,有时人境俱夺,有时人境俱不夺。"后学称为"四料拣"。

沩仰宗 百丈传灵祐禅师,住潭州沩山。沩山传慧寂禅师,住袁州仰山,是谓沩仰宗。

示圆相,暗机投,义海畅 仰山于耽源处受九十七种圆相,后于沩山处因○相顿悟,乃云:"我于耽源处得体,沩山处得用。宾主酬答,或画（牛）相,或画（佛）相,或画（人）相,或画（卍）相。有暗机,有义海,种种变现,人莫能测。"

曹洞宗 石头传药山,药山传云岩,云岩传良价禅师,住瑞州洞山。洞山传本寂禅师,住抚州曹山。是谓曹洞宗。

传宝镜 云岩晟禅师以宝镜三昧授洞山,洞山付曹山,皆是悟道后,以此证心。秘密相传,不令人知。被人盗听,方行于世。

定君臣，行正令　洞山立"五位君臣"以为宗要，并作《五颂》申其大旨。

云门宗　石头传天皇，天皇传龙潭，龙潭传德山，德山传雪峰，雪峰传文偃禅师，住韶州云门。是谓云门宗。

《顾鉴咦》　师逢僧必特顾之，曰"鉴"。僧拟议，则曰"咦"。门人录为《顾鉴咦》。

一字关，透者希　师因学人来问，每以一字答之。时人谓之"一字关"。罕有知其旨趣者。

法眼宗　雪峰传玄沙，玄沙传罗汉，罗汉传文益禅师，住金陵清凉院。是谓法眼宗。

明六相　《华严》初地中六相义，师尝举示学人，谓真如一心为总相，出生诸缘为别相，法法皆齐为同相，随相不等为异相，建立境界为成相，不动自位为坏相。

禅与教，无两样　并说三界唯心，万法唯识，以融宗教。山堂赞曰："重重华藏交参，一一网珠圆莹。风柯月渚，显露真心，烟霭云林，宣明妙法。"云云。

佛学之高，莫如禅宗。佛学之广，莫如净土。禅宗拣根器，净土则普摄。今时尚禅宗者轻视净土，岂知马鸣、龙树现身说法，早已双轮齐运矣。盖禅宗所最难处，在不受后有一著。倘死生不能自由，则隔阴之迷决不能免。就生平所见所闻，确有证据，从僧中来者，历历可数。上焉者，定境时时现前，眼中静夜发光，读书过目不忘，作文倚马可待，而劝其学佛，决不肯从。此何故也？盖前生参禅有得，一味扫除佛见法见，扫得净尽，自以为超佛越祖矣。仅转一世，已至于此。再转几世，何堪设想？下焉者，当用功时，强制妄念，遏捺其心，如石压草，根芽潜萌。及至来世，杂染习气一时顿发。贪财好色之心,倚修行势力,过人百倍。庸福享尽,死入三涂。岂修因时所逆料哉?亦有不受人身而生天道者,美则美矣,其如报尽何?是等皆由未谙教义发长劫修行之愿,欲以一生了事,自谓舍报之后,常住涅槃。而不知刹那之间,已受后有矣。然则如之何而可也?是在随根授法耳。利根上智,方可学教外别传之法,至彻悟心源后,仍须看教念佛,期生净土,以免退堕。追随永明、楚石诸公,岂不伟欤!中下之机,惟应依教勤修,不可妄希顿悟。法不投机,徒劳无益。欲习禅定,有天台止观可学。次第禅,圆顿禅,行之均能获益。究极而言,必以净土为归。所谓百川异流,同会于海也。

【律宗】

既明宗　传佛心印,名之为宗。五家纲要,略说如前。

须知律　戒律为持身之要,学者不可不知。

持五戒　不杀生,不盗,不淫,不妄语,不饮酒。

本乃立　为一切戒法之根本。

为沙弥,持十戒　即前之五戒,加第六不着香华鬘,不香涂身;第七不歌舞倡伎,不往观听;第八不坐高广大床;第九不非时食;第十不捉持生像、金银宝物。

比丘僧,具足戒。戒二百,又五十　详在《四分戒本》,兹不具述。

尼增百,戒始足　比丘尼三百五十戒,详在《四分比丘尼戒本》。以上僧尼二众具戒,须出家后从律师传授,非可预知。

《梵网》戒,制菩萨,重有十,轻四八　《梵网经》中说十重戒、四十八轻戒,制诸菩萨受持,是谓卢舍那佛所授金刚宝戒。

律门祖,优波离　尊者在佛座下,先受戒品,十大弟子中,持戒第一。

　　承佛印，肃清规　佛印尊者为众纲纪。

　　先束身，次摄心　尊者自云："我以执身，身得自在。次第执心，心得通达。"

　　得圆通，证道深　然后身心一切通利，即证圆通矣。

　　唐道宣，精毗尼　京兆钱氏，梁佑律师之后身也。出家后，戒律精严，著述甚富，诸天送食卫护。详载《天人感通传》。师住终南山，后人称为"南山宗"。

　　大小乘，咸总持　律有大小二乘。宣公以小乘律释通大乘，立为圆宗戒体。

　　宋元照，继其后　余杭唐氏，专学毗尼，博究南山一宗。住西湖昭庆寺，结莲社。尝云："生宏律范，死归安养。平生所得，惟二法门。"先后主灵芝寺三十年，时人称为"灵芝大师"。

　　著述多，善分剖　宣公所著律门典籍，元照剖析精微，辅翼流传。今从海东得来，律学其再兴乎！

　　既明律，须研教　天竺僧规，初出家者，五年学律，五年学经，始入下座。道业增进，升为中座。再加增进，升为上座，方能纲纪后学。

　　辨权实，判大小　权实莫辨，大小不分，则触途成滞，何能通经？下文所列阐教诸宗，皆可为后学准绳也。

【天台宗】（一名法华宗）

　　北齐朝，有慧文　北齐扰乱之时，姓里失考。

　　读《中论》，得其精　师读龙树菩萨《中论》偈云："因缘所生法，我说即是空。亦名为假名，亦名中道义。"遂悟入三观旨趣。

　　祖龙树，立三观，空假中，归一贯　空观顺真谛，假观顺俗谛，中观顺第一义谛。或用次第三观,从假入空,从空入假,从空、假入中道。或用通相三观,一空一切空,假、中皆空;一假一切假,空、中皆假;一中一切中,空、假皆中。或用一心三观,一念心中,三观具足。此三种,后后胜于前前。

传弟子,南岳思　名慧思,世称"思大禅师",武津李氏子,梁时人。依慧文禅师,悟入《法华》三昧及旋陀罗尼门。后居南岳胜境。

止观法,万世师　所著《大乘止观》,中土失传,宋时由海东传来,后人奉为圭臬。

第三世,有智者　名智𫖮。隋帝称为"智者大师"。生荆州华容陈氏,十八出家,师事慧思禅师。诵《法华经》,至《药王品》曰:"是真精进,是名真法供养如来。"即悟《法华》三昧,获一旋陀罗尼,见灵山一会俨然未散。后住天台山。

演教观,判高下　以五时八教,判释东流一代圣教,罄无不尽。分析半满权实,最为精当。

藏与通　一小乘三藏教,专接小机;二通教,通前藏教,通后别、圆。

别与圆　三别教,独菩萨法,别前二教,别后圆教;四圆教,圆伏,圆信,圆断,圆行,圆位,圆自在庄严,圆建立众生。

此四教,至今传　此名化法四教。另有化仪四教,顿、渐、秘密、不定是也。又藏、通、别、圆一一教中,分为六即。所谓理即,名字即,观行即,相似即,分证即,究竟即。

谈性具,善恶兼　台教主张性具法门,谓自性本具善恶等法,方能造十界因果。若非性具,则不能造。他宗专主性善,台宗兼性恶而言,以性恶通于十界,是与他宗迥别处。

百界如,有三千　一心具十法界,一一界中各具十界,是谓"百界"。百界之中各有十如，是谓千如。五阴一千，众生一千，国土一千，共成三千世间。以此为能观，以此为所观，则成三千妙境。十界者，四圣六凡也。十如者，出《法华经》，所谓诸法如是相、如是性、如是体、如是力、如是作、如是因、如是缘、如是果、如是报、如是本末究竟等。

　　此一派，号天台　因智者大师住天台山得名。

　　宗《法华》，佛慧开　以《法华经》为宗，开示、悟入佛之知见，有《法华玄义释签》《文句记》《止观辅行》，世人称为台宗三大部。

【贤首宗】（一名华严宗，一名法界宗）

　　《华严经》，最尊胜　《华严》为诸经之王，无尽教海，皆从此经流出。

　　初传来，在东晋　梵僧佛陀跋陀罗在庐山承远公之意，往天竺求经，得《华严》前分三万六千偈返晋，译于扬州谢司空寺，凡六十卷。

　　杜顺师，是文殊　师姓杜，名法顺，号帝心，雍州万年县人也。生时有乳母来求哺养，满三月，腾空而去。年十五，代兄统兵，中途竭薪水，师以桶水束薪，供给十万军，用之不尽。十八出家，地神捧盘承发。神异众多，不胜枚举。年八十四，入宫辞太宗。升太阶殿，化于御座。先时有门人，辞往五台礼文殊。及至山麓，遇老人告曰："大士已往长安教化众生去也。"问为谁？曰："杜顺和尚是。"遂兼程而返，至则前一日化去矣。

　　阐《华严》，盘走珠　自《华严》译出二百余年，通其义者代不乏人，未若大士之圆转自如也。尝作《法界观》，以二千余言总括《华严》奥旨。投巨火中，一字无损，遂感《华严》海会菩萨现身赞叹。

　　第一传，得智俨　别号云华和尚，住终南至相寺，故称至相尊者。依杜顺和尚学《华严经》,尽得蕴奥。年二十七,遇异僧教寻《华严·十地》中六相义,豁尔贯通。

作《搜玄》,记十卷 作《华严略疏》五卷,每卷分本末为十卷,题名《于〈大方广佛华严经〉中搜玄分齐通智方轨》,后人称为《搜玄记》。并作《十玄门》《五十要问答》《孔目章》,以申其义。

第二传,是贤首 名法藏,康居国人,别号国一法师,从俨公研究《华严》。武后建太原寺,命京城大德为师剃染,授满分戒,敕住太原寺,讲《华严经》。

《探玄记》,世希有 承《搜玄》之后,发挥尽致,为时所宗尚。传至高丽,元晓法师命弟子分讲,盛宏此宗。其余章疏多种,阐扬一乘妙义。《华严》法门由此大行。

清凉疏,释《新经》 清凉国师名澄观,字大休,越州会稽人也。武后时,实叉难陀重译《华严经》四万五千偈,成八十卷,世人称为《新经》。贤首既作《探玄记》,释晋译竟,复疏《新经》,仅及数品而逝。后二十七年,清凉乃生。及其作疏,全依贤首模范,得非贤首国师乘愿再来乎?

并作钞,博而精 《大疏》二十卷,随疏《演义钞》四十卷。今以疏、钞合于经文,作二百二十卷。精深渊博,为世所珍。又有《随文手镜》一百卷,久已失传。疏贞元新译《华严经》四十卷之全文,隐而不见者六百余年,今复出现于世。

小与始 初小教,佛为小机不堪听受大法,故说四谛十二因缘以引导之,令其证得阿罗汉、辟支佛果。二大乘始教,分为二门:一空宗,明一切皆空,以破法执;二相宗,明万法唯识,以融心境。

终与顿 三终教,亦名实教,明如来藏心,二乘、阐提悉当成佛。四顿教,别为一类离念机故,说一念不生即名为佛。

至于圆 五圆教。一位即一切位,一切位即一位。依普贤法界,性相圆融,主伴无尽,身刹尘毛,交遍互入,故名圆教。

五教振 贤首立此五教,以顿教摄禅宗,以圆教该前四,较他宗立教更为完备,故当时从之者众也。

四法界 一者事法界,谓诸众生色心等法一一差别,各有分齐故;二者理法界,谓诸众生色心等法虽有差别,而同一体性故;三者理事无碍法界,谓理由事显,事揽理成,理事互融故;四者事事无碍法界,谓一切分齐事法,称性融通,一多相即,大小互容,重重无尽故。

十玄门 一者,同时具足相应门,如海之一滴,具百川味。二者,广狭自在无碍门,如一尺之镜,见千里影。三者,一多相容不同门,如一室千灯,光光涉入。四者,诸法相即自在门,如金与金色,不相舍离。五者,秘密隐显俱成门,如秋空片月,晦明相并。六者,微细相容安立门,如琉璃之瓶,盛多芥子。七者,因陀罗网境界门,如两镜互照,传曜相写。八者,托事显法生解门,如擎拳竖臂,触目皆道。九者,十世隔法异成门,如一夕之梦,翱翔百年。十者,主伴圆明具德门,如北辰所居,众星皆拱。

暨六相 一者总相;二者别相;三者同相;四者异相;五者成相;六者坏相。一即具多为总,多即非一为别,互不相违为同,彼此不滥为异,一多缘起和合为成,诸法各住本位为坏。

义最纯 杜顺、云华二祖,总括《华严》奥义,演出种种法门,精妙绝伦。

因该果,果彻因 因该果海,果彻因源。

摄万法,归一真 统摄万法,归一真性。

圭峰密 名宗密,住圭峰草堂寺,故称圭峰禅师,果州西充人也。契荷泽之道。后得清凉所撰《华严疏钞》,庆快平生。遂承清凉法脉,后人称为华严第五祖。

疏《圆觉》 为沙弥时,授经得《圆觉》。读之,心地开通,义天朗耀。后作疏释经,成一家独步。

《大钞》详,《小钞》略 《大疏》三卷,《大钞》十三卷,《略疏》两卷,《小钞》六卷。后人以万言为一卷,则卷数众多矣。

此一派,贤首宗 开宗判教,至贤首而大备,故以贤首名宗。

亦行布,亦圆融 说行布法,圆融即在行布之内。说圆融法,行布即在圆融之中。非但不相碍,亦不相形,智眼观之,行布圆融皆假名耳。

【慈恩宗】(一名法相宗,一名唯识宗)

唐玄奘,游西域 师表请往西域求经,帝不许。遂私遁出关,备历艰苦,始抵印度。

学《瑜伽》,祖弥勒 《瑜伽师地论》,弥勒菩萨造。无著菩萨升兜率天,请弥勒菩萨降世传授。但闻其声,不见其形。流传西竺,未达东土,奘公特往求之。

依戒贤,大论师 西竺称为正法藏,居那兰陀寺,座下万众。奘公往依之,居上首十人之列。

亲传授,历年时 依戒贤学《瑜伽》,历五年之久。

归长安 往返之间,已十七年矣。

传窥基 尉迟敬德之犹子也。从奘公出家,英敏绝伦,深得奘公之道。

通因明,善三支 奘公译《瑜伽论》未毕,有僧盗听,归而宣讲。门人以告,奘曰:"彼虽能讲,未通因明,不足取也。"乃以因明传于窥基。基师善用三支比量之法,能立能破。盗听者无如之何矣。

三支者，宗、因、喻也，广如《因明论》说。

《成唯识》，作《述记》 《成唯识论》，西竺作者有十家。基师乃启奘公，欲撷十家之精华，糅成一部。奘公许之。基师自任纂辑之事，而成此书，故梵筴中无此本也。又以平时所闻于师者，多西竺口授之义，作为《述记》，以释论文。

破邪宗，伸正义 此书一出，邪宗尽破，正义全伸，释门之伟烈也！

有现量 无分别智，了法自相，名真现量。有分别智，于义异转，名似现量。

有比量 藉相观义，有正智生，名真比量。虚妄分别，不能正解，名似比量。

究竟依，圣教量 圣教所说现量比量，印证无违，方可自信。

遍计执 遍染净法上，执我执法，故名遍计所执性，属非量。

依他性 依他众缘而起，故名依他起性，属比量。

二者离，圆成证 远离依他及遍计执，识心圆明，入圆成实性，属现量，即是真如自性也。

此一宗，号慈恩 因玄奘法师住慈恩寺得名。

先谈相，后显真 相不自相，全从识变。识不自识，全依性起。相识俱空，不真何待？

【三论宗】（一名性宗，一名空宗，一名破相宗）

三论宗，传最古。秦罗什，来兹土 鸠摩罗什，龟兹国人。东晋太元七年，秦主苻坚遣将迎师。至姚兴时，始抵秦，为译经师，宏三论宗。

真空义，为第一 般若为诸佛母，显第一义空，一切贤圣莫不由此门而得解脱也。

群弟子，竞传习 道生、僧肇、道融、僧睿、昙影、惠观、道恒、昙济，皆罗什门下高弟，并习此宗。生公所著论议，与禅宗相同，惜已亡失。肇公诸论至今传诵。人谓达摩未来以前，通达性宗者，实出罗什之门也。

曰《中论》 有五百偈，龙树菩萨造，青目菩萨释。破二边之见，显中道之理。

曰《百论》 有百偈，提婆菩萨造。正破外道，傍破自余。

《十二门》 此论有十二观门，龙树菩萨作偈自释。并破小乘、外道，正显大乘深义。

为三论 三部均是宗经论，若加《大智度论》，即为四论。《智论》是释经论，释《大品般若经》故。

唐吉藏 姓安，先世安息人，后迁金陵，而藏生焉。为道生法师五传弟子，讲《三论》一百余遍，《法华》《大品》《智论》《华严》《维摩》等，各数十遍。曾住会稽嘉祥寺，人称嘉祥大师。

施大功。《三论疏》，传海东 嘉祥作《三论疏》四十万言，传于海东。今已取来，惟《十二门论》缺前之二门，闻海东刊板时已无全本矣。

法藏释，《十二门》，《宗致记》，至今存 唐法藏，即贤首国师，作《十二门论宗致义记》，卷帙完全，可补嘉祥之缺，今已刻板流行矣。

【密宗】(一名真言宗，天竺属灌顶部)

善无畏 中印度人，事达摩掬多为师，通达密教，受灌顶法。

至长安 遵掬多之命，入唐行道。于开元四年赍梵筴，始届长安，适符玄宗之梦。

唐一行，受真传 一行禅师姓张，巨鹿人，久依善无畏三藏，尽得其传，神异显著。

作疏释,《大日经》 毗卢遮那佛,密宗称为大日如来。善无畏三藏译《大毗卢遮那成佛神变加持经》七卷,一行笔受,密宗称为《大日经》。一行作疏二十卷,又作释十四卷,共六十万言,皆从三藏口授之义而纂集成文者也。

真言教,始得明 后之学密教者,皆以《大日经》疏释为宗。凡称《神变疏钞》者,即此本也。

金刚智 南印度人,开元七年泛海达广州。行道作法,皆著奇验。翻译秘密经典多部。

及不空 北印度人,依金刚智为师,尽传其道。

接踵来,广流通 以上四尊者皆宏密教,神异超群,当时君臣士庶奉之若佛。

灌顶法,不轻授,非法器,转获咎 受灌顶法者,毗卢遮那五智灌顶,顿入佛乘。非具金刚种性,不能传受。

立禁令,自明始。秘密宗,敕停止 去圣遥远,人情浇漓,能受此法者,甚为难得。明时特申禁令,不准传授密教,恐非其人,反有害于法门也。佛制建坛行道,若非金刚阿阇黎传授,即名盗法。

【净土宗】(一名莲宗)

晋慧远 姓贾氏,雁门楼烦人。博极群书,尤善《老》、《庄》,为道安法师之高弟。

住匡庐 见庐山闲旷,可以息心,欲立精舍,感山神辟地输材,因名其殿曰神运,即东林寺也。

结莲社,德不孤 师专倡净土法门,道俗皈依者日众。共结莲社,得一百二十三人,同愿往生极乐国土。

魏昙鸾 雁门人,家近五台。历观圣迹,发心出家。念世寿短促,欲求仙术以永其年。渡江而南,访陶隐居,尽得其传。

修妙观 还至洛中,逢天竺三藏菩提留支,问以长生之道。留支曰:"此方何有不死之法?纵得成仙,终受轮转。"乃以《观经》授之,曰:"此真不死法也。"鸾遂焚仙方而修妙观。作《往生论注》二卷,支那莲宗著述推为巨擘。

生品高,瑞相现 临终之日,华盖幢幡,高映庭宇,异香芬郁,天乐盈空。人皆见之,知其生品最高也。

唐道绰 姓卫,并州汶水人。十四岁出家,讲《大涅槃经》二十四遍。景慕昙鸾净土之业,继其后尘,住玄中寺,道俗赴者弥众。讲《观无量寿佛经》将二百遍。瑞应甚多,不可具述。著有《安乐集》二卷,现行于世。

暨善导 不知何处人,见西河绰禅师九品道场,讲诵《观经》,大喜曰:"此真入佛之津要也。"长安道俗受化往生者不可胜数。人见其念佛一声,有一光明从口中出,百声千声亦复如是。著有《观经疏》及各种净土典籍传世。

唱专修,为妙道 绰、善二公提倡专修,其言曰:"修余行业,多劫方成。惟此法门,速超生死。"诚为莲宗要诀也。

此法门,三经说 《大藏》之中,专说弥陀净土者,有三部经。

《大经》该 《无量寿经》二卷,人称为大本,说弥陀因地修行,果满成佛,国土庄严,摄受十方念佛众生往生彼国等事,该括无遗。所摄之机,通于圣凡。凡位具摄三辈,惟除五逆诽谤正法,其余均为所摄。可谓广矣。

《小经》切 《阿弥陀经》一千八百余言,人称为小本。略说西方净土依正庄严等事。令人执持名号,一心不乱,即得往生,最为切要。此经所摄,拣除小善根福德因缘,惟摄一类纯笃之机。

《观经》语,最惊人,许五逆,得往生 《观无量寿佛经》摄机最广，十恶五逆，临终苦逼，十声称名，即得往生。或疑十恶五逆之人善根全无，佛云何接？答曰：即五逆中，已可见夙世善根矣。若不见佛，不能出佛身血。若不与罗汉相遇，不能杀阿罗汉。若非自身出家，不能破和合僧。既能出家见佛见阿罗汉，然后五逆方能具造。其夙世善根正非浅鲜，所以闻教回心，其力甚大也。惟诽谤正法者，自生极重障碍，虽闻善知识教，亦不信从。倘能闻即信服，痛自忏悔，亦得往生。但谤法而能改悔者，实难中之难，是故经文略而不说。

一切众生本源性地，与十方诸佛无二无别。虽造极重恶业，受无量苦报，而本性未尝染也。一念回光，如来悉知悉见。以同体大悲，摄归净域，决非业力所能牵缠。世人云带业往生者，随情之言耳。实则善恶因果皆如空花，空本无花，捏目所成，岂有业之体相，为亡人所带，而往生净土者哉？

三藏教，所不摄 遍寻教典，惟《华严经·随好光明功德品》，阿鼻狱中，夙根成熟，蒙光顿超。《观经》下品下生，罪大恶极，能于急迫之际，脱离极苦，往生极乐。一切教典所未曾说也。

佛愿力，诚难测 弥陀愿力，非但凡小不能测度，即多劫修菩萨道者亦不能知。

一称名，众罪灭 至心称弥陀名号一声，能灭八十亿劫生死重罪。何况净念相继，长时无间也？

临终时，佛来接 弥陀光明遍照十方念佛众生，摄取不舍。众生净眼未开，不能知见。至临终时，意根命根齐断，后念未起，刹那之间佛现在前，即脱三界火宅矣。

下中上，根不齐 众生品类，万别千差。弥陀愿力，平等无二。

一句佛，同生西 千句万句即是一句，前句已灭，后句未生，当念一句刹那不住。念佛之心不缘过去，不缘未来，但缘现前一句，以为往生正因。此是万修万人去之法也。久久纯熟，能缘之心忽然脱落。无念而念，念即无念，即名理一心，生品更高。

既生西，皆不退 此土修行，难进易退，隔阴之迷，言之可怖。修习信心，必经万劫，入初住位，方得不退。具缚凡夫，一生净土，即得不退，所以超胜他宗也。

亲见佛，得授记 见佛迟速，在乎此生修行之巧拙耳。既得见佛，闻法欢喜，证无生忍，即蒙佛授记。得授记已，回入娑婆，慈悲度世，圆满种种波罗蜜门，证入种种菩萨智地。何有一法能出此宗之外耶？

净土宗，真简要 差别中之平等，各宗一致。平等中之差别，各宗不同。求其至简至要者，无过此宗。他宗难而此宗易，他宗缓而此宗速。曷不择其易而速者行之，而以一门摄一切法门耶？

协时机 法运盛衰，古今易致。当今之世求其协时逗机者，无如此法。

妙中妙 佛法无一不妙，而净土法门尤众妙中之最妙也。

问曰：佛法平等，君独称赞净土，何也？

答曰：今时有识者莫不以学堂为重。取喻而言，西方净土是极大学堂耳。弥陀接引十方众生往彼就学，供给饮食衣服，不需学费，不定人数，不限年时，其地界廓彻无边，其建立长远无极。入其校者，无论何等根器，至证入无生忍时，为初次毕业。或在彼土进修，或往他方教化，均随其愿。自此以后，历十住十行十回向，三贤位满将入初地时，为第二次毕业。再从初地以去，至等觉后心，证入妙觉果海，为第三次毕业。此论次第门。若论圆顿门，一修一切修，一证一切证。圆顿次第，互摄互融。极而言之，十方三世种种教法，无一不备。是故一切诸佛莫不赞叹。奈何世人流浪生死之中，头出头没，不求出离，其愚为何如耶？

【忏法】

上十宗，已说完　结上起下。

忏悔法，更须探　《普贤行愿品·忏除业障文》云："过去世中，所作恶业无量无边，若此恶业有体相者，尽虚空界不能容受。"末云："我此忏悔无有穷尽。"学者慎勿以此生未造恶业而不修忏悔法也。

《慈悲忏》　东土忏法，此为最古，后人呼为《梁皇忏》。

何人集　征问也。

志公等，高僧十　宝志禅师与高僧十人共集此忏。

梁武帝，心至诚，度故妻，脱蟒形　萧梁武帝之原配郗夫人，嫉妒为因，死堕蟒类。现形官中，诉之于帝，求脱苦果。帝请高僧撰集忏法，建坛行道。后见郗氏冠服来谢，云仗忏力，已生天矣。

唐悟达　名知玄，姓陈，眉州人。唐懿宗封为悟达国师。

有夙业　师在汉时为袁盎，说景帝杀晁错，以谢七王。晁错死后，世世欲报此仇。以盎十世为高僧，不得其便。

人面疮，生于膝　至唐时，师膺帝王宠遇，荣幸念起，怨家得便，遂附其膝而为人面疮，痛不可忍。

遇神僧，为洗冤　师忆向时，调护癞僧，供给备至。僧临别，嘱曰："子后有难，可往西蜀茶笼山相寻。"至是往访之，僧出而相迎。告以所苦，僧曰："岩下有泉，明旦濯之即愈。"

三昧水，浇即痊　黎明引至泉所，疮作人言，具述夙因。且曰："蒙迦诺迦尊者洗我以三昧之水，从此不与汝为冤矣。"掬水一浇，其疮即愈。回顾僧寺，已失所在。

作《水忏》，后世传　因作《慈悲三昧水忏法》三卷，传之后世。

如法行，利无边　世人但能至诚忏悔，解冤释结，捷如影响。此忏及前文所述《梁皇忏》，并依佛经所集各种忏法，皆是利生之宝筏也。

【诸法】

为学者，须知法　世间法，出世间法，略说万法，广说无量。

染与净　随生死流，名染法，六凡法也；逆生死流，名净法，四圣法也。

善分别　智慧观察，舍染还净，方是修行之正轨也。

【五蕴】

色受想，并行识　色即质碍，受即领纳，想即思想，行即迁流，识即了别。初一是色，后四是心。

此五蕴　蕴者积聚义。亦名五阴，阴即盖覆义。总名积集有为，盖覆真性也。

本空寂　《心经》云："照见五蕴皆空，度一切苦厄。"先以"色不异空，空不异色，色即是空，空即是色"四句，显色蕴空。次云"受想行识，亦复如是"二句，例四蕴空。既五蕴皆空，则当处寂灭矣。

【六根】

眼耳鼻，舌身意　眼能见，耳能闻，鼻能嗅，舌能尝，身能觉，意能知。

此六根　根即能生之义，以能生六识故。有浮尘根，胜义根之别。浮尘根者，眼如葡萄朵，耳如新卷叶，鼻如双垂爪，舌如初偃月，身如腰鼓颡，意如幽室见。胜义根者，即如来藏性，显发妙用，寄于六根，而能见、闻、嗅、尝、觉、知也。

应须记　当知浮尘根因四大假合而成，若非胜义根，即同死人。

【六尘】

色声香,味触法 色谓明暗质碍等,声谓动静美恶等,香谓通塞香臭等,味谓咸淡甘辛等,触谓离合冷暖等,法谓生灭善恶等。

此六尘 尘即染污之义,以能染污情识而使真性不能显发故。又名六贼,以能劫夺一切善法故。

亦须识 识得尘即是贼。不被他染污劫夺,则贼为我用,能以六尘而作佛事矣。

【十二处】

前六根,与六尘,十二处,常相亲 处者,方所也。言根在内,尘在外,眼惟对色,耳惟对声等,各有一定方所。若融归真性,则无方所可得矣。亦名十二入,以内六根,外六尘,互相涉入故也。

【十八界】

根尘接,有六识 眼识、耳识、鼻识、舌识、身识、意识。

十八界,从此立 界者,各成界限也。六根为内界,六尘为外界,六识为中界。眼根色尘内外相对,于其中间,生于眼识,则成三界。六根六尘相对,而生六识,则成十八界。若融归真性,则无界限可得矣。

【转八识成四智】

末那识,为第七,阿赖耶,第八识。八种识,为心王 上文六识,眼、耳、鼻、舌、身为前五识,意为第六识。末那为第七识,即染污意也。阿赖耶为第八识,即含藏识,去后来先作主公者也。此八种识,名为心王,以染净诸法,由此而生故。上明八识,下明四智。

转成智,性发光 如来藏性,为识所障,其光不显。若转成四智,则性地发光矣。下列四智名。

大圆镜　转第八识为大圆镜智。

平等性　转第七识为平等性智。

妙观察　转第六识为妙观察智。

成所作　转前五识为成所作智。

此四智，一心圆　四智皆从一心圆现。

八识转，体用全　八识未转，体用狭劣。八识既转，体用全彰。大圆镜智，体也；余三智，用也。

问：《楞严经》中，说五阴、六入、十二处、十八界之后，即说七大。此中何以不说？

答曰：虽不列七大名而七大已具足矣。下文世界相中地、水、火、风、空，即是五大。上文之六根，即是根大。八种识，即是识大。若再标出，便成剩语。

【三身】

曰法身　梵语毗卢遮那，此云遍一切处，法身佛也。

曰报身　梵语卢舍那，此云净满，报身佛也。

曰应身　一曰化身，梵语释迦牟尼，此云能仁寂默，应身佛也。

是三身　世人但知应身，不知法报二身。故见解狭劣，不能领会全体大用。必须透彻三身之义，方可与谈此道也。

自受用　谓诸如来内智湛然，照真法界，尽未来际，常自受用广大法乐。

他受用　为他机所感而现此身。谓诸如来由平等智，为十地菩萨现大神通，转正法轮，令他受用大乘法乐。

一报身，说二用　因自他受用，说为自报身、他报身。

胎生身　即八相成道之身。八相者，从兜率天退，入胎、住胎、出胎、出家、成道、转法轮，入于涅槃。

变化身　无而忽有，种种异相。

　　此二种，皆应身　应众生根，随缘示现。

　　约为三　法身，报身，应身。

　　开为五　法身，自报身，他报身，胎生身，变化身。

　　相无定，随机睹　法身无相可见。菩萨见报身，随位增进，相好转胜。二乘凡夫见应身，随于六道各见不同。

【五眼】

　　有肉眼　假父母气血所成，即人中能见之眼。见近不见远，见前不见后，见内不见外，见昼不见夜，见上不见下，因有色质障碍故也。

　　有天眼　诸天因修禅定而得此眼。远近、前后、内外、昼夜、上下，皆悉能见，以无色质障碍故也。

　　有慧眼　二乘之人，以所得慧眼，观一切法皆空。不见有众生相，及灭一切异相，舍离诸著，不受一切法也。

　　有法眼　菩萨为度众生，以清净法眼遍观一切诸法，能知能行。亦知一切众生种种方便门，令修令证也。

　　并佛眼　佛具前四眼之用，无不见知。如人见极远处，佛见则为至近。人见幽暗处，佛见则为显明。乃至无事不见，无事不知，无事不闻。闻见互用，无所思维，一切皆见也。

　　名五眼　人只一种，天具二种，二乘具三种，菩萨具四种，佛具五种。

　　见所见，皆无限　别而言之，肉眼见现前色，天眼见障外色，慧眼见真空，法眼见俗谛，佛眼见第一义谛，似有分限。通而言之，皆无分限。何则？五眼皆是如来藏中，性见觉明，觉精明见，清净本然，周遍法界。所以十信位中，父母所生肉眼，彻见大千世界，能见所见皆无限量矣。

【六通】

天眼通 能见六道众生，死此生彼苦乐之相，及见一切世间种种形色，无有障碍。

天耳通 能闻六道众生苦乐忧喜语言，及世间种种音声。

他心通 能知六道众生心中所念之事。

宿命通 能知自身一世、二世、三世乃至百千万世宿命及所作之事，亦知六道众生各各宿命及所作之事。

神境通 身能飞行，山海无碍。于此界没，从彼界出；于彼界没，从彼界出。大能作小，小能作大。随意变现，神通自在。

漏尽通 漏即三界见思惑也。阿罗汉断见思惑尽，不受三界生死，是名漏尽。

圣与凡，各不同 外道鬼神天仙，凡通也。声闻缘觉菩萨如来，圣通也。凡位除漏尽，只有五通，各各大小不同。圣位具六通，惟菩萨不证漏尽。随位浅深，神通各别。

【四谛】

曰苦集 苦即生死苦果，集即惑业苦因。此二者世间法也。

曰灭道 灭即涅槃乐果，道即道品乐因。此二者出世间法也。

四谛法 四法通名谛者，审实不虚，声闻法也。

须寻讨 诫令众生厌苦断集，慕灭修道，离苦得乐也。

【十二因缘】

自无明，至老死 无明缘行，行缘识，识缘名色，名色缘六入，六入缘触，触缘受，受缘爱，爱缘取，取缘有，有缘生，生缘老死。此十二因缘，亦名十二有支，缘觉法也。举初后，以该中间耳。

十二因，为缘起 一曰无明，亦名烦恼；二曰行，谓造作诸业。

此二支乃过去所作之因也。三曰识,谓起妄念,初托母胎也;四曰名色,从托胎后,生诸根形也;五曰六入,于胎中而成六根也;六曰触,出胎后,六根对六尘也;七曰受,谓领纳世间好恶等事。此五支乃现在所受之果也。八曰爱,谓贪染五欲等事也;九曰取,谓于诸境生取著心也;十曰有,谓作有漏之因,能招未来之果。此三支乃现在所作之因也。十一曰生,谓受未来五蕴之身也;十二曰老死,谓未来之身既老而死。此二支乃来世当受之果也。此十二因缘,该三世因果,展转因依,互为缘起,无有休息。

  顺流转 众生顺之,为流转门。

  逆还灭 缘觉逆之,为还灭门。

  当处空,无分别 菩萨见其本性空寂,无流转还灭之可得。故《心经》云:"无无明,亦无无明尽,乃至无老死,亦无老死尽。"

【六度】

  布施度 梵语檀那波罗蜜,此云布施到彼岸。言布施度者,省文也。有三种施:一财施,二无畏施,三法施。行施者,治悭贪也。

  持戒度 梵语尸罗波罗蜜,此云持戒到彼岸。戒有三聚:一、摄律仪戒,二、摄善法戒,三、饶益众生戒。持戒者,治杂染也。

  忍辱度 梵语羼提波罗蜜,此云忍辱到彼岸。忍有三种:一、耐他怨害忍,二、安受众苦忍,三、法思胜解忍。行忍辱者,治嗔恚也。

  精进度 梵语毗梨耶波罗蜜,此云精进到彼岸。精进有三种:一、擐甲精进,二、摄善法精进,三、饶益有情精进。行精进者,治懈怠也。

  禅定度 梵语禅那波罗蜜,此云静虑到彼岸。禅有三种:一、世间禅,二、出世间禅,三、出世间上上禅。修禅定者,治散乱也。

智慧度 梵语般若波罗蜜,此云智慧到彼岸。般若有三种:一、文字般若,二、观照般若,三、实相般若。修般若者,治愚痴也。

自他苦,从此度 既能自度,又能度他。离苦得乐,莫不由此道也。

又有说十度者,从第六度开出四度:七曰方便度,八曰愿度,九曰力度,十曰智度。或疑智度与般若度有何分别?答曰:第六根本智,第十差别智。开之则为十,约之仍为六。要以第六为宗本法也。

【四无量心】

慈与悲 慈名爱念,即与乐之心。悲名愍伤,即拔苦之心。

喜与舍 见人离苦得乐,其心悦豫,名之为喜。于所缘众生,无憎爱心,名之为舍。

四无量 所缘众生既无量,能缘之心亦无量。

称圣者 此即菩萨利益众生之广大心也。

【涅槃四德】

曰常乐 穷三际而无改,曰常。在众苦而不干,曰乐。

曰我净 处圣凡而莫拘,曰我。历九相而非染,曰净。

此四德,涅槃证 如来所证,故名涅槃四德。

【十界】

有情界,说六凡 三恶道,三善道,轮回不息,说名有情世间。

三途苦,须先论 论平声。三途即三恶道。先论者,令人闻而生畏,速求出离也。

曰地狱 八大地狱皆受火烧,亦名八热。次则八寒地狱。又有小地狱,其数众多。皆是五逆十恶谤法众生所生。

问曰:今时既以大地为圆球,此等地狱当在何处?

答曰:八寒地狱应在两极,彼处半年为昼,半年为夜,坚冰成山,高崖深谷,人不能至。地狱众生,在彼受苦。至日出时,横绕地平而转,渐渐转高,至二十余度。冰山因融化而移动,有时相触,则成合山地狱。至于八热及无间等狱,应在地球之内。盖地球里面,有坚固石壳,壳内大火充满。火中有流质,如烊铜,如沸铁,即是受苦众生灌口炙身之物也。此汁随火山溢出,变而为铁石,黑色光亮。统地球而论,火山不下数百处,历历可验也。

曰饿鬼 种类甚多,略说有三十六,广说无量,皆是悭贪众生所生。

曰畜生 此道种类极多,经中说有三十四亿差别。约而言之,不出飞禽走兽、鳞介昆虫等类,以众生杂业感果而生其中。

苦无比 地狱极苦,饿鬼次之,畜生又次之,皆非言语所能形容也。

曰天道 欲界六天,自下向上说,四王天,忉利天,夜摩天,兜率天,化乐天,他化天。色界四禅:初禅三天,梵众天,梵辅天,大梵天;二禅三天,少光天,无量光天,光音天;三禅三天,少净天,无量净天,遍净天;四禅九天,福生天,福爱天,广果天,无想天,无烦天,无热天,善见天,善现天,色究竟天。无色界四天,空无边处,识无边处,无所有处,非非想处。三界共二十八天。欲界诸天放逸过度,天王示以未来世苦,闻者竦然。色界依禅定住,报尽亦受轮转。无想是外道天,力尽决定堕落。唯无烦以上,名五不还天,修圣道者之所寄托。至于无色四天,或成钝阿罗汉;或穷空不归,迷漏无闻,转入轮回而不自觉。

曰人道 人有八苦:生时苦,老时苦,病时苦,死时苦,怨憎会苦,爱别离苦,求不得苦,五阴炽盛苦。若能知此八苦,早求出离,则念佛往生之心万牛莫挽矣。

曰修罗 梵语阿修罗，此云非天。福力等天而无天德，为多嗔慢故。又有称五道而不列修罗者，以修罗摄于四趣也，《楞严经》云："从卵而生，鬼趣所摄；从胎而出，人趣所摄；因变化有，天趣所摄；因湿气有，畜生趣摄。"

乐事少 诸天防退，人多忧恼，修罗多嗔。道眼观之，何者而可乐耶？

曰声闻 入道次第，从五停心、四念处，以至四加行而证四果：初果须陀洹；二果斯陀含；三果阿那含；四果阿罗汉，名无学位，声闻之极果也。

曰缘觉 亦名辟支佛，观十二因缘而证道果。居声闻之上。出有佛世，名为缘觉。出无佛世，名为独觉。

取灭度，为独乐 断见思惑尽，证有余、无余涅槃，出三界分段生死，居方便有余土。

曰菩萨 凡夫发四宏愿，精勤向道，直至十信位，名凡夫菩萨。渐教行人从十住以去，直至等觉位，名菩萨菩萨。圆顿行人从十住初心，便成正觉，自此以去，位位圆修，三十二应，随机示现，名佛菩萨。

曰如来 亦名婆伽梵，极果之称，共有十号：如来、应供、正遍知、明行足、善逝、世间解、无上士、调御丈夫、天人师、佛世尊。

抚众生，如婴孩 诸佛菩萨，等观众生，犹如一子，常以大悲水，饶益众生，愿一切众生同成正觉。

此四圣 声闻、缘觉、菩萨、如来。

并六凡 天、人、阿修罗、地狱、鬼、畜生。

为十界，一性含 十种法界不出真如自性。

【器世间】

　　既论身　　上文说十界正报。

　　须论土　　下文说依报。经中言土者,即所住之世界也。

　　土为依　　土为所依。

　　身为主　　身为能依。

　　四大洲　　东弗于逮,此云胜身;南阎浮提,此云胜金,亦名南瞻部洲;西瞿耶尼,此云牛货;北郁单越,此云胜处,亦名北俱卢洲。

　　共铁围　　四大部洲在须弥山四面,大咸水海中,外有铁围山围之。

　　七金山　　一双持山,二持轴山,三担木山,四善见山,五马耳山,六象鼻山,七持地山。

　　绕须弥　　七重金山,七重香水海,围绕须弥山。须弥山高八万四千由旬,四王天居山腰,忉利天居山顶。

　　为大地　　一须弥山,四大部洲,大海,铁围,共成大地。

　　风力持　　大地之外皆是虚空,无所依傍,为风力所持而得安住。

　　水火金,不相离　　水轮、火轮、金轮互相依持,成此地轮。

　　水轮含,十方界　　《楞严经》云:"宝明生润,火光上蒸,故有水轮含十方界。"

　　性流动,如何载　　既云含十方界,则八方上下无不遍矣。水是流质,岂不散入空中,何能常附于地?

　　业力持,得自在　　乃众生业力所持,水能含裹十方,不至散漫无归也。

　　风金摩,火现彩　　经云:"风金相摩,故有火光,为变化性。"此相摩而生之电气,遍于环宇,激则现出火光。近北极处有时见半圆光彩照耀空中，名北方晓，最为奇观。变化性者，以电气最能变化物质故也。此非上蒸之火，盖上蒸之火在地内，有时地裂而出，则为火山，声震天地，烟灰漫空而下，热汁奋迅而流，埋没城市，毙人无算。古时发现者，火焰至今不息。近时又有几处发现矣。

庵摩果，比阎浮 经云："阿那律见阎浮提，如观掌中庵摩罗果。"

果体圆，圆如球。彼上下，与四周，人与物，如何留 地圆如球，则上下四周，人物如何安住？今时环游地球之人向东而去，则从西归；向西而去，则从东归，是地形果为圆球矣。始知罗汉天眼早已见之。佛偶然一说，令后人知种种形状，皆随众生意乐所闻，如来未尝指为定相也。

《楞严经》，秘密说，善会通，不可执 《楞严经》文，隐含地球之意。当知佛语皆是活句，若执此非彼，则自生窒碍矣。

或问：今时地球之说与释典迥异，何也？

答曰：世界形状皆是众生同业妄见，犹如幻化，无有定实。佛出世时，随众生机感而为说法。印度婆罗门教先行于世，所说地形是日月绕须弥山环照四大部洲之境界。佛若改变其说，则是以世界为实有矣。世界如果实有，当现华藏时，此浊恶世界置于何所？若同处，则相碍；若异处，则相形。盖华藏现时，娑婆即隐。业道众生，仍见娑婆而不见华藏。法身大士，普见华藏而复见娑婆，互相涉入，无杂无障。可知依正二报，如幻如化，了无质碍也。迩来地球之说，世人信以为实，遂疑佛经所说为非。而不知《楞严经》中，早已隐而言之。经文深密善巧，后人若会其意，自能行住坐卧，如处虚空，不作质碍想，并不作虚空想矣。

问：须弥山如何理会？

答曰：君不闻芥子纳须弥，须弥纳芥子之言乎？须弥既能纳于芥子之内，须弥不小，芥子不大，而法身菩萨亲见须弥入芥子中。会得此意，则须弥山王显于大海，正是妙明心中所现影像。忉利四王诸天，何一而非性色真空、性空真色之所发现？执为实有者堕凡夫见，执为实无者堕外道见，离此二见，心境脱然。

日与月，绕虚空 《肇论》云："日月丽天而不周。"虽运行不息，而未尝动也。

不堕落，谁之功 《楚辞·天问》之意也。

有过去 过去如梦，了无朕迹。

有现在 现在如电，刹那不停。

有未来 未来如云，欻尔而起。

三世改 妄念迁流，故有去来之相。真心绝待，本无今古之殊。《华严经》云："一念普观无量劫，无去无来亦无住。如是了知三世事，超诸方便成十力。"《金刚经》云："过去心不可得，现在心不可得，未来心不可得。"会此意者，方不被三世转而能转三世矣。又《华严经》中说十世，贤首《十世章》中广明。

南与北，西与东 四正。

并四维 东南、西南、东北、西北，谓之四隅。

上下通 四正、四隅，为八方。加上下，通为十方。

观十方，人在中 中无定所，即以自所立处为中。普观十方，不出一心所摄。可谓坐微尘里，转大法轮矣。

人居地 据近时所测，地为圆球。人居地面，足对地心，头皆向外。故经中有仰世界、覆世界、侧世界之说。又测得地球每日自转一周，每年绕日行一大周而成四季之寒暑也。经云：佛坐道场，地神作证，言我此地是金刚脐，余方悉转，此地不动云云。可为地球转动之证。

地居空 地乃空中一弹丸耳,人在其上,眇乎小哉。

数此地,至大千 世人所居之地为一世界,数此大地至一千,名为小千世界;又数小千至一千,名为中千世界;又数中千至一千,名为大千世界。共有十万万大地,通为一佛刹。皆是释迦佛摄化之境也。

凡圣居,各在缘 六凡以罪福因缘而居此土,四圣以慈悲因缘而居此土。

或问:经中所说他方世界无量无数,凡夫未得天眼,亦能略窥影像乎?

答曰:近时天文学家所测者,可以比量而知。其说以日为宗,有多数行星绕日而转,地球其一也。自体无光,仗日光以为明照,即以此绕日之多数地球,作为一小千世界。空中之恒星与日相同,每一恒星有多数地球绕之,即是中千世界。推而至于大千世界,莫不皆然。凡地上之人目所能见者,通为娑婆大千世界。西人谓之一星林。用最大天文镜窥之,空中有无数星林,即是无数大千世界。又有镜中但见白迹,不能察知星点者,西人谓之星气。更有极大天文镜所不能见者,尤不可思议。经中所谓十方微尘数大千世界,可于凡夫眼中略见端倪矣。

同居土 具云凡圣同居土,即上文所说娑婆世界是也。

方便土 具云方便有余土,佛力所现,为二乘休息之处,亦名化城。

实报土 具云实报庄严土,报身佛所居,三贤十圣菩萨方能见之。

寂光土 具云常寂光土,法身佛所居,菩萨随分见于法身,渐次证入。

分四土，自台教　各宗判教不同，分土亦异。此四土，天台教所说也。

前二粗　同居土，方便土。

后二妙　实报土，寂光土。

法性土　即理土也，为法身所依。谓此身土，体无差别，俱非色相所摄。

净化土　摄受一类清净众生。

染化土　摄受一类杂染众生。

分三土。贤首教，如是说，从本源　法性土也。

生枝节　净化、染化二土也。

娑婆界　染化土。

极乐界　净化土。

华藏界　华藏庄严世界海，乃毗卢遮那佛所摄，实报无障碍土也。华藏界内，有十不可说佛刹微尘数香水海。一一海中，有一世界种。一一世界种中，有二十重世界。一一重中，有无量世界于中安住。中央世界种第十三重，极乐、娑婆均在其内。

及余界　例十方世界海无极无尽也。

界非界　依真谛说，界即非界。

非界界　依俗谛说，非界而界。

重重涉，各无碍　入不思议解脱法门，则重重涉入，圆融无尽，皆无障碍矣。

【劝学】

学佛者，首在信　信为道原功德母，长养一切诸善根。

信而解　若非正解，信则不真。

解而行 解路既通,非行莫阶。

由解行,至于证 解行双圆,可臻实证。

识次第 信解行证,四门次第出《起信论》。贤首宗之,释《华严经》,此古今不易之法也。后人不达,师心自用,不求正解,而起邪行,强制妄念,以为真修,纵能得定,转世便失。

辨邪正 非但佛法之外,易入邪途,即学佛者不阅经论,不遇明师,往往走入邪途而不自觉。慎之!慎之!

宗说通 灵光独耀,迥脱根尘,名为宗通。深入教海,辞辩纵横,名为说通。

理事融 凡夫执事而昧理,二乘见理而忘事。若知全理成事,全事即理,则得入于圆融法界。

破我执,第一功 障道之深,无过我执。《金刚经》中四相,以我为首。我相若破,四相全消。《起信论》显示正义之后,即说对治邪执。邪执谓何?即人我执、法我执也。二执若除,二空顿显,是为入道之要门。

四句离 凡举一对,便成四句。且就有无言之,若云有,是增益谤;若云无,是损减谤;若云亦有亦无,是相违谤;若云非有非无,是戏论谤。既俱有过,故须远离。他如一异断常等,例此应知。

百非遣 上文四句中,每句演有、无、亦有亦无、非有非无四句,便成十六句。十六句中,有过去、现在、未来三世,共成四十八句。每句分已起、未起,便成九十六句,带根本四句,即成百句。皆无实义,故云非也。由破我执之功,则四句百非纤毫不起矣。

妄念消,真性显 真性为妄念所障,隐而不现,妄念若消,真性自然显露。此为修行之极则也。

上来十六句,皆就凡位解释,若通凡圣,须分二门。先就次第门,依《起信论》说,信即十信位;解即十解位,亦名十住位;行即十行位,并十回向位;证即十地位。历位进修,须经三阿僧祇劫,方证佛果。

次就圆顿门,依《起信论》说,若离于念,名为得入。古德云,一念相应一念佛,念念相应念念佛。经云:不历阶位而自崇最,名之为道。若欲知二门同异之旨,须阅《大宗地玄文本论》。

【叙述古德】

　　古之人,行履笃　处世纯厚。

　　言不诳　出言诚实。

　　心不曲　居心正直。

　　守清素,如慧开　梁时吴郡人,以讲经名世。住扬都(今南京)彭城寺。

　　竭尽施,不积财　豫章太守谢譓请师讲经,厚加赒遗。晋安太守刘业,知师屡空,施钱一万。师散给贫穷,顷刻都尽。

　　自洁者,如道林　同州人,居太白山,屡诏不出。临终,天乐鸣空,异香盈室。

　　入深山,远女人　师匿迹幽岩,路绝攀跻,终身不见女人,以成其清洁之志也。

　　尊师者,如道安,服苦役,心自甘　魏常山人,十二岁出家,性敏形陋。师轻视之,使服苦役,曾无怨容。读经万言,一日而毕,背诵无差。后遇神僧佛图澄,深入堂奥。佛法由此大行。

　　孝亲者,如道丕,为养母,自忍饥　后周道丕,唐宗室也。七岁出家。年十九,长安乱作,负母入华山。值岁大饥,丕自辟谷,乞食供母。

　　父捐躯,为报国,丕苦求,骨跃出　其父从征殁于战地。遵母命往收遗骸。至则白骨遍野，无从辨识。丕竭诚祝之，注想不移，有骷髅从骨聚中跃出，奉之归葬。其精诚所感如此。

高尚者，如道恒，避荣命，入山深　道恒，蓝田人，年二十出家。秦主姚兴欲夺其志，畀之高位，虽令罗什、道䃜二大德劝谕，亦不肯从。避入深山，以终老焉。

感应者，如道生，石点头，听讲经　姓魏，巨鹿人，为罗什门下四圣之一。时《涅槃经》来文未全，师独唱"一阐提人亦有佛性"。众僧以其违经而摈之。师至吴郡虎丘山，聚石为徒，为之讲经。至阐提有佛性处，师曰："如我所说，契佛心否？"群石皆点头。后居庐山，于讲经时，踞狮子座而逝。

求通经，如灵辨，骨肉穿，妙义显　后魏沙门灵辨，博通三藏，惟于《华严》不能明彻。乃入清凉山，求文殊开示。戴经行道，肉尽骨穿。忽闻空中有声，教以研究经文。遂豁然大悟，造论一百卷，演义释文，穷微洞奥。

冲举者，尼净检，凌霄去，身冉冉　晋净检，本姓仲，彭城人。闻法信乐，先受十戒。同志二十四人共立竹林寺，后受具戒。晋土有比丘尼，自检始。检蓄徒养众，清雅有则，说法教化，如风靡草。至年七十，忽闻殊香芬馥，并见赤气，有一女人手把五色花，自空而下。检见欣然，与众话别，腾空而上。所行之路，有似虹霓直属于天。

神解者，李通玄，《华严论》，千古传　李长者通玄，唐宗室子也。学无常师，迹不可测。尝游五台，逢异僧，授以《华严》大旨。长者将著论释经，遇一虎导至神福山下，就土龛居焉。长者夕吐白光，以代灯炬。有二女子，执侍供馔。著论毕，女子遂去，不复见。年九十六，端坐示寂。白光从顶而出，上彻于天。后人称为方山长者。

　　机捷者,灵照女,老庞公,徒延伫　　唐灵照,襄阳人,庞蕴居士之女也。随父母市鬻竹器以自活。其父将入灭,谓灵照曰:"视日早晚,及午以报。"灵照遽报曰:"日已午矣,而有蚀也。"其父避席临窗,灵照即据榻趺坐而逝。其父笑曰:"吾女机捷矣。"乃拾薪燔之,展期七日而化。

　　举十德　历举古德十人:七比丘,一比丘尼,一居士,一女人。四众备矣。

　　励初学　以古德高风,策励后进。

　　依此修,成正觉　若能效法先德,一意勤修,虽根有利钝,证有迟速,毕竟能成无上菩提。

【余韵】

　　三字偈　释典中偈颂有四字、五字、七字成句者,三字、六字偶一见之。今以三字成句,四句为偈。凡一百八十三偈。

　　随分说　就初学所应知者,约略言之。

　　如风过,万籁歇　上来众多句义,如风起时,万籁齐发。至此将完,如风过时,万籁都息。此语出《庄子·齐物论》。

　　非有言　真空观。

　　非无言　妙有观。

　　会此意,是真诠　空有圆融,入中道第一义谛。

十宗略说

十宗略说

长白如冠九年伯作《八宗二行》,自书条幅,刻于武林。予欲附入《禅门日诵》之末而未果。顷见日本凝然上人所著《八宗纲要》,引证详明,而非初学所能领会。因不揣固陋,重作《十宗略说》,求其简而易晓也。以前之九宗分摄群机,以后之一宗普摄群机。随修何法,皆作净土资粮,则九宗入一宗。生净土后,门门皆得圆证,则一宗入九宗。融通无碍,涉入交参。学者慎勿入主出奴,互相颉颃也。

律宗(一名南山宗,有另立头陀行者,此宗所摄)

佛住世时,以佛为师。佛灭度后,以戒为师。戒有大小乘之别。大乘则宗《梵网》《戒本》等;小乘则宗《十诵》《四分》等。大则七众同遵,小则专制出家。以出家为住世僧伽,非严净毗尼,无以起人天皈敬也。唐道宣律师盛弘此宗,著述甚富,时人称为南山宗。近代宝华山三昧律师,专以此法轨范僧徒,师资相传,代有闻人。夫戒、定、慧三学,次第相须,未有不持戒而能骤得定慧者。而学者往往置之,何也?盖律学检束身心,持之者违背凡情,随顺圣道。不持者违背圣道,随顺凡情。安见其脱生死关,断轮回路耶?《楞严经》中,优波离尊者云:"我以执身,身得自在。次第执心,心得通达。然后身心一切通利,斯为第一。"后之学者,其以是为法焉可!

俱舍宗（一名有宗）

世亲菩萨造《俱舍论》，在声闻对法藏内，最为精妙，专弘有宗，源出《毗婆沙论》。陈真谛三藏译出，并作疏释之，佚失不传。唐玄奘法师重译，三十卷。门人普光作《记》，法宝作《疏》，大为阐扬。当时传习，有专门名家者，遂立为一宗焉。后来通方大士，莫不详览。及至今日，则无人问津矣。窃以大小二乘，不可偏废。如此妙典，岂可终秘琅函耶？有志之士，其亦措心焉可耳！

成实宗

《成实论》译于姚秦罗什三藏。其中具明二空，立二种观（谓空观、无我观）。有二十七贤圣以摄阶位，于小乘中，尤为优长。六朝名德，专习者众，别为一宗。至唐而渐衰，后世则无闻焉。夫古人崇尚之典，必有可观。好学英贤，试取而阅之，亦知一家门径也。

三论宗（一名性空宗）

《中论》《百论》《十二门论》，是为三论。破外道小乘，以无所得为究竟，正合般若真空之旨，故亦名为性空宗。文殊师利为初祖，马鸣、龙树、清辨等菩萨继之。鸠摩罗什至秦盛弘此道，一时学者宗之，生、肇、融、睿并肩相承。生公门下昙济大师，辗转传持，以至唐之吉藏，专以此宗提振学徒。三论之旨，于斯为盛。天台亦提《中论》。其教广行于世，而习三论者鲜矣！吉藏有《疏》若干卷，今从日本传来，或者此宗其再兴乎？

天台宗（一名法华宗）

陈、隋间，智者大师居天台山，后人因以山名宗，称为山家。盖自北齐慧文禅师悟龙树之旨，以授南岳慧思。思传之智者，而其道大显。以五时八教，判释东流一代圣教，罄无不尽。正宗《法华》，旁及余经。建立三止、三观、六即、十乘等法，为后学津梁。其著述有三大、五小等部，辗转演畅，不可具述。智者大师亲证法华三昧，见灵山一会俨然未散。其说法之妙，从旋陀罗尼流出，无有穷尽。人问其位居何等，乃曰圆五品耳。临舍寿时，念佛生西。可见佛果超胜，非思议所及，才登五品，已不能测其高深，而犹以西方为归。世之我慢贡高，不学无术者，其亦稍知愧乎！

贤首宗（一名华严宗）

《华严》为经中之王，秘于龙宫。龙树菩萨乘神通力诵出略本，流传人间。有唐杜顺和尚者，文殊师利化身也，依经立观，是为初祖。继其道者，云华智俨、贤首法藏，以至清凉澄观而纲目备举。于是四法界、十玄门、六相、五教，经纬于疏钞之海。而《华严》奥义，如日丽中天，有目共睹矣！后之学者，欲入此不思议法界，于诸祖撰述，宜尽心焉！

慈恩宗（一名法相宗。奘师虽生兜率，不别立宗。其徒著述，仍以极乐为胜也）

天竺有性相二宗。性宗即是前之三论，相宗则从《楞伽》《深密》《密严》等经流出，有《瑜伽》《显扬》诸论。而其文约义丰，莫妙于《成唯识论》也。以弥勒为初祖，无著、天亲、护法等菩萨相继弘扬。唐之玄奘，至中印度就学于戒贤论师，精通其法，归国译传，是为慈恩宗。窥基、慧沼、智周，次第相承。论疏流传日本，今始取回。宋以后提倡者渐希，至明季而大振，著述甚富，皆有可观。此宗以五位百法，摄一切教门。立三支比量，摧邪显正，远离依他，及遍计执，证入圆成实性，诚末法救弊之良药也！参禅习教之士，苟研究此道而有得焉，自不至颟顸佛性，笼统真如，为法门之大幸矣！

禅宗（一名心宗）

达摩西来，不立文字，直指人心，见性成佛。历代相传，人皆称为禅宗。其实非五度之禅，乃第六般若波罗蜜也。观六祖盛谈般若者，则可见矣！自释迦如来付嘱迦叶为第一祖，二十八传而至菩提达摩，为东土初祖。又六传而至慧能，适符"衣止不传，法周沙界"之记。厥后五家鼎盛，各立纲宗。临济则提三玄三要，曹洞则传五位君臣，以至沩仰之九十六圆相，云门之三句，法眼之六相。门径虽殊，其剿绝情识，彻证心源，无有异也。

尝考古今参学之徒，开悟有难易，证契有浅深。其言下便彻，立绍祖位者，法身大士，随机应现也。如临济遭三顿痛棒，及见大愚而后悟者，大心凡夫之榜样也。自宋元至今，莫不穷参力究，经年累月，不顾身命，始得契入者，根器微小故也。或疑禅宗一超直入，与佛祖同一鼻孔出气，无生死可断，无涅槃可证，何有浅深之别？不知此宗不立阶级，的是顿门。以夙因言之，不无差降。浅深属人，非属法也。慨自江河日下，后后逊于前前，即有真参实悟者，已不能如古德之精纯，何况杜撰禅和，于光影门头稍得佳境，即以宗师自命，认贼为子，自误误人？岂惟浅深不同，亦乃真伪杂出。盖他宗依经建立，规矩准绳，不容假借。惟禅宗绝迹空行，纵横排荡，莫可捉摸。故黠慧者窃其言句而转换之，粗鲁者仿其规模而强效之。安得大权菩萨乘愿再来，一振颓风也哉！

密宗（一名真言宗）

如来灭后七百年时，龙猛菩萨开南天竺铁塔，遇金刚萨埵，受职灌顶，秘密法门，方传于世。金刚萨埵亲承大日如来，即毗卢遮那佛也。龙猛授之龙智。唐初善无畏三藏东来，是为此方初祖。又有金刚智、不空及一行、惠果，皆系金刚阿阇黎，大阐密教。此宗以《毗卢遮那成佛经》《金刚顶经》等为依。立十住心，统摄诸教。建立曼荼罗，三密相应，即凡成圣。其不思议力用，惟佛能知，非因位所能测度。至于祈雨、治病等法，其小焉者耳。然此法门，非从金刚阿阇黎传受，不得入坛行道。此方久已失传。惠果之道行于日本，至今不绝。西藏喇嘛亦崇密乘。今时学者但持诵《准提》《大悲》等咒，至心诚恳，亦得密益。欲知其中奥妙，须阅《大日经》疏释及《显密圆通》《大藏秘要》等便悉。

净土宗（一名莲宗。有立般舟行者，此宗所摄）

以果地觉，为因地心，此念佛往生一门，为圆顿教中之捷径也。四生六道蒙佛接引，与上位菩萨同登不退。非佛口亲宣，谁能信之？既信他力，复尽自力，万修万人去矣！《华严经》末，普贤以十大愿王导归极乐，故净土宗应以普贤为初祖也。厥后马鸣大士造《起信论》，亦以极乐为归。龙树菩萨作《十住》《智度》等论，指归净土者，不一而足。东土则以远公为初祖。其昙鸾、道绰、善导三师次第相承。宋之永明，明之莲池，其尤著者也。

以念佛明心地，与他宗无异；以念佛生净土，惟此宗独别。古德云"生则决定生，去则实不去"者，一往之辞，夺境不夺人也。应作四句料拣，如云"去则决定去，生则实不生"者，夺人不夺境也；"去则实不去，生亦实不生"者，人境俱夺也；"去则决定去，生则决定生"者,人境俱不夺也。依净土三经及《天亲论》,应以人境俱不夺为宗,方合往生二字之义。后人喜提唯心净土、自性弥陀之说,拨置西方弥陀,以谓心外取法,欲玄妙而反浅陋矣!岂知心外无境,境外无心,应现无方,自他不二。现娑婆而颠倒轮回,汩没于四生六道之中;现极乐而清凉自在,解脱于三贤十圣之表。彼修唯心净土者,直须证法性身,方能住法性土,非入正定聚,登初住位不可。其或未然,仍不免隔阴之迷,随业轮转耳。此宗以观想持名兼修为上。否则专主持名,但须信愿切至,亦得往生也。

出世三学,以持戒为本,故首标律宗。佛转法轮,先度声闻,故次之以小乘二宗。东土学者,罗什之徒首称兴盛,故次以三论宗。建立教观,天台方备,贤首阐《华严》,慈恩弘法相,传习至今,称为教下三家。拈花一脉,教外别传;灌顶一宗,金刚密授,故列于三家之后。以上各宗,专修一门,皆能证道。但根有利钝,学有浅深。其未出生死者,亟须念佛生西,以防退堕;即已登不退者,正好面觐弥陀,亲承法印,故以净土终焉。

《大宗地玄文本论》略注

序　说

　　《大宗地玄文本论》①，建立金刚五位。以众生无量劫来，业果相续，非三僧祇修证之功，不能尽除，故立无超次第渐转位。以众生一念相应，即同诸佛，故立无余究竟总持位。以众生心含法界，普融无尽，故立周遍圆满广大位。以众生念念著有，违解脱门，故立一切诸法俱非位。以众生弃有著空，趣于断灭，故立一切诸法俱是位。上之五位，为佛法之总纲，摄尽一切破障法门，该括一切称性法门，纤毫无遗。若明此义，则谈宗谈教，说有说空，皆不相妨，何有分河饮水，互相是非之弊哉！奈何千余年来，无人提唱，遂使无上妙法，秘而不宣，诚不解其何故也。或以论中名义玄微，皆是法身大士行相，非凡位所知，师家艰于应对，故不以此论示人。然一切悉知，必至佛果。等觉以还，随分演说，不害其德望也。儒门所谓知之为知之，不知为不知，是知也。会窃取此义，略加注释。所未知者，断不强解。庶几后学得一隙明，或有利根上智，顿入甚深法界，彻底通达，是所望也。其文义明显者，亦不诠释，阅者自能领会耳。

　　光绪三十二年冬十月，石埭杨文会仁山氏识（时年七十）

---

① 《大宗地玄文本论》，马鸣菩萨造，陈真谛三藏译。——编者注

目 录 叙

《高丽古藏》作二十卷，与《起信论》序相符。宋、元藏皆未收入。《明藏》作八卷，复并作四卷，今从之。

此论穷微极妙，专接利根上智，兼为凡小权渐之机，作一乘胜因。伏愿见者闻者，熏习成种，久久纯熟，心光发宣，即能顿入金刚信位。圆修圆证，五位齐彰。与论主大愿、注者诚心，交光相罗，如宝丝网。辗转开导，无有既极。

略标大意

第一分　归依德处八门：佛、法、僧、有情、无情、假有、空无、普融。

第二分　归依德处十种因缘。

已①上序分，已下正宗分。

第三分　金刚五位名相，根本五十一位梵名。

第四分　说八转相，同时异时，同处异处，各种差别。

第五分　五位各有三用，共十五种作用。

第六分　金刚五位，根本五十一位，各各互具，成立一千二百七十五位。

○ 以上四分，为一论纲宗。

第七分　内有六门。五种非空决定住法，五种无常虚假转法，

---

① 已同以，下文同。——编者注

共为第一建立名字不同门。第二所诠义理差别门。第三依位决定安立门,内有十种别建立位。第四依位法数具阙门。第五德患对量现宗门。第六随次别释广说门。

第八分　地藏大龙王,有功德过患二义,从七分来。

第九分　功德过患二藏之中,各有十法,通为建立名字门。次说所诠义理门,内分治障对量差别门,安立金刚位地门。

第十分　说三种重,广大数量,令修止观,断惑证真。

○以上四分,说对治法门,属渐转位。

第十一分　说十种变对法门,详示出世因果差别之相。

第十二分　说三种数量倍:一法宝,二僧宝,三佛宝。

第十三分　现示本体安立门,现示上末转相门。引经说次第十转,至不可思议无量品。

第十四分　二门同前,数量倍增,百千万亿,乃至无穷尽故。

○以上四分,属俱是位。

第十五分　建立五种转相,说不可合一之法。一者上上一一转相门,二者本本一一转相门,三者俱行不离转相门,四者区区不杂转相门,五者圆满具足转相门。

第十六分　一者本一自性位地门,二者本一之本位地门。

第十七分　本转形相,上转形相。

第十八分　说十二无穷。引经一千二百无穷尽品具足俱转。

○以上四分,属俱非位。

第十九分　七变修行,总有三种。一者功德七变,二者过患七变,三者等量七变。均有上转下转,以为变相。

第二十分　三种百变,过患,功德,等量。名义同前,增倍数转。

第二十一分　三种千变。名义同前,增倍数转。

第二十二分　三种亿变。名义同前,增倍数转。

○以上四分,属总持位。

第二十三分　五十一位,各具五十,成二千五百五十法门。位位具足性相本末四法,成立一万二百法。合总数有一万二千七百五十法门。

第二十四分　如前所说一切位中,各各摄差别转五十位,则成六亿三万七千五百法门。

第二十五分　一者横转遍到俱行门,二者竖转无杂一路门。

第二十六分　总别相摄。

○以上四分,属圆满位。

第二十七分　入道初门,全仗对治。与第七分后先相映,建立智理障果四法,以为断证公据。

第二十八分　障轻理显,有无齐运。上转下转,至小无量。

第二十九分　行藏海中,常无常德,渐渐增进,至中无量。

第三十分　行常山王海中,有三种大无量:一者常大无量,二者无常大无量,三者转变大无量。

○以上四分,说信、住、行、向,进道阶差。

第三十一分　十空无为,十有无为。依二十无为,五十一位建立二种转相:一者重重该摄无障碍门,二者次第乱转超过门。

第三十二分　空有互生。十空无为,一一出生十有无为常法。十有无为,一一出生十空无为常法。

第三十三分　一者空空转,十空各生十空。二者有有转,十有各生十有。三者位位转,五十一位各生五十。

第三十四分　通结体相用,归于无尽。

○以上四分,说地上德用。自二十七分以来,凡八分,属渐转位。

第三十五分　统前三十二法,无不自在。

第三十六分　三十三法,没同果海,不可思议,不能穷了。

○以上二分,因圆果满。

已上正宗分,已下流通分。

第三十七分　说十二喻,赞叹论之胜用。

第三十八分　先说三喻,警醒愚迷。次说十偈,令离诽谤。后说一偈,叮咛诰诫。

第三十九分　马鸣菩萨自说往因,并随佛发愿,及遵敕造论缘起。

第四十分　普劝受持。

《大宗地玄文本论》略注卷第一

大宗地者，一切法门之总纲，如地发生万物。义理深微，故称玄文。千枝万叶从此分布，故名为本。论者，决择征释，翼赞佛经也。又本论之外，应有释论以伸其义，惜未传来。

○ 归依德处无边大抉择分第一

> 顶礼一切无余明，非一非一诸则地；
> 不数不思无量一，并诸种种趣生类。
> 本无量数断命品，与等尘尘无有法；
> 兼不可说无所有，通俱非是等诸法。

论曰：就此二行偈中，

天竺偈颂，八字成句，四句为一偈。贝叶梵文，横书三十二字作一行。译成汉文，五字七字不等，亦以四句为一行偈。

则有八门。云何为八？一者显示中中主者门，二者显示道路轨则门，三者显示离杂合一门，四者显示无边毛生门，五者显示种种离识门，六者显示假有无实门，七者显示无所有事门，八者显示具足无碍门，是名为八。

思议所及处，并所不及处，无非归依德处。则能归所归，融合为一。十界依正,悉入自心。所造之论,摄尽十方三世一切佛法,无欠无余。后生何幸,而能得此妙典耶!

就显示中中主者门中,则有五种。

佛宝云何为五?一者随顺随转应身主者,二者有无无碍变身主者,三者本体本性法身主者,四者本末俱绝满道主者,五者随应无碍自然主者,是名为五。

以上开三身为五身:一是生身,二是变化身,此二是应身;三是法身;四是自受用身,五是他受用身,此二是报身。

下文引经第一

《修集行因大陀罗尼修多罗》中作如是说:尔时花轮宝光明天子则白佛言:世尊,第一导师有几数量可思议不可思议?惟愿世尊为我等众开示显说。我等大众,闻其名字,常诵常念,出无明藏,到涅槃城。于是世尊告天子言:我若以神通力,无量无边阿僧祇劫中,说其名字,终不能尽。今当略言,为汝等众宣说其要。善男子,其觉者数广大圆满过于恒沙,略说五种。云何为五?一者随体佛,二者变体佛,三者法体佛,四者莫测佛,五者应转佛。乃至广说故,如偈"顶礼一切无余明"故。以何义故,一切导师皆名主者?以三义故。云何为三?一者自在义,诸法王故;佛为法王,于法自在。

二者顶上义,三界一故;天上天下,唯佛独尊。

三者周遍义,无所不至故。毗卢遮那,遍一切处。是名为三。

如是已说显示中中主者门,次当说显示道路轨则门法宝。就此门中,则有六种。云何为六?一者音齐言导无碍自在轨则;二者所依本地平等一种,离诸虚妄轨则;三者生长庄严,一一有力轨则;四者究竟圆满,无余尽摄轨则;五者非名非相、非体非用、无造无作轨则;六者自然现前、常住不变、无所诠了、究竟净满轨则。是名为六。

第三分中所说五种本位，以此中一二两法，为第三周遍圆满广大位。以第三法，为第一无超次第渐转位。以第四法，为第二无余究竟总持位。以第五法，为第四一切诸法俱非位。以第六法，为第五一切诸法俱是位。此六彼五，开合应知。

引经第二

《金刚三昧无碍解脱本智实性修多罗》中作如是说：复次文殊师利，若我广说，总有十亿七万三千五十法门，行者履游道路则则。若我略说，总有六种行者履游则则。如是六则，通摄一切无量无边轨则藏海。云何为六？一者说则，二者等则，三者种则，四者上则，五者非则，六者常则。乃至广说故，如偈"非一非一诸则地"故。以何义故一切法藏皆名轨则？以三义故。云何为三？一者金区义。时人易转，法门之印常恒不变，如彼区故。二者引导义，摄将行者令趣治路，如彼导故。三者能持义，善持自相而不坏失，如彼持故。是名为三。

如是已说显示道路轨则门，次当说显示离杂合一门。僧宝就此门中，则有三种。云何为三？一者结缚合一。一切无量无边无明烦恼之众类再生，虽无内合一，而有外合一，以数量等成立契一义故。

凡僧二者解脱合一。一切无量无边三乘诸圣人等，内有道理之合一义，外有同尘之合一义故。

三乘圣僧三者具足俱非合一。一切无量无边金刚中间大圣众等，具足能契所契之二义故。一乘圣僧。是名为三。

引经第三

《文殊师利论义第一无极无尽修多罗》中作如是说：僧众之海

虽无有量,而其本体但有三种。云何为三？一者无根无诤地,二者俱根无诤地,三者有根无诤地。乃至广说故,如偈"不数不思无量一"故。以何义故一切诸僧皆名合一？有二义故。云何为二？一者积集义,集会无量无边一切散乱尘故。

身合一二者一种义,安止无量无边一切波浪识故。心合一是名为二。

如是已说显示离杂合一门,次当说显示无边毛生门。

有情就此门中,则有三门。云何为三？一者有类毛生无边门,二者空类毛生无边门,三者似类毛生无边门,是名为三。就初门中,则有四种。云何为四？一者卵生,二者胎生,三者湿生,四者化生,是名为四。如是四生,能摄一切无量有类根本名数。就中门中,则有三种。云何为三？一者光明中藏空类,二者暗色中藏空类,三者风云中藏空类,是名为三。

中藏者,在内安住也。

如是三类,空故非空,

身如虚空,非顽冥空。以隐故空,隐而不现,故名为空。应审观察。空类眷属,其数众多,不出此量。就后门中,亦有三种。云何为三？一者幻化咒术相相无理似类,二者变药方禁相相无理似类,

上之二类,虽有相相而不合理,故名似类。三者随本现前影像似类,本人妄想所现影像,虽现在前而非实有,亦名似类。

是名为三。如是三类,能摄一切无量无边种种似类根本名数。

引经第四

《集类法门修多罗》中作如是说：有识种类,广说有十,略说有三。云何为三？一者心识亲近在有众生,二者处所隐藏不见众生,

三者识远似有动转众生,是名为三。乃至广说故。如偈"并诸种种趣生类"故。以何义故一切众生皆名毛生?有二义故。云何为二?一者动转不定义,随趣受生无有定法故。二者众多无数义,方角无有数量故。是名为二。今此门中,为欲现示圣如角鲜,凡如毛多故。

如是已说显示无边毛生门,次当说现示种种离识门。无情就此门中,则有二种。云何为二?一者共业建立断命品,二者别业建立断命品,是名为二。就第一门中,则有四种。云何为四?一者风轮大地断命品,二者水轮大地断命品,三者金轮大地断命品,四者火轮大地断命品,是名为四。如是四轮,能摄一切无量无边共业建立断命品类根本名数。言别业建立断命品者,谓众生身非执受摄发毛等类。

引经第五

《业行本因修多罗》中作如是说:复次文殊师利,言众生居住世间者,则有二种。云何为二?一者总轮世间,二者别持世间,是名为二。此二世间,善能摄持无量无边一切居住依止世间。乃至广说故。如偈"及无量数断命品"故。以何义故一切离识皆名断命?所谓无有了别智品故。

如是已说现示种种离识门,次当说现示假有无实门。假有就此门中,则有五种。云何为五?一者如水中月假有,二者如阆婆城假有,三者如阳炎水假有,四者如幻化作假有,五者如谷响音假有,是名为五。

引经第六

《大宝无尽莲华地地修多罗》中作如是说:如水中月等五种虚说譬喻,总摄五万五千五百五十诠虚说譬喻根本名字。乃至广说故,如偈"与等尘尘无有法"故。以何义故一切无量虚说譬喻皆名无有?所谓无有实自性故,名曰为无。无有其实非都无故,名曰为有。

如是已说现示假有无实门,次当说现示无所有事门。空无就此门中,则有四种。云何为四?一者如石女儿无所有事,二者如兔马角无所有事,三者如龟蹯七由切,同鱛,鱼名。毛无所有事,四者如罗汉染无所有事,是名为四。

引经第七

《本地修多罗》中作如是说:复次佛子,汝前所问何等法名为无所有品者,石女儿等四种本说。我若广说,其数无量。乃至广说故,如偈"兼不可说无所有"故。以何义故一切空法皆悉名为无所有事?有二种故。云何为二?一者彼空法体性空空,如此四本说故;二者此空若不诠彼则是空故,

假此空法,以诠他法之空。若不诠彼,则此空本无。

是名为二。

如是已说现示无所有事门,次当说现示具足无碍门。

普融就此门中,则有十种。云何为十?一者心主法,二者心念法,三者色主法,四者色子法,五者非契应法,六者无为法,七者非有为非无为法,八者亦有为亦无为法,九者俱俱法,十者俱非法,是名为十。

言心主法者,可一八识等诸心识本法故。言心念法者,与此相应一切数法。言色主法者,可一能造大种法等。言色子法者,可一所造种种色法。言非契应法者,可一非色非心种种诸法。言无为法者,虚空等四种无为法。言非有为非无为法者,一心等诸本性法。言亦有为亦无为法者,一心等诸本性之法作业用相。言俱俱

105

法者,大本之法其第一分。言俱非法者,大本之法其最后分。如是十法,今此门中,一有一无,一生一灭,一逆一顺,一品一类,不相舍离,是故说言现示具足无碍门焉。

此门统摄一切诸法,为本论之纲要,故归依德处总汇于兹。

引经第八

《最胜德王广大虚空修多罗》中作如是说:不可说不可说不可说十方世界微尘之数,无量无边法门大海,一居一起,一住一止,终不分剖,亦不舍离。以此义故,建立称曰广大圆满虚空地地无尽无极法界大海门。乃至广说故,如偈"通俱非是等诸法"故。

○ 归依德处因缘大抉择分第二

如是已说归依德处无边大抉择分,次当说归依德处因缘大抉择分。其相云何?偈曰:

以有十种大因缘,造作归依德处海。
所谓礼恩及加力,广大殊胜与无我。
决定大海并赞化,兼通现示自本身。
如是十种大因缘,圆满大士乃能具。
凡非境圣亦非量,随分菩萨亦不能。

论曰:何因缘故归依德处?以有十种大因缘故而作归依,如偈"以有十种大因缘,造作归依德处海"故。云何名为十种因缘?一者礼敬尊重甚深因缘,能作礼敬归依德处,摧伏憍慢增长善根故,如偈"礼"故。二者忆念恩泽报推因缘,而能造作胜妙论教,开晓一切狂乱众生,一切德处皆悉欢喜故,如偈"恩"故。三者仰请加力成为因缘。若为造作大论法门,彼诸德处不以加力,不能分别法门海故,如偈"及加力"故。四者开布广散令了因缘,以妙言辞示聪明诠,现了彼诸《修多罗》中秘密微妙深远文义大海,为令广大故,如偈"广大"故。五者劝物令生殊胜因缘。造作论教开示文义,若不归依,彼诸众生不能究竟信受奉行故,如偈"殊胜"故。六者修习忍辱无我因缘。发起欢喜,尊重归向广大心故,如偈"与无我"故。七者出生功德决定因缘。归依德处造作论教,若见若闻,若见见者,若闻闻者,若同国住,一切皆悉随时不移,出生增长无量无边一切功德善根之品,决定决定不谬违故,如偈"决定"故。八者大海无尽宝藏因缘。积集无量无边一切诸种种力,造作殊胜圆满大海如意宝轮金刚德藏,为欲救度无量无边贫穷苦恼众生类故,如偈"大海"故。九者方便善巧教化因缘。具足者中虽无别归,而赞教化为利生故,如偈"并赞化"故。十者现示过去本身因缘,所归德处一切皆悉无非自身之摄持故,如偈"兼通现示自本身"故。

菩萨融三世间以为自身。所谓声闻身、缘觉身、菩萨身、如来身、法身、智身,此六是智正觉世间;业报身、众生身,此二是有情世间;国土身、虚空身,此二是器世间。

是名十种大因缘相。如是广大殊胜因缘,何人所作?佛菩萨作。菩萨菩萨当不能作,况凡二乘?如偈"如是十种大因缘,圆满大士乃能具,凡非境圣亦非量,随分菩萨亦不能"故。

此论从一信心,具余五十位,又位位中,具金刚五位,是名佛菩萨,亦名圆满大士。东土谈教义者,以十住初心便成正觉,为圆顿极则。马鸣大士则言信位便该果海,实大法东来所未闻也。菩萨菩萨者,渐教三贤十圣,位位别修,不能一位摄一切位,故名随分菩萨。若一念与真际相应,则转偏成圆、转渐成顿矣。凡者,六道众生也。二乘者,声闻、缘觉也,虽证圣道,只名小果耳。

以上序分竟,以下正宗分。

○ 一种金刚道路大抉择分第三

唯此一乘,无二无三,故称一种。究竟坚固,不可破坏,喻如金刚。千圣所由,纵横无碍,名为道路。

如是已说归依德处因缘大抉择分,次当说一种金刚道路大抉择分。其相云何?偈曰:

一种金刚地,总有五种位。

谓渐次究竟,及圆满等非。

并及等是位,如是五种位。

诸《修多罗》中,具足无余说。

论曰:一种金刚道路无碍本地地中总有几位?广说虽无量,略说有五种。如是五位,一切总则,一切根本,一切中藏,一切出生,如偈"一种金刚地,总有五种位"故。云何名为五种本位?一者无超次第渐转位,二者无余究竟总持位,三者周遍圆满广大位,四者一切诸法俱非位,五者一切诸法俱是位,是名为五种根本位。

第一第五两位,就生灭门说。第二第四两位,就真如门说。第三一位,真如生灭二门和合说。

如偈"谓渐次究竟,及圆满等非,并及等是位"故。如是五位,自家宣说,龟则方说者。上问下答。

如是五位,直是方说,非宣说量。

自家宣说者,随意发挥,应机无定也。龟则方说者,佛佛道同,古今一致也。

如偈"如是五种位,诸《修多罗》中,具足无余说"故。

位所依止本数名字，其相云何？偈曰：

　　所依止本数，总有五十一。

　　谓虚假光明，四十种名字。

　　不动真金刚，十种本名字。

　　及大极地故，是名所依数。

论曰：五种本位所依止之名字差别其数几有？广说虽无量，略说有五十一种名字。如是五十一种根本名字，一切天地，一切父母，一切体性，一切所依，

天为日月星辰所依，地为人物草木所依，父母为有情所从生，体性为形色之本元。举此数者，皆为一切世法之所依，以喻五十一根本位，为一切佛法之所依。别一解云：五十一种根本名字，为一切万物之天地，一切有情之父母，一切形色之体性，一切法门之所依也。如偈"所依止本数，总有五十一"故。

若非根本五十一位，则金刚五位无所依止。以论中所阐，重在金刚五位，故先列之，次列五十一位以为依止。犹如一经一纬，相织而成一幅杂华云锦也。

云何名为五十一数？所谓虚假光明分中有四十种，真金刚中有十种数。此五十中，加大极自然陀罗尼地故，是故成立五十一数。

此分初列根本五十一位，以地前四十心，名为虚假光明。地上十心，名为真金刚。且依通途教义而言，自第七分至论终，则五十一种皆名真金刚位，方显此论之玄宗。盖一信心，即具五十一位，因果交彻。非若他宗判十信为内凡，住、行、向为三贤，地上为十圣，天地悬隔也。《华严论疏》，说初住成佛，摄四十二位。以十信为相似觉，未入分证位。此论则以信心统摄真金刚位，诚圆中之

圆、顿中之顿也!

名字分中四十种数当何等相?所谓十种爱乐心,十种识知心,十种修道心,十种不退心,各差别故。

云何名为十爱乐心?十信

一者必叉多信心,

二者阿摩诃尸念心,

三者谛度毗梨耶精进心,

四者和罗只度慧心,

五者奢摩陀提尸定心,

六者摩诃阿毗跋致多不退心,

七者阿罗婆诃尼回向心,

八者婆㣽多阿梨罗诃谛护法心,

九者尸罗俱尸阿尸罗戒心,

十者摩诃毗呵阿僧那愿心,是名为十。

云何名为十识知心?十解,亦名十住一者留伽度发心住,二者留谛迦度治地住,三者留罗伽修行住,四者留摩诃生贵住,五者安婆婆方便具足住,六者毗跋致正心住,七者阿毗跋致不退住,八者必叉伽童真住,九者必阿罗法王子住,十者留山迦灌顶住,是名为十。

云何名为十修道心?十行一者度伽呵欢喜行,二者度安尔饶益行,三者度只罗无嗔恨行,四者度和差无尽行,五者度利他离痴乱行,六者度生婆谛善现行,七者度沙必无著行,八者度阿诃尊重行,九者度佛阿善法行,十者度叉一婆真实行,是名为十。

云何名为十不退心?十回向一者罗谛流沙救护一切众生回向,二者罗昙沙不坏回向,三者必自伽等一切佛回向,四者法必他至一切处回向，五者佛度陀无边功德藏回向，六者罗叉必随顺平等善根回向，七者师罗文伽随顺等观一切众生回向，八者婆诃谛真如相回向，九者婆罗提弗陀无缚解脱回向，十者达摩边伽法界无量回向，是名为十。

如偈"谓虚假光明，四十种名字"故。

云何为十真金刚心？十地一者鸠摩罗伽逆流欢喜地，二者须何伽一婆道流离垢地，三者须那迦流照明地，四者须陀洹观明焰地，五者斯陀含度障难胜地，六者阿那含薄流现前地，七者阿罗汉过三有行远地，八者阿尼罗汉变化生不动地，九者阿那诃诃慧光妙善地，十者阿诃罗弗明行足法云地，是名为十，如偈"不动真金刚，十种本名字"故。

此五十中，更复加婆伽婆佛陀，妙觉者无上地应审观察，是名五十一种名字，如偈"及大极地故，是名所依数"故。

如是五十一种心中，彼无超次第渐转位，安立属当，其相云何？偈曰：

五十一位中，如次无超转。

一中具一切，名为渐转位。

论曰：唯一行者，五十一种别相位中回向趣入，如其次第无超过法。所以者何？此门位量法如是故，如偈"五十一位中，如次无超转"故。如是行者，以何行相而渐渐转？谓具具转故。云何名为具具转相？谓一信心位中，具余五十心而转，乃至一大极地位中，具余五十心而转故。若尔，一物耶？异物耶？上问下答实是异物而一物故。所以者何？一信心中具一切位，非余位故。而一信中具一切位，同余余位中具一切位故。以何义故，一信心中具诸余位，更须渐转？上问下答具一中具而不能具多中具故，是故须转。

今此门中,五十一中,一切具具皆悉具足,方名渐转位故,如偈"一中具一切,名为渐转位"故。

引经第九

《摩诃衍金刚种子修多罗》中作如是说:金刚道路足行行者,以二大事而决定转。云何名为二决定转?一者遍度通达转,二者具具增长转,是名为二。言遍度通达转者,通遍经过五十一种大道路故。言具具增长转者,一一位中摄诸位故。乃至广说故。

别教一乘,迥异三乘,故名唯一行者。五十一位,位位圆具,次第渐转,无超过法,是圣教之纲宗也。《华严经》中纯谈此义。行布圆融,圆融行布,即渐即顿,亦权亦实。若非此位,则一切佛法无可安立,故居五位之首。此段文义,甚为精妙。悉心体究,自能通达,不烦委释。一切经中,凡说多劫修行位位圆证者,皆属此门。

如是已说无超次第渐转门,次当说无余究竟总持门。其相云何?偈曰:

五十一位中,随其先得入。

摄一切一切,名无余究竟。

随入一位,即全彰性德,所谓以少方便,疾得菩提也。

论曰:有五十一别相位中,或有行者以信趣入,《楞严经》,五阴尽时,能入菩萨金刚乾慧,即超十信、十住、十行、十向、十地,等觉圆明,入于如来妙庄严海,圆满菩提,归无所得。岂非从乾慧地彻于究竟乎?有人判乾慧地亦在信位,即是以信趣入也。

或有行者以真金地而趣入,《楞严经》,观音圆通,判位应在初住,而佛果妙用,一时现前,岂非无余究竟乎?古德亦有判作初地者,是以真金地而趣入也。

或有行者以大极地而趣入,达摩一宗,以大极地而趣入,内分二类：一从久远劫来，涤除心垢，忽遇机缘触发，一超直入；一是大心凡夫，奋起根本无明，忽然迸裂，顶门眼开，彻透心源。后世浅学之士，慎勿妄贪高举，承虚掠影也。

如是等诸行者，随其先得入位之量，尽摄一切一切位地，究竟无余，亦无移转，亦无出入，一一白白，是故说言总持门位。如偈"五十一位中，随其先得入，摄一切一切，名无余究竟"故。此义经中往往有之，后人不达，曲为解释。此论一出，方知奇特之法，超越常情，非通途教义所能该摄也。

引经第十

《难入未曾有会修多罗》中作如是说即是《入楞伽经》：回向则信心，信心则佛地。佛地则十地，究竟有何次？依真如门，说乱住位。乃至广说故。如是已说无余究竟总持门，次当说周遍圆满广大门。其相云何？偈曰：

五十一种位，无前后一时。

俱转俱行故，名周遍圆满。

论曰：五十一位，无有前后，一时俱转，一时俱行，无有所余。亦五十一别相位中，所有无量无边诸位，无有前后，一时俱转，一时俱行，无有所余。是故说言圆满位焉。如偈"五十一种位，无前后一时，俱转俱行故，名周遍圆满"故。

引经第十一

《法界法轮无尽中藏修多罗》中作如是说：尔时文殊师利闻世尊所说，即从坐起，合掌顶礼，前白佛言：世尊，云何名为横转无向修道人者？如宜世尊，为诸大众，宣说开示如是大事。于是世尊即告文殊师利言：一种无二一道一区大地行者，一切行道，无前无后，一时发起，一时同转，一时住持，一时证入，一时安立，是名横转无向道人。乃至广说故。

贤首、清凉疏《华严经》，阐扬一时一处帝网无尽法门，正合此位。

如是已说周遍圆满广大门，次当说一切诸法俱非门。其相云何？偈曰：

诸无量无边，一切种种位，

皆悉非建立，名俱非位地。

论曰：今此偈中为明何义？为欲现示此俱非门，非因非果，非位非地，非有非无，非名非义，非事非理，非坏非常，非生非灭，一切一切皆悉非故。如偈"诸无量无边，一切种种位，皆悉非建立，名俱非位地"故。若尔，以何义故建立位名？上问下答以其非义，立为位故。

般若波罗蜜如大火聚，烧尽一切世间悉无有余，而不损一草。又云般若妙智，不与二十二根相应。皆此位义也。故菩萨行深般若时，证入空如来藏，四句离，百非遣，何有一法当情耶？

引经第十二

《大明修多罗》中作如是说即是《般若经》：无位位，第一位。禅宗说无位真人，正符此位。乃至广说故。

如是已说一切诸法俱非门，次当说一切诸法俱是门。其相云何？偈曰：

一切种种法，无非金刚身。

以一身义故，名为俱是门。

论曰：无量无边一切位法，一切皆悉是金刚身，等无差别。唯依一身，是故说言俱是门焉。所以者何？今此门中，无一一法而非金刚真实身故。如偈"一切种种法，无非金刚身。以一身义故，名为俱是门"故。

引经第十三

《种金大地修多罗》中作如是说：无病道人，唯见积影，不见散身故。此位顺不空如来藏。金刚身者，法界体性也。三千性相，皆是法身所现影像。台家所谓一色一香无非中道者，盖有见于此也。入此位中，求纤毫过患不可得，故名无病道人。散身者，随业感果，苦乐万殊者也。既见实相，则触处全真，无染幻之形状矣。

○ 金刚宝轮山王大抉择分第四

此分言种种差别转相，故名宝轮。山王表果德，位位有果也。

如是已说一种金刚道路大抉择分，次当说金刚宝轮山王大抉择分。其相云何？偈曰：

渐是尽满非，一时及前后，
与俱并俱非，一异时处转。

论曰：今此偈中为明何义？为欲现示一身金刚大力宝轮山王体中，次第渐转，诸法等是，无余究竟，周遍圆满，俱非绝离，此五种位，一时转，前后转，俱有转，俱非转，亦一时转，亦异时转，亦一处转，亦异处转，具足具足，自在自在，无所障碍故。

差别转相，略说八种。若明此义，则知古今宏法大士，于五位法中，有单提一门者，如南岳、青原以下五宗禅德，即是异时异处转也；有兼阐二门三门者；有具转五门者，如天台、贤首、清凉、永明诸公，皆名一时一处转也。

引经第十四

《大严尽地虚空法界修多罗》中作如是说：复次龙明，汝前所问云何名为金刚本身广大地地无障无碍恒沙功德品者,殊胜极妙,不可思议不可思议。五种金刚道路足行地地,无尽中藏之根本自性,出生增长所依止藏。乃至广说故。

○ 金轮山王道路大抉择分第五

以十五种作用,名为道路。

如是已说金刚宝轮山王大抉择分,次当说金轮山王道路大抉择分。其相云何？偈曰：

山王道路中,总有十五位。

体五种位中,各有三用故。

论曰：此金轮山王道路中,建立几位为道路量？广说虽无量,略说有十五种位,以如是位为道路分。如偈"山王道路中,总有十五位"故。以何因缘分明了知此道路中有十五种根本之位？谓彼金刚大力宝轮山王体五种位中,皆悉各各有三种自在作用故。以此义故,成立十五差别名数。如偈"体五种位中,各有三用故"故。

引经第十五

《方修多罗》中作如是说：一区王民行地地中,唯有十五种体分业数位,无所余位。乃至广说故。

引经第十六

《然明神妙理修多罗》中作如是说：有二十五种差别位者,取王家转,非取作转故。金刚五位中,位位互具五种,则成二十五种差别位。以互具者,皆是本体五位,故名王家转。此分所说位位各有三用,乃造作转,与彼本位有别。造作转摄十五种位名字形相当如何耶？偈曰：

明了及远数，相续并三合，

　　遍动遍不动，字等兼广大。

　　遍到不遍到，融立与俱离，

　　是名十五名，如次应观察。

　　论曰：就次第渐转体中，则有三种用。云何为三？一者分明了达审地作用。不乱次第，建立位地，行道分明，名义俱了故，如偈"明了"故。二者远行远修无数作用。经无量劫，过此诸位，修集功德，无穷尽故，如偈"及远数"故。三者无断无绝恒转作用。刹那刹那，中间中间，常恒不息，自然转故，如偈"相续"故。是名为三。

　　就诸法等是体中，亦有三种用。云何为三？一者能诠能了一合作用。善巧言说，无碍觉慧，其数无量，一金刚故。二者所诠所证一合作用。甚深极义，胜妙玄理，唯是一区，唯是一身，无二歧故。三者随应有名一合作用。随其所应一切有名，一切皆悉一金身故。是名为三，如偈"并三合"故。

　　就无余究竟体中，亦有三种用。云何为三？一者周遍圆满动转作用。第一时中，依一位中通摄一切而究竟转故，如偈"遍动"故。二者周遍圆满不动作用。如是转者，所余一切无量位中，不移不转常决定故，如偈"遍不动"故。三者名句文字无别作用，随其先唱，与余一故，如偈"字等"故。是名为三。

　　就周遍圆满体中，亦有三种用。云何为三？一者无量无边广大作用，其法自体出现业相，尽极广大无分界故，如偈"广大"故。二者无碍通达遍到作用，一时建立一切位故，如偈"遍到"故。三者极极无数不遍作用。遍通经过，而唯有一边故，如偈"不遍到"故。是名为三。

　　就俱非绝离体中，亦有三种用。云何为三？一者消融无所建立作用。一切诸法皆悉遣除，无所许故，如偈"融"故。二者建立诸法悉持作用。一切诸法，以俱非义是理成故，如偈"立"故。三者消融建立俱绝作用，究竟绝道广建立故，如偈"与俱离"故。是名为三。

是为十五种位名字焉。此道路位，大利根者乃能通达，钝根众生决定难了，如偈"是名十五名，如次应观察"故。

上来十五种作用，文辞巧妙，义理深玄。利根上士，智慧观察，即能通达。钝根众生，虽难明了，苟能深心体究，亦作将来胜因，幸勿自生退屈也。

如是诸位，亦一时出兴，亦异时出兴，亦俱时出兴，亦一处转，亦异处转，亦俱处转，亦不出兴，亦不移转，亦唯一种，亦是多种。

出兴移转有十种不同，是故圣贤应世，于十五用，或具或阙，或隐或显，人莫能测也。

于彼本法，有作功用，有作方便，自然自在，建立造作，应审观察。

○ 独一山王摩诃山王大抉择分第六

独一者，无对待也。摩诃，此云大，超出凡小权渐也。

如是已说金轮山王道路大抉择分，次当说独一山王摩诃山王大抉择分。其相云何？偈曰：

摩诃山王中，总有千二百，
七十五种位，谓五十一种。
大根本位中，皆一一各各，
渐转等五位，具足安立故。

论曰：此独一山王摩诃山王体中，建立几位以为体分？广说虽无量，略说其要，唯有一千二百七十五种决定位故，如偈"摩诃山王中，总有千二百，七十五种位"故。以何因缘，山王体中，有千二百七十五位，分明现知？所谓常恒五十一种根本位中，一一各各，次第渐转，诸法等是，无余究竟，周遍圆满，俱非绝离，五种位，具足转故。亦渐转等五种位中，各各开示渐转等五种别位故。是故成立一千二百七十五位。

五十一种根本位，各具渐转等五位，即成二百五十五位。又渐转等五种位中，各具渐转等五位，便成一千二百七十五位。

如偈"谓五十一种，大根本位中，皆一一各各，渐转等五位，具足安立故"故。此独一山王摩诃山王体中，如是千二百七十五种位，亦一一时转，亦异一时转，亦俱一时转，亦皆非转，亦一时一处转，亦一时异处转，亦异时异处转，亦皆非转，

八种转相，与第四分有别。盖第四分专论五位，此分则论位位互具，成一千二百七十五位，是故转相更变耳。自在自然，无障无碍，是故说言无尽虚空大陀陀筏罗法界本藏，地地出生无穷无极广德大海法门藏焉。

引经第十七

《大智庄严法界性身甚深修多罗》中作如是说：非比非喻，难得惟说，大海中藏，大海一体，本地地中三品德类，具足圆满无所阙失。云何为三？

一者上品德类。其位名字，众多无数，与十方世界微尘之数其量等故。《华严经》内，海云比丘受持普眼法门，假使有人，以大海量墨，须弥聚笔，书写此经一品中一门，一门中一法，一法中一义，一义中一句，不得少分。即此上品德类也。

二者中品德类。其位名字，与百百百亿三千大千世界微尘之数其量等故。龙树菩萨入龙宫，所见上本《华严经》，有十三千大千世界微尘数偈，一四天下微尘数品。中本《华严经》，有四十九万八千八百偈，一千二百品。皆中品德类所摄。

三者下品德类。其位名字，有一千二百七十五位故。下本《华严经》，十万偈，四十八品，乃下品德类所摄。是名为三。如是诸位，一一一一一一，乃至无量无量无量无量无量无量。心真如门，为万法之本，平等无二，故说为一。信、住、行、向、地、佛，有六位，以六个一字括之。心生灭门，显示差别相用，不可穷尽，以六个无量括之。若引世典表法，六一者乾之六爻也。纯粹至精，称之为一。六无量者，坤之六爻也。万物资生，故称无量。乃至广说故。

以上四分，为佛法之总纲。第三分开演正宗，首举金刚五位，普摄经中差别门径。次列根本五十一位以为依止，则无尽教海，纲举目张矣。第四分总括前文，详示转相。第五分就五位中开出十五种作用，为无边妙用之根源。第六分明位位互具，为后文广大法数之张本。一部论义，揭示昭然，所谓大宗地者，此也。以次三十分，层层阐扬，皆从此中流出耳。

《大宗地玄文本论》略注卷第二

○ 大海部藏道路大抉择分第七

法门深广,犹如大海。部即品类,藏即含容。

如是已说独一山王摩诃山王大抉择分,次当说大海部藏道路大抉择分。其相云何?偈曰:

大海部藏中,总有十种法。
谓五种非空,及五种无常。

论曰:此大海部藏道路分中,建立几法为部藏量?所谓建立十种法体,以为大海部藏分故。

引经第十八

《摩诃衍地修多罗》中作如是说:俱俱海藏履道分中,唯有十法,无有余法。乃至广说故,如偈"大海部藏中,总有十种法"故。以何义故有十?应知五种非空,五种无常,各差别故,如偈"谓五种非空,及五种无常"故。五种功德皆名非空者,防世人著空也。五种过患皆名无常者,防世人执常也。彼十种法,其名字相,当如何耶?偈曰:

离碍及有实,性火并令光。
兼深里出兴,地藏大龙王。
如是五种名,非空不共称。

起持变坏品,与大力无明。

如是五种名,无常不共称。

各有第一一,以请气力故。

立门实本摄,如法应观察。

论曰:云何名为五种非空决定住法?一者离碍非空决定住法,即空如来藏,依此建立一切诸法俱非位。二者有实非空决定住法,即不空如来藏,依此建立一切诸法俱是位。三者性火非空决定住法,性具功能,触着即烧,依此建立无余究竟总持位。四者今光非空决定住法,现前觉照,念劫圆融,依此建立周遍圆满广大位。五者深里出兴决定住法,破障腾空,甘霖普润,依此建立无超次第渐转位。是名为五,如偈"离碍及有实,性火并今光。兼深里出兴,地藏大龙王"故。如是五名,五种非空决定住法,不共异转差别名字。如偈"如是五种名,非空不共称"故。

云何名为五种无常虚假转法?一者动起无常虚假转法,二者止持无常虚假转法,三者易变无常虚假转法,四者散坏无常虚假转法,五者大力无常虚假转法,是名为五。如偈"起持变坏品,与大力无明"故。如是五名,五种无常虚假转法,不共异转差别名字,如偈"如是五种名,无常不共称"故。

深里大力,如是二法,气力立门,非取实体,应审观察,五种非空,分配五位。深里出兴,配属渐转。大力无明,为障道之本,非深里出兴地藏大龙王,莫能破之。故于十法后,特提此二,以为对治。二者均有气力,但虚假转法,不敌决定住法,故终为所破,而转染成净也。如偈"各有第一一,以请气力故。立门实本摄,如法应观察"故。

如是已说建立名字不同门,次当说所诠义理差别门。如是五种非空决定住法,各有几数?所谓各各有二种故。云何名为二种离碍？一者守身离碍，二者变转离碍。言守身离碍者，无障碍身常恒决定不失坏故。言变转离碍者，建立万有令自在故，是名为二。守身者，安住不动也。变转者，应机无滞也。

云何名为二种有实？一者守身有实，二者变转有实。言守身有实者，常平等身常恒决定不失坏故。言变转有实者，建立差别令安住故。是名为二。云何名为二种性火？一者守身性火，二者变转性火。言守身性火者，明德藏身常恒决定不失坏故。言变转性火者，尘累俱转随顺成故。是名为二。

云何名为二种今光？一者守身今光，二者变转今光。言守身今光者，始炎炎身决定常恒不失坏故。言变转今光者，随顺流转无所碍故。是名为二。

云何名为二种深里？一者守身深里，二者变转深里。言守身深里者，离绝中身常恒决定不失坏故。言变转深里者，诸无为中得自在故。是名为二。

如前所说五种无常业用差别，各各如何？所谓如次出生一切无量无边大过患海皆无余故，住持一切无量无边大过患海皆无余故，变易一切无量无边大功德海皆无余故，坏灭一切无量无边大功德海皆无余故，覆障非德非患中身自在皆无余故。如是五法自体及品各各差别，应审观察。

如是已说所诠义理差别门，次当说依位决定安立门。如前所说五十一种真金刚位，遍几处耶？偈曰：

如是五十一，遍于五种处。

大聪明行者，能善决择知。

论曰：如前所说五十一位，遍离碍等五种处中，无所不至，无所不通。以此义故，大金刚位有五应知，从离碍等五种非空，建立金刚五位，配释如前。如偈"如是五十一，遍于五种处"故。如是位地，利根能知，非钝者境。所以者何？极甚深故，极利了故，极秘密故，此三句，通赞一部论义，非利根莫能知也。如偈"大聪明行者，能善决择知"故。亦复处二故位亦二应知。是故具集有十而已。第三分在金刚道路说五位，此分在大海部藏说十位，即是处二位亦二也。然今所说是变非身，今说十位，是对治门中之变。金刚五位，是龟则方说之身。别建立位，总几数有，字身差别，其相云何？偈曰：

　　别建立位数，总有十种焉。
　　渐次及尽余，不动与俱灭。
　　一空一有位，智智断智地。
　　相值兼拨立，边边转一会。
　　具足此十位，门界量圆满。

论曰：别建立位总有十种。在对治门中有此十位，与根本五位各不相滥，故名别建立位。云何为十？一者一向无超渐次位，二者遍究竟尽不尽位，三者一切中际不动位，四者双立诸法俱灭位，五者若一空当一有位，六者能断所断悉智位，七者熏力相对相值位，八者随除障处立位位，九者真妄得边有无位，十者诸法一种一会位，是名为十，如偈"别建立位数，总有十种焉。渐次及尽余，不动与俱灭。一空一有位，智智断智地。相值兼拨立，边边转一会"故。随有一别建立彼总必当具足一切别位，方得建立大总位耶？问必当具别，总得成故，答如偈"具足此十位，门界量圆满"故。如是十种别相之位，遍于几处？上问下答遍五处故金刚五位。所谓转摄五种处中，各具五十一金刚位。经过诸位，亦有十种别相位故。大总相位，总有几数？遍几处耶？偈曰：

总位有三种,谓上中下故。

唯遍五种处,非余位应知。

论曰:大性总地根本体位总有三种。云何为三?一者趣高上上转去位,二者自然安住中中位,三者向焉下下转去位,是名为三,如偈"总位有三种,谓上中下故"故。如是三总,随别有有,唯遍转五,非所余位,应审观察,如偈"唯遍五种处,非余位应知"故。

如是已说依位决定安立门,次当说依位法数具阙门。如前所说十种本法,守转二种金刚位中为尽不尽。谓若守位中,唯具德五,无所余五。若转位中,十法具足,无所阙失。以此义故,总别二门有无亦了。

前文所诠义理差别门中,五种非空,各有守身、转变二相。"具德五"者,即五种非空也。"所余五"者,即五种无常也。守位唯具德有之,转位德患俱有,故说具阙门。

如是已说依位法数具阙门,次当说德患对量现宗门。其相云何?偈曰:

起性止及今,变空坏并实,

力龙如次对,有似而取多。

论曰:治障照覆,对量形相,如其次第。五种无常,是障是覆。五种非空,能治能照。动起无常,以性火住法治之止持无常,以今光住法治之易变无常,以离碍住法治之散坏无常,以有实住法治之大力无常,以出兴龙王治之以之为量,如偈"起性止及今,变空坏并实,力龙如次对"故。如是对量,一向转耶?俱量转耶?问俱量应知,答如偈"有似而取多"故。

如是已说德患对量现宗门,次当说随次别释广说门。且离碍门,安布形相,现示云何?主伴治障,当如何耶?偈曰:

离碍身体中，有五十一位。

五十一位中，有三种总相。

三种总相中，有十种别相。

初五十一中，一一皆各各。

具足十本数，最初主后伴。

次初主后伴，如次应观察。

论曰：就离碍中，有五十一种金刚位。就此位中，有三种根本总相位。就此总中，有十种分离别相位。如偈"离碍身体中，有五十一位。五十一位中，有三种总相。三种总相中，有十种别相"故。金刚诸位，一一位中，皆具本数，如偈"初五十一中，一一皆各各，具足十本数"故。

主伴各二。云何二主？一者主主，二者伴主。云何二伴？一者伴伴，二者主伴。言主主者，是离碍故。言伴主者，第二转故。有实言伴伴者，除五本法，余眷属故。五本法之眷属言主伴者，除其离碍，余四法故，有实、性火、今光、深里。如偈"最初主后伴，次初主后伴，如次应观察"故。

三种总相，金刚位中，云何安立？谓初信心以为其始，后禴陀地禴，持遇切。应是佛陀地。以为其终，次第渐转，是故建立趣高上上转去位。后禴陀地以为其始，第一信心以为其终，次第渐转，是故建立向焉下下转去位。下转门，别本罕见。上下二门，位位各各离边中道决定安立，是故建立自然安住中中位。以此义故，十种别相，唯有上下，不有中焉。且依上门建立十位，形相云何？偈曰：

信五事已经，至后后位故。

一事究竟故，一味中转故。

治障一灭故，治障不俱故。

一智断智故,上下相照故。

本无今有故,治障自辨故。

无别一转故,如次应观察。

论曰:依趣高上上转去门,见十别位形相如何?谓以五种非空住法,对治五种虚假转法,如其次第,无有超过,渐渐转故,建立一向无超渐次位,如偈"信五事已经,至后后位故"故。以五事治五事,随其所应一究竟故,建立遍究竟尽不尽位,如偈"一事究竟故"故。以五事治五事,不增不减不大不小,一味平等中道实相故,建立一切中际不动位,如偈"一味中转故"故。以五事治五事,随障灭时,其智慧体则便灭故,建立双立诸法俱灭位,如偈"治障一灭故"故。以五事治五事,治起无障,障起无治,不能亲近,不能俱行,不能及达故,建立若一空当一有位,如偈"治障不俱故"故。以五事治五事,治胜气力,变一切障为治眷属,亦以胜力断眷属故,建立能断所断悉智位,如偈"以智断智故"故。以五事治五事,随其所应,上位下位互相照达,随其所应断除障故,建立熏力相对相值位,如偈"上下相照故"故。以五事治五事,随所断障虚妄无本,安立位地亦无本故,建立随除障处立位位,如偈"本无今有故"故。以五事治五事,治皆明净,障皆暗冥,彼治断事悉已成办,此障覆用悉已具足故,建立真妄得边有无位,如偈"治障自辨故"故。以五事治五事,治障二法无二无别,一味平等,一体一性一业一用故,建立诸法一种一会位,如偈"无别一转故"故。

以上十位,皆是对治门中之差别行相。依法修习,过患消除,功德显现,是为入道之要门也。

如是诸位,如偈释说,专心观察,其理分明,本趣具现,如偈"如次应观察"故。

如偈释说者，十门详示，释偈中之义也。专心观察等，令人随文见谛，解行双圆也。

是名为依离碍门，安立诸位总别，现示上上差别。

五门之中，专依离碍门，以般若真空为主中主也。上上转去，非般若不为功，故独举一门。

次依下门建立十门，形相云何？偈曰：

如前说十义，随应当如如，

坏得体归空，渐次第转故。

论曰：依向焉下下转去门，见十别位形相如何？谓如前所说十种义中，随其所应，顺顺如如，坏其得体，归空本存故。

此亦依离碍门，无智无得，即是归空本存也。《金刚经》云：乃至无有少法可得，是名阿耨多罗三藐三菩提。

如偈"如前说十义，随应当如如，坏得体归空"故。

问如是诸位，为一时转，前后转耶？

答以前后转，非一时故，如偈"渐次第转故"故。于余诸法，如是如是，随随如如，说示造作，应审观察。其别转相，是本存故，归空本存是本主故，主中主皆悉各各如是二转，一时前后有二义故。云何为二？一者建立转，前后定故。二者本性转，无前后故。是名为二。如前所说种种诸门，同名异物，住思应观。

○ 深里出兴地藏大龙王大抉择分第八

前分偈中有深里出兴地藏大龙王之句，故此文来。

如是已说大海部藏道路大抉择分，次当说深里出兴地藏大龙王大抉择分。其相云何？偈曰：

地藏龙王中，总有二种义，

所谓德藏义，并及患藏义。

论曰：就深里出兴地藏大龙王体中，则有二义。云何为二？一者功德本藏义，二者过患本藏义。言功德本藏义者，此大龙王为四非空根本藏故。言过患本藏义者，此大龙王为四无常根本藏故。如偈"地藏龙王中，总有二种义，所谓德藏义，并及患藏义"故。

前分说五种德藏，五种患藏。此分单提地藏大龙王，为德患二藏之根本，属渐转位。令知入道要门，方有下手之处。向下二分层层推广，皆演此法。始知无超次第渐转位，如大王路，人所共由也。此论初列金刚五位，以无超次第渐转位居首。后文详演五位行相，先说渐转位中对治法门；中间俱是、俱非、总持、圆满四位，共有十六分；复以渐转位中次第证道之相终焉。学者可以知所从事矣。《华严》四十二位，行布分明。《梵网》四十心地，舍那自说：我已百阿僧祇劫，修行心地，以之为因。初舍凡夫，成等正觉。《起信论》说，一切菩萨皆经三阿僧祇劫，无有超过之法。非菩萨行满，不能成佛。近世宗教二家，每斥三祇历位为劣，高谈一念顿超为胜。请洗心涤虑，观于此论。

具二藏义，地藏龙王居住何处？其里几量长短大小等诸形相，当如何耶？偈曰：

处唵婆尸尼，里五十一量，

长一千由旬，头有婆多提。

则出四种水，尾有舍伽必，

则出四种风，色如玻璃珠。

论曰：今此偈中为明何义？为欲现示举事现理，开演本法大海故。此大龙王居于何处？谓居唵婆尸尼中故，如偈"处唵婆尸尼"

故。出水入地,去隔几量?谓从水底向地下入五十一由旬之量故,如偈"里五十一量"故。彼大龙王身长几量?一千由旬无增减故,如偈"长一千由旬"故。彼大龙王,于其头上有清白毫,名曰婆多提。从此毫端出四种水,云何为四?一者中空水。其出水尘,空以为内,有以为外,而出生故离碍。二者方等水。其出水尘,四角量等,无差违故有实。三者常热水。其出水尘,于一切处,于一切时,常恒暖故性火。四者耀明水。其出水尘,光明清白,常恒今故今光。是名为四,如偈"头有婆多提,则出四种水"故。亦彼龙王,于其尾末有一毛聚吹岁切,名曰舍伽必。从此毛末出四种风,云何为四?一者发尘风。此风起时,经多中间,发起无量无边尘故动起。二者持尘风。此风出时,止住诸尘令安住故止持。三者变珍风。此风出时,经多中间,变诸金玉作砂石故易变。四者坏珍风。此风出时,经多中间,坏灭金玉作无有故散坏。是名为四,如偈"尾有舍伽必,则出四种风"故。彼龙身色,譬如玻璃,无有定色,如偈"色如玻璃珠"故。

《起信论》云:所言法者,谓众生心。是心则摄一切世间出世间法。地藏大龙王者,喻众生心也。心之净分,即在缠真如,能出四种功德水,为出世间法。心之染分,即大力无明,能出四种过患风,为世间法。

"处淹婆尸尼"者,喻本性王无住本处。"里五十一量"者,喻真金位定数量品。"长一千由旬"者,喻本性王具千种德。"头有婆多提"者,喻本性王于诸净品有作方便。"则出四种水"者,喻四非空。"尾有舍伽必"者,喻本性王于诸染品有作业用。"则出四种风"者,喻四无常。"色如玻璃珠"者,喻本性王染净不摄。如其次第,应审思择。

复次住处大海水底,相去中间,喻五十一种金刚位已具。出现至大海时,喻杂类趣。息海浪时,喻起善心时。常起浪时,喻恶心兴时。亦复住心,应审观察。

引经第十九

《本行上地一味平等妙法无边业用具足大海宝轮妙严王子修多罗》中作如是说:生四道法,道品法不四道摄,离绝中心。生四轮法,轮回法不四轮摄,离绝中心。而立名字说大力无明者,随所生法建立名故。乃至广说故。

○ 深里出兴地藏大龙王道路大抉择分第九

有十种功德,十种过患,以为道路。

如是已说深里出兴地藏大龙王大抉择分,次当说深里出兴地藏大龙王道路大抉择分。其相云何?偈曰:

龙王道路中,总有二十法。

谓二本藏中,各有十法故。

论曰:就深里出兴地藏大龙王道路中,总有二十中自在法。所以者何?功德、过患二种藏中,各有十故,如偈"龙王道路中,总有二十法。谓二本藏中,各有十法故"故。彼二十法,名字形相,当如何耶?偈曰:

功德本藏十,常坏俱及非。

自他俱并非,无碍兼一全。

过患本藏十,如一违无有,

对利融上下,如次应观察。

如是二十法,一一皆各各,

圆满广大故,与本存等量。

论曰：就功德本藏之体中，则有十法，能摄一切无量功德。云何为十？一者本体自性，决定常住，不生不灭，远离流转功德品。二者本体自性，常恒移转，是生是灭，流转俱行功德品。第一门是不变义，第二门是随缘义。二门合观，即是如来藏不变随缘，随缘不变之义。三者决定常住，常恒无常，一时俱转，无前后违功德品。四者出常无常，二事不摄，自体本性离脱亡行功德品。五者十种自自摄一切法无有所余，独一无二、一种一行功德品。六者无体无性，从因缘起，亦有亦无，随应变转功德品。以上四门，显示性德玄妙，非深入法海者不能领会。七者无余究竟，俱转俱行，不相舍离功德品。总持位八者非自非他，绝离有名，住于非非，自性决定功德品。俱非位九者于一切法随应无碍，自体自性法尔道理，性造如是功德品。圆满位十者五根一一根，五尘一一尘，一切诸法亦复如是功德品。俱是位是名为十，上来十种功德，在对治门中开演，以渐转位统摄一切也。如偈"功德本藏十，常坏俱及非。自他俱并非，无碍兼一全"故。

就过患本藏之体中，亦有十法，能摄一切无量过患。云何为十？一者于一切法随顺如如，如作逆事过患品。二者造作诸法同一业用，一作逆事过患品。三者治道起时无有定体，违作逆事过患品。四者染净诸法皆无所有，无作逆事过患品。五者一切诸法皆总有有，有作逆事过患品。六者随治同量如如现前，对作逆事过患品。七者由治道力自类增益，利作逆事过患品。八者由治道息发起自用，融作逆事过患品。九者待上转者方得起用，上作逆事过患品。十者以隐藏时方得起用，下作逆事过患品。是名为十。如其次第，住思止心，专心观察，其理攸明，

过患专与功德作障碍，故名逆事。论中举十种名相：一曰如，

二曰一,三曰违,四曰无,五曰有,六曰对,七曰利,八曰融,九曰上,十曰下。观此十逆,则知障碍法无所不至,非精修止观之力,岂能显发性具功德,而令过患转逆为顺,辅弼心王,作无涯大用耶?

如偈"过患本藏十,如一违无有,对利融上下,如次应观察"故。

如是二十法,与彼本方等无差别,是故有二十种本藏无相违过。所以者何?其本藏中,如是道理自然常有,不从本藏长建立故。何故处处皆存品字?如前所说二十种法,各各有百眷属类故,是故言品,例前应了,如偈"如是二十法,一一皆各各,圆满广大故,与本存等量"故。

如是已说建立名字门,次当说所诠义理门。且治及障,对量差别,当如何耶?偈曰:

如是二十法,一一皆各各,
一德治诸过,诸过障一德。
无有定次第,而数品类等,
无失对量过,如理应观察。
如说本存法,说品类亦尔。

论曰:如前所说二十种法,一一各各,一德治一切障,一切障障一德,无别对量,如偈"如是二十法,一一皆各各,一德治诸过,诸过障一德,无有定次第"故。若如是说,今此门中对量轨则混成杂乱?上问下答虽无别对量,而有总对量,是故无失,如偈"而数品类等,无失对量过,如理应观察"故。如本品尔,例前应了,如偈"如说本存法,说品类亦尔"故。

如是已说治障对量差别门,次当说安立金刚位地门。其相云何?偈曰:

此本法门中,亦有金刚位。

依位有三门,谓上中下门。

论曰:就此本法门中,亦有五十一金刚位。如上所说二十种法,依位安立。云何安立?谓诸位中皆具二十,无有前后,一时转故。然则此中有三种门。云何为三?一者一向上转门,二者一向下转门,三者一向中转门,是名为三。如是三门,各各一一位中,具足俱转,不待初后际故。如说本法,品类亦尔。以此小门,广大回持,应广通达。如偈"此本法门中,亦有金刚位。依位有三门,谓上中下门"故。

○ 大龙王重重广海无尽大藏大抉择分第十

如是已说深里出兴地藏大龙王道路大抉择分,次当说大龙王重重广海无尽大藏大抉择分。其相云何?偈曰:

广海大藏中,总有三种重。
谓初中后重,初重有二十。
二亿十方界,量法门大海。
二十种本藏,各生一万量。
各别百眷属,各生一千故。
是故数圆满,住心应观察。
中后重倍此,应广通达故。

论曰:就大龙王重重广海无尽大藏之自家中,总有三重,能摄诸位。云何为三?一者初,第一有重。二者中,安住居重。三者后,建立转重。是名为三。就第一重中,则有二十二亿十方世界之量种种胜妙法门大海。此义云何?谓二十种本藏法中,一一各各出生一万法门大海,各各别别百眷属中,一一各各出生一千法门海故。以此义故，名字圆满，义理具足。如其次第，安住其心，定止其思，聪明观察其数量理，及所诠意，现了分明。对治法门，非止观不为功，故两分重言之。如偈"广海大藏中，总有三种重。谓初中后重，初重有二十。二亿十方界，量法门大海。二十种本藏，各生一万量。各别百眷属，各生一千故。是故数圆满，住心应观察"故。次二种重，如其次第，倍前普布，应广通达，如偈"中后重倍此，应广通达故"故。自第七分说德患对治，至此治道功深，故说广大数量，以见重重法海无有穷尽也。

引经第二十

《大摩尼宝藏陀罗尼修集修多罗》中作如是说：龙龙地地大无尽海藏中，有多十方之量法门轨则品类。最初名为转大法轮，具足一海无极无尽引导光明现照地地，本业本用出生增长轨则大海法门。最后名为有性无性无我空理，大利益，广光明，亦离脱，亦合转，具足具足无边摩诃行种地本藏法雨腾门，出兴上味品类法门。唯取一界以为譬喻，非取尘等。乃至广说故。

举最初法门、最后法门，以该中间十方之量法门。"唯取一界以为譬喻，非取尘等"者，但以十方世界之数为法门数量，非以微尘之数为法门数量也。

以上四分，说对治法，为入道之要门。学者既从前四分得其纲领，即须断惑证真，以免说食数宝之讥。故第七分，说五种非空为能治，五种无常为所治，建立十别相，令知对治之方。第八分专提地藏大龙王，为四德四患之本。盖大龙王藏于地内，名阿赖耶。克其本体，即如来藏。故为德患之本。大力无明，依此而起，出生四患。龙王本具四德之用，出地后，方能显发。此为圣凡之关键也。第九分畅演十德十患，令人修习止观，转凡成圣。第十分说无尽海藏，以开廓心镜，破初学狭隘之见耳。

深观论义，此四分应属无超次第渐转位。盖对治门中所说五种非空决定住法，为金刚五位之本。而五法中，以深里一法出生四法。深里者，渐转位也。

○ 无尽无穷尘尘数量道路大抉择分第十一

如是已说大龙王重重广海无尽大藏大抉择分，次当说无尽无穷尘尘数量道路大抉择分。其相云何？偈曰：

尘尘道路中，如前所说量，
亦有五十一，决定金刚位。
依此位立相，则有十种重，
以为道路量，二因一果等。

论曰：就此门中有几数位？五十一种真金刚位，具足圆满无阙失故，如偈"尘尘道路中，如前所说量，亦有五十一，决定金刚位"故。就此位中，则有十种变对法门，能摄门量。云何为十？一者二因一果门，二者一因一果门，三者少因多果门，四者因果一味门，五者无因无果门，六者自然安住门，七者因果门，八者果因门，九者言说门，十者言人门，是名为十。如是十门以为门量，如偈"依此位立相，则有十种重，以为道路量，二因一果等"故。

自七分至十分，皆说对治法门。障空理显，因果全彰，故此分中说十种因果差别之相。虽末后二门，一名言说，一名言人，亦从前文因果而来也。

彼第一门形相如何？偈曰：

以信心为初，如次率自类，

取所余位初，至于定心位。
则取如来地，亦如其次第，
不退心为初，率同品自类。
取余位第二，至于愿心位。
亦取如来地，修行位为初。
如次率自类，取余位第三，
至于正心位，亦取如来地。
不退位为初，如次率自类，
取余位第四，至灌顶住位。
亦取如来地，离痴行为初，
如次率自类，取余位第五。
至于无著行，亦取如来地。
尊重行为初，如次率自类。
取余位第六，至于真实行，
亦取如来地，随顺观众生。
回向以为初，如次率自类，
取所余四位，各数量契当。
余有如来地，以同地为伴，
庄严一觉海。各因及果称。
配释广观察，其理当分明。

此偈四十二句，最难分配。以下文长行观之，方能明了。

前五句，"以信心为初，如次率自类"，即是一信心、二念心、三精进心、四慧心、五定心，名为率自类也。信心与发心住合修，念心与欢喜行合修，精进心与救护一切众生回向合修，慧心与逆流欢喜地合修，即是"取所余位初"也。定心与大极地合修，即是"至于定心位,则取如来地"也。

二"亦如其次第,不退心为初"六句。不退心与治地住合修,回向心与饶益行合修,护法心与不坏回向合修,戒心与道流离垢地合修,即是"率同品自类,取余位第二"也。愿心与大极地合修,即是"至于愿心位,亦取如来地"也。

三"修行位为初"五句。修行住与无瞋恨行合修,生贵住与等一切佛回向合修,方便具足住与流照明地合修,即是"如次率自类,取余位第三"也。正心住与大极地合修,即是"至于正心位,亦取如来地"也。

四"不退位为初"五句。不退住与无尽行合修,童真住与至一切处回向合修,法王子住与观明焰地合修,即是"如次率自类,取余位第四"也。灌顶地与大极地合修,即是"至灌顶住位,亦取如来地"也。

五"离痴行为初"五句,离痴乱行与无边功德藏回向合修,善现行与度障难胜地合修,即是"如次率自类,取余位第五"也。无著行与大极地合修,即是"至于无著行,亦取如来地"也。

六"尊重行为初"五句。尊重行与随顺平等善根回向合修,善法行与薄流现前地合修,即是"如次率自类,取余位第六"也。真实行与大极地合修,即是"至于真实行,亦取如来地"也。

七"随顺观众生,回向以为初"五句。随顺等观一切众生回向与过三有远行地合修,真如相回向与变化生不动地合修,无缚解脱回向与慧光妙善地合修,法界无量回向与明行足法云地合修,即是"如次率自类,取所余四位,各数量契当"也。

以上七段,二位合修。以四十四位,配成二十二位。前六段末皆取如来地,配成六位。共成二十八位。余有如来地,无他位可配,即以同地为伴。所谓圆融法界,自为主伴,以无量庄严,庄严一觉海。如是二十九位,成就二因一果门。至于各因及果称,须观下文长行五位名义,则二十四位名义,可以类推。故偈云:"配释广观察,其理当分明。"若位位次第配五十位,则成二千五百五十位。因果名称,各各不同,思之可见。

论曰:今此门中为明何义?为欲现示五十一位皆为同量,以二种因感得一果,广三宝海无穷尽故。此义云何?所谓信心及发心地之二种因,同一行相不相舍离,俱行合转住一所作,起无量具生无边德,具足庄严一大觉海。能生长因,名为最上第一出生增长决定真实本藏原母,远离系缚,庄严无胜地种子海会。所庄严果,名为具足真金刚,圆满大慈悲,法身虚空等无差别,最初地地无上极海,一尽大觉无二山王。

次念心地、欢喜行地之二种法能长养因,具足庄严一大觉海。因名为安乐常明,决定增长,无苦无妄,自然照达一切法性,无所障碍种子海会。果名为常乐总明大虚空界,甚深恒了无二山王。

次精进心地、救护一切众生回向地之二种法能长养因,具足庄严一大觉海。因名为发起殊胜大悲光水,远离懈怠,常度常行本地自性,具足通达种子海会。果名为慈悲光明常恒达慧无二山王。

次慧心地、逆流欢喜地之二种法能长养因,具足庄严一大觉海。因名为大真金刚日月光明,自性离苦除断暗品种子海会。果名为极极重地无上一体,自然穷了无二山王。

次定心地、大极地地之二种法能长养因,具足庄严一大觉海。因名为决定安寂,远离散乱,照曜无穷水水火火种子海会。果名为寂圆满地,明圆满地,具足德藏无二山王。

如是诸佛皆悉各各作三大事。云何为三？一者兴化，二者说法，三者胜进。言兴化者，出兴一十方世界之尘量变化身故。言说法者，宣说一十方世界之尘量发心信地法门海故。言胜进者，向上上位如次入故。是名为三。就变化中，亦皆各各有此三事，应广通达。如是如是随随如如，后后诸位例前应知。如偈"以信心为初，如次率自类，取所余位初，至于定心位，则取如来地"故。

长行五段因果名称，即偈中初五句之演义也。以此类推，则二十四位可以意会。能生长因，通名种子海会。所庄严果，通名无二山王。可知此法，从初信位即证佛果，不待初住也。所说"如是诸佛"，即此信等所成之佛，唯三大事渐增数量。下文一、十、百、千、万、亿、十亿、百亿、千亿、万亿，以表胜进之阶差耳。

他经言地前菩萨，一行中修一行，谓以当位行为本，兼修余一行，即是此文二因一果之义。初地至七地，一行中修一切行。八地已去，一切行中修一切行，可与此论参观。

如是已说二因一果门，次当说一因一果门。其相云何？偈曰：

五十一种位，各不待他力，

独住自家中，感得一果故。

因及果名字，如其次第加，

种子大觉故，配释应了知。

次第同前说，增减不同耳。

论曰：今此偈中为明何义？为欲现示因果二法，数量契当，庄严觉道，三宝之海转广大故，如偈"五十一种位，各不待他力，独住自家中，感得一果故"故。因及果称，于本名字，加种子大觉之称故，如偈"因及果名字，如其次第加，种子大觉故，配释应了知"故。次第转相，与前所说，等无差别，唯增数量减数量别各不同耳。如偈"次第同前说,增减不同耳"故。如是诸佛,皆悉各各作三大事,名同前说,义有不同。言兴化者,出兴十十方世界之尘量变化身故。言说法者,宣说十十方世界之尘量各各因位法门海故。言胜进者,向上上位如次入故。就变化身中,亦有此三事,应广通达。

如是已说一因一果门,次当说少因多果门。其相云何?偈曰:

五十一位中,一一皆各各,

感五十果位,名少因多果。

论曰:今此门中为明何义?为欲现示唯一种因感五十果,无碍自在,无所阙失,三宝之海转广大故,如偈"五十一位中,一一皆各各,感五十果位,名少因多果"故。如是诸佛,皆悉各各作三大事,名如前说,义有不同。言兴化者,出兴百十方世界之尘量变化身故。言说法者,宣说百十方世界之尘量各各因位法门海故。言胜进者,向上上位如次入故。就变化中,有此三事,应广通达。

如是已说少因多果门,次当说因果一味门。其相云何?偈曰:

五十一位中,一一皆各各,有五百果海。

五百果海中,一一皆各各,有五百因海。

如是平等故,名因果一味。

论曰:今此门中为明何义?为欲现示因果二法,数量契当无有增减,三宝之海转广大故。如偈"五十一位中,一一皆各各,有五百果海。五百果海中,一一皆各各,有五百因海。如是平等故,名因果一味"故。

五十一位,各各有五百果海,则成二万五千五百果海。一一果海,各各有五百因海,则成一百二十七亿五万因海。即是一为无量之义也。如是诸佛,所作三事,亦复同前。唯义异耳,所谓千故。变化身相,亦复如是。

如是已说因果一味门,次当说无因无果门。其相云何?偈曰:

　　五十一位法,非因亦非果,

　　生千因果法,名无因无果。

论曰:今此门中为明何义?为欲现示五十一位,因而不有果因,出生千因之大海;果而不有因果,出生千果之大海,三宝之海转广大故,如偈"五十一位法,非因亦非果,生千因果法,名无因无果"故。因必有果,果必有因,尽人而知也。忽说无果之因出生千因,无因之果出生千果,则出人意外矣。因从无果生,果从无因生,故名无因无果。岂通途教义所能摄哉?如是诸佛,所作三事,亦复同前。唯义异耳,所谓万故。

如是已说无因无果门,次当说自然安住门。其相云何?偈曰:

　　五十一位中,一一皆各各,

　　经无量劫转,不出自家故。

论曰:今此门中为明何义?为欲现示位位皆各经无量劫,以修行成道等事转,无其分际,三宝之海转广大故,如偈"五十一位中,一一皆各各,经无量劫转,不出自家故"故。判教虽有顿渐,莫不舍劣而趣胜。今此文中,五十一位,皆经多劫而无分际。不但果位无尽,即因位亦无尽矣。又云不出自家者,一一白白,不杂不乱,故名自然安住门也。如是诸佛,所作三事,亦复同前。唯义异耳,所谓亿故。

如是已说自然安住门,次当说因果门。其相云何?偈曰:

　　生五十一位,生五十一位,

　　所生无尽故,名为因果门。

论曰:今此门中为明何义?为欲现示能生能生无有穷尽,所生所生无有穷尽,三宝之海转广大故,如偈"生五十一位,生五十一位,所生无尽故,名为因果门"故。如是诸佛,所作三事,亦复同前。唯义异耳,谓十亿故。

如是已说因果门,次当说果因门。其相云何?偈曰:

此义例前了,无别意趣耳。

唯有数量增,住心应观察。

论曰:今此门中为明何义?为欲现示五十一位亦因亦果,各生无尽无尽因果大海法门,三宝之海转广大故,如偈"唯有数量增"故。如是诸佛,所作三事,亦复同前。唯义异耳,谓百亿故。

如是已说果因门,次当说言说门。其相云何?偈曰:

一切三宝海,皆悉起言说,

无有穷尽故,名为言说门。

论曰:今此门中为明何义?为欲现示一切三宝,皆悉各各宣说无尽僧海、无尽法海、无尽觉海,三宝之海转广大故,如偈"一切三宝海,皆悉起言说,无有穷尽故,名为言说门"故。僧海,因也。法海,修因证果之路也。觉海,所得之果也。宣说因果之法,名为言说门。如是诸三宝,所作三事,亦复同前。唯义异耳,谓千亿故。

如是已说言说门,次当说言人门。其相云何?偈曰:

一切三宝说,如说量作人,

无有穷尽故,名为言人门。

论曰:今此偈中为明何义?为欲现示如前所说诸三宝说,如所说量造作行者无有穷尽,三宝之海转广大故,如偈"一切三宝说,如说量作人,无有穷尽故,名为言人门"故。以言说门觉悟有情,令得道果。辗转相传,无有穷尽。如是诸人成道已讫,所作三事,亦复同前。唯义异耳,谓万亿故。

引经第二十一

《大明总持具足心地修多罗》中作如是说：譬喻十方无际无本无始无终道行足履地地法藏中，有十种殊胜，转转增长，倍倍具足，圆满广大法门海会。乃至广说故。

《大宗地玄文本论》略注卷第三

○ 不可思议不可称量俱俱微尘本大山王大抉择分第十二

如是已说无尽无穷尘尘数量道路大抉择分,次当说不可思议不可称量俱俱微尘本大山王大抉择分。其相云何?偈曰:

不思议海中,则有三种法,

谓三重倍故,配释应了知。

论曰:就不可思议本大山王体性中,则有三种。云何为三?一者法宝数量倍,二者僧宝数量倍,三者佛宝数量倍,是名为三。增几数量作倍义耶?谓增益亿亿十方世界之微尘数量三宝海故。如其次第,依道路十,增一种倍,应审观察。

前分广说因果,位位有佛出兴。此分说三宝数量倍,依道路十,增一种倍。前分之末说万亿,此分说亿亿。即是十倍也。

如偈"不思议海中,则有三种法,谓三重倍故,配释应了知"故。末末三倍,依本家说,五十一位为本,增益数量为末。三倍者,即前之三种法。倍而又倍,故称末末也,应广通达。

引经第二十二

《心地修多罗》中作如是说:俱尘无上不可思议根本性海分中,具足圆满亿亿大方三德大海,以大方分建立大方。乃至广说故。

○ 不可思议俱俱微尘一切山王道路大抉择分第十三

如是已说不可思议不可称量俱俱微尘本大山王大抉择分,次当说不可思议俱俱微尘一切山王道路大抉择分。其相云何?偈曰:

微尘道路中,有十方界量,
五十一本位,名与前说等。
一五十一中,一一皆各各,
有十方界量,障治三宝海。
如一余亦尔,配此应了知。

论曰:就俱俱微尘道路中,则有一十方世界之数量五十一根本位。其名字量与前说等无有差别,如偈"微尘道路中,有十方界量,五十一本位,名与前说等"故。就一五十一种位中,一一各各有十方世界之数量,烦恼大海、对治大海、僧宝大海、法宝大海、佛宝大海,具足转故,如偈"一五十一中,一一皆各各,有十方界量,障治三宝海"故。如说一五十一种位,余一切位亦复如是,如偈"如一余亦尔,配此应了知"故。

如是已说现示本体安立门,次当说现示上末转相门。其相云何?偈曰:

今此道路佛,出兴小无量,法及化大海。
第二转觉者,出兴中无量,法及化大海。
第三转觉者,出兴大无量,法及化大海。
后后诸转中,如次第无超,渐渐增数量。

论曰:依一本信出兴觉者,总有一十方世界之数量。其中一佛成道已讫，则便出兴小无量十方世界之微尘数量无碍自在化身大海，如是数量信心大海，如偈"今此道路佛，出兴小无量，法及化大海"故。依此佛身出兴化身，总有小无量十方世界之微尘数量。其中一佛出兴已讫，则便出兴中无量十方世界之微尘数量无碍自在化身大海，如是数量信地大海，如偈"第二转觉者，出兴中无量，法及化大海"故。依此化身出兴化身，总有中无量十方世界之微尘数量。其中一佛出兴已讫，则便出兴大无量十方世界之微尘数量无碍自在化身大海，如是数量信地大海，如偈"第三转觉者，出兴大无量，法及化大海"故。如是如是，随随如如，后诸转中，如次无超，渐渐增数，如偈"后后诸转中，如次第无超，渐渐增数量"故。举此一隅，应广通达。

三重无量，皆说信地大海。是则举一信位，例五十一位也。第一信位，即能出兴无量化佛，故名金刚信心。俱是门中，亦依次第无超渐渐增进。虽云渐转，而信位无有穷尽，与一切位皆无穷尽也。

引经第二十三

《本品足地智修多罗》中作如是说：大地微尘譬喻大海履行无住法门，第一转中，小无量大方微尘之数品；第二转中，中无量品；第三转中，大无量品；第四转中，无边无量品；第五转中，无数无量品；第六转中，无量无量品；第七转中，不可计量无量品；第八转中，具足无量品；第九转中，不可说无量品；第十转中，不可思议无量品。乃至广说故。

○ 一切虚空一切微尘数量高王大抉择分第十四

如是已说不可思议俱俱微尘一切山王道路大抉择分，次当说一切虚空一切微尘数量高王大抉择分。其相云何？偈曰：

　　虚空微尘中，则有十方量，

　　十方尘空量，五十一本位。

　　一五十一中，一一皆各各，

　　有如前说量，障治三宝海。

论曰：就一切虚空一切微尘数量高王分中，则有十方世界之尘量，十方世界之尘量，五十一种根本位，十方世界之尘量，十方虚空之尘量，五十一种根本位。如偈"虚空微尘中，则有十方量，十方尘空量，五十一本位"故。就一五十一种根本位中，一一各各有十方世界之尘量，十方世界之尘量，十方世界之尘量，十方虚空之尘量，烦恼大海、对治大海、僧宝大海、法宝大海、佛宝大海，具足转故。如偈"一五十一中，一一皆各各，有如前说量，障治三宝海"故。如是已说现示本体安立门，次当说现示上末转相门。其相云何？偈曰：

　　此本王觉者，前数倍十重，

　　兴化宣说法，大聪明能了。

　　后后诸转中，如次第无超，

　　渐渐增数量，转胜广大转。

论曰：今此门中为明何义？为欲现示依一本信出兴觉者，其中一佛譬喻譬喻之数量增益十重，出兴变化宣说信地。既云依一本信，又云宣说信地，可知以初位例后位，与前分同意也。后后转中，渐渐增数百千万亿，乃至无量无穷尽故。如偈"此本王觉者，前数倍十重，兴化宣说法，大聪明能了。后后诸转中，如次第无超，渐渐增数量，转胜广大转"故。

引经第二十四

《地智修多罗》中作如是说：可一总持大周遍王之自体转相，无量无边譬喻量说。转化时中，渐增数量，满玄数量。乃至广说故。

以上四分，应属一切诸法俱是位。十一分中说十种因果法门，参差错落，千变万化，非通途教义所能该摄。十二分说三宝增益数量，十三分说烦恼对治大海、三宝大海，十四分即就障治三宝转增数量，皆属有门。且四分命名，一则曰尘尘数量，二、三均云俱俱微尘，四则曰虚空微尘。夫微尘为有形之原始，极而至于触目皆是，无非微尘所成。故此四分，判属俱是位也。

○ 独地非乱一定一定道路大抉择分第十五

各住自位，名为独地。不相淆混，故称非乱。一定一定者，上一本一有定位也。

如是已说一切虚空一切微尘数量高王大抉择分，次当说独地非乱一定一定道路大抉择分。其相云何？偈曰：

非乱道路中，亦有金刚位。
一一位各各，有本存一故，一百二数成。
位依立转相，则有五种重。
谓上一本一，俱转及不杂，圆满具足位。

论曰：就独地非乱一定一定道路分中，亦有五十一种真金刚位。一一位位，皆悉各各有本存一。以此义故，一百二数成立而已。位位有上一本一，故成一百二数。如偈"非乱道路中，亦有金刚位。一一位各各，有本存一故，一百二数成"故。依如是位，建立转相，则有五种。云何为五？一者上上一一转相门，二者本本一一转相门，三者俱行不离转相门，四者区区不杂转相门，五者圆满具足转相门，是名为五。如偈"依位立转相，则有五种重。谓上一本一，俱转及不杂，圆满具足位"故。

第一转相形相如何？偈曰：

　　五十一种位，一各摄五十，

　　一时一处转，然不可合一。

论曰：云何名为上一一门？所谓五十一种位，一一位位，各摄五十，一时处转。若尔，合集应作一体。各别一转，不可合一。如偈"五十一种位，一各摄五十，一时一处转，然不可合一"故。

如是已说上上一一转相门，次当说本本一一转相门。其相云何？偈曰：

　　五十一本一，一各摄五十，

　　一时一处转，然不可合一。

论曰：云何名为本一一门？所谓五十一种本一，一种本一，各摄五十，一时处转。若尔，合集应作一体。各别一转，不可合一。如偈"五十一本一，一各摄五十，一时一处转，然不可合一"故。

如是已说本本一一转相门，次当说俱行不离转相门。其相云何？偈曰：

　　本一及上一，互各摄诸位，

　　俱转不舍离，然不可合一。

论曰：云何名为俱行转门？所谓本一五十一法，一一各各摄上一五十一法。上一五十一法，亦能摄彼本。俱行俱转，不相离故。然各别别一时处转，不可合一。如偈"本一及上一，互各摄诸位，俱转不舍离，然不可合一"故。

如是已说俱行不离转相门，次当说区区不杂转相门。其相云何？偈曰：

本上一切位,一一皆各各,

安住自家中,不摄他法故。

论曰:云何名为区不杂门?所谓所有一切种种本上诸位,一一各各唯安住自家中,亦不移转,亦不出入,亦不摄他,亦不定常,常恒具足,遍广大故,如偈"本上一切位,一一皆各各,安住自家中,不摄他法故"故。

以上四门,皆说各住自位,不可合一之法。

如是已说区区不杂转相门,次当说具足圆满转相门。其相云何?偈曰:

前所说四门,一切时处等,

无碍自在转,名具足圆满。

论曰:云何名为具足转门?所谓如前所说四门,一时转,一处转,异时转,异处转,一转离转,总转别转,无碍自在故,如偈"前所说四门,一切时处等,无碍自在转,名具足圆满"故。上文既言不可合一,此言具足圆满,仍不杂乱也。

引经第二十五

《摩诃衍大陀罗尼金刚神咒修多罗》中作如是说:一一,各住自位,一切一切,位位各摄五十位。离杂有无,一称一量,法藏门海中,总有二法。云何为二?一者是总,二者是别。言别者,四种俱轮地故。言总者,四种俱轮自在转故。乃至广说故。

○ 独地独天一种广大无二山王大抉择分第十六

独地者,自性门也。独天者,本本门也。

如是已说独地非乱一定一定道路大抉择分,次当说独地独天

一种广大无二山王大抉择分。其相云何?偈曰:

此山王体中,则有二种门,

谓自性本本,如次应观察。

论曰:就此独地独天一种广大无二山王体中,则有二门。云何为二?一者本一自性位地门,二者本一之本位地门,是名为二。如其次第,应审观察。如偈"此山王体中,则有二种门,谓自性本本,如次应观察"故。

自性位地形相如何?偈曰:

彼本一法中,不待他自然,

有五十一位,是名自性位。

如是五十一,一一皆各各,

有五百法门,周遍广大转。

论曰:云何名为自性位地?所谓如前所说五十一种本一法中,一一各各不待他力,自然自性有五十一真金刚位,是故说言自性位地,不待他力,自然各有五十一位,即是自性本具,为此分独地法门。如偈"彼本一法中,不待他自然,有五十一位,是名自性位"故。如是各各五十一位,一一各各有五百法门之大海,亦周遍转,亦广大转,如偈"如是五十一,一一皆各各,有五百法门,周遍广大转"故。于此位中,亦如前说五种大门,具足具足,圆满圆满,应审思择。

如是已说本一自性位地门,次当说本一之本位地门。其相云何?偈曰:

五十一本法,亦各有本法,

名空空空一,此中亦有位。

论曰:本一所依空空空一中,亦有诸位。一一位位,皆悉各各十万法门,具足圆满无阙失转。空空空一,为本一所依,即是独天法门。前门各有五百法门，称之为地。此门各有十万法门，故称为天。于此位中，亦有前说五种大门，具足具足，圆满圆满，应审思择。

引经第二十六

《品论修多罗》中作如是说：《禅定摩诃衍体》中，则有三大门。云何为三？一者上地安立广大海会门，二者宗本有有有一门，三者根本空空空一门。如是三门，皆有诸位，具足圆满，同转异转等。乃至广说故。上地者，位位超胜也。宗本者，本一自性也。根本者，本一之本也。

○ 独一无二山王自在道路大抉择分第十七

从独地独天法门所得之果，名为独一无二山王。

如是已说独地独天一种广大无二山王大抉择分，次当说独一无二山王自在道路大抉择分。其相云何？偈曰：

自在道路中，总有千重转，
谓本上一中，各各五百故。

论曰：就此无二山王自在道路分中，总有千重差别转相。所谓本上中，各各五百故。如偈"自在道路中，总有千重转，谓本上一中，各各五百故"故。本转形相当如何耶？偈曰：

向本一下转，一空一有转，
乃至第五百，余位亦如是。

论曰：今此偈中为明何义？为欲现示依本一门，向下下转，有一金刚，空一金刚，如其次第，一一现前，渐渐转入，乃至第五百。如是亦复余诸位中，渐渐转入，乃至第五百。无有穷尽，无有边际，无有始终，具足具足，圆满广大，常恒转故。如偈"向本一下转，一空一有转，乃至第五百，余位亦如是"故。上转形相例此应知。一空一有向下下转至五百重，向上上转至五百重，则成千重转相。

引经第二十七

《因明性德修多罗》中作如是说：无二一天，父子法藏。本一自性，子也。本一之本，父也。上上转去，有其始终，无有穷尽。下下转入，有其始终，无有穷尽。有始终者，从信等位起，至五百量故。无穷尽者，法藏之海，极广大故。乃至广说故。

○ 摩诃无二山王最胜高顶一地大抉择分第十八

如是已说独一无二山王自在道路大抉择分，次当说摩诃无二山王最胜高顶一地大抉择分。其相云何？偈曰：

本上无穷尽，建立如是名。

所余一切位，亦如是应知。

论曰：今此偈中为明何义？为欲现示本本无穷，上上无穷，本上无穷，上本无穷，一一无穷，多多无穷，同同无穷，异异无穷，等等无穷，别别无穷，有穷无穷，无穷无穷，周遍广大，具足圆满故，如偈"本上无穷尽，建立如是名。所余一切位，亦如是应知"故。

引经第二十八

《摩诃衍海修多罗》中作如是说：禅定摩诃衍海中，一千二百无穷尽品，具足俱转。乃至广说故。说十二无穷，引经一千二百无穷尽品，以为四分归宿。《金刚经》云："发阿耨多罗三藐三菩提心者，于法不说断灭相。"亦此义也。所云有穷无穷者，如东坡言："自其变者而观之，则天地曾不能以一瞬；自其不变者而观之，则物与我皆无尽也。"苟知此义,则无一法而有穷尽矣。

以上四分,核其文义,应属一切诸法俱非位。或疑俱非位无可演说,何故四分之中重重阐扬五十一位,极而至于各各五百、各各十万法门,与俱非义云何得通？答曰：第六分云,五位之中各具五位,位位各有根本五十一位,则知俱非位中具余五位,位位亦有五十一位。依此义判,于理无违。且以独地独天命名,中间屡说不可合一之语,既云本一自性,复云本一之本,玄而又玄,故知属于俱非位也。

○ 颰回陀尸梵迦诺道路大抉择分第十九

颰,丙英切。回,方膺切。颰等七字,梵语未翻。

如是已说摩诃无二山王最胜高顶一地大抉择分,次当说颰回陀尸梵迦诺道路大抉择分。其相云何？偈曰：

　　颰回道路中,七变对修行,
　　以为道路量,无有余行相。

论曰：今此偈中为明何义？为欲现示颰回道路中,唯以七变对为其界量,无余相故。如偈"颰回道路中,七变对修行,以为道路量,无有余行相"故。云何名为七变修行,形相如何？偈曰：

　　七变有三种,功德过患等。
　　五十一位中,上下七变转。
　　增长功德品,及诸烦恼海。

论曰：七变修行总有几数？有三种故。云何为三？一者功德七变,二者过患七变,三者等量七变,是名为三,如偈"七变有三种,功德过患等"故。言变相者,五十一种金刚位中,向上上转,向下下转,具足七变,增长功德,增长过患,广大转故,如偈"五十一位中,上下七变转,增长功德品,及诸烦恼海"故。

且过患七变,形相如何耶?偈曰:

最第一变中,上各增百数,

下各增千数,各障一二德。

后六变如次,增倍倍数转。

论曰:第一变中,增几数转?障几净法?谓上转时中,一一位位各增百数烦恼品类,障一净法。若下转时中,一一位位各增千数烦恼品类,障二净法。如偈"最第一变中,上各增百数,下各增千数,各障一二德"故。后六变中功德过患,如其次第增倍数故,如偈"后六变如次,增倍倍数转"故。

如是已说现示过患七变门,次当说现示功德七变门。其相云何?偈曰:

最第一变中,上各增一亿,

下各增二亿,渐渐次第转。

后六变如次,增倍倍数转。

不坏患数量,为功德变作。

论曰:第一变中,增几数转?谓上转时中,一一位位各增一亿数功德品类,渐渐而转。若下转时中,一一位位各增二亿数功德品类,渐渐转故。如偈"最第一变中,上各增一亿,下各增二亿,渐渐次第转"故。后六变中,如其次第,增倍数故,如偈"后六变如次,增倍倍数转"故。如是功德烦恼品类,为断不断?上问下答唯变作转,不动坏故,如偈"不坏患数量,为功德变作"故。

如是已说现示功德七变门,次当说现示等量七变门。其相云何?偈曰:

最第一变中，各上增一千，

各下增二万，等数量渐转。

后六变如次，增倍倍数转。

无断障差别，唯对量建立。

论曰：第一变中，增几数转？谓上转时中，一一位位各增一千如次第转。若下转时中，一一位位各增二万如次第转。如偈"最第一变中，各上增一千，各下增二万"故。其数量品，有增减不？上问下答唯平等量，非差别量。如偈"等数量渐转"故。后六变中，如其次第，增倍数转，谓一倍故。如偈"后六变如次，增倍倍数转"故。如是七变，亦无照相，亦无覆相，唯平等量，分分建立。如偈"无断障差别，唯对量建立"故。此中次第功德七变以为其终，应审观察。

引经第二十九

《甚深种子修多罗》中作如是说：明达里藏中，唯有三变，以七为量，不增不减。譬如七步蛇、七叶树，法尔道理。初唯染品，中染净俱，后唯净品。乃至广说故。三种变相，由染品转成净品。七变之后，照相、覆相俱无，泯同法性矣。

○ 钁回陀尸梵迦诺本王本地大抉择分第二十

如是已说钁回陀尸梵迦诺道路大抉择分，次当说钁回陀尸梵迦诺本王本地大抉择分。其相云何？偈曰：

此本王体中，有三种百变，

名次第如前，等无有差别。

论曰：就此本王体中，则有三种百变修行，名及次第如前所说。如偈"此本王体中，有三种百变，名次第如前，等无有差别"故。如是三变形相如何？偈曰：

> 如是三变中，初各如次第，
> 十千百亿数。后九十九变。
> 如次增倍数，渐渐次第转。

论曰：就过患百变门中，上及并下，第一变中，增十亿数次第渐转。就功德百变门中，上及并下，第一变中，增千亿数次第渐转。就等量百变门中，上并及下，第一变中，增百亿数次第渐转。如偈"如是三变中，初各如次第，十千百亿数"故。后九十九变中，皆悉各各如其次第增倍数转。如偈"后九十九变，如次增倍数，渐渐次第转"故。

引经第三十

《大海山王地地品类修多罗》中作如是说：如来藏体中，有三流转品，以百数为量，无超次第渐渐转去。如是三中，初功德少，其过患多，中数量等，后唯功德。乃至广说故。经中称为流转品，顺流而趋萨婆若海故。

○ 麤尸梵诺本王道路大抉择分第二十一

麤，甘火切。麤等四字，梵语未翻。

如是已说翻回陀尸梵迦诺本王本地大抉择分，次当说麤尸梵诺本王道路大抉择分。其相云何？偈曰：

> 本王道路中，有三种千变，
> 名如前说量。各初变如次。
> 增百千万亿。各后一切变，
> 如次倍数转，住心应观察。

论曰：就颦尸梵诺本王道路分中，则有三种千变修行，其名次第同前所说。如偈"本王道路中，有三种千变，名如前说量"故。如是三种，第一变中，如其次第增百亿、千亿、万亿数，上下一量渐渐转故。如偈"各初变如次，增百千万亿"故。各后诸变，如其次第增倍数转，应审思择。如偈"各后一切变，如次倍数转，住心应观察"故。

引经第三十一

《则修多罗》中作如是说：如来藏佛上下门中，有三种修行数，以十为量。如是三品，以多亿转，出生增长广大周遍法门海藏。乃至广说故。

○ 摩诃颦尸梵诺母原主天王大抉择分第二十二

如是已说颦尸梵诺本王道路大抉择分，次当说摩诃颦尸梵诺母原主天王大抉择分。其相云何？偈曰：

摩诃天王中，有三种亿变，

名次第如前。各初变如次，

一二三十方，世界数量转。

所余一切变，如次倍数转。

论曰：就摩诃主天王体中，则有三种亿变修行，名字次第同前所说。如偈"摩诃天王中，有三种亿变，名次第如前"故。如是三种第一变中，如其次第增一十方、二十方、三十方数转。如偈"各初变如次，一二三十方，世界数量转"故。余一切变，如其次第倍数转故。如偈"所余一切变，如次倍数转"故。

引经第三十二

《总字法转大轮修多罗》中作如说是：佛陀摩诃本藏王即原主天王地地中，则有三行。云何为三？一者下亿转行，二者中亿转行，三者上亿转行。初行出生一大方界量下眷属海，中行出生二大方界量等俱转海，后行出生三大方界量上眷属海。乃至广说故。

上来四分，以意揆之，应属无余究竟总持位。盖此四分中，唯以变对为修行，即是总持法门也。偈云"无有余行相"，即是无余究竟也。但论文变相，甚难领会。准《楞伽经》中，有"不思议熏不思议变"之语，乃真如内熏之力，能令无明妄心变成智慧德相。始从七变，以至百变、千变、亿变，极而至于妙觉果海，皆从熏变而成也。更有灌顶部内即身成佛之义，亦此位摄。

○ 一种功德纯纯无杂大圆满地道路大抉择分第二十三

如是已说摩诃罴尸梵诺母原主天王大抉择分，次当说一种功德纯纯无杂大圆满地道路大抉择分。其相云何？偈曰：

功德道路中，有二千五百，
五十法门海。五十一位中，
一一皆各各，具五十位故。
亦一一位中，有性相本末，
一万二百数。修多罗中说，
总一万二千，七百五十数。
取彼总本数，如法应观察。
以如是数量，为道路分界。

论曰：就一种功德纯纯无杂大圆满地道路分中，总有二千五百五十法门大海，甚深甚深，广大广大。如偈"功德道路中，有二千五百,五十法门海"故。以何义故,数如是成,应可了知。所谓五十一种位中,一一各各具五十故。此义云何?所谓五十信心,五十念心,乃至五十如来地各差别故。如偈"五十一位中,一一皆各各,具五十位故"故。亦一一位位,各各具足性相本末之四法故,一万二百数成立而已。如是四事云何差别?谓如其次第,不可思议说故,性明了现觉说故,相能生长因说故,本所生长果说故,末如偈"亦一一位中,有性相本末,一万二百数"故。无量法门,不出性相本末四事,故以四事为方说也。若尔,此方说文云何通耶?

引经第三十三

谓《金刚等地一行三昧修多罗》中作如是说:无杂无乱一一同同,非恶非患,吉祥地地,轨则门中,总有一万二千七百五十法门。彼《修多罗》中如是说者,总别总故。二千五百五十法门为总,一万二百法门为别。总与别合而计之,共有一万二千七百五十法门。如偈"修多罗中说,总一万二千,七百五十数。取彼总本数,如法应观察"故。今此道路以之为量,有别法门。道路无量,法门亦无量。唯以此数为其极量,无别法门。以此数量总括一切,无欠无余。如偈"以如是数量,为道路分界"故。

○ 一种功德摩诃本地明白离恶品藏大抉择分第二十四

如是已说一种功德纯纯无杂大圆满地道路大抉择分,次当说一种功德摩诃本地明白离恶品藏大抉择分。其相云何?偈曰:

以下"本地品藏中"起,至二十五分"一者横转遍到"止,共三百二十九字,《明藏》阙,今从《丽藏》增补完全。

本地品藏中,有六亿三万,

七千五百数,广大法门海。

前说诸位中,一一皆各各,

摄别五十位,法门如是广。

性相本末四,例此广通达。

六亿,《丽藏》误作一亿,今改正,下同。

论曰:就一种功德摩诃本地明白离恶品藏中,总有六亿三万七千五百数广大法门海,甚深甚深,周遍周遍。如偈"本地品藏中,有六亿三万,七千五百数,广大法门海"故。以何义故,数如是成?如前所说一切位中,一一各各摄差别转五十位故,法门之海如是广大。如偈"前说诸位中,一一皆各各,摄别五十位,法门如是广"故。前文总有一万二千七百五十法门,各各摄别五十位。则成六亿三万七千五百法门。性相本末四种事中,以例配当,更复增数,转胜广大,应审思择。如偈"性相本末四,例此广通达"故。

○ 摩诃本地具足品藏非患道路大抉择分第二十五

如是已说一种功德摩诃本地明白离恶品藏大抉择分,次当说摩诃本地具足品藏非患道路大抉择分。其相云何?偈曰:

本地道路中,则有二种门,

谓横转竖转,以之为门量。

论曰:就摩诃本地具足品藏非患道路分中,则有二门。云何为二?一者横转遍到俱行门,二者竖转无杂一路门,是名为二。如是二门以为门量,如偈"本地道路中,则有二种门,谓横转竖转,以之为门量"故。且横转门形相如何?偈曰:

四种事位中,有总及别中,

各增十重转,无前后一时。

其法门数量,例前应了知。

论曰:今此偈中为明何义?为欲现示性相本末四种事中,各各有总别之位中,一一位位皆悉各各增十重数,无前无后一时俱转,则是横转遍到俱行门形相故,一乘教中圆融法,如偈"四种事位中,有总及别中,各增十重转,无前后一时"故。此中数量,亦复转胜,超过前量,配例应了,如偈"其法门数量,例前应了知"故。

如是已说横转遍到俱行门,次当说竖转无杂一路门。其相云何?偈曰:

前说诸位中,如次不超过,

各增十重转,一明究竟故。

论曰:今此偈中为明何义?为欲现示如前所说总别位中,如其次第无有超过,一一各各增十重转。一事明了,一事究竟,亦无杂乱,亦无合集,一向明转竖转无杂一路门形相故,一乘教中行布法,如偈"前说诸位中,如次不超过,各增十重转,一明究竟故"故。

引经第三十四

《大金刚宝王法界印藏修多罗》中作如是说:复次文殊师利,宝王道品者,以二事转。云何为二?一者一区转,二者具面转。言一区者,道虽广多,先一道量永究竟故竖转门。言具面者,所有诸道一时行故横转门。乃至广说故。

○ 摩诃宝轮王广大圆满无上地地大抉择分第二十六

如是已说摩诃本地具足品藏非患道路大抉择分,次当说摩诃宝轮王广大圆满无上地地大抉择分。其相云何?偈曰:

总别无尽故,建立本法体。

论曰:今此偈中为明何义?为欲现示本法体中,以总摄别,以别摄总,以总摄总,以别摄别,能摄所摄无有穷尽,法门大海甚深广大,义理诠趣周遍圆满,究竟自在故,如偈"总别无尽故,建立本法体"故。

引经第三十五

《摩诃衍地藏无上极说不可思议心地品论修多罗》中作如是说:宝山海中,同类无尽,别类无尽,具足圆满,无有穷尽,无有始终,无有边际,无有分界,亦广大相,亦小狭相。乃至广说故。此分摄前总别诸法,无有穷尽也。

以上四分,与《华严经》义相同,即是周遍圆满广大位。文义甚显,不烦诠释。

《大宗地玄文本论》略注卷第四

○ 系缚地地品类不吉祥道路大抉择分第二十七

此就生灭门中杂染分说。重言地地者,表杂染无尽也。一系缚,一切系缚,即是同品同类,统名不吉祥道路。因位修行,莫不由此而求出离。

或疑二十四分既名离恶品藏,二十五分既名非患道路,何故此分复名不吉祥道路耶？答曰:自第七分以来,详示五位行相,而未明次第渐转之功。故从此分以下说修证阶差,以收前文对治之效耳。

如是已说摩诃宝轮王广大圆满无上地地大抉择分,次当说系缚地地品类不吉祥道路大抉择分。其相云何？偈曰:

系缚道路中,亦有金刚位,
依位立转相,则有四种法。
谓能所障果,如是四种法,
皆悉有为量,如法应观察。

论曰:就系缚地地品类不吉祥道路分中,亦有五十一金刚位。依此诸位,建立转相,有四种法。云何为四？一者能证智法,二者所证理法,三者障碍事法,四者证得果法,是名为四。如是四法,皆有为量,应审思择,如偈"系缚道路中,亦有金刚位,依位立转相,则有四种法,谓能所障果,如是四种法,皆悉有为量,如法应观察"故。此从凡位入信位之初,说对治法门,有断有证,与第七分名异义同,皆是渐转门中最初方便也。如是四法各有几数? 其转形相当如何耶? 偈曰:

　　各有二种法,谓本始体相,

　　生灭及增减,转相唯上上。

发始因地,唯有上转,而无下转、横转。

论曰:四种法中,各有二种。云何二智? 一者本古性德智,二者始今起德智,是名为二。云何二理? 一者体有实理,二者相有实理,是名为二。云何二障? 一者本生本生障,二者本灭本灭障,是名为二。云何二果? 一者增长功德果,二者损减过患果,是名为二。如偈"各有二种法,谓本始体相,生灭及增减"故。修行转相唯上上故,如偈"转相唯上上"故。障治证果,对量差别,形相如何? 偈曰:

　　本生体增对,始灭相减对。

　　从多亦通了,如法应观察。

论曰:本古性德智,断除本生本生障,证得体有实理,成就增长功德果,如偈"本生体增对"故。始今起德智,断除本灭本灭障,证得相有实理,成就损减过患果,如偈"始灭相减对"故。如是四法,五十一种真金位中皆悉具足,应审思择。

系缚地中,具有五十一金刚位,所谓染无自性,全体即真也。故四种法中,以智理二法,断除生灭二障,证得二果。本古性德者,性净本觉也。本生障者,生相无明也。体有实理者,不从修得也。增长功德果者,称性功德,修而后显也。始起德智者,始觉修德也。本灭障者,灭相无明也。相有实理者,万行庄严也。损减过患果者,烦恼渐薄,历位修证也。生住异灭四相,以住相摄入生相,以异相摄入灭相。本生本生者,生生不已也。本灭本灭者,灭灭无穷也。皆言本者,莫不依真而起也。生相极细,灭相极粗,皆是染法,故名系缚地也。就系缚地,智、理、事、果,皆名有为,以从修证而得果也。至三十一分出离系缚地,则十空十有皆名无为矣。

唯一向转,俱种转耶?上问下答俱种转故,如偈"从多亦通了,如法应观察"故。生灭二障,业用差别,形相如何?偈曰:

本主生灭时,胜生胜灭故。

论曰:功德善根出兴对治,转胜出兴,转胜对灭,作逆事故。如偈"本主生灭时,胜生胜灭故"故。本古性德智,称之为本主。本主原无生灭,从对治法上言其生灭。生善灭恶,皆能胜他。对障碍法而作逆事,是不屈挠行也。

引经第三十六

《大金刚山宝海会众修多罗》中作如是说:复次文殊师利,汝前所问云何名为诸法无常一道一种第一转门者?以四无常故,我作如是唱。云何为四?一者智无常,二者理无常,三者无常无常,四者上果无常,是名为四。文殊师利,言智无常者,断烦恼故。言理无常者,智所证故。言无常无常者,被断除故。言果无常者,待因力故。乃至广说故。在无常法中第一转门,法法皆名无常。言无常无常者,即前文障碍事法也。

○ 系缚地地自然本王摩诃緰品大抉择分第二十八

系缚地中,本王自在,故有为无为二法齐转,所谓染净同源,缚脱无二也。緰,子为切。考字典,緰字繻字之讹。缝衣相著为縺,可以意会。

如是已说系缚地地品类不吉祥道路大抉择分,次当说系缚地地自然本王摩诃縺品大抉择分。其相云何？偈曰：

自然本王中,有为无为法,

具足圆满转,此中具上下。

论曰：就自然本王摩诃縺品分中,则有二转。云何为二？一者有为转,二者无为转,是名为二,如偈"自然本王中,有为无为法,具足圆满转"故。亦有二转,云何为二？一者上转,二者下转,是名为二,如偈"此中具上下"故。此是第二转门,应是住位,故有为、无为并行,上转下转齐运。

有为、无为各有几数,上下转相当如何耶？偈曰：

无为唯有一,有为有二种,

如次实本始,上下无为主。

出生二有为,转胜广大转。

论曰：无为有一,有为有二。一谓有实故,二谓本始故。如偈"无为唯有一,有为有二种,如次实本始"故。依真际说,唯一实理,故言无为唯有一。依世俗说,权分本始,故言有为有二种。如是三法,五十一种金刚位中,亦上亦下增长功德,转相云何？谓上时中,一一位位无为法主,皆悉各各出生增长一万本始清妙觉慧。其下时中,一一位位皆悉各各二亿本始清妙觉慧,具足圆满出生增长。如是如是,如如上下至小无量。如说本存,眷属亦尔。如偈"上下无为主,出生二有为,转胜广大转"故。如其次第增数应知。

引经第三十七

《品地经论修多罗》中作如是说：世间藏地本王海中,无常功德众多无数,常住功德其数微少,是故说言世间藏地。乃至广说故。

世间藏地,是杂染门。本王海中,是清净门。杂染未尽,净业未纯,故功德多属无常,而常住功德甚微少也。

○ 自然本王广大转地无障无碍俱行道路大抉择分第二十九

如是已说系缚地地自然本王摩诃缡品大抉择分,次当说自然本王广大转地无障无碍俱行道路大抉择分。其相云何?偈曰:

本王道路中,依位渐渐转,
一主生二伴,至中无量故。
数变皆悉通,如法应观察。

论曰:就自然本王广大转地无障无碍俱行道路分中,依五十一位,如其次第亦上亦下渐渐转行。无为法主生二有为,若上若下,增中无量数,至中无量变故。如偈"本王道路中,依位渐渐转,一主生二伴,至中无量故,数变皆悉通,如法应观察"故。

引经第三十八

《部宗花品修多罗》中作如是说:行藏海中,有一常德,其数无量。行藏海中,有二无常功德品类,其数无量。亦升亦抴胡雅切,其数无量。乃至广说故。此是第三转门,应是行位。行藏海中,与前世间藏地本王海中,大不相同。所以常德与无常德,皆是无量。升进之功,思之可见。

○ 最极广大俱行山王无尽海海大抉择分第三十

如是已说自然本王广大转地无障无碍俱行道路大抉择分,次当说最极广大俱行山王无尽海海大抉择分。其相云何?偈曰:

无尽海海中，依位渐渐转，

一主生二伴，至大无量故。

数及变例前，应广通达焉。

论曰：就无尽海海藏中，依五十一位，如其次第亦上亦下，无为法主出生增长二有为法，增大无量数，至大无量变故。如偈"无尽海海中，依位渐渐转，一主生二伴，至大无量故。数及变例前，应广通达焉"故。

引经第三十九

彼《修多罗》中作如是说：行常山王海中，有三种大无量，云何为三？一者常大无量，二者无常大无量，三者转变大无量。乃至广说故。此是第四转门，应是回向位。回向妙果，名为行常山王。常与无常并及转变，皆大无量，已称法界性矣。

○ 出离系缚地清白解脱道路大抉择分第三十一

如是已说最极广大俱行山王无尽海海大抉择分，次当说出离系缚地清白解脱道路大抉择分。其相云何？偈曰：

解脱道路中，有二十无为，

谓十空十有，如是诸无为。

五十一位中，皆悉具足有。

依法位立转，有二重重超。

论曰：就出离系缚地清白解脱道路分中，则有二十无为常法，所谓十空、十有无为各差别故。此是第五转门，位在地上。忽然超越世出世间，名为离系缚地，故十空十有皆是无为。《金刚经》云：一切贤圣，皆以无为法而有差别。即此论中所说五十一位具足二十无为差别而转也。

云何名为十空无为？一者广大虚空自然常住离造作空无为，二者大虚空影空无为，三者虚空影影空无为，四者破影无所有空无为，五者空空俱非空无为，六者离言绝说空无为，七者绝离未毕空无为，八者绝离心解空无为，九者绝离穷穷空无为，十者无障无碍大空大空空无为，是名为十。云何名为十有无为？一者一切言说决定常住无破非空无为，二者一切心识决定常住无破非空无为，三者一切大种决定常住无破非空无为，四者一切俱非决定常住无破非空无为，五者一切有实决定常住无破非空无为，六者一切性火决定常住无破非空无为，七者一切今光决定常住无破非空无为，八者一切有名决定常住无破非空无为，九者一切无名决定常住无破非空无为，十者广大圆满自性本有一切种有决定常住无破非空无为，是名为十。如偈"解脱道路中，有二十无为，谓十空十有"故。如是二十种无为法，五十一种金刚位中，具足圆满无阙失转，如偈"如是诸无为，五十一位中，皆悉具足有"故。依如是等二十无为，五十一位建立转相，则有二种。云何为二？一者重重该摄无障碍门，二者次第乱转超过门，是名为二，如偈"依法位立转，有二重重超"故。且重重该摄无障碍门形相如何？偈曰：

二十法一一，各摄后二十。

五十一种位，一一皆各各。

摄五十一位，亦此相违摄，

以此因缘故，建立重重名。

论曰：云何名为重重门相？谓该摄故。云何该摄？谓二十种无为常法，信心具足，一一各各摄后诸位各二十种无为法故。如说信心，余位亦尔。如偈"二十法一一，各摄后二十"故。五十一种位,各摄五十一,亦无障碍。如偈"五十一种位,一一皆各各,摄五十一位"故。亦一一法摄一切位,一一位位摄一切法,亦无障碍,如偈"亦此相违摄"故。以如是二种该摄门故,立重重名,如偈"以因此缘故,建立重重名"故。

如是已说重重该摄无障碍门,次当说次第乱转超过门。其相云何?偈曰:

> 五十一位中,随一经五十,
> 渐渐增法数,周遍广大转。

论曰:今此偈中为明何义?为欲现示五十一种金刚位中,以信为初,经五十位;以发心住而为其初,经五十位;乃至以最极地而为其初,经五十位。若第一转,增四十一百数法位转。若第二转,增八十二百数法位转。乃至最后地故。如偈"五十一位中,随一经五十,渐渐增法数,周遍广大转"故。

引经第四十

《蕴高山王品类修多罗》中作如是说:无破地地门中,有寂静宝,其数众多;空寂静宝,其数众多。若有行者入此门中,通达诸法无为大道,无所障碍,无所疑畏,其心自在决定常住大安乐,渐渐增长常功德海。乃至广说故。世人但知空寂静宝,而不知有寂静宝。有若喧动,则违于空。空有相违,即是凡夫外道之法。若知二门皆寂,则真常性德无杂无障矣。

○ 解脱山王根本地地无碍自在大抉择分第三十二

如是已说出离系缚地清白解脱道路大抉择分,次当说解脱山王根本地地无碍自在大抉择分。其相云何?偈曰:

根本山王中，空有互相生。

诸位相生故，转胜广大转。

论曰：今此偈中为明何义？为欲现示十空无为，一一各各出生十有无为常法。十有无为，一一各各出生十空无为常法，空生有，有生空，故名空有互相生。五十一位，一一各各出生五十，依重重等门，圆满广大转故。如偈"根本山王中，空有互相生。诸位相生故，转胜广大转"故。

引经第四十一

《摩诃衍海修多罗》中作如是说：解脱海中，亦有空有，亦有有空，其数众多。如是空有，唯是常灭，真常寂灭，非无常量。唯是功德，非过患品。菩萨尽地，求纤毫过患不可得。是故说言解脱藏海。乃至广说故。

○ 解脱山王大道路大抉择分第三十三

如是已说解脱山王根本地地无碍自在大抉择分，次当说解脱山王大道路大抉择分。其相云何？偈曰：

山王道路中，前所说量中，

增空空有有，位位转胜生。

论曰：就解脱山王大道路分中，则有三转。云何为三？一者空空转，十空无为，一一各各生十空故。二者有有转，十有无为，一一各各生十有故。三者位位转，五十一位，一一各各生五十故。是名为三。取自相生，非他相故，空生空，有生有，位生位，皆自相生也。前分空有互生，此分空有自生，故不同耳。如偈"山王道路中，前所说量中，增空空有有，位位转胜生"故。余种种门，转转增数，应广通达。

○ 广大无尽解脱海海摩诃山王大抉择分第三十四

如是已说解脱山王大道路大抉择分,次当说广大无尽解脱海海摩诃山王大抉择分。其相云何?偈曰:

前所说诸转,无有穷尽故。

论曰:今此偈中为明何义?为欲现示空生自空,无有穷尽。空生异空,无有穷尽。空生诸有,无有穷尽。有亦如是,无有穷尽。位亦如是,无有穷尽。重重无穷,乱转无穷,无其边际,无其始终,甚深甚深,周遍周遍,广大转行,则是解脱海海山王无碍自在体相用故。空有二门,统摄世间出世间一切诸法。重重、乱转二门,统摄次第、非次第一切诸位。以无边际无始终,总括体相用三大,至于究竟圆极果海,无余蕴矣。如偈"前所说诸转,无有穷尽故"故。

○ 摩诃空尘海藏王道路大抉择分第三十五

如是已说广大无尽解脱海海摩诃山王大抉择分,次当说摩诃空尘海藏王道路大抉择分。其相云何?偈曰:

海王道路中,具足百自在。

以此因缘故,建立海王名。

论曰:今此偈中为明何义?为欲现示海王藏中,无有别法,唯有自在故。有几自在?谓百种故。云何为百?一者时自在。三十二法,亦一时转,亦异时转,亦转时中不转,亦不转时中转,亦远时转,亦近时转,乃至无量故。二者处自在,一异等处转,乃至无量故。三者物自在,为同异等用,乃至无量故。四者周遍自在,无所不通等，乃至无量故。五者大小自在，极重极微等，乃至无量故。六者有无自在，亦现亦隐等，乃至无量故。七者寂动自在，亦定亦散等，乃至无量故。八者甚深自在，不可思议等事，乃至无量故。九者不自在自在，以逆等事，乃至无量故。十者无碍自在，以逆顺事等，乃至无量故。乃至第百自在自在，无尽自在等皆悉自在，乃至无量故。如前所说三十二法，如是自在，具足圆满，无阙失转。以此义故，立海王名，应审思择，自第三分至此，已说三十二法。今说百种自在，以显无量法门莫不自在也。第九不自在自在，即一切世间极恶趣中，无非自在。提婆达多在阿鼻地狱，如处三禅天乐，是真能证此道者矣。如偈"海王道路中，具足百自在。以此因缘故，建立海王名"故。

引经第四十二

《觉华修多罗》中作如是说：第一广分大海门中，若广说有一十方世界之尘量自在，若略说有一百自在。乃至广说故。

○ 大不可思议重重不可称量阿说本王大抉择分第三十六

如是已说摩诃空尘海藏王道路大抉择分，次当说大不可思议重重不可称量阿说本王大抉择分。其相云何？偈曰：

阿说本王中，有十方尘量，

十方空尘量，三十三法海。

论曰：今此偈中为明何义？为欲现示阿说海中，具足圆满十方世界之尘数十方世界之尘数三十三法海，十方世界之尘数十方虚空之尘数三十三法海故。如偈"阿说本王中，有十方尘量，十方空尘量，三十三法海"故。

引经第四十三

《本王修多罗》中作如是说：尔时世尊告大众言：我以三达智，通达一切法，无所障碍，无所阙失。而有一海，不可思议不可思议不能穷了，谓空尘本王性德圆满自在自在无尽藏海。乃至广说故。上文三十三法，统摄无量法门，不可穷尽。如来以无量智，照无量法。智无量，法亦无量。若能穷了，即是有量。故说此分，为三十四法之终，犹《周易》之终于未济也。

或问：自二十七分以来，文中无信、住、行、向、地之名，何故以五位释之？答曰：二十七分在系缚地，有第一转门之语，智理事果皆属有为，非信位而何？二十八分系缚地中本王出现，有为无为二法齐转，无常众多，常住微少，非住位而何？二十九分常无常德，皆无量数，且有行藏海中之语，非行位而何？三十分内常与无常并转变法皆大无量，以回向三处称法界性，非回向而何？三十一分出离系缚清白解脱，十空十有皆是无为常法，非地上而何？以次四分，尽三十四，皆是地上菩萨行相。至三十五分及三十六分，明因圆果满，无法可说，只引经中性德圆满自在自在之语结之。贤首所谓因位可说果位不可说者此也。自二十七以下八分，详示无超次第渐转位。末后二分融归果海。如是，则三十四法无欠无余矣。

已上正宗分竟，已下流通分。

○ 校量功德赞叹信行现示利益大抉择分第三十七

如是已说大不可思议重重不可称量阿说本王大抉择分，次当说校量功德、赞叹信行、现示利益大抉择分。其相云何？偈曰：

譬如盛火聚，虽在极远处，

以光明势力，能破远方暗。一喻
此《玄文本论》，亦复如如是。
若有众生类，同世界共住。
虽未得见学，此论火光明。
能破远众生，心相不觉暗。
令得觉知明，随分伏其染。
法合譬如盛火聚，转胜近其处。
光明渐渐了，能破暗更增。二喻
此《玄文本论》，亦复如如是。
若有众生类，同一国共住。
虽未得见学，此论火光明。
除众生无知，转转令分明。
法合譬如盛火聚，转转近其处。
光明耀更增。三喻
此《玄文本论》，亦复如如是。
若有众生类，同一城共住。
虽未得见学，此论火光明。
除众生无知。转转更分明。
法合譬如盛火聚，更转近其处，
光明重重增，暖气温其身，四喻
此《玄文本论》，亦复如如是。
若有众生类，同一家共住。
虽未得见学，此论火光明。
除心惑护身，转转增长故。
法合譬如有一人，得彼大火聚，

此人则便得，六种大利益。
谓能塞寒气，能成熟资具。
不入毒虫等，破暗常明了。
随请人普施，焚烧秽粪等。五喻
此《玄文本论》，亦复如如是。
若有众生类，得此《玄文论》，
此人即便得，六种大利益。
谓禁烦恼军，成就功德品。
不入邪魔众，破无明品类。
般若慧现前，贫穷佛法财，
来乞求众生，随顺普施与。
烧灭烦恼粪，法合比如有妙华。
璺水深池中，名曰青莲华。
有人刹那中，见此莲华相，
一百七日中，其眼根清白，
终日无晦浊。六喻
此《玄文本论》，亦复如如是。
若有众生类，虽不知此论，
文义之大海，而目见此论。
其眼根清净，见三世诸佛，
有作方便目。法合比如有天鼓，
悬圆生树顶，名曰妙声觉。
无量天女子，闻此鼓音已。
二千七日中，其耳根清速，
无塞隔之事。七喻

此《玄文本论》，亦复如如是。
若有众生类，虽不知文义，
而耳闻此论，其耳根清净，
闻诸佛梵响，有作方便耳。
法合比如有妙药，生雪山之顶，
名曰上味常。有人取此药，
著其舌之原，身香极芬芬，
不承用饮食，其命极长远，
亦飞腾虚空。八喻
此《玄文本论》，亦复如如是。
若有众生类，此论中一字，
一句若一行，若一决择分，
若一卷之量，以舌经读诵。
虽不知义理，而获得一切，
诸《修多罗》海，经读诵功德。
法合比如有菩萨，名曰不思议，
大力解脱者，此菩萨大士。
神通自在故，于一切所作，
皆无所障碍，随应悉现前。九喻
此《玄文本论》，亦复如如是。
若有诸众生，观达其义理，
觉悟文下诠，通达一切法，
皆无所障碍，一一觉分明。
法合比如有神王，名曰大安乐。
有人须小具，祀祠此神王，

出兴七宝藏，令得大安乐。十喻
此《玄文本论》，亦复如如是。
若有一男女，此《玄文本论》，
勤受持读诵。有人须小具，
专心供此人，即得无穷尽，
福德智慧宝，无所疑畏心。
法合比如有妙香，名曰芬满布。
有人持此香，游行于远方，
其经过处处，七七日中间，
有香气不尽。十一喻
此《玄文本论》，亦复如如是。
若有一男女，荷担此论部，
游行于远方，若度大海水，
所有诸众生，皆得大利益。
若度山野等，所有诸众生，
亦得大利益。法合譬如有妙珠，
名曰如意宝。随此珠住处，
无量眷属玉，遍周匝围绕。十二喻
此《玄文本论》，亦复如如是。
随其住止处，有十方世界，
尘量大神王，一一大神王，
各率十方界，尘数眷属神，
守护此论珠。若灭正法时，
作微尘散坏。所有诸神王，
发大声哭涕。随尘所住处，

往诣常守护。受持此论者，
如是数量神，若生若死后，
常不离守护。法合功德虽无量，
而略说如是。

以上五十一行偈，有十二喻，赞叹论之德用。墾，尺良切。

○ 校量过患诃责诽谤现示罪业大抉择分第三十八

如是已说校量功德、赞叹信行、现示利益大抉择分，次当说校量过患、诃责诽谤、现示罪业大抉择分。其相云何？偈曰：

譬如有一山，名曰宝轮上。
此山具七宝，更无有穷尽。
贫穷求宝类，无量无边数。
有珠能禁宝，名曰顶玻璃。
若人有此珠，则能取七宝。
远离贫穷苦，获得大安乐。
若人无此珠，不能宝禁故，
终日不能得，问所以者何？
若无珠人诣，唯见虎狼熊。
及赤蛇青蛇，种种杂毒虫。
终不见珍宝，以见毒类故。
其心极疑怖，狂乱而驰走。
乃至于死灭，珍宝自然有。
而彼求珍人，福薄罪重故。
终不能见得，众生亦如是。

善根甚深人，捧坚固信珠。
入大乘深海，取功德之宝，
出生死苦轮，善根微薄人，
得见甚深论，无实信心故，
依正作邪解，受苦轮无期。
譬如生盲人，得妙庄严具，
无有欢乐事。痴人亦如是，
虽得甚深论，其愚痴极故。
不觉出世宝，无有学习心。
譬如居井龙，从流水至海，
大迷大乱故，谤海而命终。
痴人亦如是，自所习坚执，
定一不移转，闻未曾有法，
大迷大乱故，诽谤其广大，
堕落恶道中，无有出离期。

以上十五偈，说三种喻，诃斥愚迷。

若有众生类，见闻斯论教，
不信心诽谤，此人则诽谤，
三世一切佛，三世诸法藏，
三世诸僧海。此人所得罪，
无量无量数，不能知边际。
十方界尘量，诸佛大菩萨，
一时悉出现，宣说如是量，
法门之大海，专教化此人，
经过无量劫，终不能教化。

问所以者何？唯宣说此法，
　　无余别道故。如是众生类，
　　十方界尘量，诸佛大菩萨，
　　以大神通力，向未来远劫，
　　观察其限界，无觉道之期。
　　问所以者何？不学三十四，
　　大金刚轨则，到大涅槃岸，
　　无有是处故。是故诸行者，
　　以勤修方便，应观其法海。
　　不能达其原，妄生诽谤心，
　　堕落恶道中，无有出离期。
以上十偈，说诽谤得罪。
　　决定不应作，决定不应作，
　　罪业虽无量，而略说如是。
末后一偈，叮咛告诫。

○ 现示本因决定证成除疑生信大抉择分第三十九

　　如是已说校量过患、诃责诽谤、现示罪业大抉择分，次当说现示本因、决定证成、除疑生信大抉择分。其相云何？偈曰：
　　我于往昔无量劫，随世尊修菩萨行。
　　一时世尊王家奴，国名金水其王名，
　　宝金轮藏此大王，有三十亿奴婢类，
　　有六十亿大白马，金银等宝亦无尽。
　　有最下奴名常信，于中大王告常信，

汝受此六十亿马，不离守护令无伤。
尔时彼奴受诸马，常恒不离无伤护。
如是六十亿白马，经一日食百两金。
时常信作如是念，我身唯一马众多，
难哉难哉无伤畜。此诸马恶驰难禁。
今何方便能护持？常信作是念已讫，
则便依师学术方，术力变作万白马。
六十亿白马中中，猷猷抈抈立化马。
发大声作如是唱，马马皆悉作礼拜。
尔时有中中化马，皆悉先前作礼拜。
余诸马皆随礼拜，作如是事已讫后，
化马责小各皆杀，诸马更皆伏从化。
常信所愿悉成就，都无所忧怪之心。
常信更复作是念，此诸马皆从我化。
除其为资具黄金，造作善业易秽报。
告诸马作如是唱，谛听谛听诸畜生，
我身并及汝等身，于过去世心负悔，
具作一切恶业障，亦奴亦马生此处，
恒一切时不自在，病苦所逼饥寒乱，
一时不得其安乐。若此生中不作善，
后世亦受如是报，去去无有出离期。
如宜汝等诸畜生，除自资具供德处，
须臾饥渴感长乐。我人有思心欲修，
无其闲闲空过时，况汝等畜生之身，
形秽心浊修何时，如宜从我化无逆。

其国中有殊胜鸟,名曰雅音声觉悟。
此鸟声不可思议,人闻其音大悲慨。
尔时彼六十亿马,闻常信所语已讫,
一时发大声悲哭,至十日量无休息。
如是诸马其声响,与雅音声觉悟鸟,
平等平等无差别,尔时常信马皆喜,
百两金分为二分,一分以为生长具,
一分以为福田分。福田分五十两金,
造作一金刚佛像,总有六十亿佛像。
最上第一大白马,名曰长严杂色见。
常信及诸马皆死,第二生中皆悉人。
同一眷属不相离,出家学道勤修行。
彼六十亿出家人,皆名马鸣无别名。
从过去立名字故,过去常信今释迦,
彼时六十亿白马,今时六十亿马鸣。
最第一马杂色见,今时中我身而已。
第三生中亦人身,随世尊行菩萨行。
第四生中亦得人,随世尊习忍辱行。
转转经过五百生,次生中嗔因缘故,
得重蛇身受大苦。次生中受大鱼身,
次生中亦得蛇身,以蛇身诣世尊所,
投体忏悔发惭愧,以偈表意发大心。
次生中得人同分,随世尊发愿系属。
则世尊作如是愿,我若成觉道圆满,
宣说百亿修多罗,普利益广略众生。

我则作如是誓愿，造作一百释明论，
分利益广略众生，如次后后经多生，
世尊满足行因海，安住法界山王位。
我亦渐渐修因行，证入第八不动地。
我则往诣世尊所，稽首顶礼立一面。
尔时世尊告我言，我念往昔无量劫，
汝我同住一处中，发愿作系属因缘。
如宜汝造作论教，我灭度后兴正法。
我则更顶礼和南，向世尊作如是白。
我今不知作论法，雅暗都无所觉达。
唯愿世尊为迷子，开晓造作论教法。
尔时世尊告我言，善哉善哉善男子，
谛听谛听善思念，我当为汝分别说。
善男子诸佛法藏，无量无边不说劫，
无穷尽亦无分界，如是无量法藏海。
若广说论若略说，皆通该摄无余持，
是名造作论教法。我亦重疑更作请，
法门海无量无边，我今未满福智海，
居学位中未究竟，皆摄无余持何得？
尔时世尊告我言，法门大海虽无量。
有摄无量宗本法，若具摄此宗本法，
是名说摄诸法藏。我亦更作如是白，
云何名为宗本法？其数几有可知不？
尔时世尊告我言，所言宗本法体者，
谓三十四法大海。若有论者具此法，

名言圆满大海论。若有论者不具者，
名言一分小智论。以如是大要因缘，
我今依三十四法，该摄安立无余说。
因缘品类虽无量，而总言略说如是。

释迦因地为王家奴，菩萨道中行权方便，不择贵贱也。化作万马，教化群马造福脱苦，度生妙用，无分人畜也。第一大马名杂色见者，即论主马鸣是。后以嗔因，受蛇身、鱼身。一念忏悔，得生人中，随佛发愿，乃造论之缘起也。百部论中，此为宗本。三十四法，该摄无余。学者其可不尽心乎！畝，职雉切。摜，职救切。

○ 劝持流通发大愿海大抉择分第四十

如是已说现示本因、决定证成、除疑生信大抉择分，次当说劝持流通、发大愿海大抉择分。其相云何？偈曰：
愿此圆满大海论，遍不思议尘刹中，
出生无量般若日，消除无边无明暗。
转作三宝之大海，无非法雨功德藏。
非请感周遍相应，非劝策自然成就。

论主大愿，毕现于兹。

仁山氏略注既成，叹曰：佛法之妙，有如是耶？夫佛法何以妙？心法之妙也。心法何以妙？自性本具也。自性虽具，非修莫显。经中每云，佛神力故，法如是故。佛神力者，修德也。法如是者，性德也。诸佛正遍知海，入一切众生心想中，是故众生修因契果，皆佛加持之力也。此论为佛法宗本，穷彻极奥，故称玄文。《老子》云：玄之又玄，众妙之门。欲知玄妙法门，请观此论。

《佛说观无量寿佛经》略论

《佛说观无量寿佛经》[①]略论

如是我闻。一时佛在王舍城耆阇崛山中，与大比丘众千二百五十人俱。菩萨三万二千，文殊师利法王子而为上首。

此经从阿阇世王恶逆启教，而开章先列灵山法会者，何耶？良以一代时教，皆从如来威光所显。故知十界差别，若圣若凡，若理若事，无非毗卢遮那海印三昧一时顿现也。

尔时王舍大城，有一太子，名阿阇世。随顺调达恶友之教，收执父王频婆娑罗，幽闭置于七重室内，制诸群臣，一不得往。国太夫人名韦提希。恭敬大王，澡浴清净，以酥蜜和麨，用涂其身。诸璎珞中，盛蒲萄浆，密以上王。尔时大王食麨饮浆，求水漱口。漱口毕已，合掌恭敬，向耆阇崛山，遥礼世尊，而作是言："大目犍连，是吾亲友，愿兴慈悲，授我八戒。"时目犍连，如鹰隼飞，疾至王所，日日如是，授王八戒。世尊亦遣尊者富楼那为王说法。如是时间，经三七日，王食麨蜜，得闻法故，颜色和悦。

时阿阇世问守门者："父王今者，犹存在耶？"

时守门人白言："大王，国太夫人身涂麨蜜，璎珞盛浆，持用上王。沙门目连及富楼那，从空而来，为王说法，不可禁制。"

时阿阇世，闻此语已，怒其母曰："我母是贼，与贼为伴。沙门恶人，幻惑咒术，令此恶王多日不死。"即执利剑，欲害其母。

[①] 刘宋西域三藏畺良耶舍译。——编者注

时有一臣，名曰月光，聪明多智，及与耆婆，为王作礼。白言："大王，臣闻《毗陀论经》说，劫初以来，有诸恶王，贪国位故，杀害其父一万八千，未曾闻有无道害母。王今为此杀逆之事，污刹利种，臣不忍闻。"是栴陀罗，我等不宜复住于此。时二大臣说此语竟，以手按剑，却行而退。

时阿阇世惊怖惶惧，告耆婆言："汝不为我耶？"

耆婆白言："大王，慎莫害母。"

王闻此语，忏悔求救，即便舍剑，止不害母。敕语内官，闭置深宫，不令复出。

时韦提希被幽闭已，愁忧憔悴。遥向耆阇崛山，为佛作礼，而作是言："如来世尊，在昔之时，恒遣阿难，来慰问我。我今愁忧，世尊威重，无由得见。愿遣目连尊者、阿难，与我相见。"作是语已，悲泣雨泪，遥向佛礼。未举头顷，尔时世尊在耆阇崛山，知韦提希心之所念。即敕大目犍连及以阿难，从空而来。佛从耆阇崛山没，于王宫出。

时韦提希，礼已举头，见世尊释迦牟尼佛，身紫金色，坐百宝莲华，目连侍左，阿难侍右。释、梵、护世诸天，在虚空中，普雨天华，持用供养。时韦提希，见佛世尊，自绝璎珞，举身投地，号泣向佛。白言："世尊，我宿何罪，生此恶子？世尊，复有何等因缘，与提婆达多共为眷属？唯愿世尊，为我广说无忧恼处，我当往生，不乐阎浮提浊恶世也！此浊恶处，地狱、饿鬼、畜生盈满，多不善聚。愿我未来，不闻恶声，不见恶人。今向世尊，五体投地，求哀忏悔。唯愿佛日，教我观于清净业处。"

世间情爱最重之处，无如母子。阿阇世王，即于母子之间，逆行方便，冒此恶名，造阿鼻地狱业，令其母厌离娑婆，欣乐净土，启此妙观,度脱群生。阿阇世王诚大权菩萨哉!论至此,不觉中怀酸楚,以一副急泪,供养阿阇世王。阿阇世王亦当以泪雨酬我也。

尔时世尊,放眉间光。其光金色,遍照十方无量世界,还住佛顶,化为金台,如须弥山。十方诸佛净妙国土,皆于中现。或有国土,七宝合成。复有国土,纯是莲华。复有国土,如自在天宫。复有国土,如玻璃镜。十方国土,皆于中现。有如是等无量诸佛国土,严显可观,令韦提希见。

时韦提希白佛言:"世尊,是诸佛土,虽复清净,皆有光明。我今乐生极乐世界阿弥陀佛所,唯愿世尊教我思惟,教我正受。"

尔时世尊,即便微笑,有五色光,从佛口出,一一光照频婆娑罗王顶。尔时大王,虽在幽闭,心眼无障。遥见世尊,头面作礼。自然增进,成阿那含。

尔时世尊,告韦提希:"汝今知否?阿弥陀佛,去此不远。汝当系念,谛观彼国,净业成者。我今为汝广说众譬,亦令未来世一切凡夫,欲修净业者,得生西方极乐国土。欲生彼国者,当修三福:一者孝养父母,奉事师长,慈心不杀,修十善业;二者受持三皈,具足众戒,不犯威仪;三者发菩提心,深信因果,读诵大乘,劝进行者。如此三事,名为净业。"佛告韦提希:"汝今知否?此三种业,乃是过去、未来、现在三世诸佛,净业正因。"

佛告阿难及韦提希:"谛听谛听,善思念之。如来今者,为未来世一切众生,为烦恼贼之所害者,说清净业。善哉韦提希,快问此事!阿难,汝当受持,广为多众,宣说佛语。如来今者,教韦提希,及未来世一切众生,观于西方极乐世界。以佛力故,当得见彼清净国土。如执明镜,自见面像。见彼国土极妙乐事,心欢喜故,应时即得无生法忍。"

佛告韦提希："汝是凡夫,心想羸劣,未得天眼,不能远观。诸佛如来,有异方便,令汝得见。"

时韦提希白佛言："世尊,如我今者,以佛力故,见彼国土。若佛灭后,诸众生等,浊恶不善,五苦所逼,云何当见阿弥陀佛极乐世界?"

经中"如执明镜自见面像"八字,大须著眼。明镜者,大圆镜智也。自见面像者,不作他想也。一切观法不出此理。非但观境如是,即王宫诞生、住世说法之佛,以及四禅天胜应佛,华藏界实报佛,凡有色相可见者,无非他受用身,皆随众生心现,各各不同。知此义者,复何疑惑之有?

净土宗旨,三经为本。《大经》推崇本愿,此经专重观想,《小经》专主持名。近代诸师,以观法深微,钝根难入,即专主持名一门。若观想径可不用,何以大小二经,皆详演极乐世界依正庄严耶?

此经专为具缚凡夫,现世得证无生法忍而说,的是至圆至顿无上法门。从初观入手,修至第九观,即蒙诸佛现前授记,岂可以情量测度也哉!有以阶级等差判此经者,系认九品往生之位以为等级耳。不知九品乃观中摄化之行,非修观人由此品位往生也。修至普观成就时,已超越上品上生。岂有中下之流,能入此观乎!

佛告韦提希："汝及众生,应当专心系念一处,想于西方。云何作想?凡作想者,一切众生,自非生盲,有目之徒,皆见日没。当起想念,正坐西向,谛观于日欲没之处,令心坚住,专想不移。见日欲没,状如悬鼓。既见日已,闭目开目,皆令明了,是为日想,名曰初观。"

人道光明,属于相分,非日月灯,不能见物。闭目静坐,犹如黑夜,欲观胜境,何由显现?须于心眼中自发光明,非假日轮,无从作观。此日现时,烁破沉阴,光虽极明,亦不耀目,因不与肉眼对也。日若动时,即知心动。若有暗障,即是心障。障净光纯,朗然安住,能所两忘,身心空寂,即入日光三昧。此观成时,倘欲舍寿,亦得往生。何以故?大光明中,一心念佛,岂有阴境得现前耶?

欲作此观,须跌坐西向。先观身中四大,内外俱空。地大散向西方,水大散向北方,风大散向东方,火大散向南方,身之空大,即与十方虚空一合。自身五大皆空,唯有识大,湛然凝住,犹如圆镜,内外明照,朗然清净。作此想已,心渐凝定,然后徐徐谛观于日,其利根者,一坐即见。以上摘录《善导疏》中语也。是为作观之前方便,如密宗入坛行道,先观梵书嚂字,变成三角火轮,烧尽有漏之身及有漏世界,然后建立金刚界身,同一义趣。

经云"闭目开目皆令明了"者,欲以验观力浅深也。浅者闭目得见,开目不见;深者开目亦见观境,及出观后,方见外境。唯心之旨,于此益彰。

"次作水想。见水澄清,亦令明了,无分散意。既见水已,当起冰想。见冰映彻,作琉璃想。此想成已,见琉璃地,内外映彻。下有金刚七宝金幢,擎琉璃地。其幢八方,八楞具足。一一方面,百宝所成。一一宝珠,有千光明。一一光明,八万四千色,映琉璃地,如亿千日,不可具见。琉璃地上,以黄金绳,杂厕间错。以七宝界,分齐分明。一一宝中,有五百色光。其光如华,又似星月,悬处虚空,成光明台。楼阁千万,百宝合成。于台两边,各有百亿华幢、无量乐器,以为庄严。八种清风,从光明出,鼓此乐器,演说苦、空、无常、无我之音。是为水想,名第二观。"

昊日光中,觉少清凉之致,故易之以水观。作水观时,日轮虽隐,而无暗相。水观现前,有二种胜妙,一者澄静,二者明彻。若泛动即心动，浑浊即业障，如日观说。此观成时，身心忽空，水天一色，与月光童子所得三昧相似。然非此经意旨，今此经中作水观者，取其绀碧渐凝，变成琉璃地也。土石为地，不能彻视；琉璃为地，表里通明。一转换间，天壤之别矣。经云"一一宝珠有千光明，一一光明八万四千色"，此非缘心所行境界，以缘心不能具见，虽见亦不知数也。唯镜智现前者，乃能了了知见耳。

此界风从火生，彼界风从光出，由极乐国土，绝无火大。所谓如来藏中，性火真空。性空真火者，已化为无量光明矣。盖火有热性，冰有寒性，寒热相陵，不得自在。彼土无有寒暑，故冰火皆不现行。又亦无有土石，则地大尽属宝性。水大如经可知。四大迥异此界，所以称为极乐也。

"此想成时，一一观之，极令了了。闭目开目，不令散失。唯除食时，恒忆此事。如此想者，名为粗见极乐国地。若得三昧，见彼国地，了了分明，不可具说。是为地想，名第三观。"

佛告阿难："汝持佛语，为未来世一切大众，欲脱苦者，说是观地法。若观是地者，除八十亿劫生死之罪。舍身他世，必生净国，心得无疑。作是观者，名为正观。若他观者，名为邪观。"

前观虽能眼见妙色，耳闻妙音，犹属粗想。若得三昧，则超出凡夫情量，非语言分别所能及矣。故佛于此三观之后，结赞胜益，定得往生，可无疑虑也。

佛告阿难及韦提希："地想成已，次观宝树。观宝树者，一一观之，作七重行树想。一一树高八千由旬。其诸宝树，七宝华叶，无不具足。一一华叶，作异宝色。琉璃色中，出金色光。玻璃色中，出红色光。玛瑙色中，出砗磲光。砗磲色中，出绿真珠光。珊瑚、琥珀，一切众宝，以为映饰。妙真珠网，弥覆树上。一一树上，有七重网。一一网间,有五百亿妙华宫殿,如梵王宫。诸天童子,自然在中。一一童子,五百亿释迦毗楞伽摩尼以为璎珞。其摩尼光,照百由旬,犹如和合百亿日月,不可具名。众宝间错,色中上者。此诸宝树,行行相当,叶叶相次。于众叶间,生诸妙华,华上自然有七宝果。一一树叶,纵广正等二十五由旬。其叶千色,有百种画,如天璎珞。有众妙华,作阎浮檀金色,如旋火轮,宛转叶间。涌生诸果,如帝释瓶,有大光明,化成幢幡、无量宝盖。是宝盖中,映现三千大千世界一切佛事,十方佛国亦于中现。见此树已,亦当次第一一观之。观见树茎、枝叶、华果,皆令分明。是为树想,名第四观。

次当想水。欲想水者,极乐国土,有八池水。一一池水,七宝所成。其宝柔软,从如意珠王生,分为十四支。一一支作七宝妙色。黄金为渠,渠下皆以杂色金刚以为底沙。一一水中,有六十亿七宝莲华。一一莲华,团圆正等十二由旬。其摩尼水,流注华间,寻树上下。其声微妙,演说苦、空、无常、无我诸波罗蜜,复有赞叹诸佛相好者。如意珠王,涌出金色微妙光明。其光化为百宝色鸟,和鸣哀雅,常赞念佛、念法、念僧。是为八功德水想,名第五观。

众宝国土,一一界上,有五百亿宝楼。其楼阁中,有无量诸天,作天伎乐。又有乐器,悬处虚空,如天宝幢,不鼓自鸣。此众音中,皆说念佛、念法、念比丘僧。此想成已,名为粗见极乐世界宝树、宝地、宝池、宝楼,是为总观想,名第六观。

若见此者,除无量亿劫极重恶业,命终之后,必生彼国。作是观者,名为正观。若他观者,名为邪观。"

佛告阿难及韦提希:"谛听谛听,善思念之,吾当为汝分别解说除苦恼法。汝等忆持,广为大众,分别解说。"说是语时,无量寿佛,住立空中。观世音、大势至,是二大士,侍立左右。光明炽盛,不可具见。百千阎浮檀金色,不得为比。

时韦提希,见无量寿佛已,接足作礼,白佛言:"世尊,我今因佛力故,得见无量寿佛,及二菩萨。未来众生,当云何观无量寿佛,及二菩萨?"

佛告韦提希:"欲观彼佛者,当起想念,于七宝地上,作莲华想。令其莲华,一一叶上,作百宝色。有八万四千脉,犹如天画。脉有八万四千光,了了分明,皆令得见。华叶小者,纵广二百五十由旬。如是莲华,具有八万四千叶。一一叶间,有百亿摩尼珠王,以为映饰。一一摩尼珠,放千光明。其光如盖,七宝合成,遍覆地上。释迦毗楞伽宝,以为其台。此莲华台,八万金刚甄叔迦宝、梵摩尼宝、妙真珠网,以为校饰。于其台上,自然而有四柱宝幢。一一宝幢,如百千万亿须弥山。幢上宝幔,如夜摩天宫。复有五百亿微妙宝珠,以为映饰。一一宝珠,有八万四千光。一一光,作八万四千异种金色。一一金色,遍其宝上,处处变化,各作异相。或为金刚台,或作真珠网,或作杂华云,于十方面,随意变现,施作佛事。是为华座想,名第七观。"

佛告阿难:"如此妙华,是本法藏比丘愿力所成。若欲念彼佛者,当先作此华座想。作此想时,不得杂观。皆应一一观之,一一叶、一一珠、一一光、一一台、一一幢,皆令分明。如于镜中,自见面像。此想成者,灭除五万亿劫生死之罪,必定当生极乐世界。作是观者,名为正观。若他观者,名为邪观。"

佛告阿难及韦提希:"见此事已,次当想佛。所以者何?诸佛如来,是法界身,入一切众生心想中。是故汝等心想佛时,是心即是三十二相、八十随形好。是心作佛,是心是佛。诸佛正遍知海,从心想生。是故应当一心系念,谛观彼佛多陀阿伽度、阿罗诃、三藐三佛陀。"

上来是权设方便,至此将欲观佛,即开权显实,一经宗旨,全在于斯。悟此理者,方能称法界性,如实而观。至下文佛身相好现时,自佛耶?他佛耶?于此证得身自在。观佛身故,亦见佛心。佛心乎?自心乎?于此证得心自在。身心自在,无碍融通,宜乎十方诸佛,现前授记矣。

"想彼佛者,先当想像。闭目开目,见一宝像,如阎浮檀金色,坐彼华上。见像坐已,心眼得开,了了分明。见极乐国,七宝庄严,宝地宝池,宝树行列。诸天宝幔,弥覆其上,众宝罗网,满虚空中。见如此事,极令明了,如观掌中。见此事已,复当更作一大莲华,在佛左边,如前莲华,等无有异。复作一大莲华,在佛右边。想一观世音菩萨像,坐左华座,亦作金色,如前无异。想一大势至菩萨像,坐右华座。此想成时,佛菩萨像,皆放光明。其光金色,照诸宝树。一一树下,亦有三莲华。诸莲华上,各有一佛二菩萨像,遍满彼国。此想成时,行者当闻水流、光明,及诸宝树、凫、雁、鸳鸯,皆说妙法。出定入定,恒闻妙法。行者所闻,出定之时,忆持不舍,令与修多罗合。若不合者,名为妄想。若与合者,名为粗想见极乐世界。是为像想,名第八观。

作是观者,除无量亿劫生死之罪,于现身中,得念佛三昧。"

佛告阿难及韦提希:"此想成已,次当更观无量寿佛身相光明。阿难当知,无量寿佛,身如百千万亿夜摩天阎浮檀金色,佛身高六十万亿那由他恒河沙由旬。眉间白毫,右旋宛转,如五须弥山。佛眼如四大海水,青白分明。身诸毛孔,演出光明,如须弥山。彼佛圆光,如百亿三千大千世界。于圆光中,有百万亿那由他恒河沙化佛。一一化佛,亦有众多无数化菩萨,以为侍者。无量寿佛,有八万四千相。一一相中,各有八万四千随形好。一一好中,复有八万四千光明。一一光明,遍照十方世界念佛众生,摄取不舍。其光相好,及与化佛,不可具说。但当忆想,令心眼见。见此事者,即见十方一切诸佛。以见诸佛故,名念佛三昧。作是观者,名观一切佛身。以观佛身故,亦见佛心。佛心者,大慈悲是。以无缘慈,摄诸众生。作此观者,舍身他世,生诸佛前,得无生忍。是故智者,应当系心,谛观无量寿佛。观无量寿佛者,从一相好入。但观眉间白毫,极令明了。见眉间白毫相者,八万四千相好,自然当现。见无量寿佛者,即见十方无量诸佛。得见无量诸佛故,诸佛现前授记。是为遍观一切色身相,名第九观。

作是观者,名为正观。若他观者,名为邪观。"

行者初学观时,先空其身,层层修习,至第八观,皆不知有身相。及至九观成就,诸佛现前授记,方见自身。盖授记必摩顶,若无身相,谁得受记耶?向后普观文中,起心生西。莲华开时,净光照身。此时身相,倘所谓菩萨意生身者非乎!

佛告阿难及韦提希:"见无量寿佛了了分明已,次亦应观观世音菩萨。此菩萨身长八十万亿那由他由旬,身紫金色。顶有肉髻,项有圆光,面各百千由旬。其圆光中,有五百化佛,如释迦牟尼。一一化佛,有五百化菩萨、无量诸天,以为侍者。举身光中,五道众生,一切色相,皆于中现。顶上毗楞伽摩尼宝以为天冠,其天冠中,有一立化佛,高二十五由旬。观世音菩萨,面如阎浮檀金色。眉间毫相,备七宝色,流出八万四千种光明。一一光明,有无量无数百千化佛。一一化佛,无数化菩萨以为侍者,变现自在,满十方世界。臂如红莲华色,有八十亿微妙光明,以为璎珞。其璎珞中,普现一切诸庄严事。手掌作五百亿杂莲华色。手十指端,一一指端,有八万四千画，犹如印文。一一画有八万四千色。一一色有八万四千光，其光柔软，普照一切。以此宝手，接引众生。举足时，足下有千辐轮相，自然化成五百亿光明台。下足时，有金刚摩尼华，布散一切，莫不弥满。其余身相，众好具足，如佛无异。唯顶上肉髻，及无见顶相，不及世尊。是为观观世音菩萨真实色身相，名第十观。"

佛告阿难："若欲观观世音菩萨者，当作是观。作是观者，不遇诸祸，净除业障，除无数劫生死之罪。如此菩萨，但闻其名，获无量福，何况谛观！若有欲观观世音菩萨者，先观顶上肉髻，次观天冠。其余众相，亦次第观之。悉令明了，如观掌中。作是观者，名为正观。若他观者，名为邪观。"

次观大势至菩萨。此菩萨身量大小，亦如观世音。圆光面各百二十五由旬，照二百五十由旬。举身光明，照十方国，作紫金色。有缘众生，皆悉得见。但见此菩萨一毛孔光，即见十方无量诸佛净妙光明，是故号此菩萨名无边光。以智慧光，普照一切，令离三途，得无上力，是故号此菩萨名大势至。此菩萨天冠，有五百宝华。一一宝华，有五百宝台。一一台中，十方诸佛净妙国土广长之相，皆于中现。顶上肉髻，如钵头摩华。于肉髻上，有一宝瓶，盛诸光明，普现佛事。余诸身相，如观世音，等无有异。此菩萨行时，十方世界，一切震动。当地动处，有五百亿宝华，一一宝华，庄严高显，如极乐世界。此菩萨坐时，七宝国土，一时动摇。从下方金光佛刹，乃至上方光明王佛刹，于其中间，无量尘数分身无量寿佛，分身观世音、大势至，皆悉云集极乐国土。㘸塞空中，坐莲华座，演说妙法，度苦众生。作此观者，名为观见大势至菩萨。是为观大势至色身相，名第十一观。

观此菩萨者，除无数劫阿僧祇生死之罪。作是观者，不处胞胎,常游诸佛净妙国土。此观成已,名为具足观观世音、大势至。

见此事时,当起自心,生于西方极乐世界,于莲华中,结跏趺坐。作莲华合想,作莲华开想。莲华开时,有五百色光来照身想,眼目开想,见佛菩萨满虚空中。水鸟、树林,及与诸佛,所出音声,皆演妙法,与十二部经合。出定之时,忆持不失。见此事已,名见无量寿佛极乐世界。是为普观想,名第十二观。

无量寿佛,化身无数,与观世音、大势至,常来至此行人之所。

善导和尚判此行人已超上品上生。其故何也?良以上上生者,舍娑婆,现极乐。此位行人,即娑婆现极乐。又上上生者,转生受记。此位行人,现生受记。如此比较,胜劣可知。此位行人,入观时即娑婆现极乐,出观时即极乐现娑婆。娑婆极乐,相即相入,无碍无杂。以《华严》十玄门准之,岂非事事无碍法界耶?

佛告阿难及韦提希:"若欲至心生西方者,先当观于一丈六像,在池水上。如先所说无量寿佛,身量无边,非是凡夫心力所及。然彼如来宿愿力故,有忆想者,必得成就。但想佛像,得无量福,况复观佛具足身相!阿弥陀佛神通如意,于十方国,变现自在。或现大身,满虚空中。或现小身,丈六八尺。所现之形,皆真金色。圆光化佛,及宝莲华,如上所说。观世音菩萨及大势至,于一切处身同众生。但观首相,知是观世音,知是大势至。此二菩萨,助阿弥陀佛普化一切。是为杂想观,名第十三观。

此观专为劣机而说。以众生机劣,故佛现劣应。经说先观者,以鄙意揆之,未必在初观之先,似当先作日水二观,然后观此,方能显现。否则亦只想像而已,不能如日中目睹也。

问曰:上根利智,依次具修,至普观后,还作此观否?

答曰:应作此观。何以故?上来已见圆满报身,若不现应化身,何由接引凡夫?故作此观以为过脉。然后九品往生,皆蒙接引矣。《梵网经》卢舍那佛说法授千释迦,千释迦授千百亿释迦,在菩提树下成道,说法度生,佛法僧宝方现于世。直至今日,我辈得闻无上正法,皆由于此。后之学者,慎勿于法报化生优劣想也。

菩萨行门,不出二种。一者,上求佛道;二者,下化众生。前文见佛闻法,受菩提记,是上求功极。后文观想九品往生,是下化之行。是故前之观法,全以自心投入弥陀愿海。后之观法,全摄弥陀愿海归入自心。如是重重涉入,周遍含容,谁谓华严、极乐有二致耶?又观行者从无始时来,具有种种善恶之业,无量差别。今于一念观中,九品往生而度脱之。所谓法界众生,即自性众生,无二无别,非一非异。如此妙法,非入不思议解脱境界,其孰能与于斯!

九品往生,见佛有迟速。上上品才生即见。以至下下品,十二大劫,莲华乃开。作是观者,非得念劫圆融之旨,何能延促自在,至于如此也?《华严经》中,毗目瞿沙仙人执善才手,经历无数劫;法华会上,菩萨赞佛二十小劫,大众谓如半日,同一义趣。

此经圆顿之中,普摄权渐。其作九品观者,即摄九界种性,入一佛法界也。上三品摄菩萨种性;中品上生、中品中生,摄缘觉、声闻种性,中品下生,摄人天种性;下品上生,摄修罗、畜生、饿鬼种性;下品中生,摄有间地狱种性;下品下生,摄无间地狱种性。但此九品生者,均非修观之人。详玩经文自知。

九品差别图

上　品	中　品	下　品
上生圆教通经	上生二乘种性升进	上生大乘种性退堕
中生顿教通禅	中生二乘种性持戒	中生大乘种性破戒
下生学大乘渐教而未透彻者	下生世间善业	下生世间恶业

往生阶差略说九品。若广演之，为无量品，以众生心行无量差别也。既摄而为九品，又摄而为一品。盖往生者无论何品，究竟皆至一生补处，圆证佛果也。

问曰：下品上、中二位，既是大乘退堕者回心得生，未审小乘退堕者，当生何品？

答曰：以大例小，亦生此品，但闻法获益有差别耳。

问曰：何以不说小乘退堕，专说大乘耶？

答曰：大乘入俗利生，易于造恶。小乘专求自度，造恶事希。以多概少，故专说大乘耳。

问曰：下品上生、中生二位，既是修行门中造恶业者回心所生，未知世俗恶业不至下下品者，当生何等？

答曰：世俗纯善则生中下，纯恶则生下下。其余善多恶少者，应生下上；恶多善少者，应生下中。准例可知。

佛告阿难及韦提希："上品上生者，若有众生，愿生彼国者，发三种心，即便往生。何等为三？一者至诚心，二者深心，三者回向发愿心。具三心者，必生彼国。复有三种众生，当得往生。何等为三？一者慈心不杀，具诸戒行；二者读诵大乘方等经典；三者修行六念，回向发愿，愿生彼国。具此功德，一日乃至七日，即得往生。生彼国时，此人精进勇猛故，阿弥陀如来，与观世音、大势至，无数化佛，百千比丘，声闻大众，无量诸天，七宝宫殿。观世音菩萨执金刚台，与大势至菩萨至行者前。阿弥陀佛，放大光明，照行者身。与诸菩萨，授手迎接。观世音、大势至，与无数菩萨，赞叹行者，劝进其心。行者见已，欢喜踊跃。自见其身，乘金刚台，随从佛后，如弹指顷，往生彼国。生彼国已，见佛色身，众相具足。见诸菩萨，色相具足。光明宝林，演说妙法。闻已，即悟无生法忍。经须臾间，历事诸佛，遍十方界。于诸佛前，次第受记。还至本国，得无量百千陀罗尼门。是名上品上生者。

上品中生者，不必受持读诵方等经典。善解义趣，于第一义，心不惊动，深信因果，不谤大乘。以此功德回向，愿求生极乐国。行此行者，命欲终时，阿弥陀佛，与观世音、大势至、无量大众，眷属围绕，持紫金台，至行者前，赞言：法子，汝行大乘，解第一义，是故我今来迎接汝。与千化佛，一时授手。行者自见坐紫金台，合掌叉手，赞叹诸佛。如一念顷，即生彼国七宝池中。此紫金台，如大宝华，经宿即开。行者身作紫磨金色，足下亦有七宝莲华。佛及菩萨，俱时放光，照行者身，目即开明。因前宿习，普闻众声，纯说甚深第一义谛。即下金台，礼佛合掌，赞叹世尊。经于七日，应时即于阿耨多罗三藐三菩提得不退转。应时即能飞行遍至十方，历事诸佛。于诸佛所，修诸三昧。经一小劫，得无生忍，现前受记。是名上品中生者。

上品下生者，亦信因果，不谤大乘，但发无上道心，以此功德，回向愿求生极乐国。行者命欲终时，阿弥陀佛，及观世音、大势至，与诸菩萨，持金莲华，化作五百佛，来迎此人。五百化佛，一时授手，赞言：法子，汝今清净，发无上道心，我来迎汝。见此事时，即自见身坐金莲华。坐已华合，随世尊后，即得往生七宝池中。一日一夜，莲华乃开。七日之中，乃得见佛。虽见佛身，于众相好，心不明了。于三七日后，乃了了见。闻众音声，皆演妙法。游历十方，供养诸佛。于诸佛前，闻甚深法。经三小劫，得百法明门，住欢喜地。是名上品下生者。是名上辈生想，名第十四观。"

佛告阿难及韦提希："中品上生者，若有众生，受持五戒，持八戒斋，修行诸戒，不造五逆，无众过患。以此善根，回向愿求生于西方极乐世界。临命终时,阿弥陀佛,与诸比丘,眷属围绕,放金色光,至其人所。演说苦、空、无常、无我,赞叹出家,得离众苦。行者见已,心大欢喜。自见己身,坐莲华台,长跪合掌,为佛作礼。未举头顷,即得往生极乐世界,莲华寻开。当华敷时,闻众音声,赞叹四谛。应时即得阿罗汉道,三明六通,具八解脱。是名中品上生者。

中品中生者,若有众生,若一日一夜持八戒斋,若一日一夜持沙弥戒,若一日一夜持具足戒,威仪无缺。以此功德,回向愿求生极乐国。戒香熏修,如此行者,命欲终时,见阿弥陀佛,与诸眷属,放金色光,持七宝莲华,至行者前。行者自闻空中有声,赞言:善男子,如汝善人,随顺三世诸佛教故,我来迎汝。行者自见坐莲华上,莲华即合,生于西方极乐世界。在宝池中,经于七日,莲华乃敷。华既敷已,开目合掌,赞叹世尊。闻法欢喜,得须陀洹。经半劫已,成阿罗汉。是名中品中生者。

中品下生者,若有善男子、善女人,孝养父母,行世仁慈。此人命欲终时,遇善知识,为其广说阿弥陀佛国土乐事,亦说法藏比丘四十八愿。闻此事已,寻即命终。譬如壮士屈伸臂顷,即生西方极乐世界。经七日已,遇观世音,及大势至。闻法欢喜,得须陀洹。过一小劫,成阿罗汉。是名中品下生者。是名中辈生想,名第十五观。"

佛告阿难及韦提希:"下品上生者,或有众生,作众恶业。虽不诽谤方等经典,如此愚人,多造恶法,无有惭愧。命欲终时,遇善知识,为说大乘十二部经首题名字。以闻如是诸经名故,除却千劫极重恶业。智者复教合掌叉手,称南无阿弥陀佛。称佛名故,除五十亿劫生死之罪。尔时彼佛,即遣化佛、化观世音、化大势至,至行者前,赞言:善男子!以汝称佛名故,诸罪消灭,我来迎汝。作是语已,行者即见化佛光明,遍满其室。见已欢喜,即便命终。乘宝莲华,随化佛后,生宝池中。经七七日,莲华乃敷。当华敷时,大悲观世音菩萨,及大势至菩萨,放大光明,住其人前,为说甚深十二部经。闻已信解,发无上道心。经十小劫,具百法明门,得入初地。是名下品上生者。"

佛告阿难及韦提希:"下品中生者,或有众生,毁犯五戒八戒,及具足戒。如此愚人,偷僧祇物,盗现前僧物,不净说法,无有惭愧,以诸恶业而自庄严。如此罪人,以恶业故,应堕地狱。命欲终时,地狱众火,一时俱至。遇善知识,以大慈悲,即为赞说阿弥陀佛十力威德,广赞彼佛光明神力,亦赞戒、定、慧、解脱、解脱知见。此人闻已,除八十亿劫生死之罪。地狱猛火,化为清凉风,吹诸天华。华上皆有化佛菩萨,迎接此人。如一念顷,即得往生七宝池中莲华之内。经于六劫,莲华乃敷。观世音、大势至,以梵音声,安慰彼人,为说大乘甚深经典。闻此法已,应时即发无上道心。是名下品中生者。"

此品专为修行门中造恶之人而说。毁犯五戒八戒者,在家众也。犯具戒者,出家众也。偷盗僧物者,犯弃罪也。不净说法者,障人净信也。此种罪业,命尚未终,狱火已至。以宿习道种发现,得遇善知识,赞说弥陀威德光明,及五分法身。有如悬崖勒马,回臻坦途。及至华开,得闻大乘甚深经典,发无上道心。皆系造业以前,受戒习经之力,有以致之也。

修行人造恶,至临终时善心发现。即见狱火,尔时当有悔惧之心。故一闻妙法,猛利求脱也。以"为说大乘甚深经典"一语证之,知其大乘退堕者回心所生也。

佛告阿难及韦提希："下品下生者，或有众生，作不善业，五逆十恶，具诸不善。如此愚人，以恶业故，应堕恶道，经历多劫，受苦无穷。如此愚人，临命终时，遇善知识，种种安慰，为说妙法，教令念佛。彼人苦逼，不遑念佛。善友告言：汝若不能念彼佛者，应称无量寿佛。如是至心，令声不绝，具足十念，称南无阿弥陀佛。称佛名故，于念念中，除八十亿劫生死之罪。命终之时，见金莲华，犹如日轮，住其人前。如一念顷，即得往生极乐世界。于莲华中，满十二大劫，莲华方开。观世音、大势至，以大悲音声，为其广说诸法实相，除灭罪法。闻已欢喜，应时即发菩提之心。是名下品下生者。

念佛与称名有异。心中忆念，名为念佛。口称名号，名为称名。极恶众生，病苦所逼，心不能念，但能口称佛名，如呼父母，痛切之声，与弥陀大悲相应，故得往生也。观世音、大势至，以大悲音声，至菩提之心，与《净（除）业障经》同意。

是名下辈生想，名第十六观。"

问曰：下品生者，何缘住华胎内，经历如许长时也？其恶业重者，习气现时，还退堕否？

答曰：极乐国中，无退堕之事。彼华胎者，弥陀愿力所持。如镕金炉，摄取矿质，久久烹炼，必使渣滓消融，精金出现，方许启炉。此亦如是。又造恶人，受三涂报，苦不堪言。罪毕得出，造恶还入。下品生者，住华胎时，譬如比丘入三禅乐。习尽华开，直趣妙果。争奈众生业力障蔽，信之者寡。虽有苦切之言，亦不能启其心。若能闻即信受，一意求生者，皆是夙世善根，临时发现也。

说是语时，韦提希与五百侍女，闻佛所说，应时即见极乐世界广长之相。得见佛身，及二菩萨。心生欢喜，叹未曾有。豁然大悟,逮无生忍。五百侍女,发阿耨多罗三藐三菩提心,愿生彼国。世尊悉记,皆当往生,生彼国已,获得诸佛现前三昧。无量诸天,发无上道心。

尔时阿难,即从座起,白佛言:"世尊,当何名此经?此法之要,当云何受持?"

佛告阿难:"此经名观极乐国土、无量寿佛、观世音菩萨、大势至菩萨,亦名净除业障,生诸佛前。汝当受持,无令忘失。行此三昧者,现身得见无量寿佛,及二大士。若善男子及善女人,但闻佛名、二菩萨名,除无量劫生死之罪,何况忆念!若念佛者,当知此人,则是人中分陀利华。观世音菩萨、大势至菩萨,为其胜友。当坐道场,生诸佛家。"佛告阿难:"汝好持是语。持是语者,即是持无量寿佛名。"

佛说此语时,尊者目犍连、尊者阿难,及韦提希等,闻佛所说,皆大欢喜。

尔时世尊,足步虚空,还耆阇崛山。尔时阿难,广为大众,说如上事。无量诸天、天龙、夜叉,闻佛所说,皆大欢喜,礼佛而退。

附：
《〈无量寿经〉优波提舍愿生偈》[①]略释

先叙归命、愿生、说偈之意。

  世尊我一心，归命尽十方，

  无碍光如来，愿生安乐国。

  我依修多罗，真实功德相，

  说愿偈总持，与佛教相应。

有三种观察：一者，彼佛国土功德庄严，有十七种事应知。

  观彼世界相，胜过三界道。

（一）清净功德成就二句。

  究竟如虚空，广大无边际。

（二）无量功德成就二句。

  正道大慈悲，出世善根生。

（三）性功德成就二句。

  净光明满足，如镜日月轮。

（四）形相功德成就二句。

  备诸珍宝性，具足妙庄严。

（五）种种事功德成就二句。

  无垢光焰炽，明净曜世间。

（六）妙色功德成就二句。

  宝性功德草，柔软左右旋。

  触者生胜乐，过迦旃邻陀。

---

① 婆薮槃豆菩萨（即天亲菩萨）造。——编者注

(七)触功德成就四句。

　　宝华千万种,弥覆池流泉。

　　微风动华叶,交错光乱转。

(八)庄严功德成就共十二句。(八之一),庄严水四句。

　　宫殿诸楼阁,观十方无碍。

　　杂树异光色,宝栏遍围绕。

(八之二),庄严地四句。

　　无量宝交络,罗网遍虚空。

　　种种铃发响,宣吐妙法音。

(八之三),庄严虚空四句。

　　雨华衣庄严,无量香普熏。

(九)雨功德成就二句。

　　佛慧明净日,除世痴暗冥。

(十)光明功德成就二句。

　　梵声悟深远,微妙闻十方。

(十一)妙声功德成就二句。

　　正觉阿弥陀,法王善住持。

(十二)主功德成就二句。

　　如来净华众,正觉华化生。

(十三)眷属功德成就二句。

　　爱乐佛法味,禅三昧为食。

(十四)受用功德成就二句。

　　永离身心恼,受乐常无间。

(十五)无诸难功德成就二句。

　　大乘善根界,等无讥嫌名。

女人及根缺,二乘种不生。

（十六）大义门功德成就四句。净土果报,离二种讥嫌过,一者体,二乘人、女人、诸根不具人;二者名,乃至不闻此三种名也。等者,平等一相故。

众生所愿乐,一切能满足。

（十七）一切功德满足成就二句。

故我愿往生,阿弥陀佛国。

二者,观察阿弥陀佛功德庄严,有八种应知。

无量大宝王,微妙净华台。

（一）座庄严二句。

相好光一寻,色像超群生。

（二）身庄严二句。

如来微妙声,梵响闻十方。

（三）口庄严二句。

同地水火风,虚空无分别。

（四）心庄严二句。

天人不动众,清净智海生。

（五）众庄严二句。

如须弥山王,胜妙无过者。

（六）上首庄严二句。

天人丈夫众,恭敬绕瞻仰。

（七）主庄严二句。

观佛本愿力,遇无空过者。

能令速满足,功德大宝海。

（八）不虚作住持庄严四句。即见彼佛,未证净心菩萨,毕竟得平等法身；净心菩萨，毕竟与上地同得寂灭平等。

略说八句，示现如来自利利他，功德庄严，次第成就，应知。

三者，观察彼诸菩萨功德庄严。有四种正修行功德成就，应知。

安乐国清净，常转无垢轮。

化佛菩萨日，如须弥住持。

（一）于一佛土，身不动摇而遍十方，种种应化，如实修行，常作佛事，开诸众生淤泥华故。四句。

无垢庄严光，一念及一时，

普照诸佛会，利益诸群生。

（二）彼应化身，于一切时，不前不后，一心一念，放大光明，悉能遍至十方世界，教化众生。四句。

雨天乐华衣，妙香等供养，

赞诸佛功德，无有分别心。

（三）于一切世界无余，照诸佛会大众无余，广大无量，供养恭敬，赞叹诸佛如来。四句。

何等世界无，佛法功德宝。

我愿皆往生，示佛法如佛。

（四）于十方一切世界无三宝处，住持庄严佛法僧宝功德大海，遍示令解，如实修行。四句。

后总结。

我作论说偈，愿见弥陀佛。

普共诸众生，往生安乐国。

向说佛国土功德庄严成就、佛功德庄严成就、菩萨功德庄严成就。此三种成就，愿心庄严，略说入一法句故。一法句者，谓清净句。清净句者，谓真实智慧无为法身故。此清净有二种，应知。何等二？一者，器世间清净；二者，众生世间清净。器世间清净者，向说十七种佛国土功德庄严成就，是名器世间清净。众生世间清净者，如向说八种佛功德庄严成就、四种菩萨功德庄严成就，是名众生世间清净。如是一法句，摄二种清净，应知。

此偈深妙难解，须读诵通利，然后取昙鸾法师《往生论注》阅之，自能了达。古之修净业者，依"三经一论"为宗，即是《无量寿经》《观经》《阿弥陀经》及此论也。

《坛经》[①]略释

刺史又问曰："弟子常见僧俗念阿弥陀佛,愿生西方。请和尚说,得生彼否？愿为破疑。"师言："使君善听,慧能与说。世尊在舍卫城中,说西方引化经文,分明去此不远。若论相说,里数有十万八千。

当云国土有十万亿,六祖不深求教相,故误说。

即身中十恶八邪,便是说远。说远为其下根,说近为其上智。人有两种,法无两般。迷悟有殊,见有迟疾。迷人念佛求生于彼。

此是华严教,事能隐理门。

悟人自净其心。

此是华严教,理能夺事门。

所以佛言:随其心净,即佛土净。

此是华严教,理能成事门。

使君！东方人但心净,即无罪。虽西方人,心不净亦有愆。

未超上上,皆名带业。称性而谈,唯佛一人居净土也。

东方人造罪,念佛求生西方。西方人造罪,念佛求生何国？

一往以理夺事,正与以事显理相反。净土人不造罪,故栖神微妙,入华严之玄,圆超东土、西方,何肯造罪？人能以念佛心,入无生忍,六祖虽狠,决定骂不着。

凡愚不了自性,不识身中净土,

近代邪教用丹家糟粕,作佛法会。人人自以为修身中净土,个

[①] 东土禅宗六祖慧能说,门人法海等录。此文为坛经中"释功德净土第二"之第二节。——编者注

个自以为是六祖真传,尽成地狱种也。

愿东愿西。悟人在处一般。所以佛言,随所住处恒安乐。使君心地但无不善,西方去此不遥。若怀不善之心,念佛往生难到。今劝善知识,先除十恶,即行十万。后除八邪,乃过八千。念念见性,常行平直。到如弹指,便睹弥陀。使君但行十善,何须更愿往生?"

一往以理夺事,故不说事能显理门。

等不等观杂录

卷　　一

⊙ 读《法华经·妙音品》

此品义味幽深，须以三法释之。初依四宾主，次依四法界，三依六相。

且初，依宾主释者，释迦如来，主中主也；多宝如来，宾中主也；妙音菩萨，宾中宾也；文殊菩萨，主中宾也。先由主中主放光东照，妙音方发意来观。众宝莲花既现于灵山会前，文殊乃问世尊，欲知妙音所行三昧，并愿见其色相。表二菩萨均在因位，各有分齐，非仗佛力，不能融会。释迦乃蕲多宝为现。表古佛虽久灭度，神用常兴，故一呼即至，乃宾中主召宾中宾也。及至妙音到已，先见释迦，不见多宝者，表释迦为此界宗主，多宝现于释迦界中，非释迦介绍，不能见也。

次依四法界释者，妙音，事法界也；文殊，理法界也；释迦，理事无碍法界也；多宝，事事无碍法界也。前文释迦开多宝佛塔，表理事无碍入事事无碍也。多宝分半座与释迦并坐，正显事事无碍之象也。文殊表根本智，显示般若真空之义，理法界也。妙音得种种三昧，净华宿王智，佛为彼说国土净秽，身量大小。妙音未来时，先现众宝莲花，所经国土，雨花动地，天乐鸣空，皆属事法界也。理事无碍,方能契合。故文殊白佛,欲见妙音。然非事事无碍,不能随心自在。故释迦蘇多宝现其相也。

三依六相释者,即《华严经》中总别、同异、成坏也。灵山道场为总相,四圣在会为别相,皆证法华为同相,因果差殊为异相,师资道合为成相,各住自位为坏相。寂音尊者用各不相知之义释此品,专属坏相,于经意未能全合。

⊙《圆觉经·清净慧章》别记

第六章清净慧菩萨问法,世尊开示四种浅深证道之相。复说:"居一切时,不起妄念。于诸妄心,亦不息灭。住妄想境,不加了知。于无了知,不辨真实。"凡三十二字,作四句读。古今诸师,各申妙解。今为同志宣扬,特出新义,以飨大众。

初句"不起妄念"者,若就思惟心言之,则与下句不能联合。当知妄念即是第七识,随缘执我,便成非量。一切时不起,则七识转成平等性智矣。

第二句之"妄心",六识思惟心也。七识为六识之根,根既平等,则依根所发之识,必无我执。是名妙观察智,何须息灭?如永嘉答六祖云"分别亦非意",深契六祖之道也。

第三句"住妄想境",前五识也。五根对境而有五识,唯是现量。因有同时意识为缘,则成比量而现量隐,故名"加了知"。古人彻悟之时,叹为山河及大地,全现法王身。若加了知,则无此境,不得名为成所作智矣。

第四句"无了知者",即是第八识无分别智。"辨之"者,第六意识也。意识认为真实，则违八识现量矣。《胜鬘经》云："烦恼隐覆真实。"意识不辨，则不被其隐覆，八识转成大圆镜智矣。八识既转，四智全彰，岂非一切种智乎！故下文佛赞德本以结之。

⊙ 弥陀报土

古人以四土释西方极乐世界，复以互相该摄之言通之。仔细参详，似犹未惬。盖佛刹具四土者，不可一概而论。经中每云或有国土纯是菩萨，则下二土自无有矣。今依净土三经所说，一切众生往生彼国者，皆得衣食自然，究竟彻证无上菩提，是往生者虽未证圣，已非凡界。既无凡界，则不可说凡圣同居矣。又二乘种性往生之后，虽证小果，毕竟趋入大乘。是无实声闻，便不可说方便有余矣。统而言之，无非弥陀报土，随往生者根器不同，见彼国土浅深有异。既入弥陀愿海，自业报境全舍，岂有凡界能为牵系耶？

又有高谈净土者，喜提常寂光，亦非本经意旨。盖十方诸佛所居常寂光，平等无二，尚非浅位菩萨所及，何况下凡？若能入常寂光，则无此界他界之别，又何必说西方耶？既说西方，自以弥陀报土为归，是为他受用土。若论弥陀自受用土，非常寂光而何？

⊙《起信论》证果

信成就发心者，入圆初住位，即得少分见于法身，便能八相成道，现劣应佛。至十地位尽，见满分法身，在色究竟天现胜应佛。

或疑初住所现劣应佛，不具三身，与妙觉果位有异。又疑十地位尽所现胜应佛，亦不说报身。今为通释：夫初住位既见法身，而法身遍一切处，即名毗卢遮那，不可以自他情量限之。虽云少分见，但以入理深浅言之，非谓另有分法身在所见之外也。法身者，自受用身也。报身名他受用身，亦称法界性，遍一切处，随机显现。初住菩萨现佛身时，即以毗卢遮那为自法身，以卢舍那为自报身，以色究竟天佛为自胜应身。以一位遍摄一切位故。至十地位尽，现胜应身时，亦复如是。

又胜应身即《梵网》所谓千华上佛。彼经云：卢舍那化为千释迦，千释迦又化为千百亿释迦。是谓从本起末。若摄末归本，准例可知。既入佛性海中，释迦现身，一切法趋释迦。弥勒现身，一切法趋弥勒。无量诸佛，莫不皆然。

⊙ 三身义

清净法身，圆满报身，千百亿化身，是之谓三身。学佛者若不知三身义，则真假二谛，不能圆融。

世人所见释迦牟尼佛从母胎出，修行证道，说法度生，入于涅槃者，皆化身之事也。化身一名应身，以其应众生之机而出现也。当知释迦成道以来，经久远劫，三身具足，一时能现无量化身。犹如月映万川，彼月之体性，能现月形者，法身也。彼月之光明，照耀无边者，报身也。水中所现之月，随处可见者，化身也。若但知化身为佛，而不知普遍平等之法身，万德庄严之报身，则佛陀亦人中之杰出者而已矣，岂能统十界而称尊，亘古今而常存者乎？

他教之言曰：佛者，受造者也；上帝者，造物者也。是皆知有化身，而不知有法身、报身也。法身者，四圣六凡所同者也，称为本觉。报身者，万劫修行所显者也，称为始觉。始本合一，方证佛果。然后现无量化身以度含灵。

六道凡夫，虽有法身，隐而不现。随业所受之身，或为人，或为畜，即是报身。无随类现形之用，故无化身。此等众生，颠倒妄想，轮转无穷。若欲脱此幻梦，殊非深究内典不为功。然内典繁多，从何入手，用功省而收效速也？曰：有马鸣菩萨所作《起信论》，文仅一卷，字仅万言，精微奥妙，贯彻群经。学者苟能熟读深思，如法修行，从十信满心，得六根清净，证入初住，见少分法身。历十住、十行、十回向、十地、等觉、妙觉，彻证满分法身，现圆满报身。以大悲心，起随类用，即现千百亿化身，与十方诸佛，无二无别也。

或疑六道众生，何能直证佛果？不知众生本性，即是诸佛法身。迷则轮回六道，悟则超越三乘。然须多劫修行，方成佛道。更有净土一门，不假勤修，不废俗谛，一念净信，顿超彼岸。可谓方便中之大方便，直捷中之最直捷矣，学者可不勉旃！

⊙ **大乘律**

梁《摄论·戒学》中引《毗奈耶瞿沙毗佛略经》，说菩萨戒有十万种差别。如兹大本，未沾此域。又古德相传云：真谛三藏将《菩萨律藏》，拟来此土，于南海上船，船便欲没。省去余物，仍不能起。唯去律本，船方得进。真谛叹曰："《菩萨戒律》，汉土无缘，深可悲矣！"

或疑《摄论》所引戒相,何至如此之多?当知菩萨行门,通十法界。随入一界,皆具万行,故有十万种差别也。又疑九界现身,可说戒相,若现佛身,岂得同例?今为释曰:菩萨现佛身时,亦有应作不应作之相,以为戒藏,故十法界莫不皆然。

又如大部律藏不能至东土者,亦有深义。盖西土应化圣贤,能应十界之机,随缘设化,故应受持广律。若东土修大乘者,局于人道,未能现身他界,故广律非分。且菩萨行折摄二化,随类现身,迥出常情之表。未入正位者,或堕疑网。若强效之,恐致堕落,故不入此土。《梵网》十重四十八轻,及《菩萨戒本》四重四十一轻,乃大乘律之总纲。凡发菩提心者,皆应受持也。

⊙ 佛法大旨

佛法大旨,在引导世人出生死轮回。盖世人生不知来,死不知去。静言思之,何以忽而有我?未生以前,我在何处?既死以后,我往何所?茫茫昧昧,诚可哀也。有智慧者,在自性内体究。破妄显真,忽如梦觉,六通具足。得知过去世曾经无量生死,或生天上,或生人间,或为畜生,或堕地狱、饿鬼,苦乐千差。未来世中,亦复如是,轮转无穷。遍观一切众生头出头没,无有了期。遂发大愿,修菩萨道,自度度他。福慧圆满,得成佛果。所说经法,真实不虚。无论何人,依教修行,皆得成佛。但入门有难易之分,证道有浅深之别,及其成功一也。

如来设教,义有多门。譬如医师,应病与药。但旨趣玄奥,非深心研究,不能畅达。何则?出世妙道,与世俗知见,大相悬殊。

西洋哲学家数千年来精思妙想,不能入其堂奥。盖因所用之思想,是生灭妄心,与不生不灭常住真心,全不相应。是以三身四智,五眼六通,非哲学家所能企及也。

近时讲求心理学者,每以佛法与哲学相提并论,故章末特为拈出,以示区别。

⊙ 学佛浅说

先圣设教,有世间法,有出世法。黄帝、尧、舜、周、孔之道,世间法也,而亦隐含出世之法。诸佛菩萨之道,出世法也,而亦概括世间之法。世间法局于现生,不脱轮回。出世法透彻根源,永脱轮回。兼之世界成坏,群生变化,凡情所不能测者,佛门修士,朗然大觉,普照无遗,岂不大快乎哉!

然则学佛者当若之何?曰:随人根器,各有不同耳。利根上智之士,直下断知解,彻见本源性地,体用全彰,不涉修证,生死涅槃,平等一如。此种根器,唐宋时有之,近世罕见矣。其次者,从解路入,先读《大乘起信论》,研究明了,再阅《楞严》《圆觉》《楞伽》《维摩》等经,渐及《金刚》《法华》《华严》《涅槃》诸部,以至《瑜伽》《智度》等论。然后依解起行,行起解绝,证入一真法界。仍须回向净土,面觐弥陀,方能永断生死,成无上道。此乃由约而博,由博而约之法也。又其次者,用普度法门,专信阿弥陀佛接引神力,发愿往生,随己堪能,或读净土经论,或阅浅近书籍。否则单持弥陀名号,一心专念,亦得往生净土。虽见佛证道有迟速不同,其超脱生死,永免轮回,一也。

或曰：同一证道，何不概用普度法门，令人省力？

答曰：凡夫习气最重。若令其专念佛名，日久疲懈，心逐境转，往往走入歧途而不自觉。故必以深妙经论，消去妄情，策励志气，勇锐直前，方免中途退堕也。

又问：上文所说出世法门，如何能括世间法耶？

答曰：佛法要在见性，真性如水，世事如沤。有何沤不由水起，有何事不由性起耶？子但精勤一心，究明佛法，方信予言之不谬矣。

⊙《金刚经》四句偈说

《金刚经》内，每云"四句偈"等。后人不达，种种解释，殊失经旨。予读《法华》至一"四句偈"，恍然曰：此即极少之说也。《金刚》之"四句偈"等，亦犹是也。后阅智者大师疏云：《般若》第一部，六十万偈，乃至第八部三百偈，即此《金刚般若》。又阅《华严经·序》，有云：龙树菩萨诵得下部，归于竺乾，凡十万偈，四十八品。传来此土者，四万五千偈，三十九品。乃知西土论经，通以四句为一偈，二句为半偈，积若干偈为一品，若干品为一经。"四句偈"等之旨，复何疑哉？

⊙ 藏经字体不可泥古说

东震旦自有佛经，历代书写刊印流通，字体皆随时宜。明万历间,始刊书本藏经,间用古字。初学患其难晓,后半遂不复用。近代吴下江铁君写刻大乘教典,改从《说文》字体,好古者赏之。然《说文》所有之字则改矣,其无者仍听之,亦何贵乎其改也。

尝试论之:佛经字体,不与《说文》合者最多。何则?翻梵成华,但取义顺,不以文字论古今也。且翻字不翻音者,若此方之字,与彼音未能全符,则加"口"旁以别之,便知非本字全音矣。如谓《说文》无有,尽行除去,则密咒正音,无从可得,断不可也。又显说中,闲静从闲,中间从间,因世俗相承已久,一见而知分别也。《楞严》《楞伽》之"楞"字,《说文》作"棱",他书从之,唯佛经内专用"楞"字。疑系译经时所定,当从之,不必更改也。菩萨之"萨"字,《说文》无之,今有人改作"薢",谓是"薛"字之假借也,又写作"杀",更可骇也。考字典从"萨",与古经不符。经中从"艹"、从"阝"、从"立"、从"生",当是译经时所撰,良有以也。经中"婬"字多从"女"旁,专指男女事也。今人欲依《说文》改从"氵"旁。书中"淫"字训义甚多,放也、溢也、甚也、邪也。经中专指男女事,故从"女"为妥。由此类推,应改与否,从可知矣。

⊙ 鸦片说

世人修善,名曰白业。世人造恶,名曰黑业。鸦片者,黑业之所感也。何以言之?不观夫云栖施食仪乎?作灭罪法时,观饿鬼身中所有罪业,犹如墨汁,以神咒之力,令其墨汁从足心流出,下入金刚际。今时黑业强盛,汲引此汁从地涌出,化作罂粟花,鲜妍可爱。及其浆满,剖而出之,初见灰白,俄而变色。煮之熬之,则纯黑矣。岂非饿鬼足下流出之墨汁乎！

所最奇者，吸烟之筒名之曰枪，不知命名者何所取义也。静言思之，乃恍然曰：枪者，杀人之具也。举枪欲杀人，必以口对人，而火门对己。乃吸烟则反是，诚举枪以自杀也。尝观世人终日营营，百计千方，莫非损人利己。唯吸鸦片一事，则专以害己。此所谓天壤间至公之道也。

往者与英人讲论创法之巧，英人曰：熬烟之法，吸烟之具，皆造自华人。益信业力招感，非凡心所能思议者矣。

大凡世间毒物，人皆畏而远之。鸦片之毒，甚于他物，生者为土，熟者为膏，少许入口，即时毙命。而嗜之者一见此物，喜形于色，诚不解其何故也。忽忆经中以世人贪、嗔、痴为三毒，始知内心之毒，与外物之毒，同类相摄，其力最大，断无他力足以胜之。虽父母挞楚，妻孥诟厉，至死不改。

或问吸鸦片人应得何报？答曰：观现在形状，便可知矣。口鼻之间，臭烟出入，面目焦枯，殆无生气。命终以后，必堕饿鬼道中。《焰口经》中所救饿鬼，即此类也。待其墨汁从足流出，又为后人所吸，辗转相引，无有已时。非遇佛法教导，往生净土，其能脱此苦海乎？

⊙ 观未来

世间治乱，莫能预知。然自冷眼人观之，则有可以逆料者。且就目前世界论之，支那之衰坏极矣。有志之士，热肠百转，痛其江河日下，不能振兴。然揣度形势，不出百年，必与欧美诸国，并驾齐驱。何则？人心之趋向，可为左券也。不变法不能自存，既变法矣，人人争竞，始而效法他国，既而求胜他国，年复一年，日兴月盛，不至登峰造极不止也。

或问：全球无衰坏之国，可与增劫时世媲美乎？

答曰：迥不相侔也。增劫时世，人心纯善，金玉弃而不取。今时号为文明之国者，全仗法律钳制，人心始能帖然。牟利之徒，机巧百出，非极天下之豪富，不能满其所欲也。

又问：坏极而兴，既闻命矣，至于兴之极，能永久不坏乎？

答曰：不能也。

或问：何以知之？

答曰：地球各国全盛之日，兵戈不起，生齿日繁。谚云：一人生两人，十世一千丁。以三十年为一世，至十世而添人千倍矣。其中不无饥馑疾疫，耗折人口，且减半计之，亦不下五百倍也。历年三百，而添人五百倍，地不加大，何能容之？彼时先坏商务，继坏工务。盖各国齐兴，货物充溢，皆欲阻止他国货物，不令输入，而轮船无用矣。货物既不运售他国，则制造日减，而工人赋闲矣。工商以外，无生业者不计其数，啼饥号寒，哀声遍野，岂有不乱者乎？先兴者先坏，后兴者后坏，统地球各国，坏至不可收拾。所有文学、格致、历算、工艺一切尽废，仍变而为野蛮。向之人民五百倍者，减而剩一分，如现在之数。乱犹不止，必再减一半，而乱事方了。尔时人民敦朴，如洪荒之世。此为乱之极，治之始也。久之又久之，而礼乐文章，渐次兴起。治乱循环，如是而已。哀哉众生，营营扰扰，果何为也！

或晓之曰：此梦境也，举世皆梦也。然则亦有觉者乎？曰：释迦、弥陀，皆觉者也。十方三世，一切诸佛，皆觉者也。菩萨、罗汉、高僧、上士，觉而未至究竟者也。欲醒此梦，非学佛不为功。三藏教典具在，苟能用心，无不得入。而要以净土为归，方可醒此大梦也。

⊙ 支那佛教振兴策一

中国之有儒、释、道三教，犹西洋之有天主、耶稣、回回等教，东洋之有神道及儒、佛二教。东西各国，虽变法维新，而教务仍旧不改，且从而振兴之，务使人人皆知教道之宜遵，以期造乎至善之地。我中国何独不然？今日者，百事更新矣。议之者，每欲取寺院之产业以充学堂经费。于通国民情，恐亦有所未惬也。不如因彼教之资，以兴彼教之学，而兼习新法，如耶稣、天主教之设学课徒。日本佛寺，亦扩充布教之法，开设东文普通学堂，处处诱进生徒。近日创设东亚佛教会，联络中国、朝鲜，以兴隆佛法，犹之西人推广教务之意也。

我国佛教衰坏久矣，若不及时整顿，不但贻笑邻邦，亦恐为本国权势所夺。将历代尊崇之教，一旦举而废之，岂不令度世一脉，后人无从沾益乎？为今之计，莫若请政务处立一新章，令通国僧道之有财产者，以其半开设学堂。分教内、教外二班。外班以普通学为主，兼读佛书半时，讲论教义半时，如西人堂内兼习耶稣教之例。内班以学佛为本，兼习普通学，如印度古时学五明之例。如是则佛教渐兴，新学日盛，世出世法，相辅而行。僧道无虚縻之产，国家得补助之益。于变法之中，寓不变之意。酌古准今，宜情宜理，想亦留心时务者所乐为也。

⊙ 支那佛教振兴策二

泰西各国振兴之法，约有两端：一曰通商，二曰传教。通商以损益有无，传教以联合声气。我国推行商业者，渐有其人，而流传宗教者，独付缺如。设有人焉，欲以宗教传于各国，当以何为先？统地球大势论之，能通行而无悖者，莫如佛教。美洲阿尔格尔曾发此议，立佛教学会，从之者十余万人。然其所知，仅佛教粗迹，于精微奥妙处，未之知也。故高明特达之士，仍不见信。

今欲重兴释迦真实教义，当从印度入手，然后遍及全球。庶几支那声名文物，为各国所器重，不至贬为野蛮之国矣。然开办之始，非筹款不为功。倘得贤士大夫慨然资助，收效于数年之后，不但与西洋各教并驾齐驱，且将超越常途，为全球第一等宗教，厥功岂不伟欤？

⊙ 释氏学堂内班课程刍议

盖自试经之例停，传戒之禁弛，以致释氏之徒，无论贤愚，概得度牒。于经、律、论毫无所知，居然作方丈，开期传戒。与之谈论，庸俗不堪，士大夫从而鄙之。西来的旨，无处问津矣。

今拟乘此转动之机，由各省择名胜大刹，开设释氏学堂，经费由庵观寺院田产提充，教习公同选举。酌定三级课程，先令其学习文理，然后教以浅近释典，约须三年。学成者准其受沙弥戒，是为初等。再令学习稍深经、律、论，三年学成，准其受比丘戒，给牒，是为中等。此后应学深奥释典,及教、律、禅、净专门之学。三年之后,能通大意,讲解如流者,准其受菩萨戒,换牒,是为高等。聪慧之流,九年学成,具受三坛大戒,方能作方丈,开堂说法,升座讲经,登坛传戒,始得称为大和尚。仅学得初等中等者,只能当两序职事。若全不能学,仍令还俗,不得入僧班也。

近时宗门学者,目不识丁,辄自比于六祖。试问千余年来,如六祖者,能有几人?拟令此后非学成初等中等者,不得入禅堂坐香,以杜滥附禅宗、妄谈般若之弊。尼亦仿照此例,略为变通,学成等第,方准受戒。以上三等,仿照小学、中学、大学之例,能令天下僧尼,人人讲求如来教法。与经世之学,互相辉映,岂非国家之盛事乎!

道家者流,虽人数无多,亦可仿此办理,是在随时斟酌耳。

⊙ 释氏学堂内班课程

普通学:每日课程六堂,每堂一点钟。上午第一堂佛教,下午第一堂佛教。其余四堂,分课本,国文、理史学、地理、算法、梵文、英文、东文。

第一年

《四十二章经》,《佛遗教经》,《八大人觉经》蕅益《三经解》、守遂《二经注》,《佛教初学课本》金陵刻经处刊,《释迦如来成道记》,《念佛伽陀》彻悟,《菩萨戒本经》蕅益《笺要》,《西方发愿文》莲池自注。以上春夏二季读诵讲解。

梁译《大乘起信论》《纂注》《直解》《义记》,《唯识三十论》高原、蕅益,《因明论》高原、蕅益,《八识规矩》憨山、蕅益。

《心经》《五家注》,《阿弥陀经》元照、蕅益。以上秋冬二季读诵讲解。

晨昏课诵,随时讲解。《百法明门》,《小止观六妙门》,以上二种暇时细阅。

第二年

《楞严经》,用《纂注》《正脉疏》讲解。此经一年若未读完,下年接读。《大乘止观》,暇时细阅。

第三年

《圆觉经》《直解》、《近释》、《略疏》、《大疏》,《金刚经》宗泐、憨山、蕅益,《维摩经》《肇注》、《折中疏》,《十六观经》《四帖疏》,《七佛偈》,《信心铭》,《证道歌》,《定慧相资歌》,《万善后偈》,《愿生偈》昙鸾注。以上十种,分上下两期,读诵讲解。

《地藏经》,《显密圆通》,《原人论》,《高僧传》,《释氏稽古略》,暇时细阅。

专门学：自第四年起,或两年,或三五年,不拘期限。各宗典籍,或专学一门,或兼学数门,均随学人志愿。总须一门通达,方可另学一门。不得急切改换,以致一无所成。

俱舍宗：《俱舍论》,《普光记》,《法宝记》。

成实宗：《成实论》,现用《俱舍》,较《成实》为优。

律宗：大乘(律)《梵网经》蕅益《合注》、智者《疏》、莲池《发隐》、三昧《直解》、贤首《疏》。小乘(律)《四分律行事钞资持记》道宣、元照,《毗尼止持》见月,《毗尼作持》见月,《毗尼关要》定庵,《毗尼集要》蕅益。

天台宗：《法华经》《会义》《科注》,《妙玄节要》,《涅槃经疏》,《删定止观》,《释禅波罗蜜》,《四教仪集注》,《教观纲宗》。

贤首宗：《华严悬谈疏钞》澄观，《行愿品疏钞》澄观、宗密，《华严著述集要》，《法界无差别论疏》贤首，《大宗地玄文本论》《略注》，《释摩诃衍论》。

慈恩宗：《成唯识论》《心要》《随疏述记》，《枢要》，《相宗八要》高原、蕅益，《瑜伽师地论》，《伦记》，《因明论疏》窥基，《法苑义林章》，《解深密经》，《密严经》，《唯识开蒙》。

三论宗：《中论》吉藏《疏》，《百论》吉藏《疏》，《十二门论》宗致《义记》，《肇论》，《大智度论》，《三论玄义》，《三论游意》，《宝藏论》。

禅宗：《楞伽经》憨山《笔记》、蕅益《义疏》，《会译》，《思益经》，《五灯会元》，《六祖坛经》，《禅源诸诠集》，《宗镜录》，《万善同归集》，《宗范》，《禅林僧宝传》。

密宗：《大毗卢遮那成佛神变加持经》一行《疏释》，《苏婆呼童子经》，《苏悉地羯罗经》，《施食补注》莲池。

净土宗：《无量寿经义疏》慧远，《无量寿如来会》，《弥陀疏钞》莲池，《无量寿三经论》彭际清，《往生论注》昙鸾，《净土十要》蕅益，《安乐集》道绰，《往生集》莲池。

专门学者，不但文义精通，直须观行相应，断惑证真，始免说食数宝之诮。《教乘法数》，《大明三藏法数》，宜购置案头，以备查考。

⊙ 佛学研究会小引

今时盛谈维新，或问佛学研究会维新乎？

曰：非也。

然则守旧乎？

曰：非也。

既不维新，又不守旧，从何道也？

曰：志在复古耳。

复古奈何？

曰：本师释尊之遗教耳。

方今梵刹林立，钟磬相闻，岂非遗教乎？

曰：相则是矣，法则未也。禅门扫除文字，单提"念佛的是谁"一句话头，以为成佛作祖之基。试问三藏圣教有是法乎？此时设立研究会，正为对治此病。顿渐、权实、偏圆、显密，种种法门，应机与药，浅深获益。由信而解，由解而行，由行而证。欲一生成办，径登不退，要以净土为归，此系最捷之径也。

⊙ 祇洹精舍开学记

释迦如来涅槃后二千八百六十年，摩诃震旦国，外凡学人，建立祇洹精舍于大江之南建业城中，兴遗教也。夫如来之教，博大精微，人莫能测。外凡浅智，何足以兴之？然当事者不暇计也。辄语人曰：人皆可以为尧舜，儒门尝言之矣，我佛门何独不然？不见夫"心、佛及众生，是三无差别"之偈乎？以刹那三昧消其时量，则灵山一会俨然未散；以帝网法门融其方域，则舍卫、金陵镜影涉入。契此道者，超乎象外，何有于华梵？何有于古今？更何有于圣凡耶？然理虽如是，事须兼尽。以英文而贯通华梵，华梵既通，则古今一致，凡圣交参，皆不离乎现前一念介尔之心。于是乎振铃开学，正当光绪戊申孟冬之月。阖堂大众，欢喜踊跃，信受奉行。

金陵本愿寺东文学堂祝文

维光绪二十五年,岁在屠维大渊献陬月之吉,金陵日本净土真宗本愿寺特设东文学堂以教华人。一言语学课,二普通学课。诚如《莲经》所云,治世言语、资生业等,皆顺正法也。溯自二十年前,创立本愿寺于春申江上。今者,大法主现如上人,属其弟胜信公来华,设本愿寺于杭,以十人居之。复设本愿寺于吴,以三人居之。金陵为南朝胜地,而北方心泉上人与一柳等五人居焉。上人传七祖之衣钵,为四贤之领袖。知道之所自,在元魏则有昙鸾法师,在唐则有道绰法师、善导法师。三师之著作,不传于华,而传于日本。今则复播之于华,岂非时节因缘耶!留学诸君子,或宣教旨,或受和文,微特出世之良因,抑亦处世之胜缘也。然则大法主之德,其可限量乎!爰为之颂曰:

真谛俗谛,如车两轮。扶桑震旦,齿之与唇。
驾车来游,以道传薪。方言奇字,奥妙绝伦。
弥陀本愿,指示当人。人人信受,一入全真。
提唱洪名,无间昏晨。十万亿刹,明镜无尘。
大哉释迦,亘古常新。五洲万国,一视同仁。

般若波罗蜜多会演说一

今逢净土真宗法主为振兴佛教起见,创开般若波罗蜜多会。

鄙人应召前来，理宜演说支那佛教古今流传之相。溯自汉明帝时，慧光东照，崇信之人，乘愿而出。至姚秦时，广译经论，佛教大兴。迨至有唐，禅、教、律、净，皆臻元奥。禅则达摩一宗，自六祖以下，五派分立。教则天台、贤首、慈恩，各承家法。律则南山正轨，大小兼弘。净则善导、怀感，诚恳备至。震旦佛教，于斯为盛。彼时著述虽多，因刻板未兴，类多遗亡。五季之时，佛教稍衰，至宋朝而复兴。所出人才，以永明为巨擘，提唱禅宗，指归净土，尤为古今所未有也。元明二代四百年间，方之唐宋，似逊一筹。本朝初年，禅宗鼎盛，著述家纯疵间出。近世以来，僧徒安于固陋，不学无术，为佛法入支那后第一隳坏之时。欲求振兴，唯有开设释氏学堂，始有转机。乃创议数年，无应之者，或时节因缘犹未至耶？请以观诸异日。

⊙ 般若波罗蜜多会演说二

此会由法主命名般若波罗蜜多会，今请演说般若之义，为开会之宗本。夫般若者，根本智也。经称般若为诸佛母，一切佛法之所从生，故《大藏经》以般若为首。般若在众生分中，隐而不现，盖为无明妄想障蔽故也。众生思虑之心，内典称为生死根本，乃六识分别，念念不停。虽极明利思想之用，彻于玄微，总不能证般若真智。若欲亲证，须由三种渐次而入：

一者，文字般若，即三藏教典，及各宗著述，后学因此得开正见，不至认贼为子；

二者，观照般若，依前正见，作真空观，及中道第一义观；

三者,实相般若,由前妙观,证得诸法实相,即与般若相应,便是到彼岸,可称般若波罗蜜多矣。

达摩一宗,专弘此法。六祖称为学般若菩萨。此乃以第六度为禅,非第五度之禅也。近时根器下劣,不能剿绝意识,反以意识之明了处,认为般若智慧。譬如煮沙,欲成佳馔,岂可得哉?

⊙ 般若波罗蜜多会演说三

如来设教,万别千差。末法修行,难进易退。有一普度法门,速成不退,直趣佛果者,即念佛往生净土法门也。汉时经已传至东土,东晋庐山远公盛弘此道,千百年来,相传不绝。宋永明大师有"万修万人去"之语,言之不详,后人未知其方。今请演其说以供众听。

窃窥永明之意,深有见于净土三经宗旨。凡具信心发愿往生者,临命终时,皆仗弥陀接引之力,故能"万修万人去"也。然往生虽仗他力,而仍不废自力,故以"修"字勉之。盖生品之高低,见佛之迟速,证道之浅深,受记之先后,皆在自力修行上分别等差。后世有专重自力者,令人疑虑不决,有碍直往之机。又有专重他力者,以致俗缘不舍,空负慈尊之望。二者不可偏废,如车两轮,如鸟两翼,直趋宝所,永脱轮回矣。

⊙ 般若波罗蜜多会演说四

立身成己,治家齐国,世间法也。参禅学教,念佛往生,出世法也。地球各国于世间法，日求进益。出世法门，亦当讲求进步。

支那国中，自试经之例停，传戒之禁弛，渐致释氏之徒，不学无术，安于固陋。今欲振兴，必自开学堂始。

五印度境，为佛教本源，大乘三藏，所存无几。欲兴正法，必从支那藏经，重译梵文。先须学习语言文字，方可成此大业也。

日本佛教，胜于他国，三藏教典及古今著述最为详备。欲求进益，须以汉语读汉文，则文义显发，必有胜于向时。盖汉文简而明，曲而达，虚实互用，言外传神。读诵通利，自能领会。向以和语回环读之，恐于空灵之致，有所未惬也。

⊙ 南洋劝业会演说

南洋劝业会，为从来未有之创举。至今六个月会期将满，各家演说均已齐备，唯宗教一门，尚属缺典。顷承同志诸君之意，开会演说，以作会场最后之胜缘。鄙人勉承众志，略为演说。

考各国宗教源流，以婆罗门教为最古。自佛教出兴，而婆罗门高尚之士，咸舍本教而学佛，盖自知其道义之不如也。东汉时传来东土，至今一千八百余年矣。佛教所以胜于他教者，在倡明真性不灭，随染缘而受六道轮回。世间苦乐境界，皆是过去世中，因起惑而造业，因造业而受报。至受报时，设法救济，已无及矣，所谓定业难转也。不如以佛法导之，令其不造恶因，免受苦果。渐渐增进，以至成佛。则久远大梦，豁然顿醒。自度功毕，度他不休。此乃佛教济世之方，与世间法相辅而行，非虚无寂灭之谈也。更有深妙道理，须久阅内典，潜心体究，方能领会，非一时所能演说。

地球各国，皆以宗教维持世道人心，使人人深信善恶果报，毫发不爽。则改恶迁善之心，自然从本性发现，人人感化，便成太平之世矣。

⊙ 送日本得大上人之武林

佛法传至今时，衰之甚矣，必有人焉以振兴之。日本真宗教士航海而来，建别院，开学塾，岂非振兴之机乎？但格于门户，未能融入大同见解，不无差池耳。然既称释迦弟子，总期剖破藩篱，上契佛心，跻群生于清泰之域，截生死流，登涅槃岸，是则不求同而自同矣。得大上人将赴武林，为题数言以赠其行，上人其勉之哉！

卷二
佛学书目表

⊙ 华严部

《华严经》，唐实叉难陀译。八十卷。扬州藏经院刻版。佛初成道时，七处九会，说圆融无尽法门，为诸经之王。非阅疏论著述，鲜能通其义也。

《华严悬谈》，唐澄观撰。八卷。长沙上林寺刻版。悬叙十门，统明全经大旨，即疏钞之首。

《华严疏钞》，唐澄观撰。二百二十卷。金陵刻经处刻版。以四分科经，发挥精详，后人得通《华严》奥旨者，赖有此书也。

《华严合论》，唐李通玄撰。一百二十卷。金陵刻经处刻版。提倡圆顿法门，与禅相为表里。

《华严著述集要》，杨文会辑。金陵刻经处刻版。荟萃各家撰述，学《华严》者，万不可少。

⊙ 方等部

《圆觉经近释》，唐佛陀多罗译，明通润释。六卷。金陵刻经处刻版。十二菩萨，各别请问，佛一一答之。

《维摩经注》，姚秦鸠摩罗什译，僧肇注。八卷。金陵刻经处刻版。维摩示疾，诸大菩萨往问，说不可思议解脱法门。

《金光明最胜王经》，唐义净译。十卷。金陵刻经处刻版。四卷《金光明经》广行于世，此十卷者，文义详备，最宜流通。

《心地观经》，唐般若译。八卷。金陵刻经处刻版。纯显真如一心，兼明万行修证，文言流畅，旨趣幽深。

《胜鬘经宝窟》，刘宋求那跋陀罗译，唐吉藏作《宝窟》。十五卷。金陵刻经处刻版。唐以前盛弘此经，后世无人提倡，因其奥义难通也。今幸《宝窟》来自扶桑，学者可得门径矣。

《思益梵天所问经》，姚秦鸠摩罗什译。四卷。金陵刻经处刻版。学禅宗者，宜阅此经。

《观佛三昧海经》，东晋佛陀跋陀罗译。十卷。金陵刻经处刻版。此经事理交含，依文修观，现身得见释迦如来。

《佛报恩经》，失译人名，出《后汉录》。七卷。金陵刻经处刻版。如来往劫修行，皆是证无生忍以后之事，非凡情所能测度。其中表法，可以理喻。

《地藏本愿经》，唐实叉难陀译。二卷。金陵刻经处刻版。说地藏菩萨因地发心，并地狱可畏之相，以儆愚顽，而开觉路。

⊙ 净土部_{方等部内开出}

《无量寿经义疏》，曹魏康僧铠译，隋慧远疏。六卷。金陵刻经处刻版。说弥陀因地，发四十八愿，庄严净土。此疏从日本传来。

《观无量寿佛经疏钞》，刘宋畺良耶舍译，陈隋智顗疏，宋知礼钞。四卷。扬州藏经院刻版。佛说十六观门，利根上智，依之修行，速超上品。《疏钞》用三观释之，显圆妙理。

《观无量寿佛经四帖疏》，唐善导疏。四卷。金陵刻经处刻版。从日本传来，内分《玄义分》《序分义》《定善义》《散善义》，故名四帖。

《阿弥陀经义疏》，姚秦鸠摩罗什译，宋元照疏。一卷。金陵刻经处刻版。佛说净土法门，令众生一心念佛，即得往生，不受轮转。

《阿弥陀经疏钞》，明袾宏撰。四卷。金陵刻经处刻版。用贤首家法，一事一理，逗机正说。

《往生论注》，婆薮槃头菩萨造论，元魏菩提留支译，魏昙鸾注。二卷。金陵刻经处刻版。唐以前谈净土之书，除《十疑论》外，仅见此本。其精妙处，后人所不能及。

《净土十要》，明智旭集。十卷。扬州藏经院刻版。上起智者，下至袁宏道，皆系精要之作。

《往生集》，明袾宏辑。三卷。金陵刻经处刻版。略录古今往生事迹，加以赞论。

《省庵语录》，清实贤作。二卷。扬州藏经院刻版。专弘净土，时人称为莲宗第九祖。

⊙ **法相部**方等部内开出

《楞伽经》，刘宋求那跋陀罗译。四卷。金陵刻经处刻版。性相并谈，文义简古。

《入楞伽心玄义》，唐法藏撰。一卷。金陵刻经处刻版。此卷从日本得来。全疏既失，观此可知大意。

《解深密经》，唐玄奘译。五卷。金陵刻经处刻版。学法相者，以此为宗。

《大乘密严经》，唐大广智不空译。三卷。金陵刻经处刻版。长行甚少，五言偈居多。

《瑜伽师地论》，弥勒菩萨说，无著菩萨传，唐玄奘译。百卷。金陵刻经处刻版。内有五分，说十七地。奘师译成，太宗大为赞赏，因作《圣教序》。

《成唯识论》，护法等菩萨造，唐玄奘译。十卷。金陵刻经处刻版。梵本十种，奘公会为一部。剖析精微，学法相者，最宜深究。

《成唯识论述记》，唐窥基撰。六十卷。金陵刻经处刻版。此书元末失传，后人以不见为憾。今从日本得来，慈恩一宗，其再兴乎！

《因明论疏》，商羯罗主菩萨造，唐玄奘译，唐窥基疏。八卷。金陵刻经处刻版。用三支比量，简辨真似，能立能破，不为他宗所破也。

《相宗八要解》，明明昱解。八卷。金陵刻经处刻版。雪浪恩公采集，明昱补古注所未备，开相宗之初门。

⊙ 般若部

《金刚经注解》，姚秦鸠摩罗什译，明宗泐解。一卷。金陵刻经处刻版。宗天亲二十七疑解释，最便初学。

《金刚宗通》，明曾凤仪撰。九卷。金陵刻经处刻版。引证渊博，会通宗旨，文义畅达，震醒聋聩。

《心经五家注》，唐靖迈、法藏，明宗泐、德清、智旭撰。五卷。金陵刻经处刻版。此经注解甚多。俗解无益，邪解有害。择正解之精当者，汇为一编。

《仁王护国经》，唐大广智不空译。二卷。金陵刻经处刻版。波斯匿王请问，佛说般若护国法门。

《六波罗蜜多经》，唐般若译。十卷。金陵刻经处刻版。前五度一一与般若相应，方成无漏善也。

《大智度论》，龙树菩萨造，姚秦鸠摩罗什译。百卷。扬州藏经院刻版。释《摩诃般若经》九十品。初品具译全释，有三十四卷，余皆十倍略之。

⊙ 法华部

《妙法莲华经》，姚秦鸠摩罗什译。七卷。金陵刻经处刻版。开权显实，统收一代时教。

《法华会义》，明智旭撰。十六卷。扬州藏经院刻版。智者大师《法华文句》，文义繁多，阅者每难卒业。智旭删繁就简，以便初学。

《妙玄节要》，明智旭节。二卷。扬州藏经院刻版。节略智者大师《法华玄义》而成此本。

《尼犍子授记经》，元魏菩提留支译。十卷。扬州藏经院刻版。宣说世出世法，曲尽其妙。

⊙ 涅槃部

《大般涅槃经》，北凉昙无谶译。《后分》，唐若那跋陀罗等译。四十二卷。金陵刻经处刻版。扶律谈常，显佛不灭。

《涅槃玄义》，隋灌顶撰。二卷。金陵刻经处刻版。开为五重，统说全经大意。

《集一切福德三昧经》，姚秦鸠摩罗什译。三卷。扬州藏经院刻版。受持此经，令三宝种永不断绝。

《佛遗教经节要》，姚秦鸠摩罗什译，宋净源节要，明袾宏补注。一卷。金陵刻经处刻版。佛说此经，犹后世之遗嘱。后代学人，皆宜遵守。

⊙ 秘密部

《楞严经》，唐般剌密帝译。十卷。金陵刻经处刻版。无法不备，无机不摄，学佛之要门也。

《楞严正脉》，明交光撰。四十卷。金陵刻经处刻版。披剥陈言，独申正见，发挥经义，超越古今。

《准提陀罗尼经》，唐金刚智译。一卷。金陵刻经处刻版。治病却魔，祈福修真，四种神咒，随宜奉持。

《大悲陀罗尼经》，唐伽梵达摩译。一卷。金陵刻经处刻版。

《尊胜陀罗尼经》，唐佛陀波利译。一卷。金陵刻经处刻版。

《秽迹金刚咒经》，唐无能胜译。一卷。金陵刻经处刻版。

《显密圆通》，宋道殿集。二卷。金陵刻经处。略明显教，广明密教，以准提为宗。欲知咒术功能，须阅此集。

《施食仪轨补注》。明袾宏述。二卷。金陵刻经处刻版。三业相应，力用无边。阅此补注，方知施食非易事也。

⊙ 阿含部 小乘经

《增一阿含经》，符秦昙摩难提译。五十卷。扬州藏经院刻版。此经明人天因果。从一增一，义丰慧广。

《长阿含经》，姚秦佛陀耶舍共竺佛念译。二十二卷。扬州藏经院刻版。辨邪正，明报应。以长为目者，开斥修途，所记长远也。

《杂阿含经》，刘宋求那跋陀罗译。五十卷。金陵刻经处刻版。此经说事既杂，别为一部。内有小半与《中阿含》《增一阿含》相同，而文顺畅。

⊙ 大乘律 小乘律专为出家者设，故不载

《梵网经》，姚秦鸠摩罗什译。二卷。金陵刻经处刻版。上卷说四十心地，下卷说十重四十八轻戒。

《梵网经菩萨戒疏》，唐法藏撰。十卷。金陵刻经处刻版。此疏从日本传来，学菩萨道者，最宜深究。

《菩萨戒本经笺要》，北凉昙无谶译，明智旭笺。一卷。金陵刻经处刻版。广明开遮持犯。在家出家，均宜受持。

⊙ 大乘论 小乘论未刻

《大乘起信论义记》，马鸣菩萨造论，梁真谛译，唐法藏记。七卷，附《别记》一卷。金陵刻经处刻版。此论总括群经要义，法藏作记，曲尽其妙。学者熟读深思，自能通达三藏教海。

《大乘起信论纂注》，明真界注。二卷。金陵刻经处刻版。取贤首《疏》、长水《笔削记》，删繁就简，纂辑成文，以便初学。

《大乘起信论直解》，明德清解。二卷。金陵刻经处刻版。称性直谈，雅合禅门之机。以上二种，可作《义记》先导。

《中论》，龙树菩萨造，青目菩萨释，姚秦鸠摩罗什译。六卷。杭州慧空经房刻版。《中论》《百论》《十二门论》，六朝僧专门学习，是为三论宗。

《般若灯论》，龙树菩萨偈本，分别明菩萨释论，唐波罗颇密多罗译。十五卷。金陵刻经处刻版。般若明灯，照破幽暗，显真空理，当处无生，凡夫与佛，平等一如。

《十二门论宗致义记》，龙树菩萨造，姚秦鸠摩罗什译，唐法藏记。四卷。金陵刻经处刻版。此论意旨，即孔子所云："空空如也，我叩其两端而竭焉。"法藏《义记》，发挥尽致。于此会得，即入三空解脱门。

《法界无差别论疏》，坚慧菩萨造，唐提云、般若等译，唐法藏疏。二卷。金陵刻经处刻版。论中深义，人不能晓，得法藏疏，方知法界平等之妙旨也。

《发菩提心论》，天亲菩萨造，姚秦鸠摩罗什译。二卷。扬州藏经院刻版。非菩提心，无由作佛。慨发大心，兼行六度，而后佛果可期矣。

⊙ 西土撰集

《四十二章经解》，后汉迦叶摩腾、竺法兰同译。明智旭解。三经合本。金陵刻经处刻版。佛教东来，首译此经。

《贤愚因缘经》，元魏慧觉译。十三卷。扬州藏经院刻版。慧觉等八人，在于阗大会，其记所闻，集为一部，皆系佛及弟子化度众生之事。

《诸经要集》，唐智严译。三卷。扬州藏经院刻版。集诸经中菩萨行门六十六条，法珠之宝聚，大乘之龟鉴。

《坐禅三昧经》，僧伽罗刹造，姚秦鸠摩罗什译。二卷。金陵刻经处刻版。说五种观门，以治五障。并说四禅、四空、念佛等法。

⊙ 禅宗 以下支那撰述

《御选语录》，雍正朝梓行。十九卷。金陵刻经处刻版。自肇公至莲池，凡十六家，继以历代禅师，前后二集，以当今法会为殿。

《指月录》，明瞿汝稷集。三十二卷。杭州慧空经房刻版。上起七佛，下至大慧，采集偈颂、普说、机锋、语句，成一家言。

《续指月录》，清聂先集。二十卷。金陵刻经处刻版。起自南宋，讫于国初，恰与前录相接。

《肇论略注》，姚秦僧肇作。六卷。金陵刻经处刻版。达摩未来以前，提倡宗乘者，肇公与竺道生二人而已。生公作论数篇，不传于世，惜哉！

《宝藏论》，姚秦僧肇作。一卷。金陵刻经处刻版。此等宝藏，人人有之。一经指出，即能受用。争奈穷子执迷不悟，可哀也已。

《六祖坛经》，唐慧能大师说，门人记。一卷。金陵刻经处刻版。达摩西来，直指人心，见性成佛。传至六祖，其道大行。

《禅源诸诠集》，唐宗密述。四卷。金陵刻经处刻版。融通宗教，会成一味，此其序也。全书久亡，求之东瀛亦不可得矣。

《宗镜录》，宋延寿述。百卷。扬州藏经院刻版。以一心为宗，照万法如镜。凡各家互相是非者，皆以深理通之，诚圆融无碍法门也。

《万善同归集》，宋延寿述。三卷。金陵刻经处刻版。一心具万善，万善归一心。不滞有为，不住无为，行菩萨道之正轨也。

《心赋注》，宋延寿述。四卷。金陵刻经处刻版。心无形相，而可赋乎？既赋矣，而又注之，诚描写虚空之妙手也。

《高峰语录》，元原妙撰。一卷。金陵刻经处刻版。直截根源，脱落窠臼，最足激发参学人志气。

《中峰广录》，元明本撰。三十卷。扬州藏经院刻版。刊华就实，因事明理。其间锻炼之隐密，勘辨之明确，无假借、无回护，凛凛然烈日严霜，诚宗门之巨擘也。

⊙ 天台宗

《大乘止观释要》，陈慧思述，明智旭释。六卷。扬州藏经院刻版。详明三番止观,皆先观而后止,大师自证之法也。唯引《起信论》"能生一切世间出世间善因果故"之言,于善下添一恶字,莲池大师辩之详矣。

《释禅波罗蜜》,隋智𫖮说,弟子法慎记。十卷。长沙上林寺刻版。广明各种坐禅法门。

《小止观》,隋智𫖮述。二卷。杭州慧空经房刻版。欲学坐禅,此法最为切近。

《天台四教仪集注》,元蒙润集。十卷。金陵刻经处刻版。学天台教观者,以此为圭臬。

《教观纲宗》,明智旭述。二卷。金陵刻经处刻版。简要不繁,最便初学。

⊙ 传记

《释迦如来应化事迹》,清永珊集。四卷。扬州藏经院刻版。采集各经,绘图二百八幅,大致依《如来成道记》。

《高僧传初集》,梁慧皎撰。十四卷。金陵刻经处刻版。自汉迄梁,正传二百五十七人,附见二百三十九人。

《高僧传二集》,唐道宣撰。四十卷。扬州藏经院刻版。自梁迄唐,正传三百三十一人,附见一百六十人。

《高僧传三集》,宋赞宁撰。三十卷。金陵刻经处刻版。自唐迄宋,正传五百三十人。

《禅林僧宝传》,宋惠洪撰。三十卷。金陵刻经处刻版。取宋代宗门之杰出者,八十有一人,各为传而系之以赞。

《比丘尼传》，梁宝唱撰。四卷。金陵刻经处刻版。自晋迄梁，凡六十五人。

《居士传》，清彭际清述。五十六卷。扬州藏经院刻版。自汉以来，正传二百二十七人，附见七十九人。

《善女人传》，清彭际清述。二卷。金陵刻经处刻版。自晋以来，正传一百三十八人，附见九人。

⊙ 杂集

《龙藏目录》，乾隆三年定。一卷。金陵刻经处刻版。统计七百二十四函，七千二百四十卷，十五万三千一百七十四纸。

《阅藏知津》，明智旭辑。四十四卷。金陵刻经处刻版。分别部类先后次序，与藏本不同。每部之下，但载品中事理大概，使人自知纲要。

《法苑珠林》，唐道世撰。百卷。常熟小石山房刻版。以佛经故实，分类编排，凡一百篇。大旨推明罪福之由，以生人敬信之念。

《翻译名义集》，宋法云编。二十卷。金陵刻经处刻版。内分六十四类，以梵语译华言，并释其义。

《教乘法数》，雍正十三年重订。十二卷。杭州慧空经房刻版。从一数至八万四千，备列教中名相，俾学者易于寻讨。

《慈悲道场忏法》，俗名《梁皇忏》。梁志公、宝唱等集。十卷。金陵刻经处刻版。内分四十品，礼忏法门，此为最古。

《禅门日诵》，宁波天童寺增辑。一卷。金陵刻经处刻版。早晚课诵为僧家所必需，此外有可删者存之，以顺俗也。后附《十宗略说》,用开初学知见耳。

《弘明集》,梁僧佑撰。十四卷。金陵刻经处刻版。荟萃汉、魏、六朝高僧名士辩论三宝之作,文既遒雅,义亦切要。

《镡津文集》,宋契嵩撰。二十卷。扬州藏经院刻版。内多护教之言。

《续原教论》,明沈士荣著。二卷。金陵刻经处刻版。辩论宋儒谤佛之言,最为透彻。

《云栖法汇》,明袾宏述。金陵刻经处刻版。内分三类:一、释经;二、辑古;三、手著。门人哀集大师遗书,尽于此矣。

《梦游集》,明德清著。五十五卷。扬州藏经院刻版。憨山老人著作甚多,解释经论数百卷,各别流行。门人搜其遗稿,汇成此集。

⊙ **道家**与佛法相通者附录于此

《老子翼》,明焦竑辑。八卷。金陵刻经处刻版。采辑古注六十四家,增以自作《笔乘》,为解《老》者最为详备之书。

《道德经解》,明德清著。二卷。金陵刻经处刻版。憨山此解,历十五年而成,句斟字酌,极臻玄妙。

《庄子内篇注》,明德清著。四卷。金陵刻经处刻版。《庄子》三十三篇,以内七篇为精要,故憨山注之。

《阴符经发隐》,石埭杨文会注。一卷。金陵刻经处刻版。以佛法解释,与旧注迥不相同。

卷 三

⊙ 汇刻古逸净土十书缘起

净土家言流传于世者,以天台《观经疏》及《十疑论》为最古,嗣后作者寥寥。咸谓学道之士,群趋于禅,而净业中衰。斯言也,余未之信。顷年四海交通,遂得邀游泰西,遇日本南条上人于英伦。上人名文雄,净土宗杰士也。既各归国,适内戚苏君少坡随使节赴日本,嘱就南条物色释典,凡中华古德逸书辄购之,计三百余种。其中专谈净土之书,自元魏以迄南宋,择其尤雅者得十种,汇而刊之。庶几后之学者,一展卷间,得与如是诸上善人俱会一处也。

《无量寿经义疏》,隋沙门慧远撰。

《观无量寿佛经疏》,唐沙门善导撰。

《阿弥陀经义疏》,宋沙门元照撰。

《称赞净土佛摄受经疏》,唐沙门靖迈撰。

《往生论注》,元魏沙门昙鸾撰。

《安乐集》,唐沙门道绰撰。

《西方要诀》,唐沙门窥基撰。

《游心安乐道》,唐新罗沙门元晓撰。

《净土论》,唐沙门迦才撰。

《释净土群疑论》，唐沙门怀感撰。

⊙ 会刊古本《起信论义记》缘起

大藏教典，卷帙浩繁，求其简要精深者，莫如《起信论》。而解释此论者，自隋唐以来，无虑数十家。虽各有所长，然比之贤首，则瞠乎其后矣。藏内贤首《疏》五卷，人皆病其割裂太碎，语意不贯，盖圭峰科会之本也。莲池重加修辑，刻于云栖。憨山治为《疏略》，刻于径山。文义虽觉稍联，总不能如原作之一气呵成也。近年求得古逸内典于日本，自六朝以迄元明，凡数百种。内有《起信论义记》，以十门开释，始知圭峰删削颇多，致失原本规模。然经日本僧徒和会，仍不免割裂之病。求之数年，复获别行古本，真藏公原文也。雠校再三，重加排定，务使论文、记文，自成段落。庶几作者义味，溢于行间。后之览者，恍如亲承指教也。另有《别记》一卷，似作于《义记》之先。盖《别记》所详者，《义记》则略之。遂并刊以成完璧云。日本南条文雄与余友善，此《记》赖以得之。其嘉惠后学，岂浅鲜哉！

⊙ 天竺字母题词

《华严经》云：十方刹土，有以诸佛音声为体。《楞严经》云：此方真教体，清净在音闻。天竺字母，音声之本也。又经中有三种般若，从文字起观照，从观照证实相。天竺字母，文字之源也。音声文字,既为入道之初门,故以天竺字母,刊示同学焉。

⊙《梵网经菩萨戒本疏》题辞

有学戒人问于予曰:贤首疏《梵网戒经》,而不疏上卷,何也?

予应之曰:此非浅见所能知也。不观大天台智者大师乎?既证法华三昧,得无碍辩才,于《梵网经》亦不疏上卷。盖卢舍那佛为诸菩萨说心地法门,非凡位所能测知。其文从四禅天传来,不类天竺语言。什公译经时,禁笔受者率意润文,是以悉仍其旧。不但天台、贤首深知其意,即唐、宋诸师,如胜庄、太贤辈,皆专释下卷。自明季以来,始有并上卷而释之者。虽各抒所见以惠初学,而未达古人不疏之意也。

问曰:上卷法门,既不能解,然则流传人间,将何益耶?

予曰:弘法大士,欲令世人生仰慕心,修行升进。中下之流,作未来因。利根上智,慧眼开时,不烦解释,而了如指掌矣。

贤首此疏,深达戒经奥旨,学者苟能悉心研究,信受奉行,自然从凡夫地直趣佛果,不遭岐路,岂非破烦恼障之利器,行菩萨道之正轨乎!经中称为光明金刚宝戒,可知上卷所说四十心地法门,定当以此戒为基也。

学戒人欢喜踊跃曰:今而后知所从事矣。

⊙《心经浅释》题辞 代梅撷芸作

或有问于予曰:往昔疏《心经》者多矣,今独作为《浅释》,何也?

予应之曰：《心经》文约义丰，诵之者众。皆以古疏难通，无从窥其蕴奥。不有《浅释》，初学何由得入？故《浅释》者，《心经》之津梁也。夫《心经》以二百六十余言，摄尽六百卷《般若》妙义。果能自浅而深，彻见真空实相，则一大藏教，无不从此流出，所谓般若为诸佛母也。

此经以心为名，心也者，十界圣凡所同具也。迷则万别千差，悟则平等一致。迷悟之机，即在照见"五蕴皆空"一语耳。五蕴本空，非照之使空，乃照见其本空也。奈何众生颠倒昏迷，以空为有，沉没于苦海之中，而不自觉。若依经照之，浅者渐脱尘劳，深者顿超彼岸。随机获益，岂有定法？

问者唯唯而退。遂记其言于简首。

⊙《欧阳母朱生西行述》题词

忆佛念佛，现前当来，必定见佛，此经语也。无禅有净土，万修万人去，此祖语也。信如此言，则归心净土者，何患不得往生乎？岭南欧阳氏号石芝者，向道之士也。事母极孝，尝以念佛法门劝进其母，行之七年，正念往生。阅所述八瑞五奇，求诸《往生传》中，亦不多见。信乎石芝孝道精纯，有以致之也。推此生度母之心，以至西归证道之后，度多生父母，亦复如是。极而至于无量劫来六亲眷属，不可称，不可数，莫不如今生度母之诚，方便化导而度脱之，同归无量寿佛清泰国中。是则石芝从一孝道，证穷法界之大愿也夫！

⊙《大藏辑要》叙例

此书专为初学而辑，分别部类，以便检阅。凡羽翼经、律、论者，概从本文为主，亦臣子随君父之义也。

华严部：经分大小二乘，大乘以《华严》为首。凡贤宗及各家著述，发明《华严经》义者，概归此部。

方等部：开小显大之经，及有注疏者，概归此部。

净土部：系由方等分出，另立一部，以逗时机。凡天竺、震旦诸师演畅净土宗旨者，概归此部。

法相部：亦从方等分出，以为专门之学。慈恩宗及各家著述，汇入此部。

般若部：经论注疏，汇为一部。

法华部：《法华》各种注疏，及开权显实之经，汇入此部。

涅槃部：扶律谈常，自为一部。

以上通为菩萨藏。

小乘经：此为声闻藏。不依说时，列于方等之前者，所以别于大乘也。

以上大小二乘统为显部。

密部：凡有坛仪之经，及印度、支那诸师撰述，均入此部。

显密二门，圆融具足。一代时教，总括无遗矣。

大乘律：菩萨调伏藏，七众同遵。并诸家疏释，择要汇集。

小乘律：声闻调伏藏，非受具戒者，不宜检阅，故所收从略。

大乘论：菩萨对法藏，为入大乘之要门。释经各部，已随本经，别行之论，并诸疏释，辑录于此。

小乘论：声闻对法藏。卷帙繁多，今略辑数种，以见一斑。

西土撰集：论藏所不摄者，别为一类，所谓杂藏也。

禅宗：教外别传，不立文字。语录一兴，浩如烟海。今择其要者，汇为一宗。

天台宗：释经各部随入经藏，余归此宗。

传记：古圣高贤，流风余韵，具载此篇。

纂集：编辑成部者，归此一类。

弘护：摧邪显正，责在僧伽。救弊补偏，功归檀越。灵山付嘱，意在于斯。

旁通：归元无二，方便多门。儒道心传，岂有隔碍耶！

导俗：真俗二途，霄壤之别。不假方便，心何由发？言浅意深，阅者毋忽。

⊙《贤首法集》叙

世之学《华严》者，莫不以贤首为宗。而贤首之书，传至今日者，仅藏内十余卷耳。后人阅清凉《大疏》，咸谓青出于蓝而青于蓝。因欲易贤首宗为清凉宗，盖未见藏公全书故也。近年四海交通，得与东瀛南条文雄游，求觅古德逸书数百种。所谓贤首《十疏》者，已得其六。方知清凉《大疏》，皆本于《探玄记》也。贤首作《新华严疏》，未竟而卒。后二十七年，清凉乃生。及其作疏，一宗贤首，岂非乘愿再来，阐发大经乎？今将贤首著述，去伪存真，汇而刊之，名曰《贤首法集》。世之学《华严》者，其以是为圭臬也可。

晋译《华严经探玄记》，百二十卷。至相作《搜玄记》，文义甚略。贤首继之，作《探玄记》，发挥尽致。海东、元晓得之，立命弟子分讲，遂盛行于新罗。其时唐土重译《华严》既成，学者舍旧从新。贤首因疏新经，未及半部而卒。其徒慧苑足成之，命曰《刊定记》。多逞己意，违背师说，清凉疏内辨之綦详。今以二本对阅，方知清凉作疏，全宗此记，钞录原文十之五六，其为古德所重如此。而蕅益辄议之曰："经既未全，疏亦草略。"盖系臆度之辞。此记宋元以来，无人得见，蕅益何从而见之耶？东洋刻本，未会经文，单记二十卷，足六十万言。今以经合于记，厘为百二十卷。另有《华严文义纲目》一卷，与此记同处颇多，故不列入。

《梵网经菩萨戒本疏》，古本六卷，今作十卷。重戒以十门解释，轻戒以八门解释。精深切当，超越古今。学菩萨道者，得此疏而研究之，则亦庶乎其不差矣。

《般若波罗蜜多心经略疏》，一卷。此疏与基师《幽赞》一时，而各出手眼，判然不同。宋僧师会，作《连珠记》以辅翼之。前于此者，有靖迈《疏》。唐人疏《心经》，流传至今者，唯此三种耳。

《入楞伽心玄义》，一卷。考《本传》有《楞伽经疏》七卷。求之日本，仅得《玄义》一卷，已可见全经大旨矣。贤首十疏中，已得者，《华严探玄记》《梵网经疏》《心经略疏》《起信义记》《十二门论宗致义记》《法界无差别论疏》及此卷。未得者，《新华严经》未完之疏，幸有清凉《疏钞》补其缺略；《密严经疏》，得日本残缺写本，核其文义，不类贤首之作；《法华经疏》，无可寻觅，惜哉！

《大乘起信论义记》，古本三卷，今作七卷。《别记》，一卷。此论古疏传，至今时者，仅见三家：隋之净影、唐之贤首、海东之元晓。虽各有所长，而以贤首为巨擘。后世作者，何能企及？今于东瀛得贤首原本，会而刊之，实为学摩诃衍之要门也。

《十二门论宗致义记》，古本二卷，今作三卷。杜顺和尚法界观门，以真空观居首，为后二观之基。藏公此记，即以成就空观也。学者能于此记，及《心经略疏》，融会贯通，则得速入般若波罗蜜门。

《法界无差别论疏》，古本一卷，今作二卷。非得此疏，论中深义，后人何从而知之？

《华严指归》，一卷。内分十门，每门又分为十，以显十十无尽法门也。学《华严》者，切宜深究。世人以《华严指归》《还源观》《金师子章》，名为贤首三要。由今观之，岂止三要？

《妄尽还源观》，一卷。内分六门：一体，二用，三遍，四德，五止，六观。台家每谓贤宗有教无观，曷一览此文乎？

《华严三昧章》，一卷。新罗崔致远作《贤首传》，用《华严三昧观》直心中十义，配成十科。证知此章即观文也。东洋刻本，改其名为《发菩提心章》，于表德中，全录杜顺和尚《法界观》文，近三千言。遂疑此本非贤首作。庚子冬，南条文雄游高丽，得古写本，邮寄西来，首题《华严三昧章》。雠校尽善，登之梨枣。因来本作章，故仍其旧。尚有《华严世界观》，求而未得也。

《华严义海百门》，一卷。以一尘畅演法界宗旨，《文献通考》作《百门义海》，元明以来，无人得见。今从日本取来，系由宋本重刻者。末后缺一总结，第八门亦有脱文，是宋时已无完本矣。

《一乘教义分齐章》，一名《华严教分记》。古本三卷，今合疏作十卷。贤首宗旨，备于此章。宋道亭作《义苑疏》，更为详明。近代杭州僧柏亭，撰《贤首五教仪》，分门别类，备列名相，欲与台家教观争衡，而不知其违于古法。尝试论之：教义章内凡提顿教，所引经文，皆无位次，柏亭则概列位次；华严四十二位，不列四加，柏亭则概列四加；圆教十住初心，便成正觉，应判分证位，柏亭则判相似位。此其显然者也。贤首既有此章,学者苟能神而明之,于一乘教义,彻底通达矣。此章之末,说十玄门,本于至相原书。及作《探玄记》,改易数名,为清凉张本。后人谓清凉十玄异于贤首者,盖未见《探玄记》也。

《华严金师子章》,一卷。贤首说此章,至"一一毛处,各有师子",武后遂悟《华严》宗旨。宋沙门净源参酌四家注释,作《云间类解》,盛行于世。

《三宝章》,内分八门。传称《三宝别行记》,想即此也。明藏以下之六章,合为两卷,统名《华严经明法品》,内立三宝章,相沿数百年,无人厘正。学者粗心看过,以流转等章,与三宝名目义味无涉,遂不措意。今将各章分析刊行,俾后之学者,随举一章,皆得探其蕴奥也。

《流转章》,即生灭显无生,即流转显不动,入道捷径,无过于此。有志之士,请细玩之。

《法界缘起章》,内有四门,仅了第一门,余三门缺。

《圆音章》,举一语业,显三业之胜。佛果妙用,众生心地本自有之,但以无明障蔽而不能显。既读此章,当知愧愤,策励修行也。

《法身章》,内分四门。

《十世章》,此观纯熟,一切妄执,自然消落。立法之巧妙,迥出常情也。

《玄义章》,内分十门,即《华严玄义》也。

《华严经传记》,古本五卷,今作三卷。一名《华严感应传》,后代屡有改作,渐失原本规模。今得此书,内称贤首法师处甚多,想系门下士增修之本也。

《贤首国师别传》,一卷。新罗崔致远作。此本中土无传,且撰述在各家之先,故附于《法集》末卷。

《华严策林》,一卷。

《普贤观行法门》,一卷。

《华严经问答》,二卷。

《华严游心法界记》,一卷。

以上四种,均系赝作,故不收录。

⊙ 日本《续藏经》叙

三藏教典,结集于印度者,不可知其部帙之数。自流传震旦,至隋唐以来,代有增益。由五千以至七千,此其大较也。明紫柏尊者以方册代梵策,阅者便之。《大藏》以外,复有《续藏》,合之已逾万卷。以遭兵燹,板已无存者,予与同志欲踵刊之而未成也。

近年日本藏经书院以聚珍版刷《大藏经》,较弘教书院之本,字大而便览,予已购而藏之。顷复制《续藏经》,凡印度、支那古德撰述,未入《大藏》者,悉集而刷之。为部千六百有奇,卷逾八千。仍搜求古遗之本,正未有艾也。予亦为之搜辑,乐观其成。是辑也,得六朝、唐、宋之遗书,为紫柏所未见,诚世间之奇构,实足补隋唐所不足也。

⊙《大乘中观释论》叙

经云:以有空义故,一切法得成。故三藏教典,以《般若》居首。

盖真空实相，为诸佛母也。龙树菩萨造五百偈，发明空义。青目菩萨释之，姚秦三藏鸠摩罗什译出，名曰《中论》，凡二十七品；分别明菩萨又释之，亦二十七品，译于唐波罗颇密多罗，名曰《般若灯论》；安慧菩萨又释之，译于宋惟净三藏，名曰《大乘中观释论》。三部均入《大藏》，唯宋译仅十三品，不无遗憾。

近时日本新印《大藏经》，由高丽古本钞出后分十四品，而成完璧。金陵贯通大师见之，欢喜踊跃，集资锓板，以广流传。俾后之学者，三部参观，豁然证契，顿入如来宝明空海。则六百卷《般若》妙义，一时现前，岂非法门之快事乎！

⊙《中论疏》叙

龙树菩萨传佛心印，为十四祖，其教人之法，以般若真空为本。尝作《中论》五百偈，阐扬第一义空。初至东土，传习之士，首推罗什门下生、肇二公。肇公作论，至今独存。生公诸论，仅存其名，惜哉！隋唐间，嘉祥吉藏禅师，专弘此道，作《三论疏》行世。当是时，学天台教者，每以北齐慧文遥宗龙树，仅取"三观一偈"，为台教之祖。而禅宗诸师，又以不立文字，弃龙树妙论于不顾。于是三论一宗，遂成绝学。

近代四海交通，嘉祥《三论疏》自扶桑传来，梅撷云居士见而爱之，玩味不释手。遂将《论》《疏》二本纂合锓板，俾世之学者，由此证入般若波罗蜜门。则知如来心传，不即文字，不离文字。与其苦参一句无义味语，谓之教外别传，何若快读此《论》此《疏》，如清凉水，洗涤尘垢。一旦豁然透脱，即证择灭无为。较之禅家所证非择灭无为,出《百法明门》六种无为之二。岂有二哉?

⊙《成唯识论述记》叙

性相二宗,有以异乎? 无以异也。性宗直下明空,空至极处,真性自显。相宗先破我法,后彰圆实,以无所得而为究竟。乃知执有执空,互相乖角者,皆门外汉也。唐以前,相宗典籍,未被东土。自玄奘法师西游印度,而后唯识一宗,辉映于震旦矣。有窥基法师者,奘公之高弟也。亲承师命,翻译《成唯识论》,荟萃十家而成一部。并以闻于师者,著为《述记》。学相宗者,奉为准绳。迨元季而失传,五百年来,无人得见。好学之士,每以为憾。

近年四海交通,得与日本博士南条上人游,上人以此书赠予。金陵讲经沙门松岩见而心喜,亟募资锓板。扬州观如大师愿任其半。未及竣工,而观、松二公相继西逝。江表缁素,踵而成之。嗟乎! 此书失之如此其久,得之如此其难,而倡刻之人,皆不见其成,以是见唯识一宗,流传于世,非偶然也。后之览者,其勿等闲视之!

⊙《普贤菩萨圆妙方便总持法门》叙

显宗居士者,故友曹君镜初之法号也。遗箧中得其所著书若干种,内有《普贤菩萨圆妙方便总持法门》一卷。其子咏香,赍以示余。余受而读之,叹曰:此真所谓拈一茎草作丈六金身者乎! 夫牙牌者,戏具之小焉者也。居士即以普贤乘六牙象目之,因而畅演十法界、六波罗蜜、五时、八教，参互错综，贯摄于三十二支之内。顿使支支点点，放光动地，炽然说法，无有间歇。而众生现前受用，不闻不睹，唯应度者乃能知之。尝思《华严》《法华》等经，真俗融通，理事无碍。昔李长者以卦象释义，藏国师以金狮说法。今曹居士以牙牌示象，推而至于一草一木、一棒一喝，莫不皆具法界体用。后之作者，尘说刹说，海墨书而不尽，其以是为嚆矢也夫！

⊙《释摩诃衍论集注》自叙

翻译《释论》，当在译《大乘起信论》之后，因本论全文，与真谛所译相同也。卷首题姚秦时译，误矣。隋、唐、五代，未见流行。永明禅师作《宗镜录》，始引此论。至辽时大显于世，《疏》《记》《钞》相继而出。考至元《法宝勘同录》，尚有《释论》十卷，而《疏》《记》《钞》久佚矣。近时从日本传来，亟欲刊行，而科文繁多，恐后人疲于心力，转令本、释二论，不能精究。因摘其要言，注于《释论》之内，科文一概删去，如肇公注《维摩经》之例。另有《圣法记》数纸，作时最先，亦摘录之，以成善本。

⊙ 重刊《净土四经》跋

予初闻佛法，唯尚宗乘，见净土经论，辄不介意。以为著相庄严，非了义说。及见云栖诸书阐发奥旨，始知净土一门，普被群机，广流末法，实为苦海之舟航、入道之阶梯也。无如兵燹之余，仅见小本《弥陀经》,而于大本《无量寿经》及《十六观经》,迄不可得。适来金陵,获见此本于王君梅叔处。觅之数年者,一旦得之,喜出望外。此本为邵阳魏公默深所辑。魏公经世之学,人所共知,而不知其本源心地,净业圆成,乃由体以起用也。世缘将尽,心切利人,遂取《无量寿经》参会数译,删繁就简,订为善本。复以《十六观经》及《阿弥陀经》《普贤行愿品》,合为一集,名曰《净土四经》。使世之习净业者,但受此本,无不具足。自世乱以来,其板想不复存。今者广募信施,重锓梨枣,庶几魏公一片婆心,末学咸受其惠。伏愿世间修佛乘者,毋于净土便生轻慢。须信念佛一门,乃我佛世尊别开方便,普度群生之法。倘不知其义旨深微,但能谛信奉行,自有开悟之期。知其义者,正好一心回向,万行圆修。转五浊为莲邦,证弥陀于自性,是则予之所厚望焉。

⊙《华严一乘十玄门》跋

《华严》大教,阐扬十玄门者,此为鼻祖。贤首仍之,载于《教义章》内,大意相同,而文有详略。及作《探玄记》,改易二名,用一花叶演说,为清凉《悬谈》张本。后人不知,以为清凉十玄,与贤首有异者,盖未见《探玄记》也。今《教义章》与《悬谈》并行于世,而复刻此卷,欲令人知其本源耳。

⊙《〈起信论疏〉法数别录》跋

右依《百法明门论》。唯识一宗,名相繁多。慈氏菩萨所说《瑜伽师地论》,有六百六十法。天亲菩萨约之为百法,即此《百法明门》也。《起信论》虽专诠性宗,然亦兼唯识、法相。盖相非性不融,性非相不显。故特录百法于篇末,庶易检寻焉。

⊙《〈起信论〉真妄生灭法相图》跋

马鸣大士撰《起信论》,贯通宗教,为学佛初阶。不明斯义,则经中奥窔,无由通达。贤首国师特为造疏,判属大乘终教。盖下接小、始,上通顿、圆也。慈云灌顶法师总括论义,辑成一图,真妄诸法,了如指掌。长沙曹显宗居士复加参订,俾教网脉络,毫发无遗。可谓精益求精,简而又简矣。爰附刊于《论疏》之后,以广流传焉。

⊙《西方极乐世界依正庄严圆图》跋

昔善导和尚画净土变相三百余壁,岁远年湮,不可复睹。近代彭二林居士绘极乐庄严手卷,系以诗偈。予曾见之,叹赏不置。然篇幅甚长,未便悬供也。

有拙道人者,专修净业,雅尚莲宗。见南北丛林所刊《极乐图》,未臻精妙。乃考净土三经,参以造像量度,选择良工,绘而刊之,时在同治癸酉岁也。五年之间,流布二千余幅,板渐销磨。道人慨然曰:此图之出,启人净信者多矣。然作者之心,犹有进焉。于是转方广为圆融,现毫端之宝刹。大含细入,隐显交参。以重重无尽之心,写无尽重重之境。脱稿成于匝月,开雕竣在期年。一佛当阳,现万德庄严之报相;群生皈命,遵十方交赞之深经。其托质莲池者,有少有长,顺凡情也。克实而论,六道往生,女转为男,老变为少,永无衰耗之相。又其中菩萨、缘觉、声闻为上首者,略标九品。复有初出花胎,未入圣位者,不妨权现人天相也。他如经行坐禅,诵经听法,或在地上,或在虚空。有从他方飞身来者,有从空中化身去者,神用无方,略见一斑也。楼阁栏楯,行树罗网,宝幢幡盖,水鸟光明,随方点缀,以表无量经中备言娑婆极乐苦乐之相,及两土修行难易差别。

《弥陀本愿》有云:"十方众生至心信乐,欲生我国,乃至十念,若不生者,不取正觉。"今成佛以来,已十劫矣,此愿非虚,切宜谛信。若夫利根之士,高谈性理,轻视莲邦,是皆未达空有圆融之旨,弃大海而认涓滴者也。当知一真法界,迥绝思议。以言其体,则纤尘不立;以言其用,则万有齐彰。娑婆既唯心所现,极乐岂外乎唯心?是故上品者,圆证无生法忍,以其解第一义也。即中下之流,信心坚固,愿行纯笃,但得往生,径登不退,无始轮回一朝永断,岂不截然大丈夫哉!

画者山阴张益,刻者丹徒潘文法也。

⊙《西归直指》跋

玉峰周安士先生著述传于世者,计有四种:一曰《阴骘文广义》,二曰《万善先资集》,三曰《欲海回狂》,四曰《西归直指》。凡有见者,莫不欢喜信受。以故各处刊板,流通最广。《西归直指》一书,经吴门江铁君删改,非复周氏原制。江君以为《纲要》一卷,撮举王龙舒所辑《大弥陀经》及四十八愿等。今已先将魏译《无量寿经》，及二林居士所著论，合刻流行，则《纲要》可以不列。不知周氏此书，全从各家撰集中摘来。若以他本所有者，概不重出，则此书不至删除净尽不止也。今于虞山朱君保之处得胜莲居士施刻原本。见者庆喜无量，咸谓周君愿力所持，特留此本嘉惠后学也。亟授手民，以复旧观。周君有云："愿将东土三千界，尽种西方九品莲。"唯冀辗转流通，以相传于无穷耳。

⊙ 书《〈起信论〉海东疏记》后

尝考传记，义想与元晓入唐参禅。晓公悟唯心之旨，中途而返。义想《宋传》作湘就学终南，岁久方归。贤首作《〈华严〉探玄记》寄之，想公命弟子分讲，大阐《华严》宗旨。又考诸宗章疏，录载元晓著述四十七种，而义想仅一卷耳。及见日本大安所作《〈海东别记〉序》，称元晓与法藏同受学于至相之门，始悟义想、元晓一人也。如此方称憨山德清、蕅益智旭之类。后人不察，歧而二之，误矣。宋赞宁作《二公传》，恍忽离奇，尤不足信。因校《疏记》，并以识之。

⊙ 书《华严念佛三昧论》后

彭二林居士撰《华严念佛三昧论》，以五门分疏，可谓尽善尽美矣。唯后之问答第四章内，谓方山吃紧提倡，在十住初心，即成正觉。若依自力，积劫熏修，程途尚远。此语与华严圆顿门似觉有碍。何则？方山宗旨唯是一时一处法门，不立目劫远近之见。二林见地圆明，当不至以时量为实法，想是偶失检点耳。

⊙ 书《居士传》"汪大绅评语"后

《居士传》内"汪大绅评语"，直截痛快，实具宗匠手眼。但其中每引程、朱为契合，似觉不类。度其意，无非欲引理学家究明心宗耳。然理学家既宗程、朱，决不信有此事。是汪君援引之意，不能令儒者生信，反令儒者易视禅宗，以为不出程、朱心学矣。甚哉，立言之不可不慎也！予愿他日重刻此传，将评语内与儒家牵合者节去，未始非护法之一端也。

卷 四

⊙《大藏总经目录》辨

尝见行脚禅和,佩带小摺经目,奉为法宝。阅其名目卷数,与藏内多不相符,欲究其根源而未得也。一日检《西游记》,见有唐僧取经目次,即此摺所由来矣。按《西游记》系邱长春借唐僧取经名相,演道家修炼内丹之术。其于经卷数目,不过借以表五千四十八黄道耳。所以任意摭拾,全未考核也。乃后人不察,以此为实,居然钞出刊行,广宣流布,虽禅林修士,亦莫辨其真伪,良可浩叹!余既知其源流,遂记之以告夫来者。

⊙ 一藏数目辨

今时僧俗持诵经咒,动称"一藏"。问其数,则云五千四十八也。尝考历代藏经目录,唯《开元释教录》有五千四十八卷之数,余则增减不等,至今乃有七千二百余卷矣。世俗执著五千四十八者,乃依《西游记》之说耳。夫持诵者,量自心力,如法定数,或以一百为"藏",表大乘百法也。或以五百为"藏",应五位进修,有五百波罗蜜也。或以一千为"藏",显百界千如也。或以三千为"藏",阐三千性相也。或以五千为"藏",以五百波罗蜜,一一具十也。或以一万为"藏",乃万德齐彰也。或以八万四千为"藏",转八万四千尘劳成八万四千法门也。上来广略多般,行之均合教义,又何必专依丹书黄道之数为定法耶?

⊙ 评《佛祖统纪》

宋僧志磐所作《佛祖统纪》,收入《大藏》,流传已久。予阅之,觉其尊崇本宗,实有违乎佛祖之本意也。夫瞿昙舍金轮王位而作沙门,是弃世间之荣,而就山林之寂也。传其道者,莫不皆然。而志磐立一派以为正宗,作《本纪》,尊之为帝王;近支谓之旁出,作《世家》,尊之为诸侯;远支作《列传》,等之于士大夫。佛祖世系表内之祖,十四祖以下,反同旁出。全是世俗知见。自迦叶受佛嘱付而为初祖,历代传衣,至曹溪而止。此三十三代,皆从灵山会上一时印定,法身大士应运而出,主持正法也。今志磐以慧文大师遥宗龙树,一语遂将后之十九祖判为旁出。稍知佛法者断不出此。近闻台家后裔欲续《统纪》,自四明以下,立一正宗,接至近代,以《本纪》尊之。无知妄作,至于如此,尚得谓之如来真子乎?

其贬贤宗,则曰有教无观;其贬慈恩,则曰立义疏阔。自□□以降,四明以还,其中平平无奇者,亦尊为正统。若不论道德而论世系,则禹、汤之传而为桀、纣,文、武之传而为幽、厉。

⊙ 评《楞严指掌疏》

《楞严经》以阿难示堕发起大教，专为正路修行人欲漏未除者作榜样也。若为邪僻之徒，寻常教诫，不一而足。《指掌疏》以诈现威仪等语，贬斥阿难，大失经意。盖误堕之由，非阿难起意贪欲，乃摩登以咒摄入。若非阿难正直，则摩登以色勾引已足，何待咒摄？阿难内心清净，未动淫念，但力不自由，难以摆脱耳。

⊙ 评《〈阿弥陀经〉衷论》

此论宗旨，在闭关念佛，现证三昧也。省一大师所证之定，古人往往有之，不以为奇。修般舟三昧者，更胜于此矣。盖般舟三昧以九十日为期，不坐不卧。初入关时，七日之内，必得三昧现前。以后八十余日，常在三昧中精进行道，所以不疲也。倘七日不得，必不能勉强撑持。所以今时无有能行之者。以省公所证，称为根本三昧，似觉太高。夫根本三昧，必至初住地位，始能称之。又以澍公所证，称为究竟三昧，则更过矣。澍公以持咒之力，得一种通慧，亦精诚所感耳。若云究竟三昧，必至佛地，方能称之。等觉以下所证之法，皆不能称为究竟。且澍公所证，非净土法门，若回向净土，方能往生。若不回向，仍在人天受生，或进或退，未可料也，岂得判为声闻极果？震旦国中，凡夫而现证四果者，未之前闻也。自西竺来者，除迦叶摩腾外，余仅三果耳。应化菩萨，往往有之，不在此例。

《衷论》第三十二页云：由色界天以上以次递上，复有四空天，统为无色界，以并无色身，唯有魂识如鬼神也。

无色界"唯有魂识如鬼神"之言，非也。盖鬼神亦有色身，及境界相。彼此互见，非如无色界，但有空定，而无身境也。

《衷论》第三十二页又云：六欲天之下，复有地居三天。以次递上，复有空居一天，空居天以上，即欲界之初天矣。

"空居天以上即欲界之初天"，误矣。按经说四王天王，是欲界之初天，居须弥山腰。忉利是欲界之二天，居须弥山顶，并以上之空居四天，共为欲界六天。

《衷论》第三十二页又云：唯修罗王执持世界，力洞无畏，能与梵天及天帝释、四天争权。唯修天福，不修天慧，其所卜居，邻于日月。

修罗不能与梵王争权，仅能与帝释、四王争权耳。其所卜居，邻于日月，四王之境也。

《衷论》第五十二页云：权戒者，唯持具戒，不能进修三福也。实戒者，既持具戒，复进修三福，如《观经》所陈也。权定者，唯能终身念佛，未证一心不乱也。实定者，闭关专念，现证一心不乱，内则伏除见思二惑，外则面见阿弥陀佛依正庄严，及十方诸佛也。

权戒云"唯持具戒，不修三福"，戒有止、作二持，若止而无作，即缺一边，何得谓之具戒？又以未证一心者，名为权定，误也。岂有散乱心而名定者乎？伏除见思二惑，谈何容易。若思惑除尽，即证阿罗汉果。三明六通，具八解脱。六通人所能见。若不具六通，而云思惑除尽，即是大妄语，当堕地狱。

《衷论》第五十三页云：心业既在，虽获往生，终非净土之究竟，故本经所示，唯得谓之权定也。

此盖不深究经文,而以己所证者,驾于经文之上,已犯慢经之过。当知经中所言一向专念,即是一心不乱。若非一心不乱之极致,何能得上辈生?上辈生者,见佛之时,即证圆教初住位。又"心业犹在"一语,亦欠斟酌。心业者,根本业识,从初信渐除,至等觉位方能除尽。而谓证一心不乱者,心业已亡乎?

⊙ 评《金刚直解讲义合参》

此本以莲池《解》为主。莲池实无此《解》,乃浅见之徒作此俗解,假托莲池之名,以诳惑世人耳。至于采录诸家,大都出于五十三家注,而真正发挥《金刚》妙义者,此本未尝采录。可见纂辑之人,只宗俗解,而不知正解。若执此本以求佛法,远之远矣。

⊙ 评方植之《向果微言》

方君自命通儒,每以尧、舜、孔、孟、周、张、程、朱并称,为道统之正宗。而以佛学迁就,断章取义,改变文辞,谓与圣学相同。不但不通佛理,抑亦不识儒宗也。

孟子尚不能与孔子并称,何况宋儒?宋儒性理之学,自成一派,不与孔子一贯之旨相同。所谓穷理者,正是执取、计名二相也。推尊孟子,与孔、曾、思同列,取其求放心、善养气、道性善、称尧舜。不知孟子我执未破,离孔、颜尚隔两重关。何以知之?即就"万物皆备于我"一章,便可知也。或以此"我"字是"常乐我净"之"我",

非七识所执之"我"。再就"说大人则藐之"一章，便晓然矣。盖孟子才智过人，又能用功，一旦六识开豁，透第一关，大末那识现前，即是总相主宰，庆快平生。所以有"乐莫大焉"之语。若在孔子门下，立刻抉破，令其亡我，透第二关，便能虚心用功，再求进步，向八识上破一分无明，根本智现前，则三关齐透，与颜、曾诸人并驾齐驱矣。至于周、张、程、朱心学分际，仅在明了意识上用功，初关尚未破，其"寂然不动，感而遂通"之说，皆是静中景况。若果与佛法无异，早已六通具足，断不说无轮回矣。

今方氏将佛家实效，尽行抹煞。单取性理之言，与儒家拉杂凑泊，非赞佛也，实毁佛也。若佛法仅与宋儒相等，则过量英豪，谁肯舍身命以求之？故知此书流布世间，非特无益于佛学，而且有损于佛学，不能令人生难遭之想也。又其中每以儒、佛二教皆出于"天"，忽有以"天"教压之者，则无出头之地矣。

⊙ 评日本僧一柳《读观经眼》

大著以三镜喻眼，取譬甚巧。得在是，失亦在是。夫显微镜与望远镜，盖因折光反射而成倒影。如昆虫之头本向上，而镜中则向下；新月之缺本向东，而镜中则向西。且因显力展大，能见一段，而不见全体。如昆虫见其尾，则不见其头；新月见其缺，而不见其边。有智之士，知其倒影在镜，而即知物之正形；知其所见少分，而即知月之全体。决不执定倒与少，而辟正与全也。至于青色镜之喻，其青在镜，而不在物。以青镜视物，则物物皆青，而不能得物之正色。须以自己正眼视之，以正智照之，则物之正形全体本色毕露，而不为镜所改矣。

然则三镜皆不可用乎？曰：非也。是在善用之而已。善用者，镜为我用，而我不为镜用。物之微者，以镜显而大之；物之远者，以镜摄而近之；日光耀目之际，以镜减而暗之。如是，便无失而有得，则亦庶乎其不差矣。

《观经》末云：佛告阿难："汝好持是语。持是语者，即是持无量寿佛名。""好持是语"一句，嘱其持上文所说之观法。"即是持无量寿佛名"一句，明"观想"与"持名"互摄也。佛恐后人视"观想"与"持名"判然两途，故作此融摄之语以晓之。善导谓望佛本愿，意在专称佛名。若执此以为定判，则佛所说观法，翻成剩语。且佛倘专重"持名"，而告韦提希以"观想"之法，是心口相违也。凡夫且不出此，而况于佛乎？至于像观、真身观之念佛三昧，即是结束本文之观法。如必欲判为称名之念佛，则与上文不贯，译经者断无如是之错谬也。

⊙ 评日本僧一柳《纯他力论》

纯他力教，一家之私言，非佛教之公言也。请以经文证之：《大经》明三辈，《观经》开九品。唯修观者别为一途，而论观行之浅深，亦入三辈九品中摄。贵宗概以自力，弃而不取，另立一种往生之法，以驾于三辈九品之上，名曰纯他力教。此乃贵宗独创之教，非通途之教也。盖佛教所说接引往生，皆是他力之教，而仍不废自力。废自力，则有无穷过失，已于《真宗教旨》内辩之详矣。夫以自力往生，必至圆初住、别初地而后可。凡夫往生，全仗佛力，而以自力为阶降之差，此千古不易之定论也。倘不以为然，则亦各行其是而已。

⊙ 答释德高质疑十八问

问：志公、永嘉皆言"恰恰用心时，恰恰无心用。无心恰恰用，常用恰恰无"。在吾人空寂之体，以心为用。夫既曰"恰恰用心时"，何以又曰"无心用"？则用者宁非心乎？既"无心"矣，又言"恰恰用"，夫心既无，又以何者为用哉？既"常用"矣，又曰"恰恰无"，则"常用"者，复是何物？似此即用即无，不立心相；即无即用，不是无知。此处不明，而言用心不用心，皆是妄作。但其中关捩子，究何所据而为日用？望详切指迷，庶明自本心，方可见自本性也。

答：志公、永嘉，均是法身大士，与凡夫相去天渊。观永嘉答六祖云："分别亦非意。"六祖即赞："善哉！"可见所用之心，不但超过凡夫，亦且超过二乘矣。君以现前明了意识为心，正《楞严经》中所破斥者，无怪乎凑泊不上。当知志公、永嘉，已转八识成四智，非特近时浅学宗徒不能领会，即宋元以来名重一时者，亦难企及。欲问日用，是罢参以后之事。倘牢关未透，亟须离心意识参，绝凡圣路学。庶本心可明，而本性可见矣。

问：经言真妄同源。忠国师又谓真心妄心，名同体异。究竟真妄之体，是同是异？若言是同，何以有真有妄？若言是异，究于何处异起？况真如性体，乃一真法界，无二无杂，此个妄心，究从何而生？因何而有？敬求指示端倪，免成铸错。

答：真妄二字，皆是假名。因妄言真，妄既非有，真亦不立。若安有根源生相可见,则不得谓之安矣。

问:魏府老洞《华严》云:佛法在吃饭穿衣处,屙屎放尿处,应事接物处。若生心动念即不是。《金刚经》又云:应无所住而生其心。六祖亦云:不断百思想,对境心数起。夫应事接物等,若不起心动念,何以能到恰好去?魏府言"不是",固为珍重向上不动尊,但与《金刚经》、六祖有似相违。学者于中如何取则,始得握住定盘针,使动静不至走作?唯望明示指南。

答:三处所说,皆明当体全真之义,以生心动念即乖法体。"无住生心"者,照体独立,不涉思惟也。六祖二语,"分别亦非意"也。魏府言"不是",与《金刚经》、六祖全不相违。此等语句,须是证到深处,方能亲见佛祖机用。

问:根尘相接,能分别,能了明,智与识莫不皆然。当根尘瞥然相值之际,此分别了明者,般若与昭灵,混作一起,究竟孰为智?孰为识?若辨析不清,即奴郎错认。望施鹅王择乳之能,指抉的当,以为后学明导。

答:根尘相接,能分别明了,智与识大不相同。识则随物转,智则能转物。观六祖"风幡"语,便可知矣。般若与业识,从来不相混。众生迷惑颠倒,隐覆真实,而成妄识。智者彻悟自性,一切施为,无非般若妙用。岂有纤毫业识,与般若作对哉?

问:人死则四大分离,色身变坏,其中并无所谓我者。何以而有中阴之身?此中阴身,是我乎?非我乎?究由何而成耶?且既有中阴身,而法身又何在也?请示事理究竟。

答:现前四大色身,即是法身所变。经曰:法身流转五道,名曰众生。不待坏时,方知无我。即强盛时,亦无我也。我者,凡夫妄执也。生前既妄执我,死后亦妄执我,犹之生也。若非法身常住不灭,何得有中阴身,又何得有后世耶?

问:生死根本者,业识也。但真如性体,究竟无朕,此个业识,于何地容受?于何处发生?于何时成就?请抉其根源,俾后学知脱生死窠臼。

答:真如在缠,名为如来藏。不变随缘,而有无明业识。随缘不变,虽有无明业识,而体性清净。经中每称无始无明。若无明有始,则涅槃有终,与一切经论皆不合。《心经》云:无无明,亦无无明尽。乃是般若部中究极之谈也。

问:空心静坐,六祖所诃;默照邪禅,妙喜所斥。然则坐香时,如有心,则带起乱想,而难得寂静;若无心,又坠入阴界,为诸祖所诃。必如何作活计始得?请明示机缄。

答:坐禅之法,门径甚多。有世间禅,有外道禅,有次第禅,有圆顿禅,有祖师禅,有如来禅。若空心静坐,默照邪禅,皆是外道禅也,离佛法悬远。僧徒学禅,必揣其根器利钝,于出世四种禅,随宜学习。不依古法,能透禅关,无有是处。

问:夫识心达本,明心见性,唯心为王,即心是佛,制心一处,圣人求心,乃佛祖语也,心之所以为贵也。而心是工伎儿,心不是佛。损法财,灭功德,莫不由此心意识。离心意识参;难得无心道人,亦佛祖语也,又视心为贱矣。是心也,执之,斯结想成色,为幻妄之根;去之,又蠢然不灵,即同于木石。必如何不坏身心相,而得见本来?况不有此心,则见性将从何而见?参悟从何而参?所谓取不得,舍不得,不得之中怎么得。此宗乘之枢纽,体道之奥窍也。此若分疏不下,终必居于惑地。然则心之所以为心,究系若何?请指示机括,使后学直下分晓,不至有歧途之泣。

答:心有真有妄,《楞严经》二种根本最为分明。"即心是佛"

者，真心也。"心不是佛"者，妄心也。心、意、识三者，八识、七识、六识也。离此三识，便见本性，所以谓之无心道人。尊意或执或去之心，皆六七二识，于第八阿赖耶识尚未体会，何论如来藏心？初参时用此妄心，参到无知无识田地，妄心不行，愤起根本无明，蓦地掀翻，彻见本源性地。非此妄心所见也，乃大死大活，无纤毫障翳，强名为见也。

问：经云：若能转物，即同如来。只如三门外石法幢，物也，如何转法，同于如来？请明示法要。

答：古德云，转得山河归自己，转得自己归山河。又云，老僧转得十二时，汝诸人被十二时转。又云，拈一茎草作丈六金身，拈丈六金身作一茎草。皆转物之义也。若不明此义，无论门外石幢，即手中拄杖、拂子，均被他转矣。又依教义，罗汉得六通时，地水火风空，皆能转变自由。菩萨神通过于罗汉，见山河大地皆如幻影，芥纳须弥，毛吞巨海，亦寻常事也。

问：唯识家言，阿赖耶识为真妄和合。即今谛思真如性海，无二无杂，寂静如虚空，坚密胜金刚，于何处容受此妄？且妄乃虚幻之相，于天真佛性又何能和合得入？况和合则真妄角立，第一义中无此二法。若谓不和合，如来有言，汝一动念，尘劳先起。每于根尘相接时验之，当境物倏然值遇，妄即瞥然而兴。旧习宛然，如电光石火之捷速，不可穷诘。究竟此妄如何而有？如何而来？如何而发？如何而灭？如何混真如用？如何作生死本？求其根源体性，总属茫然。设一辨认不真，则起足下足，无非错也。敬求不吝慈悲，垂语道破。

答：君言境物值遇时，妄即瞥然而兴。岂知不接物时，妄亦未曾息灭，如平水暗流，人不能见。古德大彻之后，求丝毫妄念不可得。所以在淫坊酒肆中游行，人问之，则曰：我自调心，非干汝事。虽终日应事接物，而不见有动相也。真妄和合之语，依生灭门说也。若依真如门说，妄本非有，真亦假名。众生则全真成妄，菩萨则了妄全真，如来则即妄即真，非妄非真。君以容受和合为疑，乃是凡情计度，于佛法全无交涉也。

问：身与心是一耶？是二耶？如人身患病，此病到心不到心？如言到，夫心，虚而无相也。四大有形之病，何能害及空寂虚体？若言不到，当痛深痒剧之时，心即为之昏迷颠倒，苦楚欲死，不得谓之无相干涉也。然则心之所以为心，究系如何？身病究竟能否涉入此心而为过患？望抉所疑，俾知心要。

答：阿赖耶识变起根身器界，山河大地皆是心变，何况自身？妄心局于身内，真心则非内非外非中间。君所言之心，全是众生妄心。妄心随境转，所以昏迷苦楚，不能自由也。

问：《圆觉》云：于诸妄心，亦不除息。夫真心本无妄也，有妄即染污，实为真源瞖翳。若欲起心除息，则一妄未去，二妄又成。不二门中，无如是事。若总不除息，听其横流，即日在妄中。而业识茫茫，无本可据，则又非也。吾人所以不能返本还源者，妄累之也。除之既增病，任之又成迷。必如何使心得清净而无障碍？尚望肩荷大法者，不吝明诲焉。

答：《圆觉经》有四句，初句"居一切时不起妄念"，君略初句而拈二句，所以不能通也。若无初句，则下之三句皆不应理。因初句已证，则下之三句，便如六祖所言"不断百思想"等句也。又初句破妄显真，十住法也；二句了妄即真，十行法也；三句回真入俗，十向法也；四句真俗俱融，十地法也。

问：经云，真心遍一切处。谓无知无不知也。如何往昔悟道祖师，居庵内不知庵外事？究竟遍乎？不遍乎？望赐以定论。

答：悟道有浅深，浅者初开正见，尚未齐于乾慧，何能知庵外事？须与十信位齐，方能得六根清净，肉眼观见大千世界。非近世参禅人所能企及也。

问：古云，无心是道，于心无事。又云，生心即犯戒，动念即破斋。此际其严乎！故历代祖师，训学人多以无心无事为行履也。然又叮咛告诫，不可入无事甲，居阴界，在鬼窟里作活计。毕竟如何无心无事，始不入无事甲，不居阴界鬼窟？望大德抽关启钥，示以程途。

答：迷悟有别，迷中无心无事，即入阴界鬼窟。悟后，出息不随众缘，入息不落阴界。只论悟处真伪，不论有事无事也。

问：人于梦中所见人物，纷杂不一，而言论动作，宛然秩然，各各不同，似各有灵知自主之相。究竟与我是一是二？若是一，何以梦中彼人言语动作，与梦中之我，迥不相侔？若是二，则梦中空洞晦昧，只有一独头意识自为起灭，别无他物也。是彼我一二，既难以区分，而知觉是非，又杂而不浑。这个闷葫芦情形若此，究竟其理若何？请俯赐剖判，以作黑暗梦中明灯之导。

答：醒时梦时所接外境，皆是唯识所变。醒时所见，属八识相分，报境也。梦时所见，属六七识妄缘，幻镜也。既能变自相，又能变他相，变幻极速，或有条理，或无条理，足征妄想之无主也。孔子答子路曰："未知生，焉知死？"今亦答之曰："未知醒，焉知梦？"

问：宗门下有电光石火之机，至捷速亲切。历代祖师传为家风，皆执之以为当场杀活正令。究之此一机也，于何处验之？于何处见之？学人如何体会，始得脚根点地，而为超凡入圣张本？古德公案，以何者为最亲切捷速？请拈示一二则，以直揭纲宗而益后进。

答：凡夫念念生灭，刹那不停。刹那，极促之时也，喻如石火电光。参学人用功得力时，忽然前后际断，彻见本来面目，即名脚跟点地。尔时缘心不续，便能保任此事。倘断而复续，仍须切实用功。大慧禅师所谓大悟十八次，小悟无数者，此也。师家勘验学人，用石火电光之机，使人不及起念，便能知其真伪。稍一涉念，便诃为思而得、虑而知，鬼家活计。古德公案，本无定法，若以定法与人，醍醐变成毒药。请阅马祖接人机缘，便不落近时窠臼矣。

问：识有分别，智亦有分别，前人多以有分别属识，无分别属智，是否可为定论？且同一分别，如何是智？如何是识？其分途处、合辙处，究以何为界限？以何为着落？更于何地何时，证其体性真假？辨其作用是非？设有毫厘之差，即有千里之谬。具精明眼者，必能抉择的当，使金鍮不相混也。

答：识之分别，凡情计度也；智之分别，性自神解也。根本智无分别，后得智有分别。若未得根本智，则分别全是识，非智也。因其比量与非量相滥，即名似比量，非真比量也。根本智，现量也。有真现量，便有真比量。决不流入非量，此即识智之分齐也。

问：心者，性之用也。知觉者，心之官也。故性体空寂，必藉心之灵知以为作用，所谓须臾不能离者也。乃历代祖师反贵无心，而又禁其不废功用，不入断灭，不同木石，则是无而不无，其密行妙旨究何在也？请示枢要，使参学宗徒，敢于放胆休去歇去也。

答：君之所谓知觉，乃六识缘虑心也，非自性之真知也。真知即是无知，而无不知。达摩答梁武帝云"不识"，即显示真现量也。

孔子曰："吾有知乎哉？无知也。"开迹显本之旨也。到此境界，儒释同源，争论都息矣。常用常寂，常寂常用。正当知时，不违无知。非无知之外，别立有知也。

以上数则，皆学人疑处。大善知识如不吝慈悲，逐条剖示，请笔之于纸，附邮寄示，开我迷云，俾得稍窥法要，不至错认定盘针，则感荷法施，永志不忘也。

统观质疑十八条，其弊有二：一者，错认六尘缘影为自心相，以为现前知觉之心，即是教外别传之心。若果此，心即是祖师心印，何待达摩西来始传二祖？又何待五祖门下七百余僧众，独传一六祖乎？当知祖师心印，超越常情，非过量英杰，不能领会。近代根器浅薄，动辄以禅宗自命，究其旨趣，茫无所知。何论凡圣情尽，体露真常耶？二者，但阅宗门语录，于经论未曾措心。不分解行，不明浅深，处处扞格，无由通达。欲除前之二弊，须将《大乘起信论》读诵通利，深究贤首《义记》。《起信论》者，马鸣菩萨之所作也。马鸣为禅宗十二祖。此论宗教圆融，为学佛之要典。再看《楞严正脉》《唯识述记》。《楞严》《唯识》既通，则他经可读矣。从前学禅见解一概丢开，俟经论通晓后，再看禅宗语录，自然处处有着落矣。

⊙ 答廖迪心世臧偈

附问偈

愿生极乐国，何法最简便？愿净娑婆土，何道最尊胜？
在彼《华严经》《普贤行愿品》。有人如说行，可以生极乐，可以度众生，是否此为上？有因必有果，佛说万法然。
但此因果者，为以善恶判，为尚有他缘？若以善恶定，
众生始何罪，而因于此苦？若不依善恶，而从机缘生，
一切诸善法，不可谓资粮。即如读书论，此因生何果？
设以所费时，而思惟正道，或能得神通，是亦未可知。
以此神通力，宜知世间法。今以参禅时，而勤读世书，
其用未必多，而于道大害。于此疑惑结，惟愿为解说。
《法华》与《金刚》，及以《华严经》，何经最殊胜？闻有真言宗，
其旨为何等？达摩东来时，云曾传二书，一为《易筋经》，
其一为《洗髓》，请闻其事实。又有《楞伽经》，与上三经者，
云何而相比？佛制诸比丘，有病不服药。岂以服药因，
不得病愈果？近今泰西医，考得诸疾病，多由微生物。
佛制不服药，为恐杀微虫，抑尚有别故？昔释尊出世，
当时天竺人，以比今支那，程度为何如？高僧得道人，
于今遇见否？今时之佛法，在日本何如？像法昌隆时，
支那之高僧，率居何等位？铜轮与铁轮，先生何所居？
自迷而问他，神会所受责。若知解宗徒，非所敢自足。
略举一二端，敬以质高明。

答偈

欲生极乐国，持名仗他力。欲净娑婆界，劝人常念佛。
《华严·行愿品》，极乐为归宿。既得生极乐，必能度众生。
因果自相感，定不爽毫发。欲知罪苦因，无明为根本。
根本甚微细，习气成瀑流。现前读书业，成就世俗谛。

犹如虚空花,复结虚空果。翳目者妄见,净眼无所有。
唯知无所有,而不著断灭。真性离有无,如如而应现。
不嗔亦不贪,不取亦不舍。清净游世间,是谓菩萨道。
若以名利心,与人相争竞,计较得失间,是则为粗行。
非但障正道,实增无量苦。贪求神通力,恐被魔所牵。
若欲通佛教,《起信论》为最。既通《起信论》,然后读《楞严》。
此一经一论,简要便初学。《华严》与《金刚》,及以《法华经》。
深奥难通达,久后方能读。欲知真言宗,是谓秘密教。
大小三乘外,别为一法门。达摩从西来,不立文字教。
末后传心印,唯指《楞伽经》。《易筋》与《洗髓》,皆后人伪作。
医药疗众病,四供养之一。制僧不服药,佛无如是说。
释尊出世间,圣哲同时生。灭度二千年,利根渐渐稀。
今昔若相比,高下大悬殊。现前比丘众,参禅者最多。
根法不相宜,得道甚为难。日本传佛教,共有十四宗。
唯净土真宗,弘扬最为盛。纯提他力教,全废圣道门。
与支那莲宗,判然分二途。在昔南岳思,自居铁轮位。
天台智大师,唱言登五品。志公观音现,杜顺文殊来。
此等应化尊,时时常出现。下凡与上圣,判若天渊隔。
鄙人自忖量,名字位中人。循循依佛教,不敢欺自心。
承君殷勤问,约略答如是。

⊙ 印施《西方接引图》回向发愿偈

稽首无量觉,愿舒白毫光,普照法界众,念佛得清凉。

现身行愿足,命终赴莲邦。尤恐宿障重,昏迷业力强。
念佛因此阻,六道路茫茫。随业而牵往,升沉本无方,
昏迷颠倒苦,何日睹觉皇?顶礼弥陀佛,观音大医王,
势至诸海众,同垂大悲光。照诸昏迷辈,临终皆吉祥。
身心俱在定,待佛驾慈航。接此念佛众,普载归西方。
愿见此图者,敬礼不暂忘。平时观行熟,得回清泰乡。

卷　五

⊙ 谢客启

鄙人性喜山林，不贪荣利。自二十七，先君子弃世，家贫母老，无以为生，从事于宦途者三十年。内而吴楚，外而英法。公务之暇，游心释典。幸得一隙之明，遂以家事委诸儿辈。今年已七旬，精力衰颓。敬告新旧知交，权作谢客之计。及此桑榆晚景，藉以校订深经，刊之印之，嘉惠后学，庶不负四十年来一片婆心耳。所有远方来函，概不作答，伏乞鉴原。

⊙ 南洋劝业会开设佛经流通所启

性理之学，莫妙于佛经。佛经起自印度。迨东汉时，流传华夏，至今一千八百余载。沙门释子，代有伟人。宰官居士，精通其义者，不可胜数。近时印度佛教衰微，三藏教典，求而可得者，独中国与日本耳。兹逢南洋劝业会开从来未有之奇观，各省仕商云集。特将金陵、维扬、常州、姑苏、杭州等处新刊释典，择其要者，裒集一处，以应远方莅会诸君购阅。是则区区微忱，所蕲于向道之士也。

报告同人书

鄙人四十年来,屏绝世事,专力于刻经流通,窃以弘法利生为愿。今垂老,尚有心愿中未了之事,一俟病体稍瘥,当并日以进。用将大概,敬审我同会诸君。

一、编辑《大藏》《续藏》提要。经典浩繁,读者苦难抉择,今仿《四库提要》之例,分类编定,以便初学。

二、类别日本《续藏》刻本为《大藏集要》。日本现刻之《续藏》,搜求甚富,但其中须加区别,以归纯一。今拟分三类:一必刊行者,一可刊行者,一不刊行者。甄定去留,使读者不至迷于所向。先刻成《大藏集要》约三千卷,以便学者随时购阅。余俟陆续刻成全藏。

以上二书,体例略定,尚未着手编订。期以数年,当可蒇事。此外尚有未竟之稿数种,亟须足成之。

三、《释摩诃衍论集注》。

四、《瑜伽师地论》。

上二书稿已过半①,但搜茸诸家注说,及点句会文,颇费心力。倘天假之年,当有观成之日也。

五、《等不等观杂录》。杂录约有百余页,原稿均散乱无序,略加编定,便可成书。

六、鄙人志愿,亟望金陵刻经处刻成全藏,务使校对刷印,均极精审,庶不至贻误学者。至他处所刻未精之本,听其自行流通,本处概不与之合并成书。

---

① 《释摩诃衍论集注》《瑜伽师地论》为杨仁山先生未竟稿,不传于世。——编者注

与释幻人书二通

一

幻人法师出《〈法华经〉性理会解》并《或问》见示，书而归之。

捧读大著，于古今注释之外，别出手眼，诚为希有。但其中不无可商之处，略为大雅陈之：

经中有法说，有喻说，有托事表法。弘经大士，不可破事相，但须即事显理。《或问》篇中，"六种震动""宝塔高广""劫日长短"等论，均拂事相而谈性理，似于教义有违。夫地动之文，处处有之。师言："天翻地覆之势，人何能堪？"是专就凡境而言也。《楞严经》中，魔宫隳裂，唯魔有神通，方能见之，凡人不见也。《维摩经》内，持他方世界，置于此土。彼界菩萨知之，凡夫不知也。以此类推，大地六种震动，亦唯得通人乃能知见，世俗凡人不知不觉也。宝塔高广，更无容疑。于一毛端现宝王刹，维摩室内容无量座，芥纳须弥等文，均是大小相入之理。至于六十小劫谓如食顷，亦是延促自由之法。《华严》毗目瞿沙仙人，执善财手，经微尘数劫，亦此义也。

大凡诸佛菩萨境界，不可以凡情难信，即拂事谈理。若并无其事，而结集者凭空铺叙，以为表法，岂非如邱长春之作《西游记》乎？且神通亦非虚言，人、天、二乘、菩萨、如来，皆有等差。如禅宗所谓"神通并妙用，运水及搬柴"。乃指当人性德而言，头头显露，法法全彰。在天而天，在人而人，不向人道外别说神通也。其实天道神通，远胜于人。推而至于妙觉果海，迥非世俗所能思议矣。受持

《法华经》者，即父母所生清静六根，遂有六通之用。圆十信位，已能如此，若至初住，便能六根互用，性理会解。引恭禅师闻风刺叶声有省，东坡笔谈悟互用之理，是谓"六即"中之理即。此经所说六根清净，已到相似之极，将入分证位矣。岂恭师、东坡见地所能比拟也哉！现前山河大地，尽属假有，无非唯心所见。时劫迁流，生于行阴，是不相应法。若时量、方量不破，欲其超脱轮回，恐难之又难矣。所以三藏教典，皆非凡夫意言境界。《法华》所谓深固幽远，无人能到者，此也。

丕承垂问，敢献刍荛，不足当方家一笑。

二

附　来书

衲比年来之代诸长老座，弘扬教典，自愧不胜。但依常规，消文释义，有事谈事，有相说相外，始谈性理。盖欲三根普利，共证性天，未尝拂事相而谈也。至《或问》篇，特为执事相以诘难者辩耳。若但答以佛菩萨神通境界，非凡人所知等语，诚恐不足取信于人，又何能弘扬大教乎？故开方便门，示真实相，使迂拘之辈，知如来大教，有喻说，托事说。不可执喻昧理，取事为实，认黄叶以为真金，舍醇醪而铺糟粕。庶几佛种不致断绝，如意宝珠，穷子自得。大教之弘扬，又岂外于是哉？

衲于来教，深得一番领悟，敬为达者陈之。来教云："经中有法说，有喻说，有托事说。"善哉言乎！来教又云"六种震动，宝塔高广，劫日长短，以及一毛端现宝王刹，维摩室容无量座，芥纳须弥等文，均是大小相入之理；六十小劫，谓如食顷，亦是延促自由之法"

者，此即喻说、托事之说欤！

经云："普佛世界六种震动。"下文即叙尔时会中，四众八部，人非人，及诸小王，转轮圣王，是诸大众，得未曾有，欢喜合掌，一心观佛，此事相也。佛性人所同具，众生身心，即佛世界。一会大众，即普佛世界。大众见佛入定雨花，有所观感，欢喜合掌，一心观佛，非六根震动而何？《会义》亦表六根。岂可拂经中之事相，而谈注家之事相乎？盖无主见者，是非不辨，故随人转，如来所谓真可怜愍者。

又经云："于此经卷，敬视如佛，种种供养，花香璎珞、末香、涂香、烧香、缯盖幢幡、衣服伎乐，乃至合掌恭敬。"下文又云："若经所在之处，皆应起七宝塔，极令高广严饰，不须复安舍利。所以者何？此中已有如来全身，此塔应以一切花香璎珞、缯盖幢幡、伎乐歌颂供养。"此经中事也。上文以种种物供经，下文以种种物供塔无异，足见经即塔矣。又《般若经》云："经典所在之处，即为是塔。"比《法华经》尤属显然。依经之事，表经中之法，有违教义否乎？

又经云："六十小劫，身心不动，听佛说法，谓如食顷。"上文"六十小劫"，下文"身心不动"。"身心不动"，则六用寂然，六识亦不行。"劫波"，此云时分。时，识也。依此事相，表经之法。再者"谓如"二字，是相似语，执作实解，有违教义否乎？

至"维摩丈室容无量座"，"于一毫端现宝王刹"，"芥纳须弥"等文，是喻心量之广大，能收能放也。其可大可小，唯心量能之。物量大小有定，不能也。若谓佛菩萨境界，非凡情所测。按维摩丈室，毗耶离城，五印度境，一航可通。五印度之天地，与此土之天地无异，岂可指他方佛土言之？佛菩萨境界，亦是性土之谈。《华严》华藏世界，及香水海，盖表如来藏性海耳。《楞严》云："如来国土净秽有无，皆是我心变化所现。世尊，我了如是唯心识故，识性流出无量如来。如是非器界明矣。"一毫端现宝王刹,与《楞严经》"如来妙觉明心遍十方界,含育如来十方国土,清净宝严妙觉王刹",是同是别?芥纳须弥,归宗曾答李翱,载在《语录》。今人不足信,古人有足征。非释家如是,儒家亦有此。《中庸》云:"始言一理,中散为万事,末复合为一理。放之则弥六合,卷之则退藏于密。""藏于密",芥子也。"弥六合",纳须弥也。此理,性理也。诚如来教云,"一毛端现宝王刹、芥纳须弥"等文,均是大小相入之理。"六十小劫谓如食顷",亦是延促自由之法。此理此法,与经书之理法,遥遥相对,妙哉!妙哉!此等文字,舍理法而作实解,何异世人看《西游记》,见孙悟空神通广大,拔一毛,口中嚼碎喷出,喝声变,即变无量孙悟空。耳中定海神针取出,叫大大大,即碗来粗细。此等文字,通人观之,尚明所喻,何如来大教,竟如是观耶?

古人谓依经讲句,三世佛冤。此冤竟不可解耶?岂不令人痛哭流涕哉!诚如来教所云,"阿难结集,如邱长春作《西游记》"矣。

来教又云:"宝塔高广,更无容疑。"是对无信根者说。如良医治病,看症下药,断不以板方杀人。菩萨化人,亦复如是。著相者为说非相,著非相者为说实相,可谓妙于权矣。

夫如来教典,故贵乎信,无信不入。故又不可不疑,无疑不悟。故大疑大悟,小疑小悟,不疑不悟。言从疑后,翻成悟也。况信之一字,有邪正之不同耶!

来教又云:"神通亦非虚言,人、天、二乘、菩萨、如来,皆有等差。如禅宗所谓神通并妙用,运水及搬柴,乃指常人性德而言,头头显露,法法全彰。在天而天,在人而人,不向人道外别说神通也。"善哉!善哉!如是庞老之运水搬柴是,婆子之拈盏倾茶是,扩而充之,动作云为,无一不是常人性德神通矣。来教所云"头头显露,法法全彰",岂不善哉!神通有等差者,由智慧有大小。故佛之智慧大,神通故大。菩萨智慧神通不及佛,二乘不及菩萨,天人不及二乘。然佛之神通,又不在是。《法华》云:"导师作是念,此辈甚可愍。如何欲退还,而失大珍宝。寻时思方便,当设神通力,化作大城郭。"由是观之,诸佛神通力,方便力也。所谓佛菩萨境界,凡人不知者,此也。著于事相,焉能见性?如经云:时诸四众,计著于法。

阿难所集,契经也。不可作传记史书观。契合于道也,道即性也,性即理也。见性始证道,证道必见性。古人云:离心谈法,无有是处。故《楞严》会上,诘责多闻,谓阿难忆持十方如来十二部经,清净妙理,如恒河沙,只益戏论。《法华经》"长者密遣二人,共穷子除粪",皆所以明三藏教乘,乃如来方便顺众生性而说,不可执也。《般若经》云:"如筏喻者,法尚应舍,何况非法?"此中实而权,权而实,三根普济,共证菩提。是佛菩萨境界,非沙门、婆罗门、若天、魔、梵及余世间所及。

来教云:"三藏教典,皆非凡夫意言境界,《法华》所谓深固幽远无人能到者是矣。"以上种种,《性理会解》已详言之。今因来教有得,重而申之,是一番提起一番新也。

捧读尊示,不惮详细开导,真可谓老婆心切也矣。然鄙人有不能已于言者,谨复约略陈之:

尊示:"有事谈事,有相说相外,始谈性理。"鄙见事相即是性理,事相说透,性理全显。是尊意分理事为二途,鄙意融理事为一致。尊意以大地山河目前万物为实有,鄙意以大地山河目前万物,唯识所现,了无实体,不过同业妄见、别业妄见耳。若证实相,转变自由，一一无非真如妙谛，有何相而不破？有何性而不显耶？不然，虽高谈性理，只是第六识上所缘之影，了无实用。欲其横截生死，不可得矣！

大小相入，长短相摄，超情离见之事，最微妙者也。胸藏万卷，听法忘倦，寻常意中之事，至浅近者也。尊意以经文所显微妙之法，为黄叶，为糟粕；以后人所谈浅近之理，为真金，为醇醪。安得谓之不断佛种乎？

尊示所引经云"若经所在之处，皆应起七宝塔，极令高广严饰，不须复安舍利"云云，此文显然以经与塔及舍利为三事，何曾说塔即是经耶？起塔之事，三世诸佛法中之常轨，所以供养生身舍利。经典是法身舍利，亦应起塔供养，非是后人无知妄作也。《金刚经》云："经典所在之处，即为是塔。"令人尊崇经典，如尊崇塔也。若塔即是经，经即是塔，则言塔不必言经，言经不必言塔，何须两相比拟也哉？大凡同是一物而有二名者，必不将二名互相比论，何以故？原是一物故也。凡有二名，可以互相比论者，必非同体。何以故？定是二物故也。

又尊示"时，识也"三字，未知出何典？鄙意但知"识"是心法，"时"是不相应行法。若时劫不能融通自在，依然被十二时转，何能转得十二时耶？

尊示："可大可小，唯心量能之，物量大小有定，不能也。"此真所谓心外有法矣。大而天地日月，小而纤芥微尘，无一不是唯心变现。倘离心之外，实有山河大地，则尽法界众生，永无出生死之日。何以故？依报不能转变，正报岂能自由耶？声闻证无学果，众僧不信，必令现十八变；若不能现，即须摈逐，因其犯大妄语也。此佛灭度后，初五百岁之通例耳。十八变中，地、水、火、风、空皆能互用。

菩萨入初住时，旋乾转坤，又何足怪？

至于维摩丈室，在印度境，人人得而知之。岂菩萨神变，能现于他方世界，而不能现于此土耶？即如现前金陵城内大街小巷，屋宅荒野，无一微尘许地，不具十界依正，互摄互入，重重无尽。岂得将此处定作秽土看耶？当日法华会上，如来种种神变，唯菩萨、大阿罗汉，及根熟众生，方能见之。见相即知法，即悟解，即证入。尔时灵鹫山中牧童、樵子，仅见老比丘趺坐说法，有许多比丘、居士围绕静听而已。即诸天散华，亦不能见，岂能见无量诸佛菩萨同时云集耶？

大师所引"《中庸》云始言一理"云云，此非《中庸》之语，程子之语也。大师于佛经不重注疏，至于儒书推尊宋人何也？程子就世间理事而言则可，而以此语作出世心法会，引证芥纳须弥等文，则大不可。盖心无形相，云何放卷？若以缘大境为放，缘细境为卷者，六识攀缘心也。其"退藏于密"者，宋儒所谓心要在腔子里。《楞严》七处征心，第一执尚未破，焉能见真性？夫真实见性者，随机普应而无所在，虽无所在而随机普应。所以二祖觅心，了不可得，即蒙初祖印可。后人点胸自许者，皆是执心在内也。《周易》所云洗心退藏于密，意在境智俱泯，与此有别。归宗之语，只就李翱能领会处应机答之，若作芥纳须弥铁板注脚，则活句翻成死句矣。

尊示屡提"见性"二字，见性是因中初步。又提"开方便门，示真实相"，此是果位妙用。经云："唯佛与佛，乃能究尽诸法实相。"等觉菩萨，尚非其分，而谓参禅见性者能之乎？若云因该果海，果彻因源，直须善财、龙女之俦，顿证圆住，乃能如是。参禅见性者，何能企及？

尊示引《楞严经》内佛斥阿难之语，盖为多闻不修者，便呵多闻；为无闻盲修者，便呵无闻。应病与药，岂有定法？除粪喻者，乃令二乘断见思惑,非令其除三藏圣教也。见思若尽,即证无学果,便行三百由旬到化城矣。

且就声闻论之,在《华严》会如聋哑,在《阿含》会断惑证真,在《方等》会大受呵斥,在《般若》会转教菩萨,在《法华》会授记作佛。如来教化,皆有次第,由浅而深。禅宗一门,直指人心,见性成佛。虽云教外别传,实是般若法门。观五祖、六祖之语,则可见矣。所以禅宗只须直下见性,不论成佛不成佛。

《法华》会上,诸大弟子授记成佛,皆须历久远劫,唯一龙女当下成佛。此经之义,不得以禅门见性概之。盖禅人见性,大有浅深。晚唐以后,利根渐少。虽云见性,如暗室中钻凿小孔,得一隙之明。若比之太虚空旷,日月星辰旋转其中,风云雷雨变化其际,不可同日而语矣。明虽是同,而大小有异。

以此等语言,证《法华》深义,何啻初生婴孩比于成人乎?摩诃迦叶为禅宗第一祖,阿难为第二祖,《法华》授记成佛,均在久远劫后,则其他可知矣。十二祖马鸣,是八地菩萨,十四祖龙树是初地菩萨,可见禅宗证入深深性海,仍须历位而修,始臻妙觉极果,不宜笼统和会。

尊示又引《楞严》云"如来国土净秽有无,皆是我心变化所现"云云,大师判云:"如是非器界明矣。"此语聚九州铁,铸成一大错!经文既言净秽有无,则秽者有者,非器界而何?大师意谓器界必非自心所变,不但不知如来藏性,并不知阿赖耶识见相二分矣。《密严》《深密》等经,《瑜伽》《唯识》等论,皆诠此义。此义不明,则一切经论,窒碍难通,不得不别寻义路以解释之。然《法华经》深固幽远,五千比丘尚须退席,机未熟也;移置天人寄于他土,不堪受此大法也。今欲令下愚凡夫亦能见信,专就浅近而说,纵能启凡愚之信,仍非《法华》深义。倘《法华》经义浅近如此,天乘尚未能达,何论二乘?何论大乘?更何论一佛乘耶?总而言之,经中宝塔出现,诸佛云集,地涌菩萨等事,当日在佛前听法之人,曾见此相否?若实为未见有此相,则此经非灵山会上之经,乃阿难笔底之经矣。阿难既蒙授记,又证无学,更绍祖位,如欲立言传世,化度后人,只须直截痛快,畅会性理。又何必无中生有,凭空结撰,令后人无从摸索耶?

尊示又云"依经讲句,三世佛冤"云云,更有"离经一字,即同魔说。须是不触不背,方免斯过"。若只认上句而忘下句,岂但痛哭流涕,直是千佛出世救他不得也。鄙人不避忌讳,作此逆耳之言,非欲争胜于笔端,实为报恩于佛祖。此段公案,须俟弥勒下生时证明。

⊙ 与释惟静书二通

一

前年沈雪峰归自西蜀,备述晤谈形状,不胜悠然神往。顷者袁司马到宁,得接手函。展读之余,如亲道范,欣慰莫名。蜀、吴一江相接,而水远山长,二十年来不获一晤,世途睽隔,有如是耶!且喜法缘相接,刻款频颁,谓非真净界中,心心相印乎?

会自别后,始而奔走于湘鄂两省,既而驰驱于英法两国,虽俗务丛身,而弘法之心,未尝稍懈。近年闭户穷经,于释迦如来一代时教,稍知原委。始信孔颜心法,不隔丝毫。柱下、漆园,同是大权示现。自觉家居与庵居无异,甘作世外闲人,不复问世态炎凉矣。

二

顷接手函，欣悉精神矍铄，振兴教育，为西蜀开普通之门，实法运兴衰之一大关键也。江南学务，莫先于扬州天宁寺。而阻之者甚多，甚至同室操戈，斗争坚固，甚可叹也。拙作《课本》，承尊处刻印流行，欣喜之至。闻日本亦有人重刻矣。承赐《圆觉大疏》，拜领谢谢。若得刻资，亦拟镌板。并在日本得《大钞》，可相继而刻之。承索出洋日记，虽往返二次，所见所闻，均与他人记载无异。地在空中，一弹丸耳。老子所云："不出户，知天下。不窥牖，见天道。"知此理者，可于一毛端现宝王刹，坐微尘里转大法轮矣。

⊙ 与释遐山书

来示以古书所载老子踪迹，疑真疑妄。请阅天人答宣律师问佛生时代，则脱然无事矣。西人在印度考究佛生时代，多种不同，莫衷一是。可见后人记往古之事，不能执为孰是孰非也。尝见今人述数十年内之事，亦不能得其真，但如烟云过眼而已。若于此等言句计较真妄，则唯识理不成。《金刚经》云："一切有为法，如梦幻泡影，如露亦如电。应作如是观。"请深味乎其言也。

⊙ 与释式海书

慈润上善，示以尊函，得知弘法情殷，慧光西瞩，钦佩无量。今春同志诸君,闻知印度佛法有振兴之机,彼土人士,欲得中华名德,为之提倡。但两地语言文字,难以交通,明道者年既长大,学语维艰。年少者经义未通,徒往无益。遂议建立祇洹精舍,为造就人材之基。用三门教授,一者,佛法;二者,汉文;三者,英文。俟英语纯熟,方能赴印度学梵文,再以佛法传入彼土。目前英文、汉文教习,已得三位,唯佛学尚无其人。幸法师肯肩斯任,则三学具足矣。但此学塾,与公私学校章程,大不相同。教习各尽义务,不送修金,虚礼浮文,一概不用。来本塾者,人人自知分所应为,无主客之分,平等平等,各尽其心而已。法师惠然肯来,到宁日期,迟早均听尊便。

⊙ 与释自真、智圆、国瑛书

接阅来函,承嘱《唯识随疏》刊板一事,敝处未能代办。鄙人经手事件,有《瑜伽师地论》久未完工,此论是相宗之祖。世人患其无疏,顷得东洋觅来之《瑜伽论记》,系唐僧遁伦所作,约八十万字,亦拟刻之。更有东洋求得之古本书籍,改定行款,校正讹舛,甚费心力。会独任其难,其易办者,则让他人校刻,是则私衷所窃愿也。

⊙ 与周玉山馥书三通

一

比年来时事多艰,知交中引退者有数人,阁下其一也。回忆摄山之游,何等豪健,一转瞬间,已成六十衰翁。阁下仕而后隐,弟不仕而隐；阁下以隐为隐，弟以不隐为隐。殊途同归，他日遭逢，定当相视而笑也。台从南迁，不知税驾何所？或云在清江，或云住泰州，或云暂入白门，即他往矣，令人莫测。其老子之犹龙乎？娱老之方，莫妙于学佛。世间万事，置之度外，神游极乐之邦，虽南面王，吾不与易也。阁下既辞轩冕，敢以此言奉劝。北方来款，刻在《楞严正脉》《寿经义疏》《门论义记》三种之内。兹寄呈两分，请以一分致裕方伯为荷。又拙作《阴符发隐》《十宗略说》各一卷，呈请教正。便中惠我好音，不胜翘盼之至。

二

附　来书

前请劲甫观察，求赐内典《十三经》，谨领到。近日有人论亡人作阎罗事，记得佛经中言阎王虽有职事，与鬼无异，略记不清。公博览群经，望将经中言及阎罗事钞示，或将原书封寄，甚感。

前闻解组归来，邀游庐阜，望风怀想，我劳如何。顷接手函，欣慰之至。《释氏十三经》，由劲甫观察经手，彼已付价。承问亡人作阎罗事，佛典所载，与世俗劝善书，有同有异。盖世俗书中，出于道家之言，故有十殿等名。而佛书则无之。佛家言六道，鬼道居其一，由阎摩罗王主之，权力甚为广大。世俗所传死后作阴官者，往往有之，不过如阳世大小职官而已。修行人若得此报，是大不幸。乃生前见道不明，于净土法门，无专修之功，以致被业力所牵，受此阴界之报也。儿孙若为其造福祈生净土，当于佛法门中作大功德，小则超生天界，大则径往西方。此义散见于内典，不能专指一处，故无书可寄。

三

昨蒙垂顾，惜别殷殷。旧雨重逢，未知何日？会以足疾，不能随侍旌旄，遨游粤峤，寸衷耿耿，墨楮难宣。唐诗有云："此心曾共木兰舟，直到天南潮水头。"可谓先得我心者矣。送上《观楞伽记》一部，全椒释憨山所作。东坡所谓不能句读者，憨山透彻无滞，可称杰作。《往生论注》一册，梁昙鸾撰，此方阐扬净土之书，推为巨擘。《禅源诸诠》一册，和会宗教，惜全书不传，仅存其序耳。大小《止观》，天台家之要典也。《圆觉》《金刚》二经，注释详明。《维摩诘经》，极谈妙理，显密圆通，文约义丰。《高僧初集》，可见弘道有人，方能流传至今也。以上十种，计二十册。治事余暇，偶一翻阅，赠书之人，宛在心目间也。

⊙ 与冯华甫启文书

附　来书

接诵惠函，均已领悉。承询云云，文以行阴不停，念念迁灭，世间极圣，犹落四见，不出心外之法，况乎后贤？因而入佛，默守话头者，亦有年矣。及至庐山，兼阅教典，每读无闻比丘短于闻教，师心为足，反遭坠堕。故知教宜广熏，不致得少为足。然而教有权实、半满、开遮之别，故读教者先须知时，方可区别事理。佛以观机逗教，随宜说法。如果笼统，反被经缚，此观教之不易也。至于归趣云云，实无处所可归。若有处可归，则亦化城之机。或以无住为住,亦可说得归趣。然无住之义,深无涯际。若悟《华严》不动佛之义,则亦悟会无住之住矣。故佛说《华严》,终不离菩提树,而遍会诸天。善财不动步于觉母之前,而遍历百城。如是会之,即此即彼,岂有去来三世之迹?法性遍虚空,虚空无归趣。而无我之我,亦无归趣。无我之我既无归趣,则真知无住为住之义矣。虽然,此须实证海印三昧,方许受用也。质之高明,未识以为然否?吾翁既得左右逢源之旨,乃蒙分明道出。先德曰:"分明一点无余欠,不待明星已现前。"此语正合逢源之旨。如是,则一理平等,宜乎法无不通,而密证之功,亦即深入无际耳。文以山河远隔,阻于执侍。而渴念醍醐,不啻云霓之望。还祈不舍有缘,时锡金针。以当曼室老人遥伸右手,为一摩顶耳。盼甚祷甚!

顷接惠函,既承详示道妙,敢以直言答之。大凡学佛法者,入手切须的当。释迦佛出现世间,应病与药,初无定法。佛灭度后,诸大弟子结集三藏,是为教内正传,后来东土天台、贤首、慈恩诸师所阐扬者是也。摩诃迦叶传佛心印,是为教外别传,东土六代祖师及五宗提唱是也。马鸣、龙树宗净土诸经,劝人念佛往生,是为教内别传,东土远公、昙鸾而后诸师弘扬者是也。

今阅居士见处,从禅门参学而入,以无住为住作归趣。妙则妙矣,其如生死何?君云无住之义,深无涯际。若单就"无住"二字,即是一切不着,别无深义。经云:"应无所住而生其心。"又云:"应生无所住心。"此中深义,在随缘不变、不变随缘之如来藏心也。

夫《金刚》谈无住之旨,为二乘发大心者划其朕迹也。二乘已出生死,回小向大,故施此药。《华严经》内,善财童子以十信满心,方得亲见文殊，指令南询，历参知识，证同佛智，是谓初发心时便成正觉，岂凡位所能企及？

君云："善财不动步于觉母之前，而遍历百城。"此语不合经意。经文善财于文殊所，辞退南行，向胜乐国，参德云比丘，直至五十三参之后，文殊遥伸右手，过一百一十城，摩善财顶，文义甚明。无去无来者，真谛理也。去来宛然者，俗谛事也。理事圆融，方入法界。仅从埋上会得，解行不能双圆。直须事上一一透过，始得真实受用。若如近时杜撰禅和，稍得一知半解，便谓超佛越祖。世谛不除而除真谛，俗见不扫而扫法见，将一代时教尽行抹却，岂知西天二十八祖造论释经，宗说兼畅。达摩以《楞伽》印心，六祖无一字一义不合经文，方为传佛心印也。

居士所谓观教不易者，是未得其旨趣耳。"归趣"二字，不可含糊。发声闻心，以初果为入流，以无学果为归趣，是谓化城。发菩萨心，以初住为入位，以究竟妙觉为归趣，是谓宝所。若未至初住，总不能断生死流，唯有净土横超一门，是至捷至妙之法也。不然，虽透末后牢关，稍有业识未净，亦不免于轮转耳。一入胞胎，前功尽失，再出头来，未知何日矣。

君云："法性遍虚空。"不知虚空亦是妄见。《楞严经》云："空生大觉中，如海一沤发。"直得虚空量灭，始有少分相应。据居士见地，不出当处即是一语。大似隔靴搔痒，故作此苦切之言，以为他山之助。弟于此事虚心体究，不敢随声附和，以蹈末法恶习。倘不以弟言为河汉，请将《大乘起信论》读诵通利，自能透彻真实佛法，不至摩空捉影，虚费时光也。

⊙ 与陈仲培书

附　来书

仆一官承乏，久滞中州。屡蒙大府以饷弱兵单，询及下走。而才庸识浅，无裨时艰，如须弥一萤火耳。负惭廊庙，有志山林。虽迷失本性恒河沙劫，未能自忆受生，幸昔年密承乩示，有前生圆寂天目山之语。仆拟二三年后，片帆东下，直指石头。见善知识，合掌顶礼。未识德山、临济，肯棒喝及之否？然此犹俟诸异日，目前有急欲折衷者，特一一呈焉：

《金刚抉疑》，憨山大士之所注也。仆始得之而惊，惊所解必得真诠也。继读之而疑，疑所解多违经训也。须菩提于楞严会上自白于佛者："顿入如来宝明空海，同佛知见。"何至《金刚》一经，佛则重重宣示，须菩提则节节生疑？此等疑团，不但小乘无之，即吾辈穷经，其疑亦不至此，况过去青龙如来耶？愿为有学折衷者一。

《楞严》咒心，即密语也。仆向不于密咒求解，但有则存之，不废而已。善知识订讹正伪，尤能上契佛心。一会至五会，仆俱成诵，每日敬读全咒三遍。敬书咒末云：敬诵三遍，弟子某某受持，超度幽冥，所谓地狱、饿鬼、畜生，同时解脱。或告予曰：此住相布施也。住相则咒不灵。然否？愿为有学折衷者二。

《楞严》之二十五学，《圆觉》之二十五轮，善知识择何学，选何轮，为涅槃门？愿为有学折衷而训告者三。

承询三条，谨当裁答：

一者，《金刚决疑》，憨老之作，本于天亲。昔无著宗弥勒偈而造论，以十八住释《金刚经》。其弟天亲又以二十七疑释之。法身大士，各抒己见，皆不违经意。须菩提所兴疑问，为开导初发意菩萨而入般若法门，所谓影响声闻，助佛扬化。释迦会下如是询问，乃至千万亿佛会下，亦如是询问。须以本迹两门、权实二法通之，则一切经典，皆无疑滞矣。

二者，咒是密语，从古不翻，盖有深意。唯《楞严》咒，诸佛、菩萨、护法、大神名号居多，每段内有密语数句，以满、汉、蒙古、西番四体全咒考之便知。虔心持诵，自他俱利。若见诸相非相，则一切有相，当体即空。虽念念度生，实无生可度；虽无生可度，而念念度生，尚何住相之有哉？

三者，修习法门，以称机为贵。《楞严》独选耳根，会则专学势至。以一切佛法，入念佛一门，即《华严经》融摄无碍之旨也。尝观古来参禅之徒，既透末后牢关，而转世退失者，往往有之。今时禅侣，未开正眼，辄以宗师自命。扫除经教，轻蔑净土，其不损善根而招恶果者几希。间尝讨论今古，偏者斥之，弊者救之，弃粗浅而求精深，舍浮泛而取真实。期与如来教法，毫不相违，允为净土资粮。《圆觉》二十五轮，以三轮为本，即台家三止三观之义。念佛法门，圆摄无遗，不假他求也。

阁下身膺轩冕，心切林泉，其宿因深厚，已可想见。修道之士，未证无生法忍，轮回终不能脱。唯有净土横超一门，是出火宅之捷径。他日行旌南指，畅谈衷曲，岂非三生旧好乎！会漂流孽海，年已六旬。从公于江、安、湘、鄂者十余载，随使于英、法、义、比者六七年。应得升阶辞不受，以中书君老于牖下，除流通法宝外，别无所事也。

⊙ **与陶榘林**森甲书

久未晤谈，渴想殊深。顷闻摄篆常、镇，欣喜之至。弟所求者无他，欲得大力主持，开办释氏学堂耳。扬州天宁寺已禀准立案，开办僧学堂，定于二月间开校。镇江之金山江天寺、常州之东门外天宁寺，均在治下，亦宜开设僧学堂以振兴佛教。但各寺住持僧安于守旧，不乐维新，非得大权力以鼓动其机，不能奋发有为也。

⊙ **与陈南陔**采兰书

接奉手函，并学堂示稿。捧读之余，莫名钦佩。敝邑处山僻之境，民智未开。经贤父母为之提唱，他日学业有成，得预通才之列，皆蒙大德所造就也。弟衰老无能，不谈世务者十余年矣。自弱冠至今，以释氏之学治心，以老氏之道处世。与人交接，退让为先。客冬旅宁同乡倡议学务。因弟于二十年前，自欧回华，曾提此议，故坚约聚谈。而素性不与筹款之事，是以书捐一册，并未寓目。兼之足力渐衰，艰于步履，自新岁以来，遍告于人，不与闻学界事矣。去岁公牍信函，弟均不愿出名。有两次信寄劼甫兄，申明鄙意，而同乡诸君仍以贱名列于简首，实有违于老氏之道也。安徽学会以贱名列于池董之内，亦非弟所知。蒯礼卿、李幼山诸君屡促赴会，弟均未往，以固执之心不可夺也。老父台明鉴秋毫，尚希谅其愚衷，幸甚！

与李小芸[国治]书二通

一

接读手函，领悉种种。刻资五十金，业已登收，当付收条，何以未到？闻他处已有刻《传灯录》《五灯会元》二书者，金陵既无续到之款，即将存资改刻《观楞伽记》，诚禅宗之要典也，明春可以出书。此中有陈仲培观察一百四十金。经末载施资姓氏，或刻法名，或刻别号，请代询示悉。仲翁原拟刻《法华指掌》，敝处因《指掌》不佳，不愿流通，现有扬、镇僧俗，集资锓板矣。近年尝有就学于敝寓者，九江桂伯华为最猛利，已相依两载矣。现拟添造房舍，能住二十人，造就佛学导师，为开释氏学堂计也。仆建立马鸣宗，以《大乘起信论》为本，依《大宗地玄文本论》中五位判教，总括释迦如来大法，无欠无余，诚救弊补偏之要道也。汉汴铁路明岁可通，居士能作金陵之游乎？娑婆界中千载一时，非宿缘凑合，未易值遇也。

二

甲辰之岁得手书，并石墨二册。书中有云：六年俸满，乞退南来。悬想上年当到，乃至今未接光仪，不知稽迟何所？尊齿六十有五，弟年七十有二，安居乐道，正其时矣。南方有人发愿重兴印度佛教，选才教授，敝处独肩其任。台驾南来，共襄盛举，是所愿也。僧徒课程计三门：一者佛学，二者汉文，三者英文。三门精通，方能赴印度布教。人数以十名为度，非五万金不办。筹款全仗他人分任。此乃释迦如来遗教中一大事因缘也。往岁尊处寄来三色套板《楞严》全部,业已奉还。兹有同人欲刻此本,如能将原本随带南来,俟刻成后送新书几部,并旧书缴还原主,不至遗失。

⊙ 与冯梦华煦书

夏间接读手书,承允撰金山长老二传,当即告知该寺退居老宿,不胜欣喜之至。秋闱揭晓,趋令侄寿桐处道贺,得闻尊嫂夫人于九月十四日亥时仙逝。敝内亦于是日酉刻谢世。先后数刻之间,南北如出一辙。敝内久病困惫,不能念佛者已半年矣。十四日午后,忽呼媳女辈扶起,念佛一炷香。略睡片刻,复令人掖坐而逝。全身既冷,顶门犹温,似有生西景象也。尊夫人去时,有善知识护持,想能不失正念,飘然遐举矣。正恁么时,显示无常、苦、空、无我之法,有志出世者所当猛省。

⊙ 与沈雪峰丰瑞书

附　来书

弟自别后抵署,内子业已去世。镜花水月,原是虚浮。而廿载夫妻,绵惙时未能一面以助其往生,至今犹耿耿也。

孙绍鼎比部为怀远山长,由程朱而陆王,由陆王而禅宗。北方之学者,未能或之先也。闻亦曾与阁下论道,现与弟尚称莫逆,日相质问,觉办道之念,油然而生。始知古人近朱近墨之言,信不诬也。

今有疑义，未能释然，不远千里，就高明证之。长女年廿一岁，幼时听父母讲求因果，即戒杀放生。稍长，闻有议婚者，辄涕泣不食。问其志，云俟经义稍通，愿至金陵投圆音比丘尼祝发。弟即从其志，回复者数家。然彼不过粗通文字，大部经典，皆未能读。仅读《金刚》《弥陀》《心经》《大悲咒》四种，尚不能通其义，唯一心持诵佛名而已。去岁母殁，始持长斋。今夏偶患时症，缠绵二十余日。弟时时嘱其念佛观佛，一心西向。彼自恨修持时浅，恐未能往生。至五月卅日辰刻，神气大变，时而昏迷。弟即呼其名而警醒，喻以必能往生之理，令其安心念佛。如是者数次。至未刻，忽令人扶起，西向而坐，合掌念佛。弟彼时因县令之母有急病，促往诊治，万不能却。即嘱媳女辈小心护持，如见垂危，切勿哀痛，但念佛助其往生为要。至酉刻归来，业已化去。

据媳女云：弟出门两刻，彼忽开目四顾，云：父亲何在？众云出外。彼云：无事，不必寻他，不过传语，请其放心。我顷间已蒙二菩萨引去见佛，业蒙佛授记下品下生。因世谛中有两次刲股疗亲之孝，改为下品中生。幸蒙父亲时时提撕之力，请其放心，不必记挂也。

仆妇孙姓者，亦长斋念佛。见此情形，云：小姐是童女修真，得此利益。我辈半途修行，恐赶不上。彼云：念佛只要真心，不在半途不半途也。又嘱亲属云：尔等平时念佛不真心，恐不得力。若能真心念佛，到此方知受用矣。大家勉之，我去矣。即垂目不语。按之，已气绝矣。

弟归时，察其囟门、额上犹如火热。闻说神清语朗，来去自如，似已得善果。然有可疑者，因其读经未能通达，持名不过三四年，遽生安养,恐无如是之易。且经云:一见弥陀,即不退转。何以见佛受记之后,又得回来劝慰诸人,或另有因缘关系耶?抑临终时为魔所扰耶?凡情未能测知。大善知识慧眼明察,定能激其底蕴矣。请明以示我,以坚我辈净土之愿,是所深幸。所注《阴符经》已发刻否?如有印本,乞赐我一部为盼。

接读手函,备悉种种。令媛信心纯笃,正念往生,甚为希有。《阿弥陀经》叹为难信之法,《毗婆沙论》说为易行之道。知此二言,便无疑义。《观经》说十恶五逆,临终称名,尚能往生,况贞洁自处,一心回向者乎?彼临终时,感应道交,乃系前阴将谢,心镜开朗,菩萨接引,如来授记之事,皆于中现。故能回顾家属,劝进修持,非有去来之相,亦非魔事也。

以理论之,下品生者,见佛闻法,无如是之速。然称性法门,无前无后,一时顿现。虽千百年后之事,亦于顷刻间悉见悉闻。所谓长时作短时,短时作长时,非凡夫意识所能测度也。十万亿佛土,天仙神力,亦不能到。而念佛者与弥陀愿力相接,一刹那顷,即生彼土。真净界中,有何隔阂之有哉?

奉赠拙作《阴符经发隐》,并送孙绍鼎比部一册。孙君信罗近溪之语,不出明了意识边事。若能进而求之,将如来一代时教,究彻根源,则知黄老、孔颜心法,原无二致,不被后儒浅见所囿也。

⊙ 与刘次饶绍宽书

接读手书,得悉阁下潜心内典有年。文学之士,往往轻净土而崇性理。鄙人初学佛时，亦有此见。自阅《弥陀疏钞》后，始知净土深妙，从前偏见，消灭无余。现住娑婆世界，水、火、土、石，皆是众生染业所感。极乐世界，金银琉璃，乃从弥陀净业化成，非如世人有贪爱心也。《楞严》十因六报，就造恶最重者言之，所受之苦，从自心变现，各各差别，非从外来也。遥想阁下但阅经文，未看注疏，故生此种见解。若多阅注疏，自然了达无碍矣。《金刚》《心经》二种注解甚多，须分三类：一曰正解，二曰俗解，三曰邪解。专阅正解一类，俗解、邪解万不可阅。大凡佛经八面玲珑，其文义之妙，如神龙变化，飞空绝迹。若以世俗之见窥之，徒增迷闷耳。佛经理事圆融，毫无虚妄。久久精研，自能通达。拙作《佛教初学课本》可阅，附呈僧学堂课程一纸。

卷　　六

⊙ 与郑陶斋官应书

　　附　来书

　　伏处海隅，耳盛名久矣。人事牵扰，道远莫由瞻奉。引领松鹤，我劳如何！下走岭南下士，碌碌因人。船算滥司，愧无建树。值此国步艰难，翠华远狩，中原蒿目，痛哭新亭。此海内忠义之士，心所同具者也。窃思兼善之机既阻，独善之道可为。下走虽混俗趋尘，然好道之心，童而习之，至衰朽犹如一日。只以至人未遇，口诀难逢，仰视青霄，每增浩叹。侧听先生，抱道在躬，和光养性，生平心得，定有不凡。问途必于已经，自是求道者第一要义。其秘密藏固不敢妄请赐教，至若授受之陈迹，初终之大旨，正邪之分界，天人之节次，敢乞不弃颛蒙，有以教之，幸甚祷甚！拙作诗草二册，聊用伴函。

　　顷奉赐函，并大著二册，展诵之余，莫名钦佩。去圣时遥，人情浇漓，诚心向道，迥出尘凡，非夙具大善根力，曷克臻此！承示时务多艰，此皆众生业力所感，正是菩萨悲愿度生之境。修行人常以兼善为怀，若存独善之心，则违大乘道矣。鄙人学佛以来，近四十年。

始则释、道兼学，冀得长生而修佛法，方免退堕之虞。两家名宿，参访多人，证以古书，互有出入，遂舍道而专学佛。如是有年，始知佛法之深妙，统摄诸教而无遗也。盖道家首重命功，佛家直须命根断。命根断，则当下无生，岂有死耶？生死既不可得，而假生死以行大愿。是以《华严经》中善财所参善知识，比丘、居士、仙人、天神，错杂间出，皆是一真法界所流露也。若认定金丹秘诀修成之仙，或为仙官，或为散仙，总不出上帝所统之界，不过高于人界一等耳。虽寿至千万岁，亦有尽时也。鄙人常以《大乘起信论》为师，仅万余言，遍能贯通三藏圣教。凡习此论者，皆马鸣大士之徒。奉赠一册，以备浏览。又拙作《阴符发隐》《十宗略说》各一册，呈请教正。《起信论》末，提出净土一门，为超脱轮回之捷径。昔昙鸾法师舍陶弘景所传之仙诀，专修十六观法，往生净土，岂非人杰也哉！愿与同志者效之。

与夏穗卿曾佑书

附　来书

夏间得手书，并《起信义记》，欢喜无量。观书目，方知有《地论》暨《识论述记》之刻。知仁者弘法度人，本誓无尽。何幸末法，有此智灯，当与六道众生，同作踊跃。弟子十年以来，深观宗教。流略而外，金头五顶之书，基督天方之学，近岁粗能通其大义、辨其径途矣。唯有佛法，法中之王，此语不诬，至斯益信。而此道之衰，则实由禅宗而起。明末，唯识宗稍有述者，未及百年，寻复废绝。然衰于支那，而盛于日本。近年来书册之东返者不少，若能集众力刻之，移士夫治经学、小学之心以治此事，则于世道人心，当有大益。知此理者，其居士乎！《述记》刻成几何？其原书《论》、《记》别行，古书皆尔。然学者颇不便，新刻似可相合。《地论》文广理赜，此时读者恐稀。不如以《因明论》先之。

尊处所刻《大疏》，尚恐其简。前见日本人所开现存因明学各家有七十余种，直当广行十数种，使人衍熟其法，则以后可读慈恩各种书矣。近来国家之祸，实由全国民人太不明宗教之理之故所致。非宗教之理大明，必不足以图治也。至于出世，更不待言矣。又佛教源出婆罗门，而诸经论言之不详，即七十论十句义，亦只取其一支，非其全体。而婆罗门家亦自秘其经，不传别教。前年英人穆勒始将《四韦驮》之第一种译作英文，近已买得一份，分四册，二梵二英。若能译之以行于世，则当为一绝大因缘。又英人所译印度教派，与中土奘师所传者不异，唯若提子为一大宗，我邦言之不详，不及《数论》《胜论》之伙。又言波商羯罗非商羯罗主也源出于雨众，将佛教尽灭之，而为今日现存婆罗门各派之祖。此事则支那所绝不知者，附上以广异闻。

顷接手函，得知公务之暇，备研各教，甚为希有。金头五顶之书，未知说何道理，便中祈示一二。基督、天方之学，皆以事天为本，其源出于婆罗门，而变其规模也。婆罗门教最古，以大梵天为主，或有宗大自在天者，皆从人道而修天道，不出六凡之表。

佛教兴，而婆罗门之明哲者多从佛教。利根上智，现证阿罗汉果，即出六凡而为四圣之初门，可见佛教非出于婆罗门也。西人在印度考求各教，但求形迹可据者载之，谓佛教后出，遂以婆罗门为其源。信有声闻法，而不信有菩萨法。以菩萨法系文殊、阿难在铁围山结集,诸大菩萨以神通力流传世间,凡夫始得见闻。西人不明其理,往往疑而不信也。

《唯识》古书,亡于元末。明季诸师,深以不见为恨。近从日本得来者有十余种,已将《述记》合论付梓。现已刻至四分之三,来岁五六月间,可出书矣。《因明大疏》之外,尚有《义断》、前、后《记》等,皆唐人所作,有款当续刻之。《地论》百卷,因无巨款,久久未成。尊示云:佛教之衰,实由禅宗。支那固然,而日本则衰于净土真宗。近阅真宗之书,与经意大相违背,层层辩驳,冀得改正。接得复函,知彼决不能改,亦无可如何耳。

与桂伯华念祖书二通

一

附　来书

违教数月,渴想良殷。前者普陀之游,本可旬日间即返金陵。诓行至宁波舍咸处,得江西家信,言家中用度缺乏,亟须早归。遂急往普陀,草草游历,仅住四日而返,归途金尽,遂径溯江而上,不及更诣金陵,趋聆教诲矣。在普陀时,晤后寺法师名印光者,系陕西人,道行深浅,非某下愚所能窥测。然其人亦素知夫子,不知夫子亦知其人,且悉其所造否?日后出家,拟即求其剃度,师谓何如?自赣返省,见与李澹缘第一书,欢喜无量。自九江还,又见与澹缘第二书,又大欢喜。澹缘勇猛,同辈中实罕其匹,又得吾夫子指示途径,其造诣宁可限量?

今又有黎君端甫者，系丰城人，同辈中闻佛法者，以彼为最早，气质亦以彼为最纯。唯入门之始，乃读邓厚庵书者。厚庵之学，吾师曾议其穿凿，故前自普陀回，曾将此意函告。往赣后，彼曾以一书寄某代呈，因亟为呈览。此人诚笃异常，若不弃而辱教之，当能荷担大法，非仅仅作自了汉者。或即将所赐澹缘二书钞寄示之，未识可否？江西僻处蛮荒，闻法较晚，然发心向道者，时时有之。近时浮慕佛名，且以己意或世间法附会经义者，亦不乏人。唯李澹缘，与其叔澄字靖澜，及黎端甫，又九江城内一少年徐子鸿者，宿根最深。若有大善知识如夫子者，时时开示之，策励之，绍隆三宝未尝不在是人。惜缘分浅薄，挂碍辄多。即赐函中言澹缘若来金陵，可畅谈一切者，此事亦大非易。缘其尊人邪见甚深，彼家近在城中，而书疏往返，必由某处转达者，亦以其父子异性，多所妨碍故也。今若无故专以求法而来金陵，其父必大诧，以为怪事。欲求如愿，势必假借一事，乃可起身。此非旦夕所能，须缓缓谋之。娑婆浊世，生此者，皆障深业重，信然。即如某者，识飐神飞。非出家离俗，断难一心。而家贫亲老，又不得不勉强从俗以博取升斗。然既已从俗，则目所见、耳所闻、身所接，罔非退道之缘。进退两难，无计可设。普陀一比丘名真达者，曾劝某一意出家。谓家中诸事，皆有夙因，决不因某之出家而有损益。某知其有理，而未深知可否？敬求吾师为某决之。何去何从，总以易得一心，而不至增造恶因为至美。某实愚痴，深恐堕落，唯吾师哀愍而教导之。幸甚！

前接正月二十三日手函，备悉一是。普陀印光法师，未曾晤面，不能知其造诣浅深。出家一事，须父母听许方可，否则违佛制。仆但劝人学佛，而不劝人出家。因出家者虽多，而学佛者甚少也。

且投师最难，曾有相识者，为师所拘，反不如在家之得自由也。近时僧中有负盛名而未达佛意，竟作人天师表，受徒千百，供养礼拜，敬之如佛，而所开导于人者，实未能施对证之药也。

足下嫌俗事为累，难得一心。鄙见当以四弘愿为本，时时研究佛法深义，彻见六尘境界当体空寂。一切烦杂世务，无非菩萨行门。念念回向净土，信口称佛一句，孤孤另另，无依无傍，即是往生之捷径也。若必待屏除万缘，方能修行，则佛法不普，恐千万人中难得一二矣。黎端甫从邓氏书入手，未合大道。今将驳斥邓氏之言，详答黎君函内，烦转寄为荷。

黎君若能亲到金陵，罄其胸中所欲言，自当为之抉择精粗，指引归元之正路也。复澹缘二书，可钞示之。澹缘之父，不信三宝，可劝澹缘持大悲咒以转之。往者，先母亦不喜学佛，曾以咒力冥熏，数月之间，释然无事。故以此勉澹缘也。

端甫欲得莲池、尺木著述，并拙作。现有《云栖法汇》，系功德主施送之书，寄上一部，以备同人观览。尺木有《一行居集》，专谈出世法，板在常熟，难得其书。拙作仅有《阴符发隐》《十宗略说》二种，各赠五本，以饷同志。欲作《论语》《老》《庄》《列》四种发隐，尚未脱稿。拟将前人未曾发明者，表而出之，以新人耳目，然不免俗儒之唾骂也。若将《孟子》评论一番，更为世所诟厉。故只与人谈论，而未曾形诸楮墨耳。九江徐子鸿志趣若何，出世法门能知路否？便中示悉为盼。

二

前接澹缘信，知台从仍在兴国，拙函想已入览矣。兹有友人，深愿学佛者精通唯识一门,以续千年之坠绪。闻足下向道情殷,愿助赡养之资,每月六元。俾得前来金陵,久住敝宅,专心研究因明、唯识二部。期于彻底通达,为学佛者之楷模,不至颟顸笼统,走入外道而不自觉。实振兴佛法之要门,且于净土道理深为有益。盖庄严净土,总不离唯识变现也。助资者,有校书之事相烦,每日不过三点钟耳。如合雅意,请即附轮东下。此系世出世法两全之道,较之舍亲入山,不尤心安理得乎?

与李澹缘息书四通

一

附　来书

屡闻桂伯华言及先生理解圆融,导引恳切,为当代昌明佛法第一导师,不胜倾慕。每以不得随侍左右为恨。然闻桂伯华所述先生指点之方,已不啻耳提面命,只患自身不能精进专一,以解自缠缚,致有负先生护念一切之怀耳。息自闻先生诲人之旨,又得桂伯华鞭策,遂发一念归西之心。迩日更觉净土一门,为世尊方便度世之苦心,众生归宗离浊之捷径。其他诸宗教虽善,然当此时世,有不暇为者矣。想先生诲人心切,净课之暇,可否诲息数言,使归西之心,益加警策,得以归于净土?将来诸佛转娑婆为净土之际,得以预于其间,稍助微力,曷胜幸甚!

顷接手函,领悉种种。发心向道,已属甚难。专修净土,更属难中之难。阁下笃信不疑,非宿根深厚,曷克臻此?虽未能觌面倾谈,而志同道合,已不啻同堂晤对矣。念佛法门,普摄三根。中人以上,宜以三经一论为津梁:《无量寿经》《十六观经》《阿弥陀经》《往生论》。更以《大乘起信论》为入道之门。通达此论,则《楞严》《楞伽》《华严》《法华》等经,自易明了。盖《弥陀》因地修行,不外此道。往生西方之人,在彼土修行,亦不外此道。是谓师资道合,生品必高也。或疑其为杂修,不若专修之切。盖不知净土一门,括尽一切法门;一切法门,皆趋净土一门。此是纯杂无碍,利根上智所行之道也。若不如是,恐年久生疲,不见升进,必至退转。修净业者,不可不知。

尊函内有将来诸佛转娑婆为净土之际等语,此是见道未深,故作此想。当知娑婆是众生妄业所感,犹如空花,本无实体。净法界中,极乐娑婆,皆不可得。而弥陀以大愿力显现极乐国土,如镜花水月,摄受众生,入不退地。若以质碍心求之,去道远矣。娑婆世界,释迦佛大悲心所化之境。一切菩萨,修种种难行苦行,均于此土修之。菩萨入空三昧,则世界了不可得。入如幻三昧,则世界宛然。是谓空有无碍,一念全收,不待将来转移也。

二

附　来书

辱赐手书,曲为开示。先生之诲人不倦,循循善诱,于此益可见矣。所云息前言转娑婆为极乐之语,为见道未深,故有此想,诚然如是。当时盖尚未达平等一法界之理,而厌苦欣乐之心过胜也。近遵来谕,读《起信论》,渐知真如生灭粗迹,于一切惟妄想造,能明了无疑。但其中真如生灭二门义极弘深，难遽尽解。窃拟自今以后，凡读《起信论》一遍后，读大乘经一部；读大乘经一部后，复读《起信论》一遍。如是循环读之，似方可尽其义。

大乘诸经论，来示但云《楞严》《楞伽》《华严》《法华》四部，此外尚有几部当看者？此四部中，不知何家之注，为最精要当看？其余如各家撰集，不知亦有当看者否？净土法门，读诵大乘之外，尚有严持戒律。《袁氏纪梦》亦云：乘急生最高，戒急生最稳，少戒者生边地，甚至堕天龙八部。是戒亦净业最要之事。但如息辈，尚系在家人，出家之具足戒，势难尽守。不知当受何等戒律，方为允当？律部诸书，不知有几部当看可看者？受戒之时，不知须请当代大师为授戒师否？抑可于佛前自受之？伏乞明示。

岁杪接手函，得悉种种。居士向道之切，为近时所罕见。应答各事，条列于后：

一、《起信论》既能深究，必得通达其注疏。先阅《纂注》《直解》，后阅《义记》《海东》。此四家以贤首《义记》为主，《别记》亦大有妙处。阅之数过，其义自显也。尊意将此论与大乘经循环读之，其法甚妙。

二、大乘经论，前函所提四种内，《楞严》阅《正脉》，《华严》阅《疏钞》，《法华》阅《会义》，《楞伽》须阅憨山《笔记》，现无书购，即阅宗泐《注》亦可。此外尚有《圆觉略疏》《金刚宗通》《心经五家注》《维摩注》《十二门论》《法界无差别论》，均可次第阅之。各家撰集，先阅莲池、憨山二家，为近代之正法眼也。

三、戒律一门，受持不易，一受便不能犯。在家人虽未受戒，亦可学戒。戒律多种，当以《梵网经》内十重、四十八轻为主。有贤首《疏》可为准绳。在家五戒，即在十重之内。至于比丘律仪，专为出家人而设，在家人不宜阅，佛有定制。他如《菩萨戒本经》，最宜读诵。不但学道人宜遵，即世俗人学之，亦可渐入圣贤之域矣。至于受戒一层，必从师受，若千里内无师，许在佛前自受。须要见相好，否则不得戒。以鄙意揆之，与其受而不能持，不如学而能遵也。

三

附　来书

息不获如伯华之亲侍杖履，日聆训诲，深自悲痛。道力浅薄，每为世务所障，虚度时日，不能精进，唯愿吾师哀我念我，一策进之，幸甚。

一、近读《起信论》，于心真如已无疑义，于心生灭无明起处，仍未能彻见其根，终有窒滞。未知此义何经论中曾发明之？乞一开示，以便参究。

二、无明起处极细微根，虽非凡夫所能明了，然其根之大端，若不彻见，觉一切功夫皆无着落矣，不知以为何如？

三、近拟读《起信论》毕后，将《楞伽经》细观一遍，使心体用，益能明彻，庶断惑之功，易于著力。

四、近以为固执之心，实不可无。初学之人，愈固执则愈坚忍，愈坚忍则愈精进。固执久久，自无所执而执。其所以有泥著之弊者，盖执之而不固耳。不知以为然否？并乞开示。

接阅手函，情辞恳切，虽隔千里，志同道合，夙世法缘非偶然也。所问之事，条答于下：

一、读《起信论》既于真如无疑，当知无明依真如起。欲求起处不可得，即是无明无始起之相也。若无明有始，则涅槃有终，便违教义。《心经》云："无无明，亦无无明尽。"即显示无明本无也。其用功处，在照见五蕴皆空。五蕴以色为首，色蕴空，则余蕴自迎刃而解矣。《法界观》前十门，专明此义。

二、无明有根本，有枝末。根本者，住地无明也，须至金刚后心，才能断之，非凡夫所能了。枝末者，一切烦恼妄想也，道业精纯，渐伏渐断。古人观念头起处一法，亦可用之。念头起时，才一观照，即不可得，便知无根。若求着落，直须前后际断，彻见本来面目，宗门所谓脚跟点地也。

三、读《起信论》后，研究《楞伽经》，经论互相发明，解悟最速。

四、固执之心，在善用与不善用耳。善用之，则为坚忍，为精进；不善用之，则拘泥不化，难超情见也。

四

附　来书

正月中奉到复函，示以读诵大乘次序，庆幸无量。自今正月以来，愤自责修，于净业誓不退堕，读经念佛，亦略有所会。但恨根钝障深，不能直入佛之知见，证我本来圆妙法身，殊深自痛。然以无始无明故，兢兢业业，唯有精进自励而已。谨将近所自课者，条达于下，伏愿哀诲为祷。

一、自遵前示，读《起信论》《楞严正脉》《圆觉近释》《华严疏钞》后，少知毗卢法界体相。然后于前示所谓空有无碍、一念全收者，豁然无疑矣。近尚在读《华严》，兼阅《弥陀疏钞》。惟资质钝甚，每一义现前，不能即斩然明了，必数过后，始能略详端倪也。

二、净业修行，现专以持名为主。窃谓此事必先由念念相续，心心相应，杂念不起，事一心后，乃能念而无念，无念而念，孤孤另另，无能无所，信口称佛一句，皆是全体法身之理一心也。未审以为何如？

三、示伯华函中有云：必待屏除万缘，方能修行，则佛法不普。此理极是，息近日始见得。息以为能否屏除万缘，亦有因缘。前因既种，安能无果。果视其因，不可易也。行者但当慎现在因，安受前果而已。且万缘皆是前孽，前孽尽，而后万缘可除。息以此故，以四事自誓曰：不得耽乐静寂；遇一切难事苦事，但至心忆念于佛，不得生畏避心；遇一切难事苦事，当念法界众生所遇事，更有甚于我者，念毕，即为自他忏悔；遇一切福田，更当勇猛为之，但须忆念于佛，至心代自他回向。以此四事，为世间屏缘助行，未审可否？

某功德主所施之《云栖法汇》，如散未罄尽，请再寄下一部。息意欲存于抚州正觉寺，以备是处净业人阅也。

前接手函，领悉种种，略答数条，以供法喜。

一、《华严疏钞》既能全阅，必得超越常情，彻见一乘妙谛。贤首所作《一乘教义分齐章》，亦宜连类阅之。经中深义，未能当下明了者，当于佛前至诚顶礼，心念佛光灌顶，久之自能豁然通达。若以思惟心推究，去道转远矣。

二、念佛法门，欲得心心相续，先事一心而后入理一心，非屏除万缘不可。然在俗者，此境难得。前此复端甫信内，有"无后心、无间心"一段，用当念一句为主，截断前后际，是烦杂中念佛之捷径。请检彼函阅之，自知事一心、理一心之妙境也。

三、来函所云,前孽尽而后万缘可除。不知孽性本空,但随妄念而起。若能观心无念,则罪福皆不可得。倘心存孽尽缘除之见,虽经无量劫,亦无除尽之日也。所发四誓,皆作助道因缘,但不可执,执之则妨道。

四、《云栖法汇》,向功德主乞得两部。一施抚州正觉寺,一施丰城同德书舍。附寄《起信》正文十本,分赠同人,以资读诵。又《流转章》《十世章》,合订十本,系贤首之作。在尘劳中,用此法门,最为巧妙。行之既久,冥契华严法界而不自觉。古德法施之力有如是耶!

⊙ 与黎端甫养正书

附　来书

顷闻同参兄桂公,述吾师悲愿弘深,净功圆满,不胜渴慕。养正久发出世心,奈俗缘牵绊,有名无实,舍己芸人处极多。加以宿业深重,当应事之时,心易走作。诚恐颓龄日下,光景易移,不早办前程,自误误人,伊于胡底?常欲访求名宿,一问初津。今遇吾师,实为三生有幸。吾师向来念佛得力,果从何处下手?幸详示焉。

顷由伯华递到手函,得知足下向道情殷,欢喜无量。大凡此事入手切须纯正。闻君向阅邓厚庵之书,恐非学道正轨。今略指数端,请详察焉。

《邓氏全书》,刘华轩军门刻于金陵,共百余万言。其首卷《性学语录》第一篇,立论近俗,于第一关明言之,第二关则隐言之,使人不能晓,而令其求真师。外道作用,大抵如斯也。次章论性,乃云心思总在性上用功。是以六识缘八识见分,以为真性也。又云道中之法,是于非道中强执为道,并于非法中强执为法也。《孟子》"搏而跃之、激而行之"一章,最不合性理,邓君奉为准绳,可见其不知性矣。

邓君每以孔孟并称,而未尝称孔颜,是不知圣贤之阶差也。孟子未入孔圣堂奥,书中历历可指。宋儒以四子书并行,俗士遂不能辨。邓君坐在宋儒窠臼中,何足与论大道耶?

《观音阁语录》第一百八十四页云:上帝为太极之总纲,包羲为次总纲,儒、释、道为分见之总纲。此等语言,为西教之先导,他日必有因此而舍三教,专崇基督教者,其害可胜言哉!按儒家所说上帝,即佛经帝释。道家所说元始天尊,即佛经大梵天王。佛未现身,大梵天王自以天地万物由我一念而生,故亦名为"大我慢天"。佛现身时,梵王、帝释,请佛说法,恭敬供养。是佛为十法界之尊,帝释但为欲界三十三天之尊,梵王但为色界初禅之尊,有世间、出世间之别也。

《性中天遗训后集》卷一第十三页,以儒为阳教,以佛为阴教,且云聚大地真阴之灵,生一阿弥陀佛。此种语言,不知用何等心捏造而成也。又第九十六页"释家本旨"一章,言佛法如珠光,从幽洞中引出,儒教如日光,出洞见日,则不用珠光矣。此章借牟尼宣说,较之他人谤佛,过百千倍,十方泥梨不知何时得出也。

皖北有鲍老翁者,盛称邓氏之道。云邓氏不假乩坛,但心念某神,神则附体,信笔疾书,皆神之所为。以《楞严》证之,即天魔飞精附人之类也。信之者众,亦魔力所摄,将好心学道之人,牵入魔网而不自觉。可不悲哉!

承问念佛下手处,昙鸾法师有"无后心""无间心"之语。信内

"光景易移,早办前程"等语,是有后心也。人命在呼吸间,何能存此后心?无论千念万念,只用当念一句以为往生正因。前句已过,后句正出,亦在当念。如是,则心不缘过去,不缘未来,专注当念一句,是谓事一心。无论何时,可以往生。久久纯熟,当念亦脱,便入理一心,生品必高。其"无间心",即是"无后心"之纯一境界也。欲明佛法深义,须研究《起信论》,并将净土三经,及《往生论》,时时阅之,于出世法门,自能通达矣。

与梅撷芸光羲书

附　来书

去岁蒙教,获闻妙法,亿劫颠倒,今始知归,此德此恩,粉骨碎身未足报也。自叩别尊颜,倏忽逾月,尘劳碌碌,无得暂停。浊世浮沉,必将退堕,茫茫后顾,实为可危,唯有仰求我师慈悲哀悯耳。此间诸人,宗旨各异,妄想分别,无量无穷。弟子窃不自量,颇欲为之讲演,而智慧辩才,又不足以任之。奈何奈何!窃念今日娑婆世界,现身人世,破邪说,立正义,普救群生者,唯我师一人而已。虽复众生业重,佛法当前,不觉不知。然以我师大慈大悲,度必有哀其沉沦而为之垂救者。弟子用是敢至心恳请,转大法轮,于无说中,方便开示。

窃闻相宗各书,以《成唯识论》及《瑜伽师地论》为最要。《成唯识论》已有窥基大师之《述记》,而《瑜伽师地论》尚未见有注释。我师达一切法,具一切智。可否将此《瑜伽师地论》详加注释,俾诸众生有所仰赖。此固我师之慈悲,亦即弟子之所请求者也。弟子拟于二月中旬乘轮入都。承命查询各种古逸佛书,俟到京后,当为详询。如有所得,再当报命。桂君穆仲已抵金陵否?现寓何处?暇时尚乞致意。

前接二月十一日手书,情词恳切,溢于墨楮。世衰道微,非具此等心肠,焉能自他俱利?所云防退之法,无如念佛生西。不论何等根器,信入此门,便能直超三界。但智愚不等,各有障阂,欲破其障,甚不容易。唯以大悲愿力,随机化导,不以法缘通塞易其心也。《瑜伽师地论》,有唐僧遁伦作记八十万言,已从日本传来,可以发明论义。若有刻资,即当镌板。《唯识述记》,顷已出书,俟足下京寓来函,再当邮寄。穆仲于二月初旬到宁,现居敝寓,研究《起信》《十二门论》《法界观》《十玄》《六相》,渐通门径。现阅《楞严正脉》,颇知经义之妙。知注附及。

⊙ 与吕勉夫佩璜书

顷接手函,领悉种种。身居学舍,而能专心向道,诚为希有。《楞严》《维摩》二经,初学难得头绪。文约义丰者,无过于《大乘起信论》,熟读深思,必能贯通佛教原委。承问堂课与读经、外操与坐禅,有无妨碍云云。堂课之暇,研究内典,毫无障碍。唯坐禅一法,只能专修,与劳动之事,两相违背,纵修亦不得力。念佛法门,则时时可行,其得力甚速也。入门方法,以研究内典为本。须将《大乘起信论》读诵纯熟,再看《纂注》《直解》《义记》三种注解。由浅而深,次第研究。此论一通,则一切经皆有门径矣。坐禅之法,只能专修,若有他事间杂,决不得力。唯有念佛一门,无论作何事业,皆可兼修。且收效最速,一生净土,即登不退地也。腊月放假时,若能到金陵度岁,即在敝处下榻,专心看经。每日可抽一小时讲解,一月之内,必能通达佛教大旨矣。

⊙ 与王雷夏宗炎书

接十七日手函,领悉种种。《释迦谱》一书,久欲刊板,而无来款。贵友欲刻此书,可喜之至。但敝处所拟刻者,是《藏经》内十卷之本,与现在流通之本绘图二百余幅者迥不相同。此本原名《释迦如来应化事迹》,世俗呼为《释迦谱》也。十卷之本,弟有明刻。二十年前交卓如兄,至今未还。若欲发刻,须将原书索回,否则无可借也。刻赀约在二百数十元。阁下时阅《坛经》《梦游》二书,居尘劳扰攘之中,欲求证入,诚非易事。且《坛经》所接之机,唯在上根利智。数十年来,未见其人。学者但贪其一超直入,求之终身,而不免于轮转,反不如专修净土之为得也。弟眼昏手颤,复书甚难。顷得代笔者,始能作答。前由郭小艇寄新作《四经发隐》二册,一赠令兄道农,一请公余浏览,想已达到。

⊙ 与陈大镫心来书

附　来书

先生现白衣身,为如来使,宣说法要,捞摝人龙。镫等获与同时,幸甚!幸甚!镫等闻灵峰大师言,众生无始而有终,诸佛有始而无终。审如是,则未来九法界,当成一佛界矣。云何经说佛界不增,生界不减耶?若云三界外别有众生始起者,则是天魔外道之语。若依台宗四不可说之例释之文,又近乎颠顸佛性,笼统真如。镫等旁考深思,终未得灵峰之意。倘先生悯镫等日胃疑网,挥智刃以断之,则镫等之所深愿,而不敢期矣。

接读手函,得悉二君向道情殷,殊深钦佩。灵峰之言,就生灭门说,其义出于三藏教典,非臆说也。经中所言佛界不增、生界不减等义,就真如门说。盖实际理地,无佛可成,无生可度。而言有增减者,皆众生心中虚妄计度也。贤首云:非有灭度,令有终尽;非无终尽,有不灭度。台宗四不可说之例,深契教义,不可疑为颠顸笼统。此是甚深道理,非法身大士不能说也。盖释氏书中,时而说有,时而说无,时而说权,时而说实。初学之时,最难融会。及至用力既久,豁然贯通,则语语印心,毫无疑义,岂非大快事哉!《大乘起信论》一卷,为学佛之纲宗。先将正文读诵纯熟,再将《义记》《别记》,悉心研究,于出世之道,思过半矣。鄙人年老手颤,复书甚难,若能于年假时,到敝处面谈,亦出世法中之胜缘也。

⊙ 与李质卿书

江程千里,一苇可航;弘经三十载,消息未通。小儿从公贵治,始得法流相接。因缘会合,迟速有时。瞻望楚云,曷胜神往!顷接手函,过承奖誉,临风展诵,感愧殊深。贵处同志,集款请经,以为公共清修之所。此等胜举，非夙具超世善根，何能兴办？三界轮回中，肯信出世妙法，是为难中之难。弟学佛以来将近四十载，苦心孤诣，流通经典，为烦恼海中设一慈航，普度含灵。无如信之者寡，纵有信心，能虚心用功，经久不退者，更属寥寥。今知贵处信士众多，同心向道，不禁欢喜踊跃，赞叹不置。将来研究内典，深入佛海，各抒所见，以慰鄙怀，则幸甚矣！奉赠《起信论》正文十本，请分赠同志。学道之初，首先熟读，再阅注解。通达此论，则一切经典，易于入门矣。

⊙ 与郭月楼道直书

接奉手函，敬悉一是。细阅经本，未能深信，请为长者陈之。

俗间所传《高王观音经》，古人已辨其伪，谓高齐时，诵《观音经》而脱苦者，应是《普门品》。后人求《观音经》而不可得，因伪撰一本以实之，而文理全不类经意也。今来西域经册，全是梵语，八字成句，系梵本中之偈颂，不知番僧何所据而指为《高王观音经》也。且译经之例，唯咒语不翻文义，其余长行偈颂，均须翻作中国语言，使人通晓。今一律照梵音书之，亦不合传经之法。是以未便承刻。

敝处创办之始，公议条例，凡有疑伪者不刻，文义浅俗者不刻，乩坛之书不刻。谨将原册奉还，方命之愆，伏祈原宥。

⊙ 与廖迪心世臧书

顷接来信，得悉种种。前与李提摩太所译《大乘起信论》英文，函询数次，未曾刷印。足下为尘劳所扰，不能专修，盖由前生不求生西，遂致投胎转世，无自主之权。唯有顶礼观世音菩萨，求哀忏悔，持诵大悲神咒，消除宿障，自能稍遂本愿。此时学佛法，不能求证道，若求证道，反遭魔障。但须专念弥陀，求生净土，舍报之后，不受轮回。若欲断绝世务，方能学佛，则举世之人，得出轮回者鲜矣。我于二十六岁学佛，二十七岁丧父担任家务，十余口衣食之资，全仗办公而得，日日办公，日日学佛，未尝懈退。至五十三岁，始能专求出世之道。然不能求现证，只在弘法利生上用心，以为往生净土资粮，此是超出三界之捷径也。若心欲参禅悟道，心如止水，亦不能免于转世。足下偶得玄解，皆是宿习发现，证知前世学禅，不求净土，以致转世之后□□自由也。

函中所云收效于数十年之后，非也。一日念佛，一日往生。日日念佛，日日往生。无论何时，命根一断，即生净土矣，何须数十年之后耶？迩来艰于运笔，远方来函，皆不作答，并以附闻。

⊙ 与某君书

鄙人初学佛法，私淑莲池、憨山。推而上之，宗贤首、清凉。再溯其源，则宗马鸣、龙树。此二菩萨，释迦遗教中之大导师也。西天东土，教律禅净，莫不宗之。遵其轨则，教授学徒，决不误人。近年自远方来就学于敝处者，颇不乏人。住时长短，各听其便。有九江桂姓者，相依最久，用心恳切。将来造诣，未可量也。贵处如有愿就学者，无论僧俗，均可前来。但须聪颖之姿，若禀性鲁钝者，不能受益。鄙人所期于后学者，将来可作人天师表，开阐如来正教，不入歧途，不落权小。则末法衰颓之象，或可振兴乎！

与陈栖莲汝湜书二通

一

经云：无我相，无人相。君之烦恼，人我相害之也。又云：度尽众生，离众生相。虽名为妻，只是法界中一众生耳。教妻如教外人，则毫无障碍矣。行菩萨道者，与世俗心路，迥然不同。所以慈悲喜舍，人莫能测。愿君超脱俗情，勿以凡夫自居，则回翔自在，何碍之有？日本有冠注《八宗纲要》，颇详，可以购阅。

二

昨晚接来信，阅知种种。公衡病重，居士为之护持正念，亦多生善根，方有此胜缘也。《无量寿经》云：至心称阿弥陀佛十声，即得往生。何况平时向道心切，临终又仗他力，必能往生无疑矣。寄上《唵字大宝楼阁咒》各一张，考经文以《大宝楼阁》为最宜。若世寿未尽，或转危为安亦未可知。

代陈栖莲答黄掇焦书二通

一

接读尊示，崇禅宗而轻净土，大凡学佛者往往有此见解。仁山长者发心之初，亦复如是。直至用心既久，阅历较深，始知旧日之非，幡然改悔。盖净土法门，非大乘根器，不能领会。故《华严经》末，普贤以十大愿王导归极乐，为五十三参之极致也。至于《观经》，在净土经典中，尤为超妙。从凡夫地，修至第九观，即蒙佛授记，已入初住位矣。若禅宗在唐时出现诸大宗师，皆是菩萨应身，非浅机所能企及。近代自命大彻大悟，为人天师者，命终之后，难免隔阴之迷，随业流转。较之往生净土，直登不退者，相去奚啻霄壤哉！《初学课本》内三十页之前半，及四十二页之后半，详论此义，祈阅之。

二

道家之阳神，乃佛经之业识也。所证果位，在欲界以下。必须超出三界，永脱轮回，方称大丈夫事业。若论三教，儒、道之高者，始能与佛理相通，皆是菩萨影现，行权方便耳。至于《吕祖全集》，无意求观，恐妨阅经功课也。《金刚》五十三家注，仁老言其驳杂，劝人勿阅。《十六观经》法，与禅定迥不相同。盖观成得生极乐上品，入正定聚。修禅定者，欲入初禅，已属难之又难。况历二、三、四禅，以至灭尽定，而得声闻果。但闻其语矣，未见其人也。所以阁下二十年之功，尚未脱落根尘，方诸祖师禅，远之又远也。以弟愚见，单就净土一门用功，一生净土，无法不通，岂非出世大英雄哉！

卷　　七

⊙ 与日本笠原研寿、南条文雄书

　　弟在沪上与松本上人谈次，得悉真宗高士，有西游者，秉拂于英。顷至伦敦，晤末松氏，询知二公退居学地，精习梵文。惜离都稍远，不获访造，瞻仰高风，钦佩靡已。弟潜心净域十余年矣。愿持迦文遗教，阐扬于泰西诸国，苦于言语不通，无从启发。上人在英日久，与此邦人士，定多讲论，其中有信心不疑者乎？现在所诵梵文，是否三藏教典？今文与古文同异若何？大乘经论流传印度者，尚存几部？上人当能洞悉底蕴，敬恳详细见示为幸。上人功课之暇，若能将印度字母谱写出一纸，以英文配其音，以汉文注其法，俾弟亦得稍知崖略，则感荷无涯矣。弟在伦敦再住十余日，即赴巴黎。行云流水，本无定踪。有时蓦地相逢，亦未可知也。

⊙ 与日本南条文雄书十四通

一

　　附　来书
　　去月辱惠书，得悉君曾逢松本白华于上海。顷到伦敦，遭末松谦澄，谈次，每及弟等之事，遂有此赐，何幸加焉！方今泰西诸国，学术进步，熟读梵文三藏教典，从事于译出者，固不为鲜矣。其人之信否，则非弟等之所得知也。现在所诵三藏教典，与彼罗什、玄奘等之原本无异。其中佛经梵文，别存一体，往往有以方言代古语者。是以虽印度学士，甚难读之。大乘经论，尚流传印度东北尼波罗者，其数颇多。晚近印度及泰西学士，得其写本，刊行布世者，已有数部。弟等曾得唐日照所译《方广大庄严经》之梵文，此其一也。小乘三藏教典，今尚存于锡兰岛。其文则所谓巴引理语者，而非大乘教典之梵文之类也。印度字母、字音表二样，写以应高谕；若夫详解，则请读文法书。唐僧智广著《悉昙记》，其梵字即尼波罗文字也。而注发音之法，如稍详者。今别钞录以供参考。不知其配音之文字，果当乎否？请赐教示！弟等今汲汲于学事，不得趋拜，遗憾何限！唯愿他日得相逢罄情绪，不宣。

前接复书，备承指示，并得印度字母新旧二种，庆幸无涯。谐声之法，滥觞于此，虽未涉其支流，却已探其本源矣。非二公之赐，何由见之！旧译陀罗尼有二合以至四合者，如ᨠ音答啰，ᨡ音勃笼，皆二合也。ᨢ音体哩呐窖。ᨣ音纥利伊斯，皆四合也。研其字体，实有二三字相合而成，未知近年仍用此法否？乾隆间所定《同文韵统》，首列天竺字母十六字，翻切三十四字，与尊示二种，大致略同。至下文排谱，均以唐古忒字代之，系西藏喇嘛常用文字也。君所得刊本《大庄严经》之梵文，外面当有英文注出经名，及发售之处，请示悉，以便觅购。弟纵未谙，亦愿备此一体格耳。奉赠小照二幅，以当面谒。尊相如蒙见赐，幸甚！

二

附　来书

前此连夜遭遇快聚,颇医久渴。且见赠以玢编奇书,读阅之余,大有所得,感谢靡已。弟归牛津,已过一旬。未作一书,对君前夜之高问,太旷友谊,伏乞宽贷。

贵问曰:梵呗者,音声转变之妙也。梁《高僧传》有唱诵一科,想见古时声学之精。今印度梵僧声学,尚有古法否?

弟闻文法之精密,梵语为最。昔有波你尼仙,以诗句作声明论,即《梵语文典》也。其教语言之用法,与发音之定则,最详。婆罗门教徒,到今背诵全部,讲习不已。有一年少梵僧,今在牛津,即婆罗门教师也。能谙诵此《文典》,辨音声之事,并能以上古梵语谈论。弟尝访其居,闻诸其人,婆罗门教徒之敏于明记不忘也,不啻《文典》,如所谓《四吠陀书》,亦自古谙诵以传之,不别要用简册。此事欧人之所信而不疑者也。后世梵僧,亦往往笔诸于书。

晚近到欧人,遂有《吠陀》及《文典》,并诗篇等刊行之举。虽然,梵僧之古风,尚行其间,与二千年前,殆不见其异云。夫声音以代文字,以传其教书,则声学之不可不讲也必矣。

婆罗门教徒之于《吠陀》也,以为章章句句,皆生于婆罗门神之意,是以人类唯得闻而传之而已。如笔诸于书,则侮神之甚者。故因声音以保存教旨。一误声音,则教旨不明,教徒当迷歧路。此所以印度婆罗门教徒之到今讲声学之古法,孜孜不倦也。

我佛陀教之起也,佛灭度后,摩诃迦叶波,集五百大阿罗汉于王舍城,编集佛说。阿难陀唱诵《修多罗藏》,所谓经也。优波离唱诵《毗奈耶藏》,所谓律也。于是乎印度始有文书。然其遗书不存于今。后二百余年，有阿输迦王，殆领印度全国，乃命臣民所在建多数窣堵波，并石柱，且有岩石处，直刻文其上，皆用其方言。唐僧玄奘之时，存者不下十数，见《西域记》。晚近欧人发见其遗存者数个，译以欧文，刻以传世。其文中述佛教精义，简而明矣。印度古文书之存于今者，以此阿输迦王告示文为最古矣。按梵呗以极音声转变之妙者，亦印度之古风。而其滥觞，盖在婆罗门教徒之间。而佛陀教徒因袭用之，《高僧传》中遂有唱诵一科欤。

记君前夜问弟以《大乘起信论》梵文之存否，而弟不作其对而止。明之北藏中，有至元《法宝勘同总录》，其中以梵文之当时存于贵国者，与译文考较，附以梵文书目。书中举《大乘广五蕴论》《宝行王正论》，与《大乘起信论》之二译，云右四论蕃本阙。蕃本，谓梵本也。由此观之，则《起信论》之梵文，唐代以后，如不复传于世者。

弟读贵赠之净土三经论，其《无量寿经》《起信论》中，作者之评赵宋王日休也当矣。然于其自用曹魏康僧铠译文，或得无效尤者乎？何脱僧铠之译文如此其多！虽作者已云："今略仍旧第，有当合者合之。经中义句，间有繁复，谨参他本，重加参定。但去繁复，不敢更有增易，乃至庶几尽善尽美，不使后人少留余憾，读者详之。"弟详读之余，聊不得无余憾也。抑译文正否之判，固非得原本而比较考定之后，则决非可为之业也。弟尝评王日休之《大阿弥陀经》云尔，今于此论，亦不得不云尔也。此弟等之所以汲汲欲得原本也。弟今幸得《无量寿经》之梵本，英国有三写本，佛国有二写本，皆得而校之。其大旨与康本同。弟之梵本，终始颇简短，较与赵宋法贤译本同。如其详悉，则请俟梵本刊行之日报之。

今有一事，依梵本得判正否？《无量寿经》《起信论》，"古佛出兴第五"之下，作者云："《宝积》本，从锭光上溯往世，过五十三佛，方至世自在王，俱用逆数，于此全异。然他译本多从顺数，未知《宝积》别有据否？"弟案赵宋法贤亦用逆数，弟恐菩提流志、法贤共过矣，或其所用梵本，有异同而然也。然依弟之梵本判之，则《宝积经无量寿如来会》，与《无量寿庄严经》之不得其正可知也。况于后汉、吴、魏之三译，既已用顺数，能与弟之梵本合乎！

《观无量寿佛经》之梵文，弟未闻其存否。唐僧善导曾作《四帖疏》，细释此经。日本有刻本数种，未知贵国亦有此刻本否？《阿弥陀经》之梵文，弟曾呈其一本，君前夜要弟以其梵文之译音，君能解英人所用之罗马文字之译音，则弟当作其译音一本，以应命也。

君云君曾读《真宗教旨》，其大旨同是引导众生于无量寿佛大愿海中者也。然弟曾闻庐山之说，间与终南异。终南者，谓善导也。弟已读《莲宗宝鉴》，若有他之好书，以可容易解知庐山宗旨者，请幸教示。抑君果属庐山乎？将别成一家乎？弟未知之也。

弟今呈君以《大云请雨经》梵文钞本一册，幸纳焉。此经有宇文周、阇那耶舍之二译，隋那连提耶舍之一译，不知今尚为贵国人所用乎否？

时方炎暑，伏祈自重。

昨接赐函，备承指示，临风三复，欣慰无涯。承答印度声学一则，至为精详。数百年来，东土无人知此矣。《大乘起信论》，既不能得梵本，将来即据梁译翻成英文，或亦欧人入道之胜缘也。尊论彭氏《无量寿经论》，非深研梵本者不能道。彭氏当日见五译之不同，故有此作。今幸足下求得原本，他日校订妥协，华梵并书，弟愿刊布东土。

善导尊宿作《观经四帖疏》，中华未见，当求之贵国。支那所传者，《妙宗钞》也。《阿弥陀经》之梵本，请君以罗马字译其音，以华文译其义，仍梵文原式，作三排横书，并留空地一排。如蒙作成，弟归时当登诸梨枣。

弟闻法以来，世业多而学力浅，大乘之机，启自马鸣；净土之缘，因于莲池；学《华严》则遵循方山；参祖印则景仰高峰，他如明之憨山，亦素所钦佩者也。用力不专，而岁月虚度，如来说谓可怜悯者。庐山之书，未曾多见。尝闻贵宗说法，专提他力信心，普被群机，摄受无遗，与今时传天主、耶稣之教者，外同而内异也。夫生天受乐，未脱轮回；念佛横超，永无退堕。此理一明，导欧美而归诸净土，易于反掌耳。抑更有请者，提倡宗旨，似不必全遮圣道。盖一类世智辩聪之流，不向圣道门中体究一番，则不能死心塌地，归依净土也。

弟近日以念佛往生为正宗，以弘法度生为助缘。既无专师，但求不背经旨而已。承赐《大云请雨经》梵文，实深感谢。此经除藏内旧译外，乾隆年间，又有钦定之本，系喇嘛所译，今时北京喇嘛常用者也。弟返巴黎，未有定期。君到龙动，请至敝馆会陈、左二君，则知弟行踪。大驾到巴黎时，弟定在巴黎，可作数日谈。盼甚！盼甚！尊处如有玄奘法师《西域记》之华文，望带至巴黎，以便查考印度古迹也。

附　南条文雄复书

分手以后，倏忽五旬，宿诺不似仲由之勇，惭愧！惭愧！贵嘱《阿弥陀经》梵、汉、罗马文字合璧，昨来才得闲暇，草草卒业。兹将稿本寄上。梵字上所附汉字直译，与彼隋达摩笈多译《金刚能断般若波罗蜜经》一般，唯译一二梵语而已；如其义译，译家两巨擘鸠摩罗什、玄奘，已擅其美，今复何言？

童寿所译《阿弥陀经》，最与今之梵文合。要之，梵语文法，固与拉丁、希腊、独逸语等文法一样，名词、动词、代名词、形容词，皆依语尾变化,转其义意。其中梵语名词、代名词、形容词,各有男、女、中三性之别。每性各有单、两、复三数之别。而每数各有八格,曰:体主、目的、器械、附与、夺去、物主、居处、称呼,是为体、业、具、为、从、属、于、呼之八转声。玄奘门下慈恩大师窥基《唯识枢要》中,三性各举一例,略示其梗概。基师所谓苏漫多声,底彦多声者,谓梵语名词、动词也。名词中又有六种混合法,是为六离合释,所谓依主、持业、有财、相违、带数、邻近是也,窥基《义林章》第一《总料简章》,有其略解。梵语之动词,大分为三体:曰他动、自动、受动。每体有现在第一第二第三、过去第一第二、未来之时别,及愿望、命令等之诸法。此时式法,各有单、两、复之三数,而每数各有第一、第二、第三之三人称。其差别一依语尾变化,时有加一字于语首者而已,此梵语文典中之大观也。

《慈恩传》中举他动、自动二体现在法之一例。惜哉其解未甚详悉。梵语变化,既已如此,然而今泛然以无变化汉字充之,则失其原语之真者,固不足怪也。况于文章中,文字言语位置排列,大异其体乎?宜矣哉!

蕅益大师智旭《阅藏知津》中,评达摩笈多所译《金刚经》,以为文拙甚。然此非其文实拙,唯由其原文文法之异。旭师不知其为直译,是以有此评也。今试举一例以述之。汉译佛经卷首,初明众成就中,往往有"与大比丘众千二百五十人俱"之十二字,达摩笈多译其梵曰"大比丘众共半三十比丘百"。此与梵文语合。而第二之比丘,汉译常转为人。此直译中,其尤奇者,为"半三十百"之四字。如准此四字次第,以半三十为十五,则有或解为千五百数者亦未可知也。

然童寿、觉希、真谛、玄奘、义净,皆同于其《金刚经》译文,举千二百五十之数,然则笈多独为有梵文异本乎?曰:否,不然。今案梵文所谓"众成就"之一段,其语皆依第三转具声。"与大比丘众千二百五十人俱"十二字之原文,中有四个之第三转语,与一个之不转语。

曰 मह्ताभिःसर्वैः 嘛哈答阿拔哈伊螭乌萨迎噶哈厄纳,是为二个之单数具声。第一语乃形容词,译为"与大",第二语乃依主得名名词,译为"与比丘众",汉译中常除第二之"与"字,与前形容词合。于是乎"与大比丘众"之五字成矣。笈多并略两个"与"字曰: शाव 萨阿呼达哈模。此是不转语,而常立第三具转名词前,而与之合者,译为"与俱"。汉译中亦除此"与"字,故第十二"俱"字成矣。笈多译为"共",曰 अर्धत्रयोदशभिः 阿呼达哈得喇衣鄂达沙拔哈伊呼,拔哈伊螭乌沙得厄厄斯,是为二个之复数具声。第一语乃带数得名名词,而形容第二语中所示比丘之数,译为"与半十三",汉译略"与"字如前,而笈多之译十三为半三十者,固非无其理也。

抑梵语数目,十一以上,到九十九,各目各一语,则固与汉语之二字或三字列次者不同。但其同一语中,含有二数目之语基而已。而其语中小数语基,常在满数语基之前,故十一为 एकश 厄嘎 ⊟达沙⊞。十二为 द्वादश 德斡(阿)⊟达沙⊞;十三为 त्रयोदश 得喇衣(鄂)⊟达沙⊞,十三以上到十九之数目,英语亦同其轨。而梵语二十为 विंशति 无(伊昂)व 沙得(伊) शाव,三十为 त्रिंशति 得呼(伊昂)व 沙得 शाव。英语亦同其次第。梵文十三之数目成语次第如此。是以笈多虽随其语基之位置,敢与汉译次第反译为三十,而固非指满语之三十也明矣。

今之梵文十三数目前,冠小语 अर्ध 阿呼达哈,译为半者。然则半十三之数,非是六半乎?曰:此亦不然。此半十三之语,非独立语,固属次语者。于是乎读者不可不详解第二语也,第二语 भिक्षुशतैः,亦带数得名名词也,译为"与百比丘"。汉译略"与"如前,笈多亦逐语基位置,译为"比丘百"。此"比丘",汉译常为"人",如前所述,于是乎第十一"人"字成矣。

今所余有"半十三百"之四字,以不可不得第六以下"千二百五十"之五也。如何而就"半十三百"可得此数乎?无他,"十三百"是"千三百"也。今有"半"字,以标"半百"之减数。千三百中减杀五十,于是乎"千二百五十"之数成矣。上唯举一语以证梵汉二语之所以大异其撰也。记本年夏月在伦敦,与君及陈、左二君快聚联吟之夕,偶话及此"半三十百"之梵语,弟时作略解,博得三君之一粲,其景况历然在目。今也离居三处,不知何日寻快聚之盟。重证此事,回顾怆然。今举旧题,作之细释,再渎电览。

三

七月初五日,由贵邦岸田君转致尊函,展阅之余,如亲雅范。并悉前赐一书,由松江君转递,仍未达到。沧溟远隔,未能觌面倾谈,良可慨也。大驾东归时,曾游历印度否?窃愿闻之。承寄梵文《般若心经》及《尊胜陀罗尼》合本,不啻百朋之锡。出以示同志诸友,无不欢喜踊跃,叹为希有也。从前承寄书册,误于邮者之手,未得寓目,深以为歉。敝友沈君仲礼阅英文新报,见足下在牛津阐扬梵学一段,并及弟名。唯愧募刻藏经,至今尚未完成,无以仰副同学之望耳。

印度僧来游之说,未有所闻。弟前言遣幼童学习梵文者,在第三、第四二子也。不意回国时,二子已逝,此时颇难其人,当以俟诸异日。所需《五百罗汉尊号》一卷,唯金山《龙藏》内有之,迟日托人钞出,再行奉寄。大清新译《般若心经》,弟未闻有此本。若至北京,再当询之。顷在旧书店内,觅得《同文韵统》一部,计二本,特以奉赠，祈鉴收。兹有恳者，尊著《华梵字典》，及梵文《无量寿经》，乞各惠一本，不胜翘盼之至。

四

旧岁十一月十八日，接到九月初一日手书。以信面所写英文，上海无处可投，辗转于长江各口，然后递至金陵机器局。适敝友沈君仲礼见之，始得达到。展读之余，备悉查考《法华》梵文，欣慰之至。承问北京、天台、五台三处梵文，非弟亲至其境，莫能详悉。

十二月初间，陈君松生起程，弟送之上海。请其晤君时，将致信上海之英文，写存尊处。或晤时适忘之耶？

今年九月十三日，接到七月初五日手书，系由义夫白君处转来。始知今年二月承寄《圣教目录》一部，六月承寄《无量寿经》《阿弥陀经》梵文合本一部，均未达到，未知沉浮何所矣。

详君尚留牛津，写《金光明》《入楞伽》等经。马博士将译《无量寿》英文。净土一宗，定能传之欧洲，皆上人之力也。笠原君养病于东京，不胜系念。河田、竹村、末松诸君均无恙，稍慰鄙怀。知君归期在来年，把晤非遥，曷胜盼望！但弟行踪无定，一年之中，必游历一二次，或数月而后返。君到上海，请先赐一信。弟在金陵，便当遣一使奉迎。与君盘桓于蒋山、淮水间，作数日畅谈，亦胜会也。若弟他往，则敝寓无人接待，恐复函亦致疏略矣。敝友沈君名善登，字谷成，浙省太史公也，居上海，问中国电报局便知。此君尊崇净土，近闻大驾将归，开梵学于东瀛，亦愿遣少年俊士从学。君到上海，可一访之。

五

华历七月间,岸田君寄到手函,如亲雅范。承赐梵文《般若心经》,及《尊胜陀罗尼》一册,欢喜无量。曾泐芜函,并奉赠《同文韵统》一部,交岸田君转致尊处,想已达到。后接松江君寄到尊函二件,备承详示,不啻觌面倾谈。并梵文《无量寿经》及《小弥陀经》一册,《令知会》杂志一本,展阅之余,欣慰弥深。方知大驾回国,系越美洲而来,印度之游,尚未如愿。弟现承刘星使之召,又当从事英伦。他日倘有机会,得随杖履游历五天,瞻礼如来应化遗迹,是所深愿也。出洋之期,约在两月以后。俟到伦敦,再当泐函奉报。所需《五百罗汉尊号》一卷,已请宝华山主藏僧钞出,寄呈台端,祈查收。如蒙赐缄,仍请寄由松江、岸田二君转达敝处,不致有误。

六

两月前接岸田君寄到手函,并惠赠梵文《无量寿》《阿弥陀经》合本、英译《明藏目录》、翻刻《造像量度经》《阿弥陀经音义两译》《牛津图书馆目录》,共七本。拜领之余,良深感谢。顷到沪上,接松江君交来手书,并梵文《法集名数经》一本,欢喜无量。上人教授梵文,孜孜训诲,造就人才,未可限量。东方佛经,华梵并行,实自上人始也。英伦既翻佛经四本,又刊《明藏目录》,大教西行,上人与笠原君,可同摩腾、竺法兰并称矣。弟五日后即当随使节出洋,到英之日,再行奉报。尊函所述诸君,见时代致盛意。

七

五年前接到赐函，并书籍数种。自是以来，未通音问。伏维上人少病少恼，起居轻利，不胜遥颂。弟于前时随同刘星使前赴欧洲，住伦敦三年，去岁夏间回国，仍经理刻经事，十余年后，当可完成。近日在北京觅得《梵文字母谱》一卷、《身心语》一部，均系番经式样。兹因舍亲苏少坡赴贵国之便，特以奉赠。《身心语》卷中，未知是经是咒？便中略示教言为荷。贵处梵学生徒，想见造诣精深。奘师而后，于兹为盛。唐以前佚书，贵国间有存者。弟欲觅晋时支道林、竺道生著述，另开于后。如可觅得，祈代购数种。倘寺内尊藏之本，不能购买，可属苏君钞稿寄回，不胜盼祷！

八

附　来书

日前贵亲苏君来过敝处，因接到赐函，并梵文《身心语》卷一册，欣喜靡已。伏维道履无恙，再赴欧洲，居伦敦三年，而今已归来，仍经理刻经事务，期其完成，不堪欣贺。弟去岁以后，在东京教授梵英二文学，又演说佛教，颇得同人。今案贵赠梵文《身字》一卷，《佛说佛母宝德藏般若波罗蜜经》之原本也，此经赵宋法贤所译，在《明藏》临字函；《语字》一卷，题曰"圣文殊师利说"，未见其汉译；《心字》一卷，《普贤行愿赞》之原本也，此赞唐不空所译，在《明藏》唱字函。弟往年在英国，借览《金刚经》，及《行愿赞》之梵文于露西亚国圣彼得堡府大学，其式样实与贵赠同。故望蜀之念勃起，不可抑也。贵处复得《金刚经》，及他经梵文，则请使弟阅之。贵嘱支道林、竺道生著述，弟未见闻其现存，故无由钞出之。别单所记《陀罗尼》等诸书，亦未保其尽存日本与否。弟今日邮致书目于西京经书局，命转送书籍到之日，当交苏君转寄贵处。另开于后之外，恐未易觅得也。

顷由苏君寄到尊函，展读之余，如亲道范。欣悉贵体无恙，传授梵英二学，弘扬佛教，为后进津梁，殊深钦佩。承示《身语心》三卷大意，如暗遇灯，欢喜无量。他年若到北方，当再求觅。如有所得，即当寄呈台端。喇嘛所诵之经，均系西藏唐古忒文字，非梵文也。笺末所开经书十八种，渴望之至。唯《净土论大意》系日本文，弟不能读。其余十七种，均求代购，其价由苏君奉上。此外如有古时支那人撰述各种，为《明藏》所无者，无论敝单已开未开，均祈代为寻觅。支道林、竺道生论著甚为难得。贵国存储古书之所，若有陆澄所集法论，则其中当得几种也。沧溟远隔，聚晤何时？每望朝暾，伊人宛在。

九

未通音问者，将及两年矣。风恬浪静，一苇可航，法事有缘，仍欲相访也。顷拟筹措游资，亲赴贵国参谒高贤。行期约在一月之后，未知彼时阁下仍住东京否？倘在巡教之期，台驾他往，则弟到时无东道主人可托，一切求觅内典之事，茫无头绪，未免望洋而叹也。弟并拟赴西京，及各处名蓝，收藏古本章疏之处，次第寻觅。未识贵国常例，准支那人随意游历否？均祈详细示知，以定行止。弟拟携次儿同行，因其略知英语，虽不敷用，聊胜于无也。或到横滨，雇一通事偕行，但恐价昂，无此巨款耳。

十

未通音问者两年余矣，秋水伊人，时深葭溯，伏维道履增绥，至以为颂。弟比年来每思渡海而东，与诸上人畅谈衷曲，兼可求觅未得之典。弟以身体衰弱，艰于步履，又无传语之人得以偕行，因而中止。贵国寄来之书，现已刊出几种，寄呈台览，兼赠知交，用伸法供。再求代购释典，另单开列。随得几种，请由上海本愿寺松林上人处，转寄南京花牌楼池州杨公馆，定能达到。所有购书价值，及寄费等款，均乞暂为垫付。赐信示悉，即当汇寄归还。纸短情长，不尽欲言。

求代购章疏开列于后：

《法华五百问论》三卷 湛然

《略止观》六卷 梁肃，世称《删定止观》

《禅门要略》一卷 智者

《随自意三昧》一卷 台山

《金刚般若疏》二卷 窥基

《般若心经疏》一卷 靖迈

《对法论钞》七卷 窥基

《华严杂章门》一卷 法藏

《三圣圆融观》一卷 观澄

《心要》一卷 澄观

《五蕴观》一卷 澄观

《金刚般若略疏》一卷 智俨

《注金刚般若》一卷 僧肇

《龙女成佛义》一卷 源清

以上十四种，照《诸宗章疏录》内有朱圈者录出。

《金七十论校注》三卷

《起信论校注》一卷

《八宗纲要考证》二卷

以上三种，东华和上著述。

《大乘起信论义记》唐法藏

《观无量寿佛经疏》宋元照

以上二种，已得会本，欲求未经会合之本，看其文势断续，另行排定，以备刊板。

《大乘密严经疏》三卷唐法藏，弘教书院及东大寺，均载此书，求而未得。想他处收藏古书之所，或有存者。祈登载《新闻报》中求之。如得写本完全者，酬银五圆，刻本完全者，酬银十圆。缘此书其望甚殷，故不惜重价以购之也。

十一

旧岁接奉复函，展诵之余，欣慰无既。后由苏君寄到阁下代购书籍，欢喜踊跃，非可言喻。古时著述，流传邻境者，一旦复归本土，因缘时节，非偶然也。弟求法之心，无有餍足。兹续开单寄呈台端，祈属书肆觅购，不胜盼祷之至！唐法藏所撰《楞伽经疏》七卷，悬想甚殷。贵国既有《玄义》，古时当已并传。请向收藏古本之处求之，或购或写均可。上年苏君函述贵处地震成灾，实堪悯恻。迩来支那境内，水旱蝗螟，时形荒歉，皆系众生业力所感。减劫时分，倍觉难堪。非净土横超一门，何能出此火宅耶？上人自行化他，跻众生于极乐之域，所谓如来使者非乎！弟屡兴东游之志，为世缘所阻，不克如愿。何日得与诸上善人同会一处，畅聆雅教也？

炎威顿减，秋色宜人。诸维珍摄，不尽欲言。

十二

日前接读手书，并经籍十一种，曾作复函，附赠新刻内典十部，计四十四本，托上海本愿寺转寄东京，想已达到。辰维起居佳胜，至以为颂。今寄上汇票曰本金二十圆，以备写经购经之用，祈鉴收。法藏《密严疏》，查《弘教书院目录》，原载四卷，想贵国当有完全之本可觅也。弟愿出重价求之，以成完璧。再窥基有《密严经述赞》三卷，亦求代为觅购，或借本誊写，总以得见为幸。前年所得智者大师之《禅门章》内缺百三、百四、百五三页，如能写补最妙。渎费清神，心感不尽。

十三

半月前晤苏君于沪上，得接尊赐二缄，并惠书二十九本，赤松君惠书十四本，岛田君惠书十四本，均已拜领，感谢无极。晤二君时，祈代申谢悃。奉询各款，条列于后。

一、锡兰人达摩波罗，欲兴隆佛教而至上海，云在贵国耽住多日，想已深谈教中旨趣。其意欲请东方人至印度宣传佛教，未知贵国有愿去者否？以鄙意揆之，非阁下不能当此任也。

二、英人李提摩太在上海约弟同译《大乘起信论》。李君写出英文，刊布欧洲。应用华、梵、英合璧字典，李君有一本，系前时西人在香港印行者。近年若有新出之书，较前加详，祈开示英字名目，以便购用。

三、英国牛津及欧洲各国所译佛经，共有几种？乞示悉。

四、展读《航西诗稿》，赞赏不置。拙作列于卷首，实为荣幸。四叠亚儿碧行之韵，鄙人亦在怀友列中，此情直与太平海水而无极矣。《印度纪行》《登台诗谱》二书，甚愿见之。台山梵策，是何经文？便中示悉为盼。

五、承赐尊照，三复来书，不啻觌面晤谈。小影俟天暖新照一纸，再当寄呈。

六、《华严搜玄记》，来书九本，每卷皆分本末二册。唯第四卷有末而无本，实缺一册，望询问书肆中，有完全者，再购一部。

七、照来信，寄上《妙玄节要》二本、《选佛谱》二本、《西方公据》一本、《往生论注》一本，奉赠赤松君，祈转致之。又《起信裂网疏》二本、《翻译名义集》六本、《西方公据》一本、《往生论注》一本，奉赠阁下，祈鉴收。

八、《俱舍论》三十卷，贵国书肆如有善本，望代购一部。

九、苏君濒行时，曾将书籍信函往来之事，托诸中华使馆刘君子桢及吴君静轩，已承允许。日后有应付钱款，均由二君经手也。

十、尊处寄信函书籍，外面请写明寄南京花牌楼池州杨公馆字样，由上海转寄时，方不至舛误。

纸短情长，不尽欲言。

十四

前接二月五日手函，并承赠经籍九册；后又接三月二十六日赐缄，并承赠经籍八十一册，均已拜领，感谢无极。时因奔走他方，久稽未复，中怀歉然。然思慕之忱，无日不神驰左右也。今将各款条复于下：

一、承写赠《大典六如书目》一册，并状文，足见弘法利生，今古同心。百年前未偿之愿，一旦成之，想亦二公愿力加持也。

二、承赠《华严行愿品疏钞》一部，本朝《龙藏》虽已收入，外间流行之本，竟未遇见。今得此部，正合他日写刻之用。《梵语千字文》，支那未闻其名，实足新人耳目也。《瑜伽论纂要》，承代写补，可成完璧。其余各种，均属难得之本，庆幸无极。

三、赤松、岛田二君，见赠各种内典，祈代为致谢。赤松君许赠《华严搜玄记》及《胜鬘经述记》写本、《金刚经赞述》写本，不禁引领望之。

四、赤松君欲得《法海观澜》，二十年前，曾于亡友处见之。今寄信各处访问，皆无所得，倘他时遇见，当写一本奉赠。《论语点睛》缺页，照写一纸寄呈。

五、《蕅益大师》著书，另开一单，分别有无，寄呈台览。

六、岛田、赤松二君，欲刻敝处书目，遵将作者姓名注于题下。唯《大藏经》内所有者，概不赘名。至于新刻之书，随时增添，未能预定。

七、赤松君欲得之书，并图像，及岛田君所需二部，如数奉赠，祈转交为荷。阁下欲得敝处刻本，谨择贵国所罕有者，奉赠四十二部，列于另单，祈鉴收。此外如有尊意所需者，请开示名目，以便续寄。

八、岛田君所赠《大唐内典录》一部，具见德川氏弘法之盛。弟等倡募刻经，亦后先一辙也。但迟速悬殊，实深惭愧耳。

天时炎暑，伏维珍摄。纸短情长，不尽万一。

卷　　八

⊙ 与日本南条文雄书又十四通

十五

顷接手函,如亲道范,回环展诵,欣慰无涯。弟近年来渐形衰老,眼昏手颤,艰于作书,而代笔者又无其人,以故远方来函,往往不能作答,实出于无可如何耳。谨将奉报之言,条列于后:

一、贵国藏经书院,欲购敝处内典。须函托侨寓南京之日本人代办,所有邮寄事件,均由贵国代办人一手经理,方能稳妥。因敝处管事者仅一人,庸碌无能,除本处售书外,无承办他事之才力也。

二、藏经书院欲刊《续藏》,实为极大法缘。半载以前,接到《大藏经报》第二十四号,系《续藏目录》一册,鄙意稍有参议。须另得一册,以朱笔标记,寄呈台端,以备采择。支那同志收藏内典者,遇有可入《续藏》之本,亦能代借。但用过即须寄还耳。

三、《续藏》开刷之先,弟拟圈出数十种,商请多刷一部,以散页寄南京。计页数偿价,此事能允与否,恭候赐答。

匆匆不尽欲言。

十六

接六月十六日手函,读悉种种。今岁敝邦酷暑异常,衰老之躯,不能作事,唯有挥汗消夏而已。兹将所应复者,条陈于后:

一、《续藏经目录》内朱笔标记之处,逐细查阅,第三四三慧能《金刚解》,敝处有刻本,邮寄尊处,以备印造。但此本前代高僧疑其为赝作,敝处故未刊板。

二、第四二四《法华击节》一卷,在憨山《梦游集》中,敝处流通书籍内有之。

三、第二一一《华严合论简要》,已觅得一部呈阅,内缺一页,已补足矣。

四、第一二一七《禅灯世谱》四卷,未见。敝处觅得《佛祖宗派世谱》八卷,大约与《禅灯》相同,呈备采择。

五、第八九七《彻悟禅师语录》,是乾隆年间所作,弘扬净土之书,非禅宗也。敝处有刻本呈阅。

六、第一二六八《法藏司南》四十一卷,既系寂晓所作,卷数与《义门》同,恐即《义门》之别名。他日当向扬州万寿寺借《义门》全书寄上。但收藏家甚为珍惜,不易得也。

七、第九一一《指月录》原本三十二卷,其末后两卷,即是《大慧语要》,非两种书也。

八、第五二三《释摩诃衍论疏》有三种写本,批为伪疑书。若将原本寄至敝处一阅,是否伪作,当能辨之。阅毕,即当寄还,以定去取。

十七

前接九月二十六日赐函,久羁未复。又接十一月十七日手书,今并答之于下:

一、接得书院寄来《金刚直解》写本一册、旧刻本二册、支那刻本一册,逐细对阅,写本略而刻本详。疑其略本作于前,后人增补其文而为详本,二者皆赝作。考古人记载,并无六祖作《金刚解》之说也。今将四册寄还书院。

二、藏经书院寄到新刷《华严行愿品疏》二部,欢喜顶受。祈转告书院,代申谢悃。宋时已有刻本,七百年间无人得见,同志诸君谋会刊之举,他日完成,再当奉赠。

三、藏经书院寄还《佛祖宗派世谱》二本、《华严合论简要》二本,并新刷二本,均已登收。

四、书院来日本金币二十圆,欲购之书,除敝处本有之外,转购诸扬州流通处。彼处现已增价,照新单核算。经籍已作小包五个、图卷一个,径寄藏经书院矣。

五、《乐邦文类》一书,贵邦刊本,弟未得见,无从评定。

六、《唯识开蒙》以下十六部,俟数日后向各处取来,交邮便局寄至尊处。阅后,转达藏经书院。

七、《大明释教汇目义门全书》,已托人向扬州万寿寺商借再寄。

八、敝处新刻憨山大师《观楞伽记》,寄呈三部,一赠台览,一赠真宗大学校,一赠藏经书院,祈分致为荷。

九、《大藏经报》第四十七号二十部,已分送借书各家,皆大欢喜。

十、编书者之姓氏，实难查考。一松大师疑是明朝人，然不能指定也。

十八

接三月二十日手函，领悉种种。兹将应复之事，条列于后：

一、书目中未得者，无从觅购。只有戒律二部，照墨圈寄上。

二、贵国侨寓南京之人，现无相识者。缘弟有足疾，外交全疏也。

三、敝邦藏书之家，求觅数处，得二十余种。先将目录开呈台鉴，拟将经律论注疏先行借来，寄至尊处，以备刷印。俟刷印后，将原书寄还，再将他种续寄。缘收藏之家，甚为宝贵，不轻出借也。

四、借书之友，欲有所求，愿得《续藏经目录》内第一九七贞元新译《华严经疏》十卷，唐澄观述，又第二一四《圆觉经大疏钞》二十六卷，唐宗密述。此二种请藏经书院刷印时多刷一部，以酬借书之美意。能否应允，由藏经书院主之。

五、《续藏目录》内第一二六一《大明释教汇门标目》四卷，东吴寂晓撰，此书除《标目》之外，另有《目录》四卷，《义门》四十一卷，弟在扬州见此全部，他处全无。今见《目录》内第一二六八《法藏司南》四十一卷，疑即《义门》之别名也。《义门》第一卷第一页第八行右"清凉叙曰"等文，至四十一卷末十五页八行右"数集并义如名题"止，若书院所得之本，与此相同，即是《义门》。若不相同，拟向友人处借《义门全书》，以备书院刷印之用也。

六、《目录》内第三八三无垢子注解《心经》一卷，系外道所作，宜撤去。

十九

顷接惠函，藉悉起居佳胜。承代购经籍十部，图二幅，欣喜之至。前月由苏君寄到经籍七十四部，内有町田君见赠景祐《天竺字源》三册，乞代为致谢。

读大著序文，感佩何极！天竺梵文，有古今之殊。以鄙意揆之，贵国所传之古体，如三代以上蝌蚪之类；明藏及近时喇嘛所传者，如篆隶之类；现在所行之梵文，如行草之类。质诸高明，以为何如？

比年以来，承代购经籍，千有余册。上自梁隋，以至唐宋，并贵国著述，罗列满架，诚千载一时也。非阁下及东海君大力经营，何能裒集法宝如此之宏广耶？前明刻书本藏经，《正藏》之外，有《续藏》三千余卷，其板毁于兵燹矣。此次弟等募刻藏经，拟将贵国传来之本，择其精要，刊入《续藏》，以为永远流传之计。区区鄙怀，未知能否如愿？全仗护法天龙神力默佑也。

《探玄记》已得全本，庆喜无量。其《弥陀义记》等四部，承代借原本，寄至敝处钞写，尤为感荷。写成后，原璧归赵，不至遗失。敝单内未得之书，且作缓图，偶有所得，随时代购。法缘隐显，非思议所能及也。

时序迁流，寒威增剧，伏维珍摄，不尽欲言。

附　南条文雄复书

接惠信，悉道体无恙，前代购经籍，已达贵处，大慰敝怀。弟当致贵意于町田君。抑梵文字体，固有古今之殊，尊说论得颇好。然地方之异，亦如大有所关系者。日本所传之古体，即一千年前唐之日本僧弘法大师、慈觉大师等之所将来，而唐智广《悉昙字记》，实用此体，是为支那梵字也。明藏及近时喇嘛所传者，即西藏梵字也。现在所行之梵字，即印度梵字也。英人维廉斯氏，曾附其梵语文典，以古今梵字沿革表。表中列十余种之异体，而不载所谓支那、西藏梵字，盖未及见也。日本所传之古体稍与现在尼波罗国所行之梵字相似。敢附记鄙说，以备参考。

二十

阳历五月十六日，寄上一函，并旧本经籍五包，想已达到。兹接《大藏经报》第四十三号内第八页下层载有《华严纲要》德清提挈之本计二十四册、《华严合论简要》李卓吾述之本计二册，均在敝友处觅得善本。藏经书院若需此本印入《续藏经》，弟可代借。但敝友所要求者有三种：即在《续藏经目录》内第五二三《释摩诃衍论疏》二卷，隋慧远述；第五二四同二卷，唐法敏述；第五二七同《通赞疏》十卷，守臻述。以上三种，如能允许在刷印时多刷一部以酬借书之美意，弟即当向友人处取此《纲要》《简要》二书，共二十六册，邮寄尊处转交藏经书院。俟印入《续藏经》之后，仍将原书寄回。

二十一

前接阳历五月十九日赐函，得悉大驾将赴暹罗，迎释尊遗骨。后有自扶桑来者，知已东归，又有高丽之行。法缘行至，裨益良多，曷胜欣羡。所迎佛骨，是何胜相，伏乞示悉。前田君欲得之书，已照单购去,唯三大部敝处仅有其二,《玄签》一种,在杭州昭庆发售。三部均系合本,欲全得者,须分两处购之。法藏所作《华严三昧观》,崔致远作《别传》,已用其"直心"中"十心"名目。贵国所刻《发菩提心章》,录"十心"之文与崔同。并有"三十心",而与《法界观》,及他种凑合而成。谨知《华严三昧观》,当有全本流传高丽也。祈请驻韩道友访之,并能得唐宋高人别种著作,是所深盼。《鸣道集说》,经友人索去,祈代购二本。《释净土群疑论》七卷,正拟发刻。原书朱抹太多,写者易误,请再购未经涂抹之本为幸。从前孙君购书之款,余存九圆有零,请并入弟款,作购书之用。用完之后,示悉续寄。中村醒处君住所,问北方君便知。兹有敝处新刊《云栖法汇》,奉赠一部。计三十四本,祈鉴收。

二十二

客冬北方君到金陵,得接赐函,并承代假《起信义记》别行古本,喜出望外。随即参校,属手民誊写刻本,迟之数月即将原本奉还,并呈新刻之本也。又承惠赠《华严策林》写本,铭感无涯。岛田君所问之事,王宇泰《唯识证义》,未见其本。顷求得高原所作《唯识俗诠》一部,计五册,托北方君邮寄尊处,转致岛田君阅后,仍乞寄还为幸。一柳君持尊函造访,聪颖可嘉,足称法门伟器,定能光显师门也。月前北方君续交手函,并《华严游意》《五蕴观》二写本,展诵之余,如亲雅范。本愿寺开设之事,弟实衰老,照料未得周详。复蒙称誉,歉仄弥深。

前因北方君嘱敝处将《七祖圣教》刻全,遂检阅《选择本愿念佛集》,觉其中违经之语甚多,已略加批评。复将《真宗教旨》详览一遍，逐细批评，送与北方君。将来回国时，当呈台览。弟与阁下交近二十年，于佛教宗趣未尝讲论。今因贵宗将遍传于地球，深愿传法高贤，酌古准今，期与如来教意毫不相违，则净土真宗，普度群生，无量无边矣。近代以来，门户之见牢不可破。支那境内，禅宗一派，空腹高心，西来大意，几成画饼。台教一派，尚能讲经，唯泥于名相，亦非古法。且诸方名刹，向无学堂造就人才，所以日趋于下也。贵宗既有学寮讲肆，又开普通学馆，是世出世法，兼而习之，人才辈出，何可限量！唯愿善学者不为成法所拘，则妙契佛心，允为如来真子矣。

奉赠憨山《解老庄》四册、新刻元照《弥陀疏》四册、《安乐集》四册，祈鉴收。弟久有东游之志，近因目足均有微疾，惮于远行。倘台驾惠然西来，畅叙于钟山、淮水间，讨论佛教门庭古今得失之故，岂非释迦遗教中一大事因缘乎？敝处求而未得之书，尊处已登宗报。倘能得之，或购或写，总祈代办，钱款自当续寄。

附呈《阐教刍言》一篇。深悉阁下智周四海，学贯古今，想能剖破藩篱，虚心采纳，故敢以直言奉献也。

二十三

附　来书

客月北方君自金陵归日本，得接赐函及《阐教刍言》等，深知为法之高志，欣喜靡已。一柳君屡受教尊处，何幸加焉！今有小栗栖君所草《念佛圆通》，并《阳驳阴资辩》。君实编辑《真宗教旨》，故自任答辩。若犹不满高意，则请更指摘之，使弟等尽心于此。

旧岁叠接两函,并书籍数种,欣喜靡已。

承示小栗栖君所作二文,彻见贵宗之底蕴,仍不能默然,略加辩论,复呈台览。既为释迦遗教弟子,不得不尔也。又接后藤葆真君寄示辩驳之文,弟避繁就简,称性而出,作一篇答之,均请尊处转交为祷。

兹将新刻《梵网戒疏》《起信义记》《海东疏》各二部,寄呈台览。奉还《起信义记别行》原本,计三册,附赠新刻《义记》《海东疏》各一部,祈归之岛田君,并述谢意。《唯识述记》,现已开雕,本年可成。支那学佛者,得贵邦邮来古本,同深欣庆,咸感大德弘通之益,东向礼谢于不既也。中村醒处君施刻资二圆,今刊入《义记》之内,并《海东疏》寄呈,请转交中村君是幸。近闻贵宗同人往高丽布教者颇多,唐法藏所作《华严三昧观》《华严世界观》二种,高丽或有存者,乞寄信求之。

二十四

前接赐函,并书三种,欢喜无量。辰维道履增绥为颂。法驾迎佛骨于暹罗,观军容于燕都,过朝鲜而觐韩皇,闻母讣而返乡国,世出世法,曲尽无遗,实令人景仰不既也。《感怀诗》出于至情,不堪卒读。《华严三昧章》与《发菩提心章》同,而缺《法界观》之文,始知二书同出一本,即《华严三昧观》无疑矣。别有《华藏世界观》,若能得之高丽,幸甚!蕅益大师所作《周易禅解》,贵国有刻本,祈代购一部。兹奉赠《金刚略疏》《三论玄义》各二本,皆从贵国得来之书。又《唯识心要》一部,计十本,系扬州所刻,用供法喜。传闻贵国新立东亚佛教会,如已印出章程,祈寄示为荷。

二十五

前接到五月二十七日惠函,得知寄赠书籍均已达到,并承钞补《成佛经疏》,欣喜之至。上海汇款,已寄信时务报馆,托其催交。倘仍未收到,祈示悉,以便另寄。兹因友人孙君竹如托购经籍数种,由松林君汇寄金三十圆,作购书及寄费之用。敝寓已于三月前移居,信面祈写:南京延龄巷马路池州杨公馆,便可达到。华地新设邮政局,已与各国相通,信函可径寄敝寓,免由上海转折也。唯书籍重大,似须仍由松林君转达为要。顷阅明宋濂所作《大般若经通关法序》,云雪月大师太隐创为通关法,演忠律师省悟重为编定,画十二图,用十三法、二十九界、八十四科为之,不过一千言,总摄初分一百三卷,无一字或违云云。因忆三年前,尊示云由内部录出此书。果与宋濂序文相符,即请属书手代写一部,是为至祷。扬州僧观如刊成《般若纲要》,奉赠二部,祈鉴收。

二十六

接读十二月九日手书,并详单,领悉种种。承寄释典十一部,内有写本四部,益见弘法情殷,嘉惠支那学人无既,再拜顶受,如获至宝。此次书籍,不取价值,实抱不安,俟刻成即当奉赠。嗣后无论刻本写本,均求开列价目,以便汇寄。《密严疏》现蒙誊写,写完乞邮寄。他日若得初卷,则更妙矣。肇注《金刚般若》已承誊写,欣喜之至。赤松、前田二君,祈代伸谢悃。东西二京,有诸公代购释典,实为莫大因缘。若遇支那六朝、唐、宋人著述,敝单内所未开者,均求代购,以扩见闻。收藏古本之家,其现存者,除《弘教院书目》外,别有几种？请钞目示知,以便求觅。

从前赤松君欲得《法海观澜》,今扬州僧观如已获旧本,刻成即当奉赠。敝处新刻《楞严经正脉疏》,为注本之最善者,近代已收入《大藏》,特寄二部,以广其传。贵国寄来之《因明大疏》,有比丘松严者,爱而刊之,并寄四部。《唯识述记》等,续有人刻,法相一宗,晦而复明,非上人购寄之力,曷克臻此！扬州新刻《大乘止观》蕅益释要,附呈四部,分赠同人。

时值严冬,雪意正浓,梅花欲吐,仙山风景,想在高人奚囊中矣。

二十七

寒暑频更,未通寸柬,非懒也,实精力有所不逮耳。有自扶桑来者,述阁下教育之广,通国信服,闻之实深欣慰。弟所作《玄文本论略注》,现已完成,寄呈十册,就正有道,并请分赠知交。藏经书院已另寄十册矣。顷从友人处得见明治二十七年本愿寺室内部印度摄影帖一册,于佛教古迹具备,见者恍如亲历其境也。册尾载明非卖品,如能求而得之,以生人敬仰之心,则三万程途,如对目前矣！敝邦僧家学校,才见肇端,欲得贵国佛教各宗大小学校种种章程,以备参考。非仗大力,不能多得。此等章程,虽系和文,敝处亦有能译之者,与学诸僧,甚为盼望也。

二十八

叠接赐函,久未作答,抱歉之至！鄙人日就衰老,百事废弛。

三年前刊一笺以谢俗缘，于佛法相关之处，则不寄呈，以免消息断绝也。然事过辄忘，又无精明人代理，只得听之而已。奉赠新刻《楞严纂注》《法华通义》各二部，又《证道歌竺源注》，即是《续藏经目录》内标记为未发见之书，今已刻成，奉赠十册，以俾公诸同好。前承贵友赤松、连城君惠我印度摄影帖一册，无以报之，请以《纂注》《通义》《证道歌》各一部酬答，以伸谢悃。贵国《续藏经》内《大日经义释演密钞》十卷，辽觉苑撰，敝处欲得大字刻本，以俾合纂经疏之用。祈遍觅书肆，如得此书，祈交邮便局用代金引替之法，送至敝处交易，不胜拜祷之至。

与日本藏经书院书三通

一

顷接尊处惠寄《贞元华严疏》《圆觉大钞》各二部，拜领之余，欢喜无量。同志传观，始知南宋时与《贞元华严疏》同刻于江苏，元明以来，竟无人见。今由贵书院刷印流传，实释氏教中之伟烈也。敝邦新开僧学堂，相继而起者已有四处。苦于启蒙无书，因作《初学课本》，三字韵语，便于读诵，并作注解以伸其义。寄呈十册，聊供浏览。倘收入《续藏经》杂著部内，亦可备一格也。

二

接读惠函，领悉种种。敬将奉复各件，条列于下：

一、贵院雅意，欲汇拙作以为全集，入《续藏》中，心感无涯。鄙人著述甚少，已刊成者，有《阴符》《道德》《冲虚》《南华》四经发隐一册、《佛教初学课本》一册；正当发刻者，有《大宗地玄文本论略注》一册，数月后可成，另有《等不等观杂录》一册，稍迟当刊；拟作《释摩诃衍论集注》一部、《论语发隐》一册，尚须时日也。贵院若欲翻刻拙作，均可听许，不论版权。奉赠肖像一纸，系四十三岁在佛京巴黎映出，尔时精力强健，非近年衰老之相也。

二、前番贷送章疏，候《续藏》印出之日，次第寄还，不求速返，以俾贵院对照之用，免其讹舛耳。

三、《角虎集》缺字已补完，与《楞严宗通》同交邮便局寄上，祈鉴收。

四、东吴寂晓所撰《义门》四十一卷，系扬州人所藏，甚为秘惜。俟托人求得，即当寄上。

五、贵院所需宋《祖心集》《冥枢会要》，均未见过，当留意寻觅。

六、《释论》法敏疏已奉到，检阅一通，全无疏文。唯将原本删去大段本论，以《释论》中所提本论，分别排成小段，减损《释论》字句甚多。惟"发趣道相"内增补"解行发心""证发心"二科，是法敏所作也。核计《释论》有十一万余字，法敏本只有六万余字。谨识其大略如此。

七、前接贵院印版信函，征《续藏经》序文，暇时撰成，再当奉寄。

三

前承惠赠三色套印《楞严广解》一部，遍示同人，欢喜赞叹，得未曾有。又承寄还《楞严宗通》一部，加以布套，并赐新刷《宗通》二部，拜领谢谢。兹有友人家藏批点套印《维摩经》一部，系明朝吴兴闵氏刻本，与套印《楞严》同出一处也，寄呈台端，以备《维摩疏》中增此一格。敝友欲购三色套印《楞严广解》一部，如有单行之本，祈邮寄南京，照代金引换之法交易。弟所作《大宗地玄文本论略注》，现已刷成，寄呈十部，请分赠同志。将来刷印《续藏经》至五二九《释摩诃衍论记》之后，可将《玄文本论略注》编入，以补往时所未有也。南条上人处，已另寄十册矣。

⊙ 与日本松林孝纯书二通

一

接读手函，并南条君信缄书籍，感谢之至。辰维起居多福，至以为颂。承示贵院有铅木板《大藏经》数部备请，弟但见过铅板，其木板者，全部若干本，价值几何？乞函示以便布告同志诸友，日后如有愿请者，令其亲到上海面谈，俾得流通便捷。兹有寄南条君信一件、书籍一包，乞代为转寄为幸。附呈英洋一元，作为寄费。前此垫付寄费，祈示悉，以便奉缴。诸费清神，心感不尽。

二

两月前接读赐函，并南条君手书，领悉种种。彼时正当移居，忙冗万状，继而老母弃世，丧事近日方毕。二三月来，未理杂务，以致久疏音候,抱歉奚如。辰维秋祺多福,至以为颂。尊示内云南师迟日有书寄到,未知曾否发来,诚恐移居之时,信局或有舛误,祈示复为幸。兹因敝友孙君竹如欲购经籍数种,恳尊处代汇日本金三十元,装入敝函,寄交南条君收用。另有书一包,并求代寄,所需寄费,由孙君手奉缴。

⊙ 与日本东海书

娑婆界中,共为释迦遗教弟子,虽未把晤,而志同道合,如出一辙也。往者闻贵国印造小字《藏经》,遂购全部阅之,欢喜赞叹,得未曾有。惜年近衰老,寻行数墨,目力不及耳。近由南条君转递贵赠书目三种,拜领之余,感谢无既。藏外经籍百余种,所欲得者甚多,但卷帙繁重,只可求觅刻本耳。其略者,有刻本则购之,否则请人书写,酬以工资,想易为力。写出后,乞细心校对一道,以便刊印流布也。另开甲乙二单,附南条君函内。奉赠新刻内典二十本,用伸法供,祈鉴纳为荷。

⊙ 与日本町田书

身为显宦,而能抗志出尘,非具大丈夫作略,曷克臻此?盈盈一水,未得趋谈,殊深惆怅。黎公《钟铭》,已由陈君镜清为之笺释,寄呈台鉴。陈君,系敝处校经友也。南条君函述西京有景裕《天竺字源》,上人拟写一本见赐,不胜翘盼。其中梵字,请照原本影写,以存其旧。又承代觅道林、道生等论，感荷无既。其余藏外经籍，亦请代为寻求，苟有所遇，随时函示，以便酌购。前闻雅意，欲得敝处新刊经籍，兹将流通单内，择《大藏》所无者，奉赠二百五十六本。以朱笔记于单内，装一木箱，由南条君转达，到时鉴收。

⊙ 与日本后藤葆真书

接读来书，洋洋数千言，得知阁下博览群籍，融会贯通，而于台、贤二家，尤能深入堂奥。惜乎囿于先入之言，未能摆脱自由，亦出于无可如何耳。弟所学处，总以圣言格量。合者遵之，否者置之。虽晋宋以来诸大名家，间有出入，亦必指摘。如弥勒、马鸣、龙树、天亲等诸大菩萨，造论弘经，何等严谨，处处以佛语为宗，故能作万古法式也。鄙人懔遵其意，与人谈论，未敢稍逞己见，偶失片言，立即救正。见人肆口妄谈，坏佛正法，如三百鉾刺心、千刀万杖打拍其身，等无有异。前此辩论之言，十方三世诸佛菩萨实共鉴临。倘违悖佛意，愿令此身碎如微尘。若契佛心，则文字语句当现于极乐世界七宝幢上，菩萨见之，欢喜赞叹。赤心耿耿，不敢默然。略举十端，以伸鄙怀，知我罪我，听之而已。

一、报佛深恩故。释迦如来说法度生，流传经教，普应群机。净土真宗，断章取义，直欲举三藏教典而尽废之，岂不辜负佛恩哉！

二、彰佛本愿故。弥陀因地，发四十八愿，摄受无遗。贵宗单取一愿以为真实，则余愿非真实矣。既非真实，弥陀何必发此等愿也？盖佛之本愿，愿愿真实，互摄互融，取一愿为宗可也，判余愿非真实不可也。

三、光显教道故。如来教法，三界独尊，一切异教所不能及。良以出世妙法，极尽精微，无有能过之者。今若将深经妙论弃而不学，则异教道理，驾于佛门之上，聪明才智之士，将视佛法如弁髦，视异道为拱璧矣。

四、令法久住故。佛灭度后二千九百余年，现当末法之初，实证者虽觉罕见，而信解观行者不乏其人。若除称佛名号外，一概遮尽，是行末法万年后之道也。岂非将释迦遗教，促短七千余年哉！

五、普被三根故。十念往生，《大经》《观经》，皆属下品。发菩提心，修诸功德，方生中上。今废菩提心及诸行，是专摄下辈而不摄中上矣。根有利钝，不可一概而论也。

六、令僧和合故。在家出家，同为释迦弟子，同遵释迦遗教，随根授法，各有专修，互不相违。若是一非余，则于大法中别辟一门，不得谓之和合矣。

七、提奖后学故。初学佛者，心志勇锐。教导无方，不进则退。若舍佛法不学，而学世法，虽有他力之信，亦恐为俗习所染，岂能与弥陀清净光明相接耶？必于净土三经内深究其义，知念佛一门，为圆顿教中超胜之法，时有进境，方能增长信心也。

八、融摄十方故。净土一门，为十方诸佛所共赞，十方菩萨所愿往。下自凡夫，上至等觉，皆在其内。盖凡夫心体与诸佛法身，无二无别。若执凡境与圣境判若天渊者，则不能生净土。以佛眼所见，是假名凡夫，是故生一佛土，即生十方诸佛国土，岂世俗情见所能思议者哉？

九、贯通三世故。一念念佛，全念是佛。佛无古今，念亦无古今。说自说他，方便施设，执之成对待法，不执即绝待法。绝待之法，一念融三世，新佛即旧佛。全自成他，全他即自，入平等真法界矣。

十、究竟成佛故。世出世法，不出因果二字。无因得果，不应道理。菩提心者，佛果之因也。《大经》三辈往生，皆以菩提心为本。接钝根人，虽未能令其速发菩提心，亦当示以发心之相。盖发心有二种，凡位以四弘愿为发心；至信满时，发真实菩提心，即是初发心时便成正觉。若以初住之心，教凡夫发，似觉甚难。然发四弘愿，即菩提之因也。往生净土仗此因，究竟成佛亦仗此因，是以可劝而不可舍也。

来书所辩者，仅选择集内评论之语。另有《阐教刍言》一篇，《评论真宗教旨》一卷，可向南条上人处取而阅之。

与日本龙舟书

前接惠函，备承奖誉，临风盥诵，感愧交并。弟一介俗流，未全道力，唯有丹心一点，可对十方诸佛。际此大法衰微，发心护教，虽粉骨碎身，在所不惜。故于前岁有《阐教刍言》及《选择集》《真宗教旨》之辩。逮顶师二书寄到，又不能已于言。既而思之，讲论佛法者，期有益于人也。闻者既不见信，则所言便为无益。若再置辩不休，岂非同于流俗争论是非乎？故于奉到大著二册之后，但阅其意趣所在，不赞一词也。深知彼此志愿不同。弟以释迦遗教为归，不敢丝毫逾越。贵宗另出手眼，独树一帜。虽欲强而同之，其可得乎？前于复后藤葆真君函内，曾发誓言，请君取而阅之，幸甚！

信已寄去，复代彼宗立量云：往生净土是有法，他力信心为宗，因云弥陀第十八愿所成故，喻如汽机船。此量非真能立，以其废自力,虽有汽船,谁其乘之?则知至心信乐,欲生其国者,皆系自力也。

自宗立量云:念佛往生是有法,自力、他力为宗,因云因果相感故,喻如车两轮。

⊙ 代余同伯答日本末底书二通

一

附　来书

顷有印度婆罗门师,欲至中土传吠檀多哲学,其人名苏蕤奢婆弱。以中土未传吠檀多派,而《摩诃衍那》之书,彼土亦半被回教摧残,故恳恳以交输智识为念。某等详婆罗门正宗之教,本为大乘先声,中间或相攻伐,近则佛教与婆罗门教渐已合为一家。得此扶掖,圣教当为一振。又令大乘经论得返梵方,诚万世之幸也。先生有意护持,望以善来之音相接,并为洒扫精庐,作东道主,幸甚幸甚!末底近已请得一梵文师,名密尸逻。印度人非人人皆知梵文,在此者三十余人,独密尸逻一人知之。以其近留日本,且以大义相许,故每月只索四十银圆。若由印度聘请来此者,则岁须二三千金矣。末底初约十人往习,顷竟不果。月支薪水四十圆,非一人所能任。贵处年少沙门甚众,亦必有白衣喜学者。如能告仁山居士设法资遣数人,到此学习,相与支持此局,则幸甚。

来书呈之仁师,师复于公曰:佛法自东汉入支那,历六朝而至唐宋,精微奥妙之义,阐发无遗。深知如来在世,转婆罗门而入佛教，不容丝毫假借。今当末法之时，而以婆罗门与佛教合为一家，是混乱正法，而渐入于灭亡，吾不忍闻也。桑榆晚景，一刻千金，不于此时而体究无上妙理，遑及异途问津乎？至于派人东渡学习梵文，美则美矣，其如经费何？此时祇洹精舍勉强支持，暑假以后，下期学费，未卜从何处飞来。唯冀龙天护佑，檀信施资，方免枯竭之虞耳。在校僧徒，程度太浅，英语不能接谈，学佛亦未见道，迟之二三年，或有出洋资格也。仁师之言如此。

二

仁师接尊函，朗诵一过，笑而置之。人问其故，答曰：此信所诟厉者，与我毫无干涉，何恚之有？复嘱检初次奉答之信稿阅之，不知见怒于台端者，在何语句？信口所答，无非护法深心。师言直起直落，无丝毫委曲，寻常接人，莫不如是。弟相依三载，甘苦同尝，学焉方知不足，外间交游，渐形疏略。招学梵文启，送去多纸，亦无人愿往。传吠檀多教者，纵来此间，弟亦无力接待也。

等不等观杂录跋

以上为一百五十篇①。曩者,梅撷芸君曾刻其七篇,合《十宗略说》为八篇。今以《十宗略说》别为一种,而就刻经处所藏稿本重加编次,勒成八卷。窃意先生遗文,当不止此,中日二国人士藏有先生手稿为兹编所未录者,如荷邮寄刻经处,俾得刊为续编,以饷当世,则法门之幸也。丁巳夏编者识。

---

① 为免重复,本书删减了《〈大宗地玄文本论略注〉自叙》《〈佛教初学课本〉自叙》《〈道德经发隐〉自叙》《〈冲虚经发隐〉自叙》《〈南华经发隐〉自叙》五篇自叙。——编者注

阐教编

阐教刍言

古来阐教大士，莫不以佛经为宗，横说竖说，皆不违经意。余与真宗教士往还有年矣，而未知其旨趣所在。顷因北方上人自日本来，建立本愿寺于金陵城内，欲将祖书刊板流行。爰取《选择本愿念佛集》阅之，觉其中违经之语甚多，已略加批评，复取《真宗教旨》详览一遍，逐细辩论，归之北方君。请其转致同人，商榷弥缝之道，并进以刍言曰：

今日所期于真宗者无他，唯在乎阐教之言，不背净土三经耳。夫菩提心为净土正因，今欲往生净土，而唱言舍菩提心，是南辕而北其辙也。

尝观南条上人《航西诗稿》有"断章取义大师眼，三经之要二三策"等语，可谓深知本宗教旨者矣。南条之意，欲将本宗教旨，译布天下万国，美则美矣，而未尽善也。夫所谓断章取义者，果与全经意旨不相违乎？若与全经不相违，则不得谓之断章取义；若相违，则不得谓之释迦教，即谓之"黑谷教"矣。

然则若之何而可也？一切教规，概不更动，但将舍圣道之语隐而不言，不过少小转移之间，便成契理契机之教。或以违祖训为疑，而不知非也。且以世法论之，五伯之子孙，岂不能学三王？三王之子孙，岂不能学二帝？以出世法论之，声闻之门徒，岂不能学缘觉？缘觉之门徒，岂不能学菩萨？此理不待辩而明矣。若必守成法而不许变通,则地球各国,亦不能有维新之气象矣。

或曰:其如正、像、末三时所限何?

答曰:今时正当末法之初分,非其中分、后分也。若初分即将经意抹尽,则中分、后分,将如之何?末法尚有七千余年,此时不将经意昌明,岂能延至如许长时耶?且三时有互摄之义,于末法内亦摄正、像,是在根器不同,亦因时无实法耳。

或曰:真宗之教,重在难易之分。其断章取义者,舍其难而取其易也。

余应之曰:非也。西方净土,佛力所成。顺佛意则往生易,违佛意则往生难。若说法不顺经义,则是舍易而就难矣。岂有谤法之人,而能生净土者哉?

近代以来门户之见,牢不可破。支那境内,禅宗一派,空腹高心,西来大意,几成画饼。台教一派,尚能讲经,唯泥于名相,亦非古法。且诸方名蓝,向无学堂造就人才,所以萎靡不振也。真宗既有学寮讲肆,又开普通学馆,是世出世法,兼而习之,人才辈出,何可限量!唯愿善学者不为成法所拘,则妙契佛心,允为如来真子矣。

鄙人护持正法,过于身命,故不避忌讳,冒昧陈言。倘不以为然,笑而置之可也。向后学徒研究净土三经,精通其义,必有与鄙意暗合者,将拭目俟之。

随文辩论,书于《选择集》及《真宗教旨》内者,兹不重出,请阅批本为盼。

评《真宗教旨》

十余年前,获《真宗教旨》一卷,悉心研究,觉与经意不合处颇多,遂参注行间,以备刍荛之采。真心论道,不避忌讳,所谓个中人方谈个中事也。近时泰西各国办理庶务,日求进益,总不以成法为足。贵宗广布佛教,势将遍于地球,伏愿参酌损益,驾近古而上之。故不惮繁言,阳似辩驳,阴实资助,祈大雅鉴之。

极乐净土,由弥陀愿力所成。弥陀既发大愿,勤修圣道,方得圆满。经云,"住空、无相、无愿之法","无作、无起","观法如化",此即圣道之极则也。以圣道修成本愿,若云"舍圣道",则是违本愿矣。因果相违,岂得往生?经云,"深信因果,不谤大乘",良有以也。

以净土为入圣道之门,生净土后,则一切圣道,圆修圆证。若在初修时,唱言舍圣道,便是违背净土宗旨矣。净土门以"三经一论"为依,切须体究经论意旨,方名如来真子也。

《真宗教旨》第一号云:第一祖龙树菩萨。祖其作《易行品》,而不祖其讲布《华严》《中论》。

存上句,删下句,可免埽拂圣道之弊。

龙树作《易行品》,只分难易,不显立埽。今真宗立净土而埽圣道,与《论》意不符。

龙树说难行、易行二道是活法。于圣道中开出净土一门,接引后学,此为同中别也。利根于现生中得念佛三昧,即证入圣道门;

钝根于往生后花开见佛,亦证入圣道门。此为别中同也。阐扬圣教者,须将死法说成活法,不得将活法说成死法。佛教命脉,仅如悬丝,可不惧哉!

又第二号云:本宗名净土真宗,据念佛成佛,是真宗之语。以亲鸾上人为始祖,大织冠镰足公之裔,而藤原有范公之男也。夫人玉日氏,摄政关白兼实公之女也。初,源空大师倡净土宗,海内风靡,门人三百余,上人实为其上足。关白归大师为大檀越。一日曰:"大师持戒而念佛,弟子啖肉畜妻而念佛,无乃有胜劣耶?"大师曰:"同一念佛,何差之有?"曰:"弟子有女,屈一上足为婿,以断天下后世之疑。"大师以上人应,上人辞不可,是为开宗之缘由。

于佛教门中专重净土,于净土门中,专重他力信心,可谓简而又简,捷而又捷矣。

此法在家二众行之相宜。出家五众,自有清规,若一概效之,则住世僧宝断矣。末法万年仪表,不可废也。

又第三号云:以圣道、净土二门判一代教。大小半满、权实显密,为圣道门,是系此土入圣之教。《大无量寿经》《阿弥陀经》是系往生净土之教。又圣道门中有竖出、竖超,法相、三论为竖出,华、天、密、禅为竖超。净土门中有横出、横超,以诸行往生为横出,是系自力;以念佛往生为横超,是系他力。

圣道为十方刹土解脱之门径。生西方净土之人,亦由圣道而证妙果。

修诸行者,若不念佛回向,亦不得往生。

又第四号云:方今系佛灭度二千八百二十五年,人劣才暗,不能践圣道而登大果,是所以圣道不振也。以不可行之法,强于不能行之人,迫鸡入水,岂理哉?

道绰逼鸡入水之喻,为留形秽土之人而说,非为修圣道者说也。

迫鸡入水,即遭淹没。未闻修圣道而堕落者。盖圣道虽难速证,亦作净土资粮。与弥陀因地同一修途,自然与果位光明相接也。

专修净土之语可说,不修圣道之语不可说。盖净土亦是圣道无量门中之一门,修净土,即摄一切圣道入一门。所谓他力信心者,废自显他也。不许自他相对,即成绝待圆融法门矣。克实论之,信心者,自心所起也;他力者,自心所见之他力也。除却现前一念,复何有哉!

自他皆是假名,废假名之自,而立假名之他,妙用无方。以龟毛易兔角,幸勿执为实法也。

又第六号云:于四十八愿中,以第十八愿为真实,其所被之机为正定聚,生真实报土。十九、二十为方便。十九之机,回向诸行,止至化土,故为邪定聚。二十之机,或进入第十八,或退坠第十九,故为不定聚。开说第十八为《大经》,开说第十九为《观经》,开说第二十为《小经》。《大经》机教俱顿,《观经》机教俱渐,《小经》教顿机渐。

生净土者,盖入正定聚,绝无邪定及不定聚。经有明文,处处可证。若以《观经》所摄,判为邪定聚,则是聚九州铁,铸成一大错矣!

《观经》被大机,最极圆顿。一生可证初住位,与善财、龙女齐肩,于观中蒙佛授记是也。何得判为机教俱渐?

又第七号云:《大经》系真实教,无隐显义。《观经》系方便教,故有隐显。以显见之,为日想、水想之观,以隐取之,为观佛本愿之观。一文两义,是为隐显。

《观经》从第三观以去,皆是极乐妙境,无一非佛愿力所成。不待隐取,方为观佛本愿也。

又第八号云:方今居大丛林,称大和尚,外标贤善,内实贪吝,被绸缎,坐氍毹,尊大养望,瞒人自欺,岂称君子?

不但此等人非正修行,即终身修苦行,衲衣一食,叩头跪足,昼夜不眠,或处禅堂,或居山洞,自负修行,不肯虚心看经学道,但以除妄念为功,日久功深,一念不起,便谓证道。殊不知恰成就一个无想外道,离佛法悬远矣。功行浅者,命终之后,随业轮转,岂不哀哉!

又第九号云:信心从他力而发,名他力信心。佛力为他力,明信佛智为信心。祖师曰:归命之心,非从我生,从佛敕生,故名他力信心。自力之徒,修杂行杂修,他力之徒不修之。自力之信有九品,所生之土亦有九品,经曰胎生。他力之信,一相无别,所生之土,亦一无量光明土,经曰化生。

经云:"十方众生至心信乐,欲生我国。"发此三心者,仍系自力也。若云从他力生,他力普遍平等,而众生有信不信,岂非各由自力而生信乎?倘不仗自力,全仗他力,则十方众生皆应一时同生西方,目前何有四生六道,流转受苦耶?

能领佛敕者,自心也,故仍从自心生。

所云不修者,如禅宗之无修无证乎?抑如世俗之随波逐流乎?下文俗谛,非杂行杂修而何?

九品之中,上品上生者,立刻见佛,得忍受记。以下诸品,均无胎生之事。《大经》所说之胎生,以疑惑无智所感,与上品之超越、中品之纯笃,大相悬殊矣。

又第十号云:真俗之名,有重重之义。本宗假以安心门为真谛,以伦常门为俗谛。本宗既开许畜妻,不能无五伦。既有五伦,不能不履其道，是为俗谛。凡夫之罪虽大，较诸愿力，不啻沧海一粟，所以不问啖肉畜妻也。众生之善为有漏，弥陀之报土为无漏，有漏之善，不可以生于无漏土。

《第十号》所说，尽是杂行杂修。何以前文力埽诸行，岂所埽者是出世行，而不埽者是世间行乎？夫世间行长生死业，而出世行逆生死流。孰正孰反，必有能辨之者。

伦常门是世善。世善尚不废，何为偏废出世善耶？一切世善，均在菩萨万行中摄。但能回向净土，则成往生业，否则人天果报而已。

发菩提心者，一切世善皆成无漏；不发菩提心，虽修五度，总属有漏。

又第十一号云：诸式入社之后，口授面禀。

华地时有外道邪宗，秘密传授，不令他人得知。贵宗卷尾有"口授面禀"之语，令人见而生疑。似宜编辑成书，入社之人各领一册，以便遵行。

贵宗所奉者《大经》第十八愿。今先录愿文，随后解释。经云："设我得佛，十方众生至心信乐，欲生我国，乃至十念，若不生者，不取正觉。唯除五逆、诽谤正法。"此中有"乃至"二字，可见七日持名，减至一日，又从一日减至十念，是最少最促之行也，向下更无可减矣。《大经》下辈生者，正是此机。其上辈者，是十九愿所被之机。今云十八愿为正定聚，十九愿为邪定聚，此即大违经意。十八愿末言五逆谤法不得往生。凡与经意相违者，均是谤法。《观经》下品下生，十恶五逆回心即生，未收谤法。盖谤法者，与弥陀愿光相背也。今判十八愿所被之机，生真实报土，十九之机，止至化土。此等抑扬，未知何所依据？请将经文确证，一一指出，以释群疑。

评《选择本愿念佛集》

贵宗道友惠赠《七祖圣教》,已将《往生论注》《安乐集》《观经疏》刊板流行。顷承心泉大师嘱刊全书,因逐一检阅,见得此集与经意不合处颇多。略加评语,就正高明。倘不以为然,请逐款驳诘可也。

《本集》第一云:道绰禅师立圣道、净土二门,而舍圣道正归净土。

此一"舍"字,龙树、道绰皆不说,说之则有病。盖圣道与净土,一而二,二而一者也。

《本集》第一又引道绰《安乐集》上云:当今末法,现是五浊恶世,唯有净土一门,可通入路。故《大经》云:"若有众生,纵令一生造恶,临命终时,十念相续,称我名字,若不生者,不取正觉。"

"纵令一生造恶",经文中无此六字。

《本集》第二引《善导疏》云:众生起行,口常称佛,佛即闻之;身常礼敬佛,佛即见之;心常念佛,佛即知之。众生忆念佛者,佛亦忆念众生。彼此三业不相舍离,故名亲缘也。

此说是比量,属依他性。

《本集》第二又云:众生口不称佛,佛即不闻之;身不礼佛,佛即不见之;心不念佛,佛即不知之。众生不忆念佛者,佛不忆念众生。彼此三业常相舍离,故名疏行也。

如是翻对,是世俗见,即是非量,属遍计性。以彼此之界,揣度如来，十万亿佛土，如何得去？

佛以无缘大慈摄化众生，平等普遍，无亲疏之别。而言亲疏者，属众生边事。若佛因众生而有亲疏，则亦众生而已矣，焉得称为佛耶？

《本集》第三云：《无量寿经》上云：设我得佛，十方众生至心信乐，欲生我国，乃至十念，若不生者，不取正觉。《观念法门》引上文云：若我成佛，十方众生愿生我国，称我名字，下至十声，乘我愿力，若不生者，不取正觉。《往生礼赞》同引上文云：若我成佛，十方众生称我名号，下至十声，若不生者，不取正觉。

两段引文，皆作"下至十声"。可见十念是至浅之行，而《真宗教旨》，反以此行驾九品之上，何也？

《本集》第三又云：《寿经》云：中略于是世自在王佛即为广说二百一十亿诸佛刹土天人之善恶，国土之粗妙，应其心愿，悉现与之。时彼比丘，闻佛所说严净国土，皆悉睹见。超发无上殊胜之愿。其心寂静，志无所著。一切世间无能及者。具足五劫，思惟摄取庄严佛国清净之行。阿难白佛：彼佛国土，寿量几何？佛言：其佛寿命四十二劫。时法藏比丘，摄取二百一十亿诸佛妙土清净之行。中略经意亦有选择义，谓云摄取二百一十亿诸佛妙土清净之行是也。选择与摄取，其言虽异，其意是同。

摄取专属取而不言舍，选择则有取有舍，语意不同。"摄取二百一十亿诸佛妙土清净之行"，从上文"思惟摄取庄严佛国清净之行"语来。法藏比丘当时闻说二百一十亿诸佛刹土，一时融入心境，迨永劫修行之后，一时发现。非如世俗造作，须选精美者作模样，方能成就也。譬如春蚕食叶，大小老嫩，一概食尽，及其吐丝，变为一色，非复桑叶形样矣。

《本集》第三又云：夫约四十八愿一往各论选择摄取之义者，中略乃至第十八念佛往生愿者，于彼诸佛土中，或有以布施为往生行之土，或有以持戒为往生行之土，中略或有以般若为往生行之土，或有以菩提心为往生行之土，中略及以孝养父母奉事师长等种种之行，各为往生行之国土等。或有专称其国佛名为往生行之土。中略如是往生之行，种种不同，不可具述也。即今选舍前布施持戒乃至孝养父母等诸行，而选取专称佛号，故云选择也。

以选择取舍之心，测度弥陀因地。弥陀因地，果如是乎？

般若为诸佛母，般若现时，命根意根俱不相应，即证无生忍，不但不起净秽二见，即佛见法见，亦不起也。

菩提心为因果交彻之心。诸佛极果，名阿耨多罗三藐三菩提。此《集》并菩提心而舍之，不知以何为佛也？

《本集》第三又云："念""声"是一，何以得知？《观经》下品下生云：令声不绝，具足十念，称南无阿弥陀佛。称佛名故，于念念中，除八十亿劫生死之罪。今依此文，声即是念，念即是声，其意明矣。

"念"者，心念也；"称"者，口称也。今云"声即是念，念即是声"，误矣。《观经》之文，明明可考。经曰："此人苦逼，不遑念佛，善友告言：'汝若不能念彼佛者，应称无量寿佛。'"可见念与称有别也。下文具足十念之"念"字，是称名之时，一心专精，无他念间杂，唯有称名之念。十念相续，即得往生。此人苦极心猛，命根断时，前后不接，金莲明耀，忽然在前，心力佛力，皆不思议也。

《本集》第四云：上辈之中，虽说菩提心等余行，望上本愿，意唯在众生专称弥陀名。而本愿中更无余行，三辈俱依上本愿，故云一向专念无量寿佛也。一向者，对二向三向等之言也。中略虽先说余行，后云一向专念，明知废诸行，唯用念佛，故云一向。

此段所论"一向"之言，甚违经意。经中所说菩提心及诸功德，皆是念佛行门，良以一切法入一法，一法摄一切法，方见纯杂无碍妙用，即得名为"一向专念"也。若如此中所说，为废诸行归于念佛而说者，则经中有自语相违之过。何以故？经文明明一联说下，绝无废归之意也。且着衣吃饭，亦是杂行，便利睡眠，亦是杂行，必须不食不眠一口气念到死，方合此《集》引证"一向"之言也。佛经何等深妙，而以浅见测之，岂不贻误后人哉！

《本集》第十一云：凡九品配当，是一往义。五逆回心，通于上上。读诵妙行，亦通下下。十恶轻罪，破戒次罪，各通上下。解第一义，发菩提心，亦通上下。一法各有九品，若约品即九九八十一品也。

"五逆"以下三行解说，若约忏罪猛钝，修证浅深，则可以九品互通。此中说"解第一义，发菩提心，亦通上下"者，除非中途退堕，作诸恶业，临终回心，如经文下品中说。如此三行，未免令初心人无所适从，所谓矫乱论议也。

《本集》第十三引善导颂云：极乐无为涅槃界，随缘杂善恐难生。故使如来选要法，教念弥陀专复专。七日七夜心无间，长时起行倍皆然。临终圣众持花现，身心踊跃坐金莲。坐时即得无生忍，一念迎将至佛前。法侣将衣竞来着，证得不退入三贤。

善导此颂，重日夜精持，一心无间，下文得无生忍、入三贤位，皆是证圣道也。

《本集》第十四云：何故六方诸佛证诚，唯局念佛一行乎？

"局"字大错。盖佛法虽无量门，而修习者必从一门深入，方得遍通一切佛法。譬如一室四面开门，欲入室者，必从一门。若拟从东入，又欲从西，或兼南北，则终无入室之时矣。

《本集》第十六云：选择赞叹者，上三辈中，虽举菩提心等余行，释迦即不赞叹余行,唯于念佛而赞叹云,当知一念无上功德。故云选择赞叹也。

菩提心即正觉心也,成正觉方名佛。今重念佛而轻菩提心,大违教义。念佛有多门:念佛名号,念佛相好,念佛光明,念佛本愿,念佛神力,念佛功德,念佛智慧,念佛实相。随念一门,即摄一切门,方入十玄法界。若存取舍之见,则全是凡夫意想,与佛界悬远矣。

《本集》第十六又云:善导《观经疏》者,是西方指南,行者自足也。

《观经》所说十六法门,无一不是念佛,此文所判,似专局乎持名也。

此《集》专以持名为念佛,而观想等法,均判在念佛之外,非经意也。

评小栗栖《阳驳阴资辩》

佛说接引往生,皆是显他力之教。三辈九品,皆仗佛力而得往生。若全仗自力,必至圆初住、别初地,始能十方世界,随意往生。故知净土三经,劝进往生,全仗他力,而仍以自力为阶降之差。我佛慈悲,所以诲人者至为圆妙。若以三辈九品为自力往生,则失经意矣。

《辩》云:闻贵国黄衣派挟天威而恣尊大,毫无学问之志。其青衣各派乃甘卑屈,而视国家之兴败,如秦人于越人肥瘠,故政府亦处之度外,弃而不顾也。

僧俗二众,佛有遗规。僧则守出家律仪,不干世务。俗则依在家道理,致君泽民。二者不相滥也。

《辩》云:龙树之开难易二道,非难中开易也,非圣道中开净土也。圣、净二门,井井区别矣。天亲之《净土论》,正明净土;而龙树之《易行品》,傍明净土耳。

不识佛法开合之妙,见圣道、净土,判然两途,不得不改变经意以合于自宗也。

天亲《往生论》,于依正庄严后,摄入一法句,明净土不外乎圣道也。昙鸾释之甚详。

《辩》云:同中别者,佛教中见二门也。别中同者,二门虽异,其所证之真如一也。

真如即是圣道，既知同证真如，奈何唱言舍圣道耶？

《辩》云：方今圣道之一门，不合时机。独我真宗，何肉周妻，为国家奔走，不啻说出离之法，并亦说忠君爱国之事，毫不剌坐深山。

悉达太子舍金轮王位，入山修道，为后人榜样。我辈虽不能学，心常羡之。今知贵宗如是存心，所谓道不同不相为谋也。

《辩》云：弥陀本愿不取诸行，独取念佛。

四十八愿普摄诸行，何云不取耶？

念佛即是诸行中之一行。专修念佛，所谓一门深入也。而以世俗事务夹杂其间，欲得往生，不亦难乎？

《辩》云：本宗有二门：一学门，二行门。约学门则一切经可学也，不学一切经，则不可解净土之法门也。若约行门，则单据念佛之一行，岂攘排一代佛教乎？

学与行两不相干，则学成无用之学。

阅教典须一一销归自性，方为有益。栖君之言，以阅经为所学而非所行，则学与行两不相涉，所学即属无益。

"不学"下三十五字，恰合我意。

《辩》云：此土入圣为圣道门，他土得生为净土门，历历区别矣，不可一混也。圣道即净土，何用往生十万亿之西哉？

栖君非但不知圣道，亦复不知净土。大凡阐扬净土者，须知净土因何而成。既以《大经》为真实，岂不见法藏比丘白佛言："我发无上正觉之心"，非菩提心而何？发大愿后，修行文中，自行六波罗蜜，教人令行。经文彰彰可考，证知弥陀报土，皆因修行圣道而得成就。奈何定要舍圣道，判修行者为邪定聚，生于化土？不修行者为正定聚，生于报土？颠倒谬乱，莫此为甚！岂日日持诵经文，循行数墨，全不解义耶？

《辩》云：本宗以二门之判，判一代教：曰圣道门，曰净土门。于净土门有二门，曰正明净土教，曰傍明净土教。于正明净土教有二门，曰真实教，曰方便教。真实教者，《大无量寿经》是也；方便教者，《观无量寿经》《阿弥陀经》是也。

从上诸师开宗判教，必将所依之经，全体透彻，方能破立自由，纵横无碍。未有将本宗之经任意掩抑，令前后文意不相联属者。如贵宗以《无量寿经》为主，而此经中三辈往生之相，则判为自力，弃而不取，以致全经血脉不能贯通矣。

《辩》云：本宗之释三聚，以顺本愿者为正，以不顺本愿者为邪。第十八不以诸行为往生之因，单以念佛为往生之因。善导曰：一心专念弥陀名号，是名正定之业，顺彼佛愿故。顺彼佛愿，必得往生，是为正定聚。《观经》定散诸行，不顺佛愿，是为邪，以邪而愿生，故为邪定聚也。

《观经》是佛说，何云不顺佛愿。尊善导而慢释迦，是何居心？

《辩》云：此邪之言，显非本愿之行，如天台之以小乘为邪见。小乘佛教岂邪乎？望之圆教，得邪名耳。

以小乘为邪见，《方等经》中破小显大之语，非天台臆说也。若经中无此语，天台断不敢杜撰。

《辩》云：作九铁铸错之大恶口，何不反省之甚？

若照此本判断，仅云大错，犹不足以尽之。

《辩》云：净土无九品为真实报土，有九品为方便化土也。定散诸行，非本愿之行。以非本愿之行，愿生净土，必得九品之化生也。从此化土一转，往生真土，故判《观经》往生为机教俱渐也。净土蒿目，仔细玩索，必觉妙味津津无尽焉。

不顾佛经之本意，强作一解以合于自宗，苦心思索而得之，此所以"津津有味"也。

非但释迦教中无此道理，即十方三世一切诸佛教中，亦无此道理。用凡夫意想，捏造一法以驾于佛经之上，罪过弥天。

《辩》云：报土也者，一种真妙而无九品之差别，往生即成佛，无一转入报之迂回也。

判他力信心者，驾于九品之上，往生即成佛，《大经》内无此义，犹如空拳诳小儿也。

《辩》云：依《观经》三昧，见净土依正，其所见之土非报土，是化土也。此化土亦愿力所成懈慢界。

释迦佛何故说此懈慢界，教人往生？此真可谓谤佛谤法矣。

《辩》云：以第十八愿为弘愿，以定散为要门，善导之释，皎如日星。定散非本愿，单念佛为弘愿。善导流通，照人颜色。

善导落笔时，不料后人有此等执见也。

善导施之是药，后人执之成病。

《辩》云：支那僧大抵不学佛书，多见坐禅或头陀者。一念不生，诚为佛果。然至此一念不生之域，难矣。若诚至此域者，非是无想外道。

判诚至一念不生者，非是无想外道，何其见之浅也！且不知无想定与灭尽定，差之毫厘，谬以千里。外道生无想天，自谓证大涅槃，不知报尽决定堕落也。

《辩》云：名号之入众生心中，是为他力信也。得此信者，据宿善焉。宿善者恒值佛也，过去修习念佛也。阙此宿善，则不能得信。

此言成就我宗。宿善是自力所作，尊意只许前生之自力，不许此生之自力，诚不解其何义也？

《辩》云：《观经》之九品，系净土之化土。弥陀以方便之愿，成此九品之化土，以应九品自力之机。此机往生此化土，而后一转入一种真妙之报土也。

经中实无此语。或贵国所传之本，与支那现行本不同欤？

《辩》云：本宗释三辈菩提心有二门，一者，以为圣道自力之菩提心，是可废也，第十八不许自力菩提心故也；二者，以为他力之菩提心，第十八之三心是也。三辈之菩提心，即至心信乐所生也。

四弘誓如锭子金，三心如叶子金。乃谆谆诲人曰：锭子金不可用，必须用叶子金。岂知锭子金与叶子金，体本无二，用亦无二也。

《辩》云：本宗以第十八愿为真实愿，以十九愿为方便愿。十八愿不许诸行，是为真实；十九愿许诸行，是为方便。

第十八愿既为真实，佛又何故要说第十九愿之方便，令人舍易而行难，既往生而更须转进，方入十八之真实也。若方便易而真实难，佛则令人从易进难，岂有从难进易以为方便乎？总之以立异为高，不立异不足以动人也。

《辩》云：《观经》序正，开十九愿也，至流通而废诸行单属念佛，始与第十八同其归也。贵君之眼，未能彻其纸背。一片之婆心，促君反省。

尊目力透纸背，所以能作反语。拙目不彻纸背，故只作正语。古人云：依文解义，三世佛冤；离经一字，即同魔说。彼此各坐一边病。若二边不着，则无病。

《辩》云：十九愿许诸行，非弥陀本意也。

既非本意，何得发此一愿？岂非违心之愿乎？此等判断，实属胆大！有识者决不敢出此语也。

《辩》云：见真大师之开净土真宗，以法然上人为师，法然依善导立一宗。善导五部九卷，并明观佛、念佛，使初心不知其所归。法然探知其意之所在，笔之于文章，使天下万世知唯念佛之可依焉。

此是不满善导之处，证知法然并非全宗善导，乃取善导之片言而文饰之耳。

《辩》云：第十八愿之十念，诸师误为观念、意念，善导楷定之为口称。法然依之，见真依之。

《小弥陀经》专主持名，岂至二千年后，法然始指出哉？

《辩》云：善导散善义，以别解别行，喻之群贼，据其以诸行障往生之行也。

经中以诸行资助往生，断无障往生之理。善导所说别解别行，退失往生之业者，喻之群贼。若以菩提心及诸功德，喻之群贼，则本疏中自语相违矣。

尝忆十年前上海传教西人，引我至讲堂，有本国演教者大声宣言曰："基督教如杲日之光，儒释道等教，或如星月之光，或如流萤之光。杲日一出，诸光皆隐，君何不舍佛教而归我基督教乎？"予笑而不答，知其不可与言也。孔子云："可与言而不与之言，失人；不可与言而与之言，失言。"尝见贵宗诸君子蔼然可亲，谓其可与言也。今阅辩答之辞，只树自宗之门庭，不顾佛经之意旨，前此一番狼藉，岂非堕失言之过乎？

评小栗栖《念佛圆通》

原书云：源空上人，世以为大势至菩萨化身，故名此解以《念佛圆通》。

势至自云"我无选择"，源空专主选择。势至念佛，都摄六根；源空专主口念，意根且不摄，遑及眼耳鼻身乎？以"圆通"目之，恐不称也。

原书云：本宗以念佛为大乘无上之法，势不可降乔入幽也。源空上人去天台入弘愿，是不守成法而能变者。

阅至此处乃恍然曰：我过矣！我过矣！彼直欲驾佛经而上之，立义在三藏教典以外，而我方以遵崇佛语相期，岂不令人嗤笑哉？

原书云：源空上人母秦氏梦吞剃刀而有孕。

梦吞剃刀，即是割断圣道之兆也。

原书云：上人从黑谷移吉水，日称名六万遍。

猛利念佛，亦恐涉于自力。

原书云：摄政关白大政大臣兼实，乞上人作《选择集》，上人说法于月轮殿。其归，兼实拜之地。上人头现圆光，中有宝瓶，兼实惊喜，以知其势至之化。

今而后方知释迦教外，别有"势至之教"，流传人间，深自愧其见闻之不广也。

原书云：建久九年正月二日，水想观成矣；七日，琉璃地现；二月,水想、地想、宝树、宝池、宫殿皆现。元久三年正月四日,弥陀、观音、势至现。余按非是入定而得之,称名念佛之力,自然感此好相也。

"余按"下二十余字,恐其涉于杂修杂行,所以作此出脱之语。而称名念佛,仍不免自力也。

原书云:建历二年正月,在大谷得疾,见佛菩萨化身。二十五日寂,紫云降焉。

假如有佛现于空中,放光说法,倘不与修多罗合,亦不足信也。

原书云:上人之阅一代时教,在以其所得之要路而自利利他耳。曰真言、止观、三论、法相之教,道幽理邃,利智聪明之者,可以行焉。方今暗于三密,而登遍照之位;乏于戒律,而居持律之职,是谓虚假,虚假非可以出离也。

将来亲见势至,当问此事。若真势至化身,仍须切实辩论,过于此番之言百千万倍,请弥陀、释迦并十方诸佛证明。

原书引善导《法事赞》云:弘誓多门四十八,偏标念佛最为亲。人能念佛佛还念,专念想佛佛知人。

"佛还念"及"专念想佛"等语,可见善导以念字通于心口,贵宗判定属口称,亦不合善导意也。

原书云:问:单曰十念,何以知其为口称哉?答:据善导《观念法门》,以十声称名,释"乃至十念";《往生礼赞》,亦以十声称名,释"乃至十念"。十念之非心念、意念者,皎如白日。

称名本在念佛之内,若执定念佛必局于称名,则于经意不贯。

此段愿文,须查考梵本。若原文仍属意业,即不得从善导改作口业。译师最为慎重,不许任意窜改也。

若口称与心意无涉,则口称佛名,心念五欲,心口两歧,尚得入弥陀愿海乎？偏邪之见，至于此极，何足与辩！

原书云：本宗以第十九愿为方便，以其取菩提心等行也。此十九之成就为三辈，三辈皆举菩提心。十九之菩提心自力，则三辈之菩提心亦自力也。开十九为《观经》。以十九为方便，则《观经》亦方便也。三辈九品，开合之异。三辈菩提心自力，则九品菩提心亦自力也。散善有二：一者，三福；二者，九品。此三福九品，亦开合之异。九品菩提心自力，则三福菩提心亦自力也。三福者，世戒行也。行福中有发菩提心，上下品有发无上道心。十九、三辈、三福、九品，一切属散善之行，非本愿之行。又云：自力菩提心有多种，末代凡夫岂得发此菩提心哉？弥陀因位舍之，据其难行也。

谓《观经》之定散、《大经》之三辈不顺佛愿，是谤释迦。谓弥陀因位舍菩提心，是谤弥陀。吾不知栖君是何等人也？

"弥陀因位舍之"一语，不怕拔舌泥犁，何敢出此语？释迦教中实无此语。"势至教"中有之乎？吾不得而知也。

"弥陀因位舍之"一语，不知栖君出于何心？鄙人返己自忖，假令刀锯在前，斧钺在后，以威力逼之，我亦情愿粉骨碎身，决不忍出此一言也。

原书云：《选择集》废菩提心据善导。善导曰："上来虽说定散两门之益，望佛本愿，意在众生一向专称弥陀佛名。"《选择集》之废据此。

善导实无废菩提心之语，真宗强指其废菩提心，借《疏》末一句用之，费尽无限心力，亦可哀也。

原书引善导《观经疏·序分义》曰：发菩提心者，此明众生忻心趣大，不可浅发小因，自非广发弘心，何能得与菩提相会？唯愿我身，身同虚空，心齐法界，尽众生性，我以身业恭敬礼拜，迎送来去，运度令尽。又我以口业赞叹说法，皆受我化，言下得道者令尽。又我以意业入定观察，分身法界，应身而度，无一不尽。我发此愿，运运增长，犹如虚空，无所不遍，行流无尽，彻穷后际，身无疲倦，心无厌足。又言菩提者，即是佛果之名；又言心者，即众生能求之心，故云发菩提心也。

此是善导所说，何得判其舍菩提心？

原书云：如是菩提心，乱想凡夫岂能发得哉？

此言辟善导。

凡夫定是凡夫，摄归净土，如何化导？盖凡夫之本心，与诸佛无二无别。所以蒙佛接引，即脱轮回之苦也。

原书云：十九愿自力菩提心，生乎化土。深自悔责，转入真土，故为横出。十八之信乐，顺次往生，证大涅槃，故为横超。

此判大违经意。经文第十八愿，普摄群机也。如《法华》之"一称南无佛，皆已成佛道"者是也。第十九愿，别摄上品机也。今抑十九为化土，扬十八为直证涅槃，一切经内，皆无此义。

原书云：均是《观经》也，天台以之为心观为宗，实相为体；善导以之为念佛观佛为宗，往生净土为体。本宗依善导，谁以善导为违教乎？

以疏辅经，不以疏掩经，慎之慎之！

原书云：此"舍"一字，所以开净土宗于圣道各宗之外也。以此一字，使天下万世知标准之所在也。

暗藏灭法之机。

原书云：圣道难行，不可行也，故断断乎舍之。

既不能行，又何必言舍？

原书云：《安乐集》曰：圣道一种，今时难证。乃至《大集月藏经》曰：我末法时中，亿亿众生起行修道，未有一人得者。

此等语句，均是活机，策励后学之言也。

原书云：欲开一宗风动天下者，必须鲜明其旗帜，而令知其方针。

不顾经意之所在，只图动人之观听。欲出新奇，其途甚多，支那境内，且有数十种而未已也。

原书云：此土入圣为圣道，他土得证为净土。

栖君实未尝知圣道、净土同别之源。语语以此土入圣为圣道，他土得证为净土，所知尽于此矣。岂知圣道者，十方三世同行之道，娑婆极乐，均如是修证。佛说净土门，是防退之法，仗弥陀愿力，往生西方，永无退缘，必至成佛也。是以专修净土，即得圆成圣道门。若唱舍圣道，即是舍净土，盖净土由弥陀修圣道而成也。如来善巧方便，或说自身，或说他身，或示己事，或示他事，而以世俗情见，固执不解，欲入佛界，不亦难哉？

原书云：居士曰"纵令一生造恶"，经文中无此六字。解曰：余以居士为信道绰，今则以道绰为违道，余不知居士之意在何处？

道绰于愿文内加此六字，开后人放肆之门，不可不辩。岂有刻其书而不检其过耶？即如南岳《大乘止观》引《起信论》之语，添一"恶"字，莲池已举其错。敝处刻蕅益书甚多，亦时时论其错处，不能为之回护也。

原书云：道绰以《观经》下下品释《大经》第十八愿也。《大经》"十方众生"之言，不知何等众生？道绰以为下下品之机，是道绰之为天下后世彰弥陀愿王之本意也。

第十八愿末，明言"唯除五逆、诽谤正法"，道绰加六字于愿文之中，显违经意。遵经乎？遵道绰乎？

原书云：善导曰：众生起行，口常称佛，佛即闻之；身常礼敬佛，佛即见之；心常念佛，佛即知之。

心常念佛之语，与口常称佛，一耶二耶？

原书云：居士以善导为比量，为依他；以《集》主为非量，为遍计。居士以唯识视净土门乎？遍计空，依圆有，居士以《集》主之言为龟毛兔角乎？

此中微细分别，心粗气暴者，何足以知之？

净土若缺唯识，则弥陀佛法为有欠矣。

《集》主翻对之语，全是凡夫情谓。妙觉位中，决无此理，非龟毛兔角而何？

原书云：居士曰：佛以无缘大慈摄化众生，平等普遍，无亲疏之别。而言亲疏者，属众生边事。若佛因众生而有亲疏，则亦众生而已矣，焉得称为佛耶？

解曰：居士单知有平等门，而不知有差别门也。无缘大悲，平等普遍，是为平等门。若以愿行来收，非无因缘。以三心、十念往生之因，是为差别门。据此差别门，开净土之一门。《弥陀偈经》曰：发愿逾诸佛，誓二十四章。是弥陀本愿之所以超诸佛也。顺其本愿为亲行，不顺其本愿为疏行也。以水为能感，以月为所感，月岂不照外物哉？然非水则不能感月影也。亲疏之行，可以知矣。

以三心、十念之因为差别门，正属众生边事。下文水月喻，恰成就我宗。如因众生而佛有亲疏，则佛应无边之机，应有无边亲疏之别。有心则不普，无心则不差。请细思之。《观经》云："光明遍照十方世界念佛众生，摄取不舍。"又云："以无缘慈摄诸众生。"此两句须善融会，若执定一边，则互相违矣。

水清则月明，水浊则月暗，明暗在水而不在月。是以亲疏属众生边事。

原书云：居士以十念为至浅之行，何其破法之甚？

前引道绰释十方众生以为下下之机，则道绰亦破法矣。

原书云：善导曰："上来虽说定散两门之益，望佛本愿，意在众生一向专称弥陀佛名。"以此观之，序、正之定散，非弥陀本愿，流通之持名，是为本愿也。

诚如此言，则善导疏《观经》数万字，大可不必。即佛说三部经法，亦属虚设，单说第十八愿一条足矣。

原书云：《集》主以《大弥陀经》之选择，释《大经》之摄取，是以异译释本经，谁敢非之？

汉译、吴译，皆用选择；魏译、唐译，皆用摄取。因古之二译，字句未能妥洽，是以重复译之，俾成善本。若后译不能胜于前译，当时亦毋庸费此笔舌矣。细味"摄取"二字，义理深长，请以梵文证之。

原书云：居士之所嫌，唯在"选择"二字；《集》主之开一宗，唯在取"选择"二字。取者与嫌者相反，不必望居士之随我也。唯祈居士舍弥陀所舍之行，取弥陀所取之行，而往生真实报土。

弥陀所舍者，无明烦恼也，我亦舍之。弥陀所取者，菩提涅槃也，我亦取之。弥陀以三辈九品摄受众生，我亦愿往焉。

原书云：《大经》曰："二百一十亿诸佛刹土天人之善恶，国土之粗妙。"既有善恶，须舍恶取其善；既有粗妙，须舍粗取其妙。五劫思惟，在舍其粗恶，而取其善妙。永劫修行之后，其精妙之物，集而成弥陀净土，是弥陀净土之所以超出诸佛净土也。

法藏比丘见果知因，思惟修行，因圆果满，自然显现净妙国土。岂以精妙之物集而成土，如世俗造作之相耶？

原书云：春蚕吐丝之譬，亦不外于风流人之假想也。八功德水，七宝树林，岂一色蚕丝之可拟者耶？

"春蚕喻"以为不确，复以作文喻之。譬如聪慧之士，读尽古今书籍，欲作一篇大文章，必由自己胸中流出，绝不蹈袭陈言，方成妙文。若一一采自他书，纵将一切佳句采尽，只成一片碎锦，岂得称为妙文？弥陀净土，亦复如是。

原书云：《集》主之言般若者，信第一义也。是因行而非般若现时也，六度中般若波罗蜜是也。

不现何得名般若？

以六度中般若波罗蜜为浅，是全不知般若，亦并不知波罗蜜。非般若现前，不名六度，以其不到彼岸也。支那禅宗，专学般若，其造诣之深，岂门外汉所能知耶？

原书云：此《集》菩提心者，因行也，非佛果也。

无因如何得果？以菩提心之正因，方能契无上妙果。句义且不能通，何能论佛法？

原书云：下下品"不能念彼佛者"之念，心念也。"应称无量寿佛"，口称也。"具足十念"之念，亦口称也。

何不曰具足十称，而曰十念耶？盖猛利称名之时，心亦随之。以口摄心也。必欲扫除心念，是障往生之路矣。

原书云：居士以着衣、吃饭、便利、睡眠为杂行，佛者之口气，须禁此不祥语矣。

宗门参禅者，每云除吃饭、便利是杂用心，律中在着衣、吃饭、睡眠上，制戒数十条，何谓佛者不应说？岂不闻粗言及细语，皆归第一义乎？

不祥之语，莫大于违经意。

原书云：居士曰：五逆以下三行解说，若约忏罪猛钝，修证浅深，可以九品互通。此中说解第一义，发菩提心，通上下者，除非中途退堕，作诸恶逆，临终回心，如经文下品中说。

解曰：居士已许修证浅深矣。解第一义，发菩提心，岂无浅深差别乎？

发菩提心，解第一义，亦通上下之语，拙评已说明，除非中途退堕，方落下下，以其退菩提心，失第一义故也。十恶五逆亦通上上者，除非作实相忏，彻证罪性本空，方能超升上上也。故此互通之义，皆须转机。转则失上而趣下，失下而趣上。若不失仍不互，当以经文为正也。台教后人说横说竖，说逆说顺，只逞铺排之富丽，往往语中有病而不自知耳。

杂　　评

久知真宗之名而未知其实。自小栗栖君力辩之后,始知真宗之所以为真宗矣。彼此答复,意在言外。

观此番辩论之言,贵宗之骨髓见矣。

佛经且任意废弃,何况几位学者之言而不肆口诋诃!率意陈言,可谓不度德不量力也。

我辈笃信他力,仍不废自力,诸经之公义也。公等单说他力,不许稍涉自力,黑谷之私见也。欲树一家之门庭,尽废千佛之正轨,吾不知其可也。

君谓他力信,以为属他力;我谓信他力,仍从自力起。必欲强分自他,则自他亦假名而已。

佛教众生,必以破我执为先。盖人我对待,则生佛悬隔,如空有云,水中不能见月也。

经言:众生处处著,引之令得出。贵君之病,只在处处执著也。

贵宗不能合于经义,即此固执之病也。以凡夫情量,判如来圣教,远之远矣。

将佛法妙用,作凡夫见解,十万亿佛刹,何时得到?

不达佛教开合之妙,所以触途成滞也。

《观经》有九品,《大经》有三辈,而说净土无九品,请于三经内指出明显之文。

如是之教，不但娑婆世界有一无二，即十方世界，亦恐无有。何以故？不费功力，速得成佛，迥出思议之表。若在四十年以前闻之，我亦乐从也。

睁开眼，放平心，将净土三经，挨次阅竟。必须前后文义相贯，知一经终始，绝无矛盾之说，自然不为成见所囿矣。

贵宗所别于通途者，摘其大纲，一曰取一愿废诸愿。贵宗以第十八愿为宗本，判十九愿为非佛本意，则佛有违心之语。故取一愿令人专修可也，贬诸愿谓非佛意不可也。二曰专他力而尽废自己力。考经中佛说云云，平心论之，虽以他力为所信，仍以自力为能信也。三曰贬经中所说三辈、九品之相为不足贵，而另立一往生之相，驾于九品之上，云往生即成佛。是修行者生品反低，而不修者生品反高也。四曰判圣道为此土成佛之教。夫圣道为十方三世成佛之教，极乐世界亦在其内，所胜者无退缘，常与诸上人同会一处耳。然在净土得忍以后，度生愿切者，必回入娑婆，或往他方世界行大悲利生。净土菩萨若缺大悲，弥陀亦应呵斥也。

近年见贵宗贤士好学不倦，试一言之，冀有少年英俊突围而出，佛法不其昌明乎？往者《选择集》入手，偶一翻阅，置于架上。今因嘱刻，不得不阅，即进言之机也。非但黑谷之书，评其瑕疵，即道绰、善导之书，亦有检点处。如《安乐集》下卷□□□□□□，支那见之，皆以为不足训。而刻板已成，无可如何。善导《观经疏》以三福九品判作散善。夫三福乃修观之前方便，九品系所观之境，元照已辩其错，故不赘言。至于南岳思禅师《大乘止观》引《起信论》中"能生一切世出世间善因果故"，于"善"字下加一"恶"，莲池屡指其错。大凡违经之语，有识不能默然，从古如是也。唐信行禅师①,人皆称其菩萨应化,而所作之书,大违经意,当时即禁止流传。

佛由菩提心成,犹之饭由米成。今欲吃饭而不准用米,试问可得饭乎?今欲念佛而不准发菩提心,试问可见佛乎?佛者,究竟菩提也。舍菩提心,则无由得佛,犹之舍米无由得饭也。此论如金刚,十方三世无能破坏,请细思之。

《黑谷语录》释"经道灭尽,持留此经"之文,举净影以后劝今之语,遂欲将万年来灯焰欲灭之象,提至今时用之,是释迦教本有万年住世,而黑谷直欲促而短之,是何意也?且净影之旨,重在劝人笃信净土,非欲尽废一切经教,而作万年后之行也。黑谷章末云:"若有片言契合佛意,于菩提果得不退转"等语,此公先将菩提因废尽,焉能得菩提果耶?又云:"若于文理有所错谬,愿仰后贤校正。"可惜六百年来无人校正,不知误却几许人矣?

黑谷以菩提心及六度等,皆判为杂行,悉应废舍。诚如彼言,则不发菩提心者是为正行;废布施,则悭贪者为正行;废持戒,则恣纵者为正行;由此推之,嗔恚、懈怠、散乱、愚痴者,皆为正行。颠倒说法,至于此极!如狮子身中虫,自食狮子肉,故知佛法非外人所能破也。众生违于法性,则乐著生死,悭贪、恣纵、嗔恚、懈怠、散乱、愚痴,如来愍之,教令发菩提心,修六度行,逆生死流,顺涅槃道。求生净土,无非为此而已。必欲废之,不知求生净土为何事也?

或曰:求生净土,必须发菩提心,修六度行,不亦难乎?答曰:无难也。凡信净土法门者,发愿自度度人,同证佛果,即是菩提心

---

① 据《续高僧传》卷十六"隋京师真寂寺释信行传"记载,信行禅师寂于开皇十四年正月四日,即公元594年,实为隋朝人。——编者注

矣。专修念佛,见得世间财物无一可乐,不起悭贪想念,即与施度相应矣;专修念佛,逆境现前,不生嗔恚之心,即与忍度相应矣;专修念佛,心不散乱,即与禅度相应矣;专修念佛,不受世俗愚迷,即与智度相应矣。初行之,即是日用寻常。渐次增进,便成菩萨妙行。何必立意埽除,定将出世善法,歧而二之,不几作释教中之罪人哉?且此七法,唯布施一门,就名相言之,似有施作。其余六门皆无施作,不过就治习上立此名目耳。奈何判为杂行,谓念佛人必不可修耶?

三辈九品所发菩提心,皆是四弘誓。即不知发此誓者,亦隐含三心。若必指无上菩提之心,是在十信满时,一发此心,即入圆住,便能现八相成道。上品上生者见佛之时,即发此心。然凡夫发四弘誓,亦彻于究竟。必至究竟位,弘誓方满也。所以为因果交彻之心。

三辈九品以外,别有一类,是修观者往生之相。十六观以第九为绝顶,可分为九品。然观成之人,胜于上品上生,以其现生受记也。后之七观,推而广之,以尽圣凡之际。

"思惟摄取庄严佛国清净之行"一语,须善会通。盖法藏比丘见果知因,其所修菩萨道,皆是庄严净土之因。若舍圣道,何得有净土耶?

此中是非,当在弥陀会下证明。然恐往生后亦不得见面。盖我辈所生,是经中已说之土,三辈九品种种庄严,即同居而谈实报、寂光之土也。公等所生,是经中未说之土,贵论所谓一种真妙,往即成佛之土也。

圆融不妨差别,差别不妨圆融是也。小栗栖君只许差别,不许圆融,所以差别与圆融相妨矣。

圆融妙理,皆以果法目之,此台教后人之语。贤首尝云果位不可说,所可说者皆因位耳。盖诸佛妙用,即在凡夫日用中,儒书所谓"百姓日用而不知"也。

弟于佛法,最为慎重,与人接纳,不轻谈论。虽有新学问道,亦不收作门徒。南条、北方诸君,往返二十年,未尝讲论佛法。兹因机缘触发,不惜一番话堕,引出无限是非。然愈辩而愈明,彼此均有利益。幸承详细开示,得见贵宗之底蕴。自此次答复后,决不再参末议矣。除非好学之士夙根发现,负笈前来,虚心请益,仍当善言开导,拚取双眉拖地也。

阐教编跋

石埭杨仁山先生评日本真宗之言详矣。岁丁巳，距先生西归才六年（1917），而稿已濒于散佚。惧其久而失传，乃掇拾丛残，汇为一册。寻绎遗汇，知先生尝取彼宗所出《真宗教旨》及《选择本愿念佛集》二书，加以评语，并撰《阐教刍言》一篇，邮寄东国。彼宗小栗栖，因作《阳驳阴资辩》及《念佛圆通》二书。称《阳驳阴资辩》者，以先生《评真宗教旨》，有"阳似辩驳，阴实资助"语也；称《念佛圆通》者，彼谓撰《选择集》创立真宗之源空，为势至化身也。先生复逐条痛驳之。又有后藤葆真者，作《应于杨公评驳而呈卑见》一书。有龙舟者作《阳驳阴资辩续貂》《念佛圆通续貂》二书。先生答书，已与《评一柳读观经眼》《纯他力论》二篇，刊入《等不等观杂录》中。兹编所录，皆一再搜求而始得之。其《评选择集》一篇，则从《念佛圆通》及后藤书中录出。别有先生手稿九纸，即评《阳驳阴资辩》《念佛圆通》底稿之少分，亦有为前评所无者若干条，汇为杂评一篇附焉。录成，谨以《阐教刍言》冠首，因即僭题曰《阐教编》云。丁巳仲夏，编者谨识。

经典发隐

《论语》发隐

子曰:"学而时习之,不亦说乎? 有朋自远方来,不亦乐乎? 人不知而不愠,不亦君子乎?"

开章言学,须知为学之方,详在《大学》前篇。孔子自言下学而上达,诚为学之正轨也。时时习之,日有进益,以期造乎至善之地,则中心喜悦可知矣。朋自远方来,同声相应,同气相求也,其乐何如? 设人不知而内自愠,是谓徇人,则非君子之道矣。

有子曰:"其为人也孝弟,而好犯上者,鲜矣;不好犯上,而好作乱者,未之有也。君子务本,本立而道生。孝弟也者,其为仁之本与!"

有子此言,以孝弟治天下,得圣门一贯之旨也。

子曰:"禘,自既灌而往者,吾不欲观之矣。"

灌所以降神,诚无感通,神不来格,此祭便成虚设,故不欲观。

祭如在,祭神如神在。子曰:"吾不与祭,如不祭。"

两"如"字最妙,记者因闻孔子之言,而知孔子祭时,有此种观境也。

子谓子贡曰:"汝与回也孰愈?"对曰:"赐也何敢望回? 回也闻一以知十,赐也闻一以知二。"子曰:"弗如也! 吾与汝弗如也。"

《维摩经》中,三十二菩萨,皆以对法显不二法门。六祖《坛经》,以三十六对,显禅宗妙义。子贡闻一知二者,即从对法上知一贯之旨也。若颜子闻一知十者,乃证华严法门也。经中凡举一法,即具十门,重重无尽,名为圆融法界。子贡能知颜子造诣之深,复能自知修道分齐,故孔子印其弗如而与之也。

子曰:"默而识之,学而不厌,诲人不倦,何有于我哉?"

下文夫子自许"为之不厌,诲人不倦",此章"何有于我"之句,疑传写有误。

子谓颜渊曰:"用之则行,舍之则藏,惟我与尔有是夫!"

意、必、固、我,四者皆无,故用行舍藏,无可不可。孔子独许颜子,非他人所能也。

子曰:"饭疏食饮水,曲肱而枕之,乐亦在其中矣。不义而富且贵。于我如浮云。"

此章与颜子箪瓢陋巷之乐相同,故知孔颜心心相印也。

叶公问孔子于子路,子路不对。子曰:"汝奚不曰:'其为人也,发愤忘食,乐以忘忧,不知老之将至'云尔。"

孔子所用是直心。直心者,纯而不杂,非如世人杂虑交攻之心也。

子钓而不纲,弋不射宿。

时人有设纲与射宿者,孔子辄止之,钓与弋未尝禁也。门下士因悟孔子接引学徒之方,遂记此二言。观陈亢问伯鱼一章,便可知矣。一部《论语》中,弋钓之机,时时有之。乃至古今圣贤,莫不如是。禅门所谓垂钓看箭,亦此意也。近世以传教为务者,则设纲射宿矣。

子曰:"若圣与仁,则吾岂敢?抑为之不厌,诲人不倦,则可谓云尔已矣。"公西华曰:"正惟弟子不能学也。"

自修化人,皆无限量。所以不居圣与仁者,刬其朕迹也。公西华窥见一斑,知非浅境,故生敬仰。

曾子有疾,召门弟子曰:"启予足!启予手!《诗》云:'战战兢兢,如临深渊,如履薄冰。'而今而后,吾知免夫!小子!"

菩萨现身人道,欲护持在家律仪,毫无违犯,难之又难也。曾子冰渊自懔,至临终时,方知得免。若据此章,便谓儒家修己局于一生,死后无事,亦浅之乎测纯儒矣。

子绝四:毋意,毋必,毋固,毋我。

此四病,一切学者,均须除尽。但学有浅深,则除有先后。四者之中,以我为根,我病若除,则前三尽绝矣。

子曰:"吾有知乎哉?无知也。有鄙夫问于我,空空如也,我叩其两端而竭焉。"

杨子读《论语》至此,合掌高声唱曰:"南无大空王如来!"闻者惊曰:"读孔子书,而称佛名,何也?"杨子曰:"子以谓孔子与佛有二致乎?设有二致,则佛不得为三界尊,孔子不得为万世师矣。《论语》一书,能见孔子全体大用者,惟此章耳。夫无知者,般若真空也。情与无情,莫不以此为体。虽遇劣机,一以本分接之。盖鄙夫所执,不出两端,所谓有无、一异、俱不俱、常无常等法。孔子叩其两端,而竭其妄知,则鄙夫当体空空,与孔子之无知何以异哉?"

将欲显示根本无分别智,先以有知纵之,次以无知夺之。虽下劣之机,来问于我,亦以真空接之。"空空如也"四字,形容得妙。世人之心,不出两端。孔子以空义叩而竭之,则鄙夫自失其妄执,而悟真空妙谛矣。

食不厌精,脍不厌细。

厌粗而喜精,人之常情也。矫枉过正者,厌精而就粗。孔子既不厌粗,复不厌精,但可食则食之而已。

厩焚。子退朝,曰:"伤人乎?"不问马。

此章各家注解,均未达其意。一者解"不问马"之言,谓孔子贵人而贱畜,不合埋马以帷之义。二者以"不"字连上读,谓先问人而后问马。似觉有理,然亦寻常之事,门人所不记也。当知厩中本自无马,马从朝中驾车而归。孔子见厩已焚,只问伤人一语,绝无诘责之辞。门人见其不动声色,异而记之。后人妄添"不问马"三字,遂使意味索然也。

季路问事鬼神。子曰:"未能事人,焉能事鬼?"敢问死。曰:"未知生,焉知死。"

子路就远处问,孔子就当处答,大似禅机。盖子路忿世俗以欺诈事人,问其事鬼神亦容得欺诈否?故孔子答以既不能事人,亦不能事鬼。子路又问此等人死后如何?孔子答以生不成为生,死亦不成为死。复次子路问事鬼神,意谓幽冥之道,与人世有别也。孔子答意,能尽事人之道,即与事鬼神无别也。又问死意,谓死后无迹可寻,一灵真性,向何处去?孔子答意,当知生时灵性何在,便知死后不异生时也。

"点!尔何如?"鼓瑟希,铿尔,舍瑟而作。对曰:"异乎三子者之撰。"子曰:"何伤乎?亦各言其志也。"曰:"莫春者,春服既成,冠者五六人,童子六七人,浴乎沂,风乎舞雩,咏而归。"夫子喟然叹曰:"吾与点也!"

鼓瑟所以调心。当孔子与群贤问答之时,曾皙鼓瑟未停,可见古人用功,无片刻间断也。问言将及,铿尔舍瑟,何等雍容自在。不待出言,已知其涵养功深矣。三子皆言经世,曾皙独言洁己,所以异也。下文言志,当以表法释之。"暮春"者,喻人生壮盛之时也。"春服既成"者,喻为学之方,渐有成效也。"冠者五六人,童子六七人",引导初机,循序而进,不拘长幼偕行也。"浴乎沂"者,涤除粗垢也。"风乎舞雩"者,消散细惑也。"咏而归",一唱三叹,以复其性之本然也。"夫子喟然叹曰:'吾与点也!'"如六祖印怀让云:"汝如是,吾亦如是。"曾皙之言,正心修身,道之体也。三子之言,治国平天下,道之用也。有体方有用,圣门所重者,在修己之道耳。

颜渊问仁。子曰:"克己复礼为仁。一日克己复礼,天下归仁焉。为仁由己,而由人乎哉?"颜渊曰:"请问其目。"子曰:"非礼勿视,非礼勿听,非礼勿言,非礼勿动。"颜渊曰:"回虽不敏,请事斯语矣。"

己者,七识我执也。礼者,平等性智也。仁者,性净本觉也。转七识为平等性智,则天下无不平等,而归于性净本觉矣。盖仁之体,一切众生本自具足。只因七识染污意,起俱生分别我执。于无障暗中,妄见种种障暗。若破我执,自复平等之礼,便见天下人无不同仁。此所以由己而不由人也。颜子既领此意,便问修习之方。孔子令其在视听言动上净除习气,稍违平等性,便是非礼,即须治之。颜子心领神会,便请从事矣。

季康子问政于孔子。孔子对曰:"政者,正也。子帅以正,孰敢不正?"

"子帅"二语,不但答季康子,即为天下后世为人上者之针砭也。

季康子患盗,问于孔子。孔子对曰:"苟子之不欲,虽赏之不窃。"

此言直指季康子为盗魁。

季康子问政于孔子曰:"如杀无道,以就有道,何如?"孔子对曰:"子为政,焉用杀?子欲善而民善矣。君子之德风,小人之德草。草上之风,必偃。"

"子为政"一语,如惊天之雷,指示季康子以绝大作用。

以上三章,孔子见得季康子是个人,方施此等键椎。可惜当机不知痛痒。然较今之从政者,则远胜矣。今时执政前,无人敢发此语。倘答一次,决无再问三问也。

樊迟请学稼。子曰:"吾不如老农。"请学为圃。曰:"吾不如老圃。"樊迟出。子曰:"小人哉,樊须也!上好礼,则民莫敢不敬;上好义,则民莫敢不服;上好信,则民莫敢不用情。夫如是,则四方之民襁负其子而至矣。焉用稼?"

樊迟见得世无可为,遂欲高蹈弃世,作独善之计。然犹不敢自决,故请学稼。孔子以旁机答之。复不甘心,又请学圃。孔子仍以旁机答之。樊迟心折而出矣。孔子以小人斥之者,斥其舍离兼善之心也。孔子行菩萨道,不许门人退入二乘,其慈悲行愿有如此者。

子夏为莒父宰。问政。子曰:"无欲速,无见小利。欲速则不达,见小利则大事不成。"

学佛者亦须知此意,欲速则不能通达深义。见小利,或贪味禅,或求小果,则不能成就无上菩提。

子曰:"贤者辟世,其次辟地,其次辟色,其次辟言。"

孔子见去位者多而叹之,然孔子则未尝辟也。"辟世"之言,解之者,均是辟地,非辟世也。必须断三界结使,证独觉道,方称辟世。身虽在世,而心已离世矣。然非上智者不能。其次则有三等。程子谓四者无有优劣,非也。

子路宿于石门,晨门曰:"奚自?"子路曰:"自孔氏。"曰:"是知其不可而为之者欤?"

形容孔子,至此言而尽矣。胡氏谓晨门以是讥孔子。不但不知晨门,亦并不知孔子。盖孔子不论可不可,但尽其在我而已。

子击磬于卫。有荷蒉而过孔氏之门者,曰:"有心哉!击磬乎!"既而曰:"鄙哉!硁硁乎!莫已知也,斯已而已矣。深则厉,浅则揭。"子曰:"果哉!末之难矣。"

闻击磬而叹有心,可谓孔子之知音矣。下文以自了汉期孔子,实未知孔子之用心也。"斯已而已"之语,所谓要了便了,不必迟回。烦恼深流,猛厉而过,虚妄浅流,轻揭而度。何不早登彼岸耶? 孔子轻小果而不为,故笑而置之。

子曰:"性相近也,习相远也。"

此性,应指八识起妄之原也。起处甚微细,所以相近。及乎习于善恶,则千差万别,愈趋而愈远矣。

子曰:"予欲无言。"子贡曰:"子如不言,则小子何述焉?"子曰:"天何言哉? 四时行焉,百物生焉,天何言哉?"

孔子终日言而未尝言,终日不言而未尝不言。忽以"予欲无言"四字微示其意。子贡名言习气未忘,以为非言则无以述。孔子复云天不言而时行物生,以喻大道之妙。若会其意,则知孔子常在世间,入一切众生心中,随机化导,何有生死去来之相耶? 章末复加"天何言哉"一语,其悠扬咏叹之致,令子贡心领而神会也。

《孟子》发隐

《孟子》全书宗旨,曰仁义,曰性善。立意甚佳,但见道未彻。其所言性,专认后天,而未达先天。以赤子之心为至善,殊不知赤子正在无明窟宅之中。其长大时,一切妄念,皆从种子识内发出。所说仁义,亦以情量限之,谓与利为反对之事,以致游说诸王,皆不能入。若说仁义为利国之大端,而说利国当以仁义为首务,则诸王中或有信而乐从者矣。

孟子见梁惠王。王曰:"叟!不远千里而来,亦将有以利吾国乎?"孟子对曰:"王何必曰利?亦有仁义而已矣。王曰:'何以利吾国?'大夫曰:'何以利吾家?'士庶人曰:'何以利吾身?'上下交征利而国危矣。万乘之国,弑其君者,必千乘之家;千乘之国,弑其君者,必百乘之家。万取千焉,千取百焉,不为不多矣。苟为后义而先利,不夺不餍。未有仁而遗其亲者也,未有义而后其君者也。王亦曰仁义而已矣,何必曰利?"

利者,害之反也。王曰何以利吾国,是公利,非私利也。孟子曰"上下交征利",则专指聚敛矣,与梁王问意不合,故非真能破。《告子》下篇,宋牼欲罢兵,将言其不利。孟子以去仁义怀利斥之。可见孟子以利与仁义决非并行,亦不合孔子之道。观《子适卫》一章,先言富而后言教。又"足食足兵,民信之矣",亦以富强与信交相为用。至必不得已之时,方去兵去食而留信。未有专言信,而概废兵与食也。

燕人畔。王曰："吾甚惭于孟子。"陈贾曰："王无患焉。王自以为与周公，孰仁且智？"王曰："恶！是何言也？"曰："周公使管叔监殷，管叔以殷畔。知而使之，是不仁也。不知而使之，是不智也。仁智，周公未之尽也，而况于王乎？"贾请见而解之。见孟子，问曰："周公何人也？"曰："古圣人也。"曰："使管叔监殷，管叔以殷畔也，有诸？"曰："然。"曰："周公知其将畔而使之欤？"曰："不知也。""然则圣人且有过欤？"曰："周公弟也，管叔兄也。周公之过，不亦宜乎？"

以弟兄二字，为周公文过，实不足以折人心。盖周公以刚健正直之心，行大公无我之事，岂有私情萦怀，而行赏罚于其间乎？

孟子曰："道在迩而求诸远，事在易而求诸难。人人亲其亲，长其长，而天下平。"

上下千古，纵横万里，欲得人人亲其亲，长其长，岂可得哉？然则天下无太平之日乎？曰：非也。致乱之根，在于妄想。破妄显真，天下太平矣。

子产听郑国之政。以其乘舆，济人于溱洧。孟子曰："惠而不知为政。岁十一月徒杠成，十二月舆梁成，民未病涉也。君子平其政，行辟人可也，焉得人人而济之？故为政者，每人而悦之，日亦不足矣。"

子产见人徒涉，即以乘舆济之，乃偶尔之事耳。孟子好责人，于此可见。

孟子曰："大人者，不失其赤子之心者也。"

从无明妄想受生而成赤子。孟子不知，直以此为纯全之德，故所谈性善，盖不能透彻本原也。

徐子曰："仲尼亟称于水，曰：'水哉！水哉！'何取于水也？"孟子曰："原泉混混，不舍昼夜。盈科而后进，放乎四海。有本者如是，是之取尔。苟为无本，七八月之间雨集，沟浍皆盈。其涸也，可立而待也。故声闻过情，君子耻之。"

仲尼之叹水，勿论其有本无本也。观其重叹，乃叹其性德耳。水性常清，虽泥混之使浊，而清性不改。水性常静，虽风鼓之使动，而静性不改。恰似人之本性，是以仲尼亟称之也。

孟子曰："君子所以异于人者，以其存心也。君子以仁存心，以礼存心。仁者爱人，有礼者敬人。爱人者人恒爱之；敬人者人恒敬之。有人于此，其待我以横逆，则君子必自反也：我必不仁也，必无礼也，此物奚宜至哉？其自反而仁矣，自反而有礼矣。其横逆由是也，君子必自反也：我必不忠。自反而忠矣。其横逆由是也，君子曰：此亦妄人也已矣。如此，则与禽兽奚择哉？于禽兽又何难焉？"

菩萨见此等人，益加怜愍。孟子乃以轻慢之心视之，去圣道远矣。

万章曰："父母使舜完廪，捐阶，瞽瞍焚廪。使浚井，出，从而掩之。象曰：'谟盖都君咸我绩。牛羊父母，仓廪父母。干戈朕，琴朕，弤朕，二嫂使治朕栖。'象往入舜宫，舜在床琴。象曰：'郁陶思君尔。'忸怩。舜曰：'惟兹臣庶，汝其于予治。'不识舜不知象之将杀己欤？"曰："奚而不知也？象忧亦忧，象喜亦喜。"曰："然则舜伪喜者欤？"曰："否。昔者有馈生鱼于郑子产，子产使校人畜之池。校人烹之，反命曰：'始舍之，圉圉焉，少则洋洋焉，攸然而逝。'子产曰：'得其所哉！得其所哉！'校人出，曰：'孰谓子产智？予既烹而食之，曰得其所哉！得其所哉！'故君子可欺以其方，难罔以非其道。彼以爱兄之道来，故诚信而喜之，奚伪焉？"

大圣应现，非凡所测。完廪浚井，皆以神通得出。瞽瞍与象，均是大权菩萨，成全舜之盛德。孟子所解，全无交涉。

万章问曰："象日以杀舜为事。立为天子则放之，何也？"孟子曰："封之也。或曰放焉。"万章曰："舜流共工于幽州，放驩兜于崇山，杀三苗于三危，殛鲧于羽山，四罪而天下咸服，诛不仁也。象至不仁，封之有庳，有庳之人奚罪焉？仁人固如是乎？在他人则诛之，在弟则封之。"曰："仁人之于弟也，不藏怒焉，不宿怨焉。亲爱之而已矣。亲之欲其贵也；爱之欲其富也。封之有庳，富贵之也。身为天子，弟为匹夫，可谓亲爱之乎？"

以世俗之情而观古圣。想帝舜在天之灵，当发一笑也。

"敢问'或曰放'者，何谓也？"曰："象不得有为于其国，天子使吏治其国，而纳其贡税焉，故谓之放。岂得暴彼民哉？虽然，欲常常而见之，故源源而来。'不及贡，以政接于有庳'，此之谓也。"

象若怙恶不悛，天子尚不畏，何有于吏？

万章曰："尧以天下与舜，有诸？"孟子曰："否。天子不能以天下与人。""然则舜有天下也，孰与之？"曰："天与之。""天与之者，谆谆然命之乎？"曰："否。天不言，以行与事示之而已矣。"曰："以行与事示之者，如之何？"曰："天子能荐人于天，不能使天与之天下；诸侯能荐人于天子，不能使天子与之诸侯；大夫能荐人于诸侯，不能使诸侯与之大夫。故曰天不言，以行与事示之而已矣。"

上天之载，无声无臭，此善于言天者也。孟子言天，迹涉有为，是高于天下一等耳。西教盛行，当以《孟子》为证据也。

万章问曰："人有言，'至于禹而德衰，不传于贤而传于子。'有诸？"孟子曰："否，不然也。天与贤则与贤，天与子则与子。昔者舜荐禹于天，十有七年。舜崩，三年之丧毕，禹避舜之子于阳城，天下之民从之,若尧崩之后不从尧之子而从舜也。禹荐益于天,七年。禹崩,三年之丧毕,益避禹之子于箕山之阴,朝觐讼狱者不之益而之启,曰:'吾君之子也。'讴歌者不讴歌益而讴歌启,曰:'吾君之子也。'

与贤与子,皆天主之。后世与暴与虐,亦天主之。天既能主,何不尽弃暴虐而与圣贤?则永远太平,不见乱世矣。

丹朱之不肖,舜之子亦不肖。舜之相尧、禹之相舜也,历年多,施泽于民久。启贤,能敬承继禹之道。益之相禹也,历年少,施泽于民未久。舜禹益相去久远,其子之贤不肖,皆天也,非人之所能为也。莫之为而为者,天也;莫之致而至者,命也。"

以子之贤不肖,均归于天。不解天何薄于此而厚于彼耶?

告子曰:"性,犹杞柳也。义,犹桮棬也。以人性为仁义,犹以杞柳为桮棬。"孟子曰:"子能顺杞柳之性而以为桮棬乎?将戕贼杞柳,而后以为桮棬也?如将戕贼杞柳而以为桮棬,则亦将戕贼人以为仁义欤?率天下之人而祸仁义者,必子之言夫!"

告子不知自性本空,故以杞柳为喻。孟子以戕贼破之,仅破其妄计,而未显其本原也。

告子曰:"性犹湍水也,决诸东方则东流,决诸西方则西流。人性之无分于善不善也,犹水之无分于东西也。"孟子曰:"水信无分于东西,无分于上下乎?人性之善也,犹水之就下也。人无有不善,水无有不下。今夫水,搏而跃之,可使过颡;激而行之,可使在山。是岂水之性哉?其势则然也。人之可使为不善,其性亦犹是也。"

告子又认随物流转者为性,是知有妄缘,而不知有真常也。孟子立性善为宗,就先天说则可,而孟子专指后天说,故非真能立,亦非真能破。且以搏跃激行喻人之为不善,试问普天下苍生,不搏不激,其能人人向善乎?

告子曰："生之谓性。"孟子曰："生之谓性也，犹白之谓白欤？"曰："然。""白羽之白也，犹白雪之白；白雪之白，犹白玉之白欤？"曰："然。""然则犬之性犹牛之性，牛之性犹人之性欤？"

性本无生，而以生谓性。孟子即就生字上判犬、牛与人性有差别，是以随业受生之识为性。岂知六道智愚，虽判若天渊，而本原之性未尝异也。

告子曰："食色，性也。仁，内也，非外也。义，外也，非内也。"孟子曰："何以谓仁内义外也？"曰："彼长而我长之，非有长于我也。犹彼白而我白之，从其白于外也。故谓之外也。"曰："白马之白也，无以异于白人之白也。不识长马之长也，无以异于长人之长欤？且谓长者义乎，长之者义乎？"曰："吾弟则爱之，秦人之弟则不爱也，是以我为悦者也，故谓之内。长楚人之长，亦长吾之长，是以长为悦者也，故谓之外也。"曰："耆秦人之炙，无以异于耆吾炙，夫物则亦有然者也，然则耆炙亦有外欤？"

食色牵引妄识，认作自性，故有仁内义外之执。孟子所辩，根于内心，是为得之。

告子初以杞柳喻性，是不知性空也。次以湍水喻性，是不知性本无动也。三以生谓性，是不知性本无生也。四以食色为性，是不知逐物者为妄情非本性也。孟子答，初章以戕贼对破，恰合正理。其第二章，告子只认随物流转者为性，是知有妄缘，而不知有真常也。孟子亦只知后天性，不知先天性。故此章答词，皆不合真理。夫以搏跃激行，喻人之为不善，试使聚天下苍生，不搏不激，其能向善者，有几人乎？第三章，孟子举犬牛与人，以显差别，是以随业现行之识为性，而不知六道受生，虽判若天渊，而本原之性未尝异也。第四章，告子以仁义分内外，是大错误。孟子皆以非外辩之，似颇为有理。

公都子问曰："钧是人也，或为大人，或为小人，何也？"孟子曰："从其大体为大人，从其小体为小人。"曰："钧是人也，或从其大体，或从其小体，何也？"曰："耳目之官不思，而蔽于物。物交物，则引之而已矣。心之官则思，思则得之，不思则不得也。此天之所与我者。先立乎其大者，则其小者不能夺也。此为大人而已矣。"

《庄子》云"夫徇耳目内通而外于心思，鬼神将来舍，而况于人乎"等语，正与此章相反。凡人因耳目而蔽于物，心蔽之也。见色闻声，刹那已过，心缘色声谢落影子，方造恶业。孟子不知，强分大小，直以能思之心，为大人之体，未明心体无思之妙也。

孟子曰："有天爵者，有人爵者。仁义忠信，乐善不倦，此天爵也。公卿大夫，此人爵也。古之人修其天爵，而人爵从之。今之人修其天爵，以要人爵，既得人爵，而弃其天爵，则惑之甚者也。终亦必亡而已矣。"

须知有要人爵之心，则修时已非真天爵。否则岂肯弃之耶？

孟子曰："五谷者，种之美者也。苟为不熟，不如荑稗。夫仁亦在乎熟之而已矣。"

此喻不洽。盖为仁无论熟不熟，总胜他道。不知孟子心中以何为仁耶？

孟子曰："人之所不学而能者，其良能也；所不虑而知者，其良知也。孩提之童，无不知爱其亲也；及其长也，无不知敬其兄也。亲亲，仁也。敬长，义也。无他，达之天下也。"

良知良能之语，陆、王之徒，翕然从风。然孟子此言，实未见自性之用。观下文"童爱亲、长敬兄"二语，申明此理，可见孟子专论后天性，未尝知有先天性也。

《阴符经》发隐

《阴符经》　　黄帝公孙轩辕　著

隐微难见,故名为"阴";妙合大道,名之为"符"。经者,万古之常法也。后人撰述如纬。

考古之家,称《阴符经》广成子授之黄帝,或称黄帝所作,或称玄女,或称风后,莫综一是。唐李筌得于嵩山石壁。一云骊山老母授之李筌。后人疑为李筌所作,诚属谬论。统观经意,非大圣不能作。上古鸿荒未辟,文教之兴,始于黄帝。故老、列、庄所引用者,多黄帝之言。此经无论何人所传,其微言奥义,必出于黄帝。故以题黄帝作为正。

上篇

观天之道,执天之行,尽矣。天有五贼,见之者昌。五贼在心,施行于天。宇宙在乎手,万化生乎身。天性,人也。人心,机也。立天之道,以定人也。天发杀机,移星易宿。地发杀机,龙蛇起陆;人发杀机,天地反覆。天人合发,万变定基。性有巧拙,可以伏藏。九窍之邪,在乎三要,可以动静。火生于木,祸发必克。奸生于国,时动必溃。知之修炼，谓之圣人。

中篇

天生天杀，道之理也。天地，万物之盗；万物，人之盗；人，万物之盗。三盗既宜，三才既安。故曰：食其时，百骸理；动其机，万化安。人知其神之神，不知不神之所以神。日月有数，大小有定，圣功生焉，神明出焉。其盗机也，天下莫能见，莫能知。君子得之固躬，小人得之轻命。

下篇

瞽者善听，聋者善视。绝利一源，用师十倍。三返昼夜，用师万倍。心，生于物，死于物，机在目。天之无恩，而大恩生。迅雷烈风，莫不蠢然。至乐性余，至静性廉。天之至私，用之至公。禽之制在气。生者死之根，死者生之根。恩生于害，害生于恩。愚人以天地文理圣，我以时物文理哲。人以愚虞圣，我以不愚虞圣。人以奇期圣，我以不奇期圣。沉水入火，自取灭亡。

自然之道静，故天地万物生。天地之道浸，故阴阳胜。阴阳相推，而变化顺矣。是故圣人知自然之道不可违，因而制之。至静之道，律历所不能契。爰有奇器，是生万象，八卦甲子，神机鬼藏。阴阳相胜之术，昭昭乎进乎象矣。

此经四百四十六言。向称三百言者，误也。闵氏刻本，立三章名目，核与经意不称，显系后人增置，今不用之，仍以上、中、下分篇。学者须将正文熟读深思,体究古圣垂言之意。先后脉络一气贯通,然后披阅,后之注解,与自己见处是同是别,方有意味。若于经文未尝措心,即先阅发隐,恐堕依他作解之诮。想善读书者,当不以予言为河汉也。

叙

予幼时喜读奇书,凡道家、兵家以及诸子,莫不购置。所得注《阴符》者凡四家,又录其正文以为读本,而莫知其义趣所在也。后专意学佛,一切杂学典籍,束之高阁,二十余年矣。顷因查检书笥,得钞本《阴符经》,流览一周,觉立言甚奇,非超凡入圣者不能作。遂悉心体究,而后恍然于古圣垂教之深意,直与佛经相为表里。但随方语言,文似各别,而义实相贯也。因略为疏其大旨,令人知所措心。若夫深造玄微,是在当人妙契耳。

或曰:古今解此经者,非指为兵机,即演成丹诀。子独以佛法释之,何也?

予曰:圣言如摩尼宝,仁者见之谓之仁,智者见之谓之智。且此经之可贵,有如黄金。若作铜铁用之,岂不可惜?故予直以甚深之义释之也。

或曰:然则子之所释者,亦有证据乎?

予曰:有。夫论道之书,莫精于佛经。佛经多种,莫妙于《华严》。悟《华严》宗旨者,始可与谈此道矣。古人有言:证入一真法界,真俗圆融,重重无尽,即世间离世间。岂有心契大道,而犹生隔碍者哉?所以善财童子参访知识,时而人间,时而天上,时而在神道,时而入毗卢楼阁。其传授正法者,或为天神,或为人王,或为比丘,或为居士,或为外道,或为妇女。和光混俗,人莫之知。惟深入法界,虚心寻觅,乃能见之。则谓作此经者,即华严法界善知识可也。有疑之者,以为黄帝生于释迦之前千数百年,何得指为华严善知识耶?予曰:华严法界,无古无今。去来现在,佛佛道同。故曰:惟此一事实,余二即非真。若以世俗情见求之,则去道远矣。

或曰:论道之书,与佛经相通者多矣,子独高视《阴符》何居?

予曰:尝观《关尹子》,而知非古书也。故于《阴符》而特尊之。《关尹》规仿释老以文其说,显系后人赝作,况不及《关尹》者乎?《阴符》无一语蹈袭佛经,而寻其意义,如出一辙。且字句险隽,脉络超脱,岂后人所能摹仿耶?凡观内外典籍,须具择法眼,方不随人脚跟转耳。

上篇

观天之道,真智显照,法界缘起。执天之行,玄机在握,返本还源。尽矣。竖穷横遍,无欠无余。

开章十字,为全经纲领。中间出没变化,不离宗旨。至下篇"自然之道静"二十九个字,结成"观天之道"一语;"是故圣人"至篇末一段文,结成"执天之行"一语,而首尾圆足矣。"执"字,即宇宙在手也。即能执天之行,则万化自然生乎身矣。此即"先天而天勿违"者也。

《周易》说"先天"二字,最有深意。何谓"先天"?心超天地未生之先。禅宗所谓"空劫"以前一段光景。盖一念起处,根身器界同时现前,此心已落后天矣。所以见不超色,听不出声,总在无明牢笼之内也。"先天而天勿违"者，即禅宗"我为法王，于法自在"者也。

天有五贼，见之者昌。

"五贼"有二释：一就五行释。五行者，水、火、木、金、土。何以谓之五贼耶？盖生克相仍，乃流转之道。今专就相克而言，是以名之五贼。贼贼夺尽，即显真空，实返本还源之要也，故"见之者昌"。二就五尘释。五尘者，色、声、香、味、触，皆从外来，残害性真，故曰"天有五贼"。若见其元，贼为我用，故曰"见之者昌"。释氏曰："六为贼媒，自劫家宝。"此但云"五贼"者，以法尘不在于外，故非天所有也。

五贼在心，施行于天。三界唯心。

此的示贼之根元，以免向外驰求也。释典云"内色如外现"，与此同意。体会此义，则知篇首"天道""天行"，皆不出一心，下文"宇宙"二句，亦从此出。所谓百千法门，无量妙义，一时向毛头上会悟得去。

宇宙在乎手，统摄无遗。万化生乎身，出生无尽。

大用现前，人莫能测。释典所谓"身中现刹，刹中现身"，又云"转得山河归自己，转得自己归山河"者，皆此意也。

天性，法界体性。人也。在人言人，不必他求。人心，真妄和合。机也。无明不觉，一念妄动。立天之道，以定人也。以真性伏粗细二惑。

指示入道之方，何等直捷！何等精微！

天发杀机，移星易宿；地发杀机，龙蛇起陆。显依报非常之变，以起下文。人发杀机，命根顿断，天地反覆。迥异寻常。

天地不自发，以人发而发。但见人发，而不见天地发。是正报转，而依报未转，尚在信位。

禅宗问："如何是诸佛出身处？"答曰："东山水上行。"又云："日午打三更，面南看北斗。"经云：一人发真归元，十方虚空尽皆销殒，何况天地依空建立耶？

孔子赞颜回曰：退而省其私，亦足以发。同此"发"字。

天人合发，依正全转。万变定基。入初住位。

"定"者，住也。"基"者，初发心住为四十二位之基也。

自开章至"万化生乎身"，统论道妙，以启信根。"天性"下，从信起修，是谓顿修。"天发"下，即修即断，是谓顿断。"天人"下，即断即证，是谓顿证。上智之士，一超直入，所谓初发心时，便成正觉。即与善财、龙女同流。

以上为根器极利者，说顿中之顿法门。下文为根器稍逊者，说顿中之渐法门。宣示身心邪正之别，以判逐妄归真之路。观两"可以"字，易如反掌，固知与下篇接机有别也。

性有巧拙，可以伏藏。

此节属心。妙智无住，名之为巧；业识染著，名之为拙。巧拙由心，而云性者，从其本也。智现，则业识伏；识生，则妙智藏。

九窍之邪，在乎三要，可以动静。

此节属身。三要者，目、口、阴也。此三窍最易起邪。动则随流，静则返本。

火生于木，喻心起惑。祸发必克。焦灼性灵。奸生于国，喻身造业。时动必溃。流转苦海。

上言逐妄之害，下言归真之益。

知之修炼，谓之圣人。

知之者，知其火与奸之为害也。修者，修其身也，有转邪归正之功。炼者，炼其心也，以智慧火，销烦恼垢，有炼矿成金之效，可以超凡入圣矣。

修炼之法，未曾说明，因上文"立天之道以定人"一语，足以概之。若欲详悉其方，须阅释典。以持戒修其身，以止观炼其心，循序而进，最易入道。

中篇

天生天杀，道之理也。

指现前共知共见者发端，为下文张本。

天地，万物之盗。承上启下。万物，人之盗。牵引意识，处处贪著。人，万物之盗。遍揽外境，以为我所。

此云天地，即是阴阳造化之理。三句互相钩锁，而以末句为主。下文返还，从此句出。

三盗既宜，三才既安。

愚人揽外五尘以为己有，名之为盗。智者知其唯心所现，用不离体，则盗得其宜，而三才安矣。经云："是法住法位，世间相常住。"既脱纠缠，而圆融无碍，涉入交参，是谓"既宜""既安"。

故曰：食其时，百骸理；动其机，万化安。

此引成语以释上文之意也。先喻，后法。人之盗机，吸取外尘，贪著不舍，如饮食无度，而通体成病矣。道者之心，如镜鉴形，物来则现，物去无迹。犹食之以时，而百骸调适。又盗机沾滞，汩没性灵。"动其机"者，摆脱凡情，活泼无碍，犹《金刚经》"应无所住而生其心"之意。又经云："众生处处著，引之令得出。"盖真性一显，物我皆忘。此正申明"三盗既宜，三才既安"之旨。

上明证道，下明起用。

人知其神之神,业识流转,隐含盗机。不知不神之所以神。般若无知而无不知。

此明根本无分别智,非世人所认缘虑心也。盖神之神者,有知而知者也,分别意识也。不神之所以神者,无知而无不知者也,根本无分别智也。此智现前,方能发起下文圣神之用。《楞严经》二种根本,一者无始死生轮回根本,即"神之神"也;二者无始涅槃元清净体,即"不神之所以神"也。孔子曰"吾有知乎哉,无知也",亦是此意。

日月有数,大小有定。圣功生焉,神明出焉。

日月有数,时也。大小有定,方也。尽人而知之。体至道者,即此寻常事理之中,显出无穷妙用。于有数之中,而能延促自由,后先互换,乃圣功所由生也。于有定之中,而能大小相容,一多无碍,此神明所由出也。方山《华严论》云:"十世古今,始终不离于当念;无边刹海,自他不隔于毫端。"非圣神其孰能与于斯!

因日月有数,而作甲子,以参错循环之法御之,所谓"圣功生焉"。因大小有定,而画八卦,以交互变通之理统之,所谓"神明出焉"。容成氏曰"除日无岁,无内无外",亦是此义。

上明修因,下明契果。

其盗机也,天下莫能见,莫能知。君子得之固躬,小人得之轻命。得字,如罪人斯得之意。

此言盗机隐微难见,得之者获益有别也。上篇人心之机,但是妄动,未曾对境,故上根一踏,便登圣位。此言盗机,乃是起念取境之机。从此入者,尚须升进,方登圣位,故以君子称之。君子者,大乘种性,兼善天下者也。既得此机,则我执随破,而证无生。即老子所谓"无死地",是名"固躬"。小人者,独善其身,不求利人者也,即独觉种性。既得此机,见无生理,便欲舍分段身,入于寂灭,所谓"轻命"也。

盗机因何要得?得之将何所益?岂知盗机非盗机也,乃家珍也。能见能知,则名为得。得无所得,盗亦非盗,机亦非机。客梦初回,归家稳坐矣。

君子小人之称,有三种不同:一者,正直谓之君子,邪癖谓之小人,此古今所通用也;二者,在上谓之君子,在下谓之小人,如"君子之德风,小人之德草",是也;三者,气宇宽宏者谓之君子,心量狭隘者谓之小人,如"硁硁然小人哉"之类。虽云"小人",而不失为有道之士,此与孔子贬樊迟之"小人"同意。盖樊迟请学稼,亦是见世道无可为,遂欲高蹈避世,学长沮、桀溺一流。殊不知孔子知其不可而为,正是大乘菩萨摄化众生之行。决不许门弟子舍大向小,作自了汉,入独觉道也。

下篇

瞽者善听,聋者善视。绝利一源,用师十倍。三返昼夜,用师万倍。

南岳思禅师说"三番止观",由浅至深,皆先观而后止,恰合"三返昼夜"之意。

此言破妄显真之力用也。前四句借言兴起,后二句正明力用。捣无明窟,灭烦恼贼,非雄师不为功。"三返昼夜"二语,最难体会。盖昼者光明洞达,喻如智慧;夜者阒寂渊深,喻如禅定。学人锐意精修,返流全一,六用不行,言思路绝,如同死人。忽而爆地迸裂,本智现前,尔时庆快平生,是谓一返昼夜。夫"绝利一源"者,已用师十倍。此一返昼夜者,则用师百倍。如是二返则千倍,三返则万倍。盖愈静而愈明,愈明而愈利矣。禅宗谓之三关透彻,即此意也。

心,生于物,死于物,机在目。

既言用师,必知贼之所在,方能禽之。机即贼之出没也。上篇"人心,机也",心之机难见,借物以显之。物生心生,物灭心灭,生灭逐物,妄心无体。目之机,即心之机也。目见物,而心随之,人心之机,不亦显而可见乎？毗舍浮佛偈云"心本无生因境有",与上句同意。禅宗云"我有一机,瞬目视伊",亦示机在目也。

天之无恩,而大恩生。迅雷烈风,莫不蠢然。

既得其机,须观天道,执天行也。无恩者,断除情爱也。大恩者,长养法身也。若就利他言之,即是无缘大慈。"迅雷烈风,莫不蠢然",以喻显威神力,起死回生也。

至乐性余,至静性廉。

既行大道,须防其弊。若见杀活自由,以为至乐,则名"性余"。余者,盈溢之象也。若舍乐而趣至静,则名"性廉"。廉者,俭仄之义也。凡此二者,皆不称法性也。

天之至私,用之至公。

直须与天合德,方称妙道。会万物为自己,至私也；泽及万物而不居功,至公也。

禽之制在气。

上文所说修行法门,倘不能随顺趣入,须别设方便以渐导之。盖人心之不能定者,以其放纵也。今欲收摄身心,以成大定,其要在于气耳。禽之者,制心一缘也。气者,息也。调息乃有多门,凡夫、外道、大小三乘所通用者，以数息为先，极而至于获无生忍。《楞严经》内，反息循空，即证圆通。又令观鼻端白，亦得心开漏尽，成阿罗汉。气之为用大矣哉！

生者死之根，死者生之根。恩生于害，害生于恩。

既明制心之法，复示循环之理，令人知所厌求也。上文"心生于物，死于物"，妄心之生死，刹那不停也。此以调息为门，息出曰生，息入曰死，生死轮回，互为其根也。断生死，入涅槃，是谓"恩生于害"；恋情缘，沦生死，是谓"害生于恩"。古圣苦口诚言，婆心济世。后之学者，亦可以猛省矣。

前文为第三等人，开示修行法门竟。

向下呵斥庸愚，令其警悟。

愚人以天地文理圣，我以时物文理哲。

天地文理，形象昭明。愚人见以为圣，是见大而不见小，与自己身心毫无交涉。"时物文理"者，生化之源，缘起无性，悟其义者，能于小中见大，大中见小。方知天地与我同根，万物与我一体，可以谓之哲人矣。

人以愚虞圣，我以不愚虞圣。人以奇期圣，我以不奇期圣。

世俗之见，不达真理。见其体静，妄以为愚，而不知其性离暗钝；见其用大，妄以为奇，而不知其性德本具。

沉水入火，自取灭亡。

结前显害。盖以愚虞圣者，心趣昏昧，故喻沉水。以奇期圣者，心贪高举，故喻入火。自取灭亡者，汩性丧真也。

上来呵斥庸愚竟。

下复统论世出世法，以结全经。

自然之道静，故天地万物生。天地之道浸，故阴阳胜。阴阳相推,而变化顺矣。

此段畅言流转之理,是世间法,为下文返还张本。"自然之道静,故天地万物生",本性清净而有无明,不觉念起,妄与法违,变现根身器界,为流转之本。案下文"不可违"之语,则知此中隐含违字之意。"天地之道浸,故阴阳胜。"浸者,氤氲也。胜者,兴盛也。既有天地,则二气流行,弥浸而弥胜矣。于是乎日往则月来,月往则日来;寒往则暑来,暑往则寒来。是之谓"阴阳相推而变化顺矣"。循此道者,"后天而奉天时"也。凡夫心中,最大者无如天地。天地既与万物同生,必与万物同灭。天地尚有生灭,世间何物得常住耶!学道人大须著眼。

此下直至篇末,详演返还之道,是出世间法。

是故圣人知自然之道不可违,因而制之。

违自然之道,即成流转门。圣人知其不可违,是以"因而制之",使不起妄念也。制而至于无念,则会本体而为至静之道矣。

下文以三观,显三谛理,证三如来藏,为古今入道之正轨也。

至静之道,律历所不能契。

此段以奢摩他,显真谛理,证空如来藏。壶子所谓"地文,杜德机",均是此义。至静之道,即奢摩他,亦名体真止。律历,法之至精者,犹不能契,而况于语言文字乎。

爰有奇器,是生万象。八卦甲子,神机鬼藏。

此段以三摩钵提,显俗谛理,证不空如来藏。壶子所谓"天壤,善者机",均是此义。奇器,即是不空如来藏。《老子》比之橐籥,出生万象而无穷尽。八卦以乾坤为本,甲子以天干地支配之,皆壶子天壤之义也。"神机鬼藏"者,深妙难测,非浅见所能知也。

阴阳相胜之术，昭昭乎进乎象矣。

此段以禅那，显中谛理，证空不空如来藏。壶子所谓"太冲莫胜，衡气机"，均是此义。壶子就果言，故曰"太冲莫胜"；此经就因言，故曰"阴阳相胜"。因果互举，二名合成一义。衡气机者，止观平等也，何以名之？阴者，即前至静之道也；阳者，即前生万象也。上文阴为体，阳为用。若谓阴阳均平，尚不足以显圆融之妙，须以相胜显之。然相胜则不平等矣，而不然也。盖阴胜阳，则阴显而阳隐；阳胜阴，则阳显而阴隐。相胜，则两夺互亡。不可言有，不可言无，即对待而成绝待。上文流转门中，言"阴阳胜"，而不言"相胜"，复言"阴阳相推"。相推有前后，相胜在同时，可见随流与逆流迥别也。

上文言全体大用，此言体用俱泯，而非无体用。故以"昭昭乎进乎象矣"结之。盖古圣垂教，至详且尽，能令后人昭然若揭，如睹悬象。奈何千百年来，无人抉破，直令微言奥旨，湮没于丹诀、兵法中耶？

全经以"天"字为主，"天"即道之体也。内典所谓第一义天，亦云性天，非与地相对之天也。凡篇中天地并称者，是有形象之天地，与单称天字有别。以"机"字为用，"机"即道之枢纽也。上篇曰"心机"，盖指心源妄动之机，未分能所，属第八识，即三细中之第一业相也。上等根器，方能见之。此机一转，立登圣位。中篇曰"盗机"，属第七识，内执见分为我，外执相分以为我所，将心取境，故曰"盗机"。此机稍露，中等根器尚能见之。得此机者，趣大则入贤位，向小则取灭度。下篇曰"目机"，属前五识，更显露矣。所云"心生于物死于物"者，第六意识也。专为下等根器，就目前可见者点示。此等根器，纵能悟入，多在信位。亦有未入信位者，作将来胜因。所以不说证道之相。又上篇直指人心之机,与达摩西来同意。中篇别指盗机,因慈悲之故,有落草之谈。下篇言机在目,所谓借境观心也。自微而著,法施乃普。

上篇开章十字,是总冒。下篇"自然之道静"至篇末,是总结。中间三篇,接引三等人,又各分二等,共为六等,章法井然。

《道德经》发隐

叙

憨山清禅师解《道德经》，历十五年方成，虽与焦弱侯同时，而弱侯未之见也。故其辑《老子翼》，阙憨山解，诚为憾事。弱侯所采凡六十四家，后之解者更有多种，故经中奥义，发挥殆尽矣。予阅《道德经》，至"出生入死"一章，见各家注解无一合者，遂以佛教义释之，似觉出人意表。复益二章，继《阴符发隐》梓之。或问："孔子既称老子为犹龙，何以其书不入塾课耶？"答曰："汉唐以来，人皆以道家目之，不知其真俗圆融，实有裨于世道人心。若与《论语》并行，家弦户诵，则士民之风当为之一变也。"

光绪癸卯季春之月，石埭杨文会识于白下深柳堂

道可道，非常道；名可名，非常名。无名，天地之始。有名，万物之母。故常无，欲以观其妙；常有，欲以观其窍。此两者同出而异名，同谓之玄。玄之又玄，众妙之门。

开章十二字，直显离言之妙。若以不可道者谓是常道，不可名者谓是常名，则活句翻成死句矣。洋洋五千言，无一而非活句。不知此义，何能读《道德经》？"无名，天地之始"，无而忽有，有即非

有，有既非有，始亦无始。"有名，万物之母"，有名无体，依无名起，起即无起，谁为其母？天地万物，当体空寂也。"故常无，欲以观其妙"，承"无名"句来。妙者，缘起万有也。即无以观于有，则常无而常有矣。"常有，欲以观其窍"，承"有名"句来。窍者空洞无物也，一作"徼"，物之尽处也。即有以观于无，则常有而常无矣。二者俱常，不坏理而成事，不离事而显理，名虽异而体则同也。无亦玄，有亦玄，度世经世，皆无二致，乃此经之正宗，可谓理事无碍法界矣。更有向上一关，若不透过，犹未造极。直须"玄之又玄"者，方称"众妙之门"也。此重玄法门，乃神圣所证之道，世人罕能领会，故未详言。后世阐《华严》宗旨者，以十玄、六相等义，发明事事无碍法界，方尽此经重玄之奥也。

此章用有无二门，交互言之，以显玄旨，为《道德》五千言之纲领。犹之《心经》用色空二门，两相形夺，以显实相，为《般若》六百卷之肇端。大凡载道典籍，文义虽广，必有简要之言，以为枢纽耳。

谷神不死，是谓玄牝。玄牝之门，是谓天地根。绵绵若存，用之不勤。

谷者，真空也；神者，妙有也，佛家谓之如来藏。不变随缘，无生而生。随缘不变，生即无生。生相尚不可得，何有于死耶？玄者，隐微义；牝者，出生义，佛家名为阿赖耶。此二句与释典"佛说如来藏，以谓阿赖耶"同意。从阿赖耶变现根身器界，或谓之门，或谓之根，奚不可者。"绵绵若存"者，离断常二见也。"用之不勤"者，显无作妙谛也。此章言简义幽，列子以为出自《黄帝书》，信然。

出生，入死。生之徒十有三，死之徒十有三，人之生动之死地者亦十有三。夫何故？以其生生之厚。盖闻善摄生者，陆行不遇兕虎，入军不避甲兵，兕无所投其角，虎无所措其爪，兵无所容其刃。夫何故？以其无死地。

释典云："生者诸根新起，死者诸根坏没。"又云："无不从此法界流，无不还归此法界。"所以谓之"出生入死"也。"生之徒"三句，最难发明，须用《华严》十世法门释之，则句句有着落矣。一切释典，皆论三世，独《华严》论十世。于过去世中说三世，所谓过去过去，过去现在，过去未来；于现在世中说三世，所谓现在过去，现在

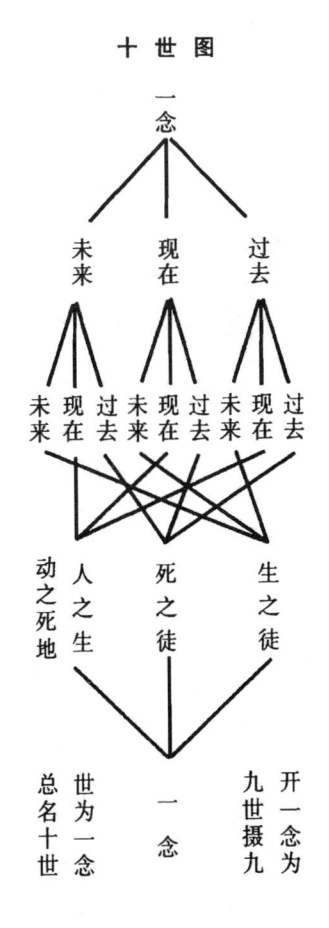

十世图

一念
　　／｜＼
未来　现在　过去
／｜＼　／｜＼　／｜＼
未现过 未现过 未现过
来在去 来在去 来在去

动之死地　人之生　死之徒　生之徒

开一念为九世摄九
一念
世为一念总名十世

现在,现在未来;于未来世中说三世,所谓未来过去,未来现在,未来未来。共成九世。摄归一念,则为十世。此之一念,非现前刹那不停之念,乃是无念之念,不生不灭,元清净体,所以能摄九世而为十也。此中"生之徒十有三",即是三世未来;"死之徒十有三",即是三世过去;"人之生动之死地者亦十有三",即是三世现在。徒者,类也。若如前人所释,则"动之死地"一句与"死之徒"一句,互相混滥。且三股均分,不曰"三之一",而曰"十之三",是以十为总汇。旧注虽用摄生一语足成十数,而三个"三"字反觉浮泛,故不能谓之确解也。"夫何故?以其生生之厚",此言起妄之由。性本无生,而生生不已者,以业识恒趋于生,而背于无生也。既厚于生生,则九世相仍流转无极,其害可胜言哉?善摄生者,于生起之元,制其妄动也。心不妄起,则生相全无,所以谓之善摄生也。"兕虎甲兵"数语,乃其实效,不可作譬喻解。破生相无明者,内外一如,自他不二,即此幻化空身,便是清净法身,尚何死地之有哉?

《冲虚经》[①]发隐

叙

　　《列子》书八篇,唐时尊为《冲虚经》,与《道德》《南华》并重。注《道德》者多于《南华》,而注《冲虚》者特少,在晋则有张湛,在唐则有卢重元,此二种现行于世。考书目所载,有唐殷敬顺、宋江通二解,求而未得也。甲辰夏,索居避暑,取《列子》读之,妙义显发,多出于张、卢二家之外,如开宝藏,如涌醴泉,实与佛经相表里。信笔直书,得四十二章,约计全书三分之一,因名之为《冲虚经发隐》云。

石埭杨文会识
光绪三十年岁次甲辰秋七月

○天瑞第一

子列子居郑圃

　　子列子居郑圃,四十年人无识者,国君卿大夫视之犹众庶也。

---

① 周列御寇撰。——编者注

有道之士，和光混俗，不炫其能，不高其节。国不足，将嫁于卫。弟子曰："先生往，无反期，弟子敢有所谓，先生将何以教？先生不闻壶丘子林之言乎？"子列子笑曰："壶子何言哉？叹壶子神化气象。虽然，夫子尝语伯昏瞀人。吾侧闻之，试以告汝。其言曰：有生不生，有化不化。生与不生，化与不化，分而言之，以为弄引。不生者能生生，不化者能化化。不生而能生，不化而能化，进而言之，本末一致。生者不能不生，化者不能不化。极而言之，生化无穷，决非断灭。故常生常化。常生常化者，无时不生，无时不化。生化无尽，同一真常。阴阳尔，四时尔。阴阳、四时之迁流，皆不出一真法界也。不生者疑独，一尚不立，何有对待？不化者往复。往无所往，复无可复。无往无复，强名往复。往复，其际不可终；疑独，其道不可穷。往复如循环，故无终始；疑独，则非一非多，谁能究尽。《黄帝书》曰：'谷神不死，是谓玄牝。玄牝之门，是谓天地之根。绵绵若存，用之不勤。'此段语极精微，已于《道德经发隐》详释之，兹不赘。故生物者不生，化物者不化。此二句补足上文。自生自化，自形自色，自智自力，自消自息。谓之生化、形色、智力、消息者，非也。"虽从本源发生，而无作者，故以八个"自"字演之。结句最为超妙，能令阅者悠然神往。

《天瑞篇》之首章，述列子学道渊源，即以壶子语告于门人，并引《黄帝书》以证之。可见列子之道确有师承，非同臆说。文中体用圆彰，本末互显，诚为全书之纲领也。

列子适卫

子列子适卫，食于道。从者见百岁髑髅，攓蓬而指，顾谓弟子百丰曰："惟予与彼知而未尝生未尝死也。世俗之见，以己为生，以髑髅为死。列子知己未尝生，故知髑髅未尝死也。**此过养乎？此过欢乎？**此二句双关两义，以二"此"字属己，则过养、过欢为前尘影事。以二"此"字属髑髅，则过养、过欢为往事无踪。生死即非真实，受用皆如梦幻也。**种有几：**种子在赖耶识中，或多或少，随时发现，则成生类。下文备说情与无情，互相转变，令世人无可执着。**若蛙为鹑，得水为继。得水土之际，则为蛙蠙之衣。生于陵屯，则为陵舄。陵舄得郁栖，则为乌足。乌足之根为蛴螬，其叶为蝴蝶。蝴蝶胥也，化而为虫，生灶下，其状若脱，其名曰鸲掇。鸲掇千日化而为鸟，其名曰乾余骨。乾余骨之沫为斯弥。斯弥为食醯颐辂。食醯颐辂生乎食醯黄軦。食醯黄軦生乎九猷。九猷生乎瞀芮。瞀芮生乎腐蠸。**以上十六种，动物植物，辗转相生。**羊肝化为地皋，马血之为转磷也，人血之为野火也。**以上六种，血肉变化。**鹞之为鹯，鹯之为布谷，布谷久复为鹞也。燕之为蛤也，田鼠之为鹑也。**以上七种，禽兽介虫，各各转变。鹑见上文。**朽瓜之为鱼也，老韭之为苋也，老羭之为猿也。鱼卵之为虫。**以上八种，动植各变。**亶爰之兽自孕而生曰类。河泽之鸟视而生曰鹢。纯雌其名大腰，纯雄其名稚蜂。思士不妻而感，思女不夫而孕。**以上六种，不交而生，情识所感也。**后稷生乎巨迹，伊尹生乎空桑。**以上二圣，随机应现，即是菩萨意生身。**厥昭生乎湿。醯鸡生乎酒。**以上二种，属于湿生。**羊奚比乎不笋。**此二种相依而生。**久竹生青宁，青宁生程，程生马，马生人。**以上五种，久竹，旧释为草。青宁，陆释为虫。程者，豹之别名。程、马、人，异类相生，显业道变化不可思议。俗解以程虫、马齿苋、人参释之，殊觉肤浅。**人久入于机。万物皆出于机，皆入于机。**机者，玄牝之门也。即是阿赖耶识，具生灭、不生灭二义。万物皆从此出，名之曰生；复从此入，名之曰死。出入不离此机，生死皆假名耳。

同类相生，人所共见。异类相生，人所难知。自道眼观之，同一生也。虽变化万端，莫不出于机而入于机也。知异生之不异同生也,始可与言生矣。知生者,即知死。即知生死,即知无生死。文中变化离奇,拉杂繁会,而以"出机""入机"二句收之,应上文之"未尝生、未尝死",《列子》之义微矣哉!

文中叙述共五十三种,类而计之,人五,禽七,兽六,鳞二,介一,虫十五,草十一,血肉之属六。以上皆言其变,不言其常。常变本无二致。欲人知生死皆如幻化,不至囿于见闻,执为实法,长时汩没于三有之海也。

我尚何存

《黄帝书》曰:"形动不生形而生影,声动不生声而生响,无动不生无而生有。"形,必终者也。天地终乎?与我偕终。无不生无,犹之形不生形,声不生声也。无既妄动,则不得不生有矣。既生有而为形,则必有终而归于无者也。天地与我并生,我既有终,天地岂得无终乎?久暂虽异,其终一也。此上皆《黄帝书》,以下则列子所演。既名为无,如何能动?此义问取黄帝。终进乎不知也。道终乎本无。始进乎不久。由终而进论之,归于不知而已。道之终极,复于本无。始进者,自无而有也。言虽有形,亦不能久,不过才生即灭耳。有生则复于不生,有形则复于无形。此二句,释出上意,摄末归本也。不生者,非本不生者也;无形者,非本无形者也。因生尽,方显不生;因形销,方显无形。生者,理之必终者也。终者不得不终,亦如生者之不得不生。而欲恒其生,画其终,惑于数也。研究生死之理,以祛贪生之惑也。精神者,天之分;骨骸者,地之分。属天清而散,属地浊而聚。精神离形,各归其真,故谓之鬼。鬼,归也,归其真宅。天地有终,不得谓之真宅。真宅者,平等法界也。天地从此发生,故神形归天地,即归法界矣。黄帝曰:"精神入其门,骨骸反其根,我尚何存?"究竟显无我也。门者,玄牝之门也。根者,天地之根也。沤灭归海,欲求我相,了不可得。

此章归宿在"我尚何存"一语。世人与道相违者,我执害之也。今就生灭内反复研究,以显无我。先后两引《黄帝书》以为证据,可谓探原之论矣。黄帝之教有两派,一者,度世;二者,经世。经世之道,学之者众。度世之道,传之者寡,至秦时而尽失矣。其存于简篇者,经世则有六经、四子之书,度世惟有《阴符》及《老》《列》《庄》三家而已。三家之书,度世经世,错杂而出,非具择法眼者不能拣别。二千年来,往往作文章读过,埋没古人多矣。

杞人忧天地

杞国有人,忧天地崩坠,身亡所寄,废寝食者。不忧自身变坏,而忧天地崩坠,妄心但缘外镜,未尝返观假我也。又有忧彼之所忧者,因往晓之曰:"天,积气耳,亡处亡气。若屈伸呼吸,终日在天中行止,奈何忧崩坠乎?"其人曰:"天果积气,日月星宿不当坠耶?"晓之者曰:"日月星宿,亦积气中之有光耀者。只使坠,亦不能有所中伤。"其人曰:"奈地坏何?"晓者曰:"地积块耳。充塞四虚,亡处亡块。若躇步跐蹈,终日在地上行止,奈何忧其坏?"其人舍然大喜,晓之者亦舍然大喜。两人说梦话,舍然大喜。醒人闻之,不觉失笑。长庐子闻而笑之曰:"虹霓也,云雾也,风雨也,四时也,此积气之成乎天者也。山岳也,河海也,金石也,火木也,此积形之成乎地者也。知积气也,知积块也,奚谓不坏? 夫天地,空中之一细物,有中之最巨者。难终难穷,此固然矣;难测难识,此固然矣。忧其坏者,诚为大远;言其不坏者,亦为未是。天地不得不坏,则会归于坏。遇其坏时,奚为不忧哉?"长庐子之言,似觉近理。然亦只论天地,未论自身,故不足解其惑也。子列子闻而笑曰："言天地坏者亦谬,言天地不坏者亦谬。坏与不坏,吾所不能知也。虽然,彼一也,此一也。故生不知死,死不知生。来不知去,去不知来。坏与不坏,吾何容心哉?"列子立论简捷,先将坏与不坏一笔抹过,再将人之生死去来置诸度外,遂得心境俱空,超然于万象之表,何有坏与不坏之见存于其心哉!

三界无安,犹如火宅。杞人忧其坏,非过虑也。但未知天地虽坏,而有不坏者存。长庐子未明其理,故为列子所笑。列子既知有不坏者,又能证得无心妙谛。在火宅内,游戏神通,了无挂碍。所以出言吐气,不落常人蹊径也。

东郭论盗

齐之国氏大富,宋之向氏大贫。自宋之齐,请其术。国氏告之曰:"吾善为盗。始吾为盗也,一年而给,二年而足,三年大壤。自此以往,施及州闾。"向氏大喜,喻其为盗之言,而不喻其为盗之道。遂逾垣凿室,手目所及,亡不探也。未及时,以赃获罪,没其先居之财。向氏以国氏之谬己也,往而怨之。国氏曰:"若为盗若何?"向氏言其状。国氏曰:"嘻!若失为盗之道至此乎!今将告若矣。吾闻天有时,地有利。吾盗天地之时利,云雨之滂润,山泽之产育,以生吾禾,植吾稼,筑吾垣,建吾舍。陆盗禽兽,水盗鱼鳖,亡非盗也。夫禾稼、土木、禽兽、鱼鳖,皆天之所生,岂吾之所有? 然吾盗天而亡殃。夫金玉珍宝,谷帛财货,人之所聚,岂天之所与。若盗之而获罪,孰怨哉?"

向氏为盗而获罪,国氏为盗而致富。虽然,国氏之罪,犹甚于向氏也。陆盗禽兽,水盗鱼鳖,残害无数生命,而益己之财产,他生后世,以自身血肉而次第偿之,其苦可胜言哉!

向氏大惑，以为国氏之重罔己也，过东郭先生问焉。东郭先生曰："**若一身庸非盗乎？欲免此盗，更有何术？**曰：破我执而已矣。无始我执，相续不断。世世受生，皆由我见揽四大而成身。若无我见，谁为能盗。**盗阴阳之和，以成若生，载若形，况外物而非盗哉！**诚然，天地万物，不相离也。认而有之，皆惑也。天地与我同生，万物与我一体，本无可盗。昧其理者，于同体中，妄见异体，岂非大惑乎？**国氏之盗，公道也，故亡殃。**暂恕目前，顺凡情也。**若之盗，私心也，故得罪。**以公私二字分属国、向，非尽理之论。幸下文申明正义，方将盗字抉破。**有公私者，亦盗也；亡公私者，亦盗也。**有私便有公，公私对待，而盗生焉。既有公私，便有亡公私，亡公私与有公私对待，亦不免于盗也。**公公私私，天地之德。**天地本亡公私，公私出于人心。人心无覆藏处，即是天地之心。是以公公私私，万有不齐，无非天地之德也。**知天地之德者，孰为盗耶？孰为不盗耶？**"天地之德者，法界缘起也。凡夫迷一真法界，妄分能所，故有盗机。岂知能所本空，实无可盗，盗既非盗，何有不盗之可说耶？

东郭答辞，先用一口吸尽之法，使世人无所逃于天地之间。然后一纵一夺，以启下文之双夺。夺至无可夺处，遂一概消融，泯然无迹。此为《天瑞篇》之结局也。

此章当与《阴符经》中篇合看。盗与非盗，其义甚微，《阴符经发隐》已详言之。

○ 黄帝第二

梦游华胥

黄帝即位十有五年，喜天下戴己，养正命，娱耳目，供鼻口，焦然肌色皯黣，昏然五情爽惑。又十有五年。忧天下之不治，竭聪明，进智力，营百姓，焦然肌色皯黣，昏然五情爽惑。黄帝乃喟然叹曰："朕之过淫矣，养一己其患如此，治万物其患如此。"养身治国，出于有心，皆足为患。于是放万机，舍宫寝，去直侍，彻钟悬，减厨膳，退而闲居大庭之馆，斋心服形，三月不亲政事。大庭之馆，空旷无物之境也。放下万缘，始与道会。昼寝而梦游于华胥氏之国。华胥氏之国，在弇州之西，台州之北。不知斯齐国几千万里，盖非舟车足力之所及，神游而已。既云梦游，复云神游，可见黄帝非如世人之梦，直是清明在躬，随往无碍耳。其国无帅长，自然而已。其民无嗜欲，自然而已。不知乐生，不知恶死，故无夭殇。不知亲己，不知疏物，故无爱憎。不知背逆，不知向顺，故无利害。都无所爱惜，都无所畏忌。入水不溺，入火不热，斫挞无伤痛，指擿无痟痒。乘空如履实，寝虚若处床。云雾不硋其视，雷霆不乱其听，美恶不滑其心，山谷不踬其步，神行而已。华胥氏之国，略似极乐世界。黄帝既寤，怡然自得。心神领会。召天老、力牧、太山稽，告之曰："朕闲居三月，斋心服形，思有以养身治物之道，弗获其术。疲而睡，所梦若此。今知至道不可以情求矣。若以情求，去道转远。朕知之矣，朕得之矣，而不能以告若矣。"如人饮水，冷暖自知。又二十有八年，天下大治，几若华胥氏之国。而帝登假，百姓号之，二百余年不辍。

法身大士，应现世间，岂待梦游胜境，方知无为而治之理。不过示同前迷后悟，以启迪后人耳。孔子曰："我非生而知之者。好古敏以求之者也。"与此同义。

列子乘风

列子师老商氏，友伯高子，进二子之道，乘风而归。所进之道，不在乘风,然非乘风,则无人知。尹生闻之,从列子居,数月不省舍。因间请蕲其术者,十反而十不告。尹生怼而请辞,列子又不命。尹生退数月,意不已,又往从之。尹生躁进,非道器也。列子曰:"汝何去来之频?"尹生曰:"曩章戴有请于子,子不我告,固有憾于子。今复脱然,是以又来。"列子曰:"曩吾以汝为达,今汝之鄙至此乎?姬!将告汝所学于夫子者矣。先痛斥之,然后告以为道之方。自吾之事夫子、友若人也,三年之后,心不敢念是非,口不敢言利害,始得夫子一眄而已。《圆觉经》云"居一切时不起妄念",同初段意。五年之后,心庚念是非,口庚言利害,夫子始一解颜而笑。经云"于诸妄心亦不息灭",同二段意。七年之后,从心之所念,庚无是非;从口之所言,庚无利害。夫子始一引吾并席而坐。经云"住妄想境,不加了知",同三段意。九年之后,横心之所念,横口之所言,亦不知我之是非利害欤?亦不知彼之是非利害欤?亦不知夫子之为我师,若人之为我友,内外进矣。经云"于无了知,不辨真实",同四段意。而后眼如耳,耳如鼻,鼻如口,无不同也。六根销复,异性入同。心凝返流全一形释,六用不行骨肉都融,体合真空不觉形之所倚,足之所履,随风东西,犹木叶干壳。竟不知风乘我耶?我乘风乎?能所两亡,依正不二。今汝居先生之门,曾未浃时,而怼憾者再三。汝之片体,将气所不受。汝之一节,将地所不载。履虚乘风,其可几乎?"急躁之病,至于此极,无怪学道者多,成道者少也。尹生甚怍,屏息良久,不敢复言。幡然改悔,犹可教也。

　　列子真实学道,循序而进,由浅至深,九年之功,方臻妙境。彼躐等者,但求速效,虽至百年,亦终于无成而已。孔子曰:"下学而上达。"又曰:"欲速则不达。"千古圣贤,如出一辙也。

　　进道阶级,分为四段,恰与《圆觉》四句义同。若依《起信论》中

"虽说,无有能说可说;虽念,亦无能念可念"二语,总合前之三段;至第四段,正合论中"若离于念,名为得入"之语。列子生于东土,与西竺之道,如此冥符,谓非法身大士,随机影现乎?

商丘开信伪

范氏有子,曰子华,善养私名,举国服之。有宠于晋君,不仕而居三卿之右。目所偏视,晋国爵之;口所偏肥,晋国黜之。游其庭者侔于朝。子华使其侠客,以智鄙相攻,强弱相凌,虽伤破于前,不用介意。终日夜以此为戏乐,国殆成俗。禾生、子伯,范氏之上客。出行,经坰外,宿于田更商丘开之舍。中夜,禾生、子伯二人,相与言子华之名势,能使存者亡,亡者存,富者贫,贫者富。商丘开先窘于饥寒,潜于牖北听之。因假粮荷畚,之子华之门。子华之门徒,皆世族也,缟衣乘轩,缓步阔视。故见商丘开,年老力弱,面目黧黑,衣冠不检,莫不眲之。既而狎侮欺诒,挡㧙挨抌,亡所不为。商丘开常无愠容,而诸客之技单,惫于戏笑。遂与商丘开俱乘高台,于众中漫言曰:"有能自投下者,赏百金。"众皆竞应。商丘开以为信然,遂先投下,形若飞鸟,扬于地,肌骨无磲。范氏之党以为偶然,未讵怪也。因复指河曲之淫隈曰:"彼中有宝珠,泳可得也。"商丘开复从而泳之。既出,果得珠焉。众眆同疑。子华眆令豫肉食衣帛之次。俄而范氏之藏大火。子华曰:"若能入火取锦者,从所得多少赏若。"商丘开往无难色。入火往还,埃不漫,身不焦。范氏之党以为有道,乃共谢之曰:"吾不知子之有道而诞子,吾不知子之神人而辱子。子其愚我也,子其聋我也,子其盲我也。敢问其道?"商丘开曰:"吾亡道。虽吾之心亦不知所以。虽然,有一于此,试与子言之。曩子二客之宿吾舍也,闻誉范氏之势,能使存者亡,亡者存,富者贫,贫者富。吾诚之无二心,故不远而来。及来,以子党之言皆实也,唯恐诚之之不至,行之之不及。不知形体之所措,利害之所存也,心一而已。物亡迕者,如斯而已。今昉知子党之诞我。我内藏猜虑,外矜观听,追幸昔日之不焦溺也。怛然内热,惕然震悸矣。水火岂复可近哉?"自此之后,范氏门徒,路遇乞儿、马医,弗敢辱也,必下车而揖之。宰我闻之,以告仲尼。仲尼曰:"汝弗知乎,夫至信之人,可以感物也。动天地、感鬼神、横六合,而无逆者,岂但履危险,入水火而已哉?商丘开信伪,物犹不逆,况彼我皆诚哉?小子识之。"

此章能作念佛往生之实证,故录之。信仲尼之言,以为往生正因,世人所罕闻也。其言谓何?即"彼我皆诚"一语。弥陀大愿接引众生,是彼诚;众生念佛,求生净土,是我诚。彼我皆诚,安有不生净土者乎?商丘开信伪,诚阙一边,物犹不逆。以证念佛求生,决无不成也。文中先叙子华之权势,次述商丘开之愚诚。投地不伤,泳水不溺,入火不焦,皆诚之所至,不以高下、水火动其心也。心不动,则高下、水火,直心外之幻影耳,何害之有?一旦说破,追忆往事,直怛惕之不遑,奚能复近哉?唯愿世之学者,苟能专心向道,求脱轮回,唯在自诚其心而已。

赵襄子狩中山

赵襄子率徒十万,狩于中山。藉芿燔林,扇赫百里。有一人从石壁中出,随烟烬上下,众谓鬼物。火过,徐行而出,若无所经涉者。妙!妙!襄子怪而留之,徐而察之。形色七窍,人也;气息音声,人也。问:"奚道而处石?奚道而入火?"其人曰:"奚物而谓石?奚物而谓火?"妙!妙!襄子曰:"而向之所出者,石也;而向之所涉者,火也。"其人曰:"不知也。"妙!妙!若知之,早已为石所伤,为火所焚矣。魏文侯闻之,问子夏曰:"彼何人哉?"子夏曰:"以商所闻夫子之言,和者大同于物,物无得伤阂者,游金石,蹈水火,皆可也。"四大本无障碍,障碍生于自心。心若不生,四大俱融,是之谓"和者大同于物"。物与自身,性合真空。不闻此空阂于彼空,以空无彼此也。文侯曰:"吾子奚不为之?"子夏曰:"刳心去智,商未之能。虽然,试语之有暇矣。"文侯曰:"夫子奚不为之?"子夏曰:"夫子能之,而能不为者也。"夫子现身人道,不以神异骇俗,此为忍力最大者,方能终身不露也。文侯大说。

寒山、拾得之俦,隐于山中,偶然一现,为化流俗耳。襄子不能知,而文侯问于子夏。文侯其有动于心乎?不然,何辗转相问而不已耶?及闻夫子能之而能不为,遂大悦,文侯亦人杰也哉!

巫咸相壶子

有神巫自齐来,处于郑,命曰季咸。知人死生存亡、祸福寿夭,期以岁月、旬日,如神。郑人见之,皆避而走。列子见之而心醉,而归以告壶丘子曰:"始吾以夫子之道为至矣,则又有至焉者矣。"壶子曰:"吾与汝既其文,未既其实,而固得道欤?众雌而无雄,而又奚卵焉?而以道与世抗必信矣。夫故使人得而相汝。

文从实生,但见其文而不见其实,焉得谓之道?犹之禽也,雌喻生灭心,文也;雄喻真常心,实也。真常与生灭和合,方能发生天地万物。汝未证此道,奈何以道自居,而为人所料耶?

尝试与来,以予示之。"明日列子与之见壶子。出而谓列子曰:"嘻!子之先生死矣,弗活矣,不可以旬数矣。吾见怪焉,见湿灰焉。"列子入,涕泣沾衿,以告壶子。壶子曰:"向吾示之以地文,萌乎不振不止,是殆见吾杜德几也。尝又与来。"明日又与之见壶子。出而谓列子曰:"幸矣!子之先生遇我也。有瘳矣。灰然有生矣,吾见杜权矣。"列子入,告壶子。壶子曰:"向吾示之以天壤,名实不入,而机发于踵,此为杜权。是殆见吾善者几也。尝又与来。"明日又与之见壶子,出而谓列子曰:"子之先生坐不斋,吾无得而相焉。试斋,将且复相之。"列子入,告壶子。壶子曰:"向吾示之以太冲莫胜,是殆见吾衡气几也。鲵旋之潘为渊,止水之潘为渊,流水之潘为渊,滥水之潘为渊,沃水之潘为渊,汃水之潘为渊,雍水之潘为渊,汧水之潘为渊,肥水之潘为渊,是为九渊焉。尝又与来。"明日又与之见壶子。立未定,自失而走。壶子曰:"追之!"列子追之而不及,反以报壶子曰:"已灭矣,已失矣,吾不及也。"壶子曰:"向吾示之以未始出吾宗。吾与之虚而猗移,不知其谁何。因以为茅靡,因以为波流,故逃也。"

壶子以四种三昧示巫咸,巫咸皆不能知,而壶子自释之。初示以地文三昧。此三昧者,既有所萌,则如地之生物而成文也。"不振",不动也。"不止",不静也。动静俱无,故名"杜德几"。巫咸以为"湿灰",实未尝见也。次则示以天壤三昧,此三昧者,名"实不入",空无所有也。而"机发于踵",微有动相也。"善者几",众善之元也。巫咸以为"杜权",略见一斑耳。三则示以太冲莫胜三昧。夫"太冲",至虚也;"莫胜",无迹可见也。"衡气几",如水之平也。历举九渊,以喻平等中之差别法。深密难测,变动无方,巫咸谓其"不斋",实无可揣摩也。四则示以未始出吾宗三昧。此三昧者,泯绝无寄也。禅宗谓之祖父从来不出门者也。即是自受用境界,故不名几。下文现他受用,"虚而猗移,不知其谁何",巫咸焉得而逃。

然后列子自以为未始学而归。三年不出,为其妻爨。食豨如食人，于事无亲，雕琢复朴，块然独以其形立，纷然而封戎，壹以是终。

列子言下知归，不但人我顿空，而且万物一体。归真返璞，废心用形，凡圣情亡，超然于万象之表矣。

太古神圣

太古神圣之人，备知万物情态，悉解异类音声，会而聚之，训而受之，同于人民。故先会鬼神魑魅，次达八方人民，末聚禽兽虫蛾。言血气之类，心智不殊远也。神圣知其如此，故其所教训者，无所遗逸焉。

法身大士，随机应现。世道兴隆，则为皇、为帝，统治六道众生。舜、禹以前，代代出兴。世道衰微之际，众同分中，不能得大圣主持。行菩萨道者，或现宰官居士身，如老、孔、列、庄书中所载隐君子，不一而足也。自俗眼观之，六道心智各别，何能相通？闻佛经所说异类受化之事，骇而不信。岂知太古神圣，圆音布教，早已行于东夏矣。

○ 周穆王第三

西极化人

周穆王时，西极之国，有化人来。穆王善根发现，菩萨应时而至。入水火，贯金石，反山川，移城邑，乘虚不坠，触实不硋，千变万化不可穷极。以神通力化之。既已变物之形，又且易人之虑。变物之形，已可异矣。易人之虑,更为希有。穆王敬之若神,事之若君。推路寝以居之,引三牲以进之,选女乐以娱之。化人以为王之宫室卑陋而不可处,王之厨馔腥蝼而不可飨,王之嫔御膻恶而不可亲。化人原无憎爱二见,为破穆王世间贪着,故现厌恶之情。穆王乃为之改筑。土木之功,赭垩之色,无遗巧焉。五府为虚,而台始成。其高千仞,临终南之上,号曰中天之台。简郑卫之处子,娥媌靡曼者,施芳泽,正蛾眉,设笄珥,衣阿锡,曳齐纨,粉白黛黑,佩玉环,杂芷若,以满之。奏承云、六莹、九韶、晨露,以乐之。月月献玉衣,旦旦荐玉食。化人犹不舍然,不得已而临之。穆王竭国之财力以奉之,犹不适化人之意,竟不知其为何等人也?居亡几何,谒王同游。王执化人之袪,腾而上者,中天乃止,暨及化人之宫。化人之宫,构以金银,络以珠玉,出云雨之上,而不知下之据,望之若屯云焉。耳目所观听,鼻口所纳尝,皆非人间之有。王实以为清都、紫微、钧天、广乐,帝之所居。王俯而视之,其宫榭若累块积苏焉。王自以居数十年,不思其国也。引王上游,见忉利天境界。化人居无定方,随所至处,即谓自宫。王俯视能见下界,仗化人天眼之力也。化人延短时为长时,令王居数十年,不思返国。化人复谒王同游,所及之处,仰不见日月,俯不见河海。光影所照,王目眩不能得视;音响所来,王耳乱不能得听。百骸六藏,悸而不凝,意迷精丧,请化人求还。复引王上升光音天,日月河海,皆无所见,离下界甚远矣。穆王报境未脱,下界六根,不能受上界光音,所以悸而求还也。化人移之,王若磌虚焉。全体脱落,丧身失命。既寤,绝后再苏,初关透矣。所坐犹向者之处,侍御犹向者之人。视其前,则酒未清,肴未晞。人物宛然,恍如隔世。王问所从来,相续心断,前不到后。左右曰:"王默存耳。"本未尝动,何有去来。由此穆王自失者三月。七识已破,即透重关。而复更问化人。穆王心犹未已,更求进步。化人曰:"吾与王神游也,形奚动哉?且囊之所居,奚异王之宫?囊之所游,奚异王之圃?化人晓以动静不二、净秽一如之理。盖囊者以天界胜境示王,为破人界之贪。恐王又着天界之贪,复以同一幻境破之,令王离分别心。王闲恒疑暂亡。变化之极,徐疾之间,可尽模哉?"化人责王疑情不断,亡失本明,变化徐疾,何庸措心。王大悦。言下大彻,庆快平生,八识顿开,三关直透,不负化人一番提撕也。

下文述穆王驾八骏马,登昆仑山,谒西王母等事,无关道要,故节去。

穆王悟道,无文可证,何以判为三关直透?答曰:化人之来,多方接引,即其证也。盖化人他心道眼,非见穆王根熟,决不作此无益之事。

老成子学幻

老成子学幻于尹文先生,三年不告。有此师,有此弟子,方堪传道。今时人,不但弟子不能待,即师亦不能待。无坚忍耐久之心,何能学出世之道?老成子请其过而求退。尹文先生揖而进之于室,屏左右而与之言曰:如此慎重秘密,其道方隆。五祖传六祖,云岩传洞山,亦犹是也。"昔老聃之徂西也,顾而告予曰:学有渊源,非同臆说。'有生之气,有形之状,尽幻也。造化之所始,阴阳之所变者,谓之生,谓之死。穷数达变,因形移易者,谓之化,谓之幻。造物者,其巧妙,其功深,固难穷难终。因形者,其巧显,其功浅,故随起随灭。知幻化之不异生死也,始可与学幻矣。'吾与汝亦幻也,奚须学哉!"学幻真诀,罄尽无余。老成子归,用尹文先生之言,深思三月。尹文之言,由深而浅,只有两层。一曰生死,二曰幻化。老成用其言而深思之,须作三层。由浅而深,先明幻化之理,次达生死之元,后超生死之外。若不能超生死,必不能即生死而起幻化。所以三月深思，即是透彻三重关也。遂能存亡自在，幡校四时，冬起雷，夏造冰，飞者走，走者飞。终身不著其术，故世莫传焉。虽云不著其术，而术已具于尹文之言矣。世无传之者，因其未能深思也。

菩萨幻智法门，即是自性本具之神境通。断惑证真，遂得现前受用。非如外道幻术，有法可传也。

尹氏治产

周之尹氏大治产，其下趣役者，侵晨昏而弗息。有老役夫，筋力竭矣，而使之弥勤。昼则呻呼而即事，夜则昏惫而熟寐。精神荒散，昔昔梦为国君，居人民之上，总一国之事，游燕宫观，恣意所欲，其乐无比。觉则复役。人有慰喻其勤者，役夫曰："人生百年，昼夜各分。吾昼为仆虏，苦则苦矣，夜为人君，其乐无比，何所怨哉！"尹氏心营世事，虑钟家业，心形俱疲，夜亦昏惫而寐。昔昔梦为人仆，趋走作役，无不为也，数骂杖挞，无不至也。眠中唫呓呻呼，彻旦息焉。尹氏病之，以访其友。友曰："若位足荣身，资财有余，胜人远矣。夜梦为仆，苦逸之复，数之常也。若欲觉梦兼之，岂可得耶？"尹氏闻其友言，宽其役夫之程，减己思虑之事，疾并少间。

此以梦、觉二境，喻今世、后世苦乐循环也。佛法未入中夏，列子不能倡轮回报应之说，以启世人疑谤。故假梦、觉，影而言之，欲自会其意，而减损贪求之劳也。先述役夫昼苦而夜乐，客也。后述尹氏昼勤而夜苦，主也。二者相形，尹氏不如役夫远甚。盖尹氏治产之勤，未尝受乐，而夜梦之苦，过于役夫。世之以财产自豪者，亦可以悟矣。

梦分人鹿

郑人有薪于野者,遇骇鹿,御而击之,毙之。恐人见之也,遽而藏诸隍中,覆之以蕉,不胜其喜。俄而遗其所藏之处,遂以为梦焉。以蕉覆鹿,为第一重梦。顺途而咏其事。傍人有闻者,用其言而取之。闻言取鹿,为第二重梦。既归,告其室人曰:"向薪者梦得鹿,而不知其处。吾今得之,彼直真梦者矣。"归告室人,为第三重梦。室人曰:"若将是梦,见薪者之得鹿耶?讵有薪者耶?今真得鹿,是若之梦真耶?"疑夫梦鹿,为第四重梦。夫曰:"吾据得鹿,何用知彼梦我梦耶?"彼梦我梦,同归一鹿,为第五重梦。薪者之归,不厌失鹿。其夜真梦藏之之处,又梦得之之主。爽旦案所梦而寻,得之,遂讼而争之。据梦争讼,为第六重梦。归之士师。士师曰:"若初真得鹿,妄谓之梦;真梦得鹿,妄谓之实。彼真取若鹿,而与若争鹿。室人又谓梦认人鹿,无人得鹿。今据有此鹿,请二分之。"士师分鹿,为第七重梦。以闻郑君。郑君曰:"嘻!士师将复梦分人鹿乎?"郑君腾疑,为第八重梦。访之国相。国相曰:"梦与不梦,臣所不能辨也。国相莫辨,为第九重梦。欲辨觉梦,惟黄帝、孔丘。追思古圣,为第十重梦。今亡黄帝、孔丘,孰辨之哉?且恂士师之言可也。"古圣既没,无觉梦者,举世同梦,为之奈何?

此章梦有十重,人有六位,颠倒昏迷,莫可究诘。梦乎?梦乎!何日始觉?列子悯世之心切矣。

华子病忘

宋阳里华子,中年病忘。朝取而夕忘,夕与而朝忘。在途则忘行,在室则忘坐。今不识先,后不识今。阖室毒之。谒史而卜之,弗占;谒巫而祷之,弗禁;谒医而攻之,弗已。鲁有儒生,自媒能治之。华子之妻、子,以居产之半请其方。儒生曰:"此固非卦兆之所占,非祈请之所祷,非药石之所攻。吾试化其心,变其虑,庶几其瘳乎!"于是试露之而求衣;饥之而求食;幽之而求明。儒生欣然,告其子曰:"疾可已也。然吾之方密传,世不以告人。试屏左右,独与居室七日。"从之。莫知其所施为也。而积年之疾,一朝都除。华子既悟,乃大怒,黜妻罚子,操戈逐儒生。宋人执而问其以,华子曰:"曩吾忘也,荡荡然不觉天地之有无。今顿识既往数十年来存亡、得失、哀乐、好恶,扰扰万绪起矣。吾恐将来之存亡、得失、哀乐、好恶之乱吾心如此也。须臾之忘,可复得乎?"子贡闻而怪之,以告孔子。孔子曰:"此非汝所及乎。"顾谓颜回记之。

人有三性,曰善、曰恶、曰无记。凡夫日用中,非善即恶,非善恶即无记。惟无想外道,恒住无记,自以为乐。华子病忘,亦是无记性也。室人延儒生治之而瘳。儒生之术,无非引起善恶二性,以抵制无记。而后华子思虑并起,不若向之安乐无事矣。操戈逐儒生,固其宜也。子贡告于孔子,孔子令颜回记之,记华子之忘未尝合道。若与道合,虽十儒生,亦不能转其心志,令起世俗之念,入于尘网也。

逢子病迷

秦人逢氏有子,少而惠,及壮而有迷罔之疾。闻歌以为哭,视白以为黑,飨香以为朽,尝甘以为苦,行非以为是。意之所之,天地四方,水火寒暑,无不倒错者焉。杨氏告其父曰:"鲁之君子多术艺,将能已乎。汝奚不访焉?"其父之鲁。过陈,遇老聃,因告其子之证。老聃曰:"汝庸知汝子之迷乎? 今天下之人,皆惑于是非,昏于利害,同疾者多,固莫有觉者。且一身之迷,不足倾一家。一家之迷,不足倾一乡。一乡之迷,不足倾一国。一国之迷,不足倾天下。天下尽迷,孰倾之哉? 向使天下之人,其心尽如汝子,汝则反迷矣。哀乐声色,臭味是非,孰能正之? 且吾之言,未必非迷,而况鲁之君子? 迷之邮者,焉能解人之迷哉? 荣汝之粮,不若遄归也。"

此章以一人之迷,例举世之迷。其言出于老聃,并将己之言与鲁之君子,统以一迷字概之。其故何也? 良以三界六道众生,无一而非迷也。福业胜者迷稍浅,罪业重者迷愈深。欲醒此迷,除非黄面瞿昙。

卢注以上章之忘、此章之迷,皆谓合道。因文中有"向使天下之人,其心尽如汝子,汝则反迷矣"之言,卢氏执为证据。殊不知老聃此言,是反比例耳。意显二者俱迷,不得言此醒而彼迷也。

○ 仲尼第四

仲尼闲居

仲尼闲居,子贡入侍,而有忧色。将以启子贡之疑也。子不敢问,出告颜回。颜回援琴而歌。孔子闻之,果召回入,问曰:"若奚独乐?"回曰:"夫子奚独忧?"孔子曰:"先言尔志。"曰:"吾昔闻之夫子曰:'乐天知命故不忧。'回所以乐也。"孔子愀然有间,曰:"有是言哉? 汝之意失矣。此吾昔日之言尔,请以今言为正也。汝徒知乐天知命之无忧，未知乐天知命有忧之大也。今告若其实，修一身，任穷达，知去来之非我，亡变乱于心虑，尔之所谓乐天知命之无忧也。曩吾修《诗》《书》，正《礼》《乐》，将以治天下，遗来世，非但修一身、治鲁国而已。而鲁之君臣日失其序，仁义益衰，情性益薄。此道不行一国与当年，其如天下与来世矣。吾始知《诗》《书》《礼》《乐》无救于治乱，而未知所以革之之方，此乐天知命者之所忧。<u>先将忧乐二途详叙一番，以启下文。</u>虽然，吾得之矣。夫乐而知者，非古人之谓所乐知也。无乐无知，是真乐真知。故无所不乐，无所不知，无所不忧，无所不为。《诗》《书》《礼》《乐》，何弃之有，革之何为？"颜回北面拜手曰："回亦得之矣。"<u>圣人超世之诣，除颜回以外，无人领会。</u>出告子贡，子贡茫然自失。归家淫思七日，不寝不食，以至骨立。颜回重往喻之，乃反丘门。弦歌诵书，终身不辍。<u>子贡疑情顿发，穷参力究，以求了悟。幸得颜回一点，则受用不尽矣。</u>

《列子》书凡八篇，《仲尼篇》居第四。述仲尼之事有四章，此第一章也。乐之与忧，两相对待，不入神化之域。仲尼故为此言，以启无乐无知之妙境，而后圣人之心和盘托出矣。颜子言下大彻，不觉五体投地。子贡虽费苦功，亦非他人所能及也。观《列》《庄》二书推尊孔子处，岂可以异端目之。

陈大夫聘鲁

陈大夫聘鲁，私见叔孙氏。叔孙氏曰："吾国有圣人。"曰："非孔丘耶？"曰："是也。""何以知其圣乎？"叔孙氏曰："吾尝闻之颜回曰，'孔丘能废心而用形'。"陈大夫曰："吾国亦有圣人，子弗知乎？"曰："圣人孰谓？"曰："老聃之弟子，有亢仓子者，得聃之道，能以耳视而目听。"鲁侯闻之,大惊。使上卿厚礼而致之。亢仓子应聘而至,鲁侯卑辞请问之。亢仓子曰:"传之者妄。我能视听不用耳目,不能易耳目之用。"鲁侯曰:"此增异矣。其道奈何?寡人终愿闻之。"亢仓子曰:"我体合于心,心合于气,气合于神,神合于无。其有介然之有,唯然之音,虽远在八荒之外,近在眉睫之内,来干我者,我必知之。乃不知是我七孔四支之所觉,心腹六藏之所知,其自知而已矣。"鲁侯大悦。他日以告仲尼,仲尼笑而不答。

孔子能废心而用形,既废心矣,用形者谁?当知自性神用,不涉思惟也。陈大夫称亢仓子能以耳视而目听,即是六根互用。及亢仓子见鲁侯,一语抹过,直云视听不用耳目。复申之曰"我体合于心"者,融四大入识大也。"心合于气"者,融识大入风大也。风之为用,扫除云雾,显现真空者也。又风者动性也,由动中见不动,则证常住真心矣。"气合于神"者,风力无依,即如来藏妙真如性也。"神合于无"者,妙觉圆明,入寂灭海也。"其有介然之有,唯然之音,虽远在八荒之外,近在眉睫之内,来干我者,我必知之",既在八荒之外,又云干我者,非从极远来至极近也。乃物之小者,音之微者,动于远方,我已知之,即名"干我"。可见法身大我,无处不遍;清净六根,随机显现也。近在眉睫之内,凡体只觉其碍,不能明了,唯证道者,方能知之。"不知是我七孔四支之所觉,心腹六藏之所知"者,返观幻身,若存若亡,何尝为形体所拘耶?其"自知而已矣"一语,义味无穷。圭峰称荷泽得六祖之正传,因其见此真知也。"鲁侯告仲尼,仲尼笑而不答",盖亢仓子彻底吐露,不必雪上加霜。仲尼以无言印之,上圣高真,同一心法也。此章专就用处显道,令人即用知体,体用无二也。

西方圣人

商太宰见孔子,曰:"丘圣者欤?"孔子曰:"圣则丘何敢。然则丘博学多识者也。"商太宰曰:"三王圣者欤?"孔子曰:"三王善任智勇者,圣则丘弗知。"曰:"五帝圣者欤?"孔子曰:"五帝善任仁义者,圣则丘弗知。"曰:"三皇圣者欤?"孔子曰:"三皇善任因时者,圣则丘弗知。"商太宰大骇,曰:"然则孰者为圣?"孔子动容有间,曰:"西方之人有圣者焉,不治而不乱,不言而自信,不化而自行,荡荡乎民无能名焉。丘疑其为圣,弗知真为圣欤?真不圣欤?"商太宰默然,心计曰:"孔丘欺我哉!"

此指释迦如来而言也。先举盛德之君,自三王溯而上之,以至五帝、三皇,皆不得称为至圣。独西方之人可以称之,岂非佛之德智,超过三皇五帝乎?既欲称为至圣,而复作疑似之言,以孔子未曾亲见故也。且释迦之德,非言语所能形容,圣与非圣,举不足以称之。商太宰何人,而能信解此言乎?

列子见南郭子

子列子既师壶丘子林,友伯昏瞀人,乃居南郭。从之处者,日数而不及。虽然,子列子亦微焉,朝朝相与辨,无不闻。子列子慈心济世,显道之大。而与南郭子连墙,二十年不相谒请。南郭子抗志绝俗,显道之尊。相遇于道,目若不相见者。两人俱到亡言绝虑境界,所以相遇之时,心迹落落,无可交接也。门之徒役,以为子列子与南郭子有敌不疑。有自楚来者,问子列子曰:"先生与南郭子奚敌?"子列子曰："南郭子貌充、心虚、耳无闻、目无见、口无言、心无知、形无惕，历举南郭七德，而以心虚为本，虚至极处，与空如来藏相应，所谓无法可现，非觉照义也。往将奚为？虽然，试与汝偕往阅。"弟子四十人同行，见南郭子，果若欺魄焉，欺魄，无知之貌。而不可与接。顾视子列子，形神不相偶，而不可与群。形神俱丧，与道合真。南郭子俄而指子列子之弟子末行者，与言衎衎然，若专直而在雄者。不论师资，不简首末，言机一发，锐不可当。唐时禅宗尊宿，每有此风。子列子之徒骇之，反舍，咸有疑色。子列子曰：以下分为七层。"得意者无言，此第一层，心领神会，非言可喻。进知者亦无言，此第二层，真智显现，言语道断。用无言为言亦言，无知为知亦知，此第三层，由体起用，无而为有。无言与不言，无知与不知，此第四层，摄用归体，无无亦无。亦言亦知，此第五层，全泯不碍全彰。亦无所不言，亦无所不知，此第六层，应机无滞。亦无所言，亦无所知，此第七层，全彰不碍全泯。如斯而已，道体之妙，尽于是矣。汝奚妄骇哉！"

此章显有道之士，非凡情所测也。二子连墙而居，不相交接，外人焉得而不疑。及列子率门徒以往，又见南郭子言貌异常。自非列子七番详陈，阐明言、知之理，世人哪得释其疑耶？

列子好游

初，子列子好游。壶丘子曰："御寇好游，游何所好？"列子曰："游之乐，所玩无故。人之游也，观其所见；我之游也，观其所变。游乎！游乎！未有能辨其游者。"壶丘子曰："御寇之游，固与人同欤？而曰固与人异欤！凡所见，亦恒见其变。玩彼物之无故，不知我亦无故。务外游，不知务内观。外游者求备于物，内观者取足于身。取足于身，游之至也。求备于物，游之不至也。"于是列子终身不出，自以为不知游。壶丘子曰："游其至乎！至游者不知所适，至观者不知所视。物物皆游矣，物物皆观矣。是我之所谓游，是我之所谓观也。故曰：游其至矣乎！游其至矣乎！"

列子未明唯识道理，向外驰求。观其答壶子语，自以为高出常人矣，而不知物之变化虽多，总不外乎唯心所现也。壶子斥其不异于人，而复示以物我同一无常，令其返观自心，体备万法，以为游观之境。列子心领神会，而终身行之。壶子叹为至游，盖与老子"不出户，知天下；不窥牖，见天道"一章同意。

文挚视疾

龙叔谓文挚曰："子之术微矣。吾有疾，子能已乎？"文挚曰："唯命所听。然先言子所病之证。"龙叔曰："吾乡誉不以为荣，国毁不以为辱；得而不喜，失而弗忧；视生如死，视富如贫；视人如豕，视吾如人；处吾之家，如逆旅之舍；观吾之乡，如戎蛮之国。凡此众疾，爵赏不能劝，刑罚不能威，盛衰、利害不能易，哀乐不能移。固不可事国君，交亲友，御妻子，制仆隶。此奚疾哉？奚方能已之乎？"文挚乃命龙叔背明而立，文挚自后向明而望之。既而曰："嘻！吾见子之心矣。方寸之地虚矣，几圣人也。子心六孔流通，一孔不达。今以圣智为疾者，或由此乎？非吾浅术所能已也。"

龙叔修道于前生，宿习力强，心不偕俗，自以为病。文挚虽望而见之，而不知治之之法。其一孔不达者，隔世之迷，思惟心生，障蔽正智也。欲治此病，在修习止观，以澄其识浪，自然正智现前，超凡入圣矣。文挚术浅，何足以治之。

生死道常

无所由而常生者,道也。不假修习,本觉常存,道之体也。由生而生,故虽终而不亡,常也。依本觉有不觉,依不觉有始觉。幻躯虽坏,自性不迷,湛然常住。由生而亡,不幸也。既能觉悟,忽而亡失,实大不幸。有所由而常死者,亦道也。除灭无明,而妄心永寂,自然契道。由死而死,故虽未终而自亡者,亦常。寂而又寂,身虽住世,而我执已亡,即证真常。由死而生,幸也。由妄心死,而真心生,实大幸也。故无用而生,谓之道。虽无作为,而示现受生,是菩萨道。用道得终,谓之常。安详顺世,千圣通规。有所用而死者,亦谓之道。舍身布施,是菩萨道。用道而得死者,亦谓之常。为道而死,亦利生之常事也。

此章分为两段。前段生死属心,专为自利,就真谛说。内分二门:一显性门,二断惑门。后段生死属身,专为利他,就俗谛说。亦分二门:一乐游门,二苦行门。《列子》书中,唯此一章最为难解。今依佛教义释之。若与旧注参看,孰得孰失,必有能辨之者。

尧治天下

尧治天下五十年,不知天下治欤?不治欤?不知亿兆之愿戴己欤?不愿戴己欤?顾问左右,左右不知。问外朝,外朝不知。问在野,在野不知。尧乃微服游于康衢,闻儿童谣曰:"立我蒸民,莫匪尔极。不识不知,顺帝之则。"尧喜,问曰:"谁教尔为此言?"童儿曰:"我闻之大夫。"问大夫。大夫曰:"古诗也。"尧还宫,召舜,因禅以天下。舜不辞而受之。

此章描写治道之极致,后世贤圣之君所不能及也。君不自知,则君亡情矣。左右不知,则左右亡情矣。外朝在野皆不知,则均亡情矣。尧无可问,只得游于康衢。忽闻童谣之辞,恰似以空印空。举国臣民,同入于太和之境矣。尧欲不禅,其可得乎?舜欲不受,其可得乎?阅此章,而不坦然忘我,游心于尧舜之世者,则其人可知矣。

关尹论道

关尹喜曰:"在己无居,觅心了不可得,即是如实空。形物其著。头头显露,法法全彰,即是如实不空。古人云"见物即见心,无物心不现",与此同意。其动若水,性本无动,而流动随缘。其静若镜,空明之体,虽现万象,而无所动。其应若响,响随声应,而不自发。故其道,若物者也。"若"字,犹佛经之"如"字。如事如理,一切皆如,谓之如如不动。物自违道,抉其根源,咎由自取。道不违物。种瓜得瓜,种豆得豆。善若道者,亦不用耳,亦不用目,亦不用力,亦不用心。欲若道,而用视、听、形、智以求之,弗当矣。凡夫耳目心力为物所囿,故违于道。若能超越视听形智之域,则勿求而自得矣。瞻之在前,忽焉在后。道无方所。用之弥满六虚,废之莫知其所。道非有无。亦非有心者所能得远,亦非无心者所能得近。心有心无,道未尝变。唯默而得之,不关语言文字。而性成之者得之。本性现成,岂假外求。知而亡情,能而不为,真知真能也。发无知,何能情?发不能,何能为?无知者,真知也。真知现前,自然亡情。不能者,真能也。真能现前,自然不为。二"发"字,由本源性地发现,如花之开也。"何能情",无妄情矣。"何能为",无妄为矣。言其妄情妄为,自然永断。聚块也,积尘也,虽无为而非理也。"申明情与无情之异。有情断惑证真而成道果,无情转为依报庄严。眼前尘块,皆是众生妄业所感。虽无为,而不同性地之无为。以性地之无为,能起神用,所以异也。

《列子》引《关尹》语甚多,以此章为最精。世所传《关尹子》九篇者,伪作也。得此章而读之,关尹子之面目见矣。

○ 汤问第五

汤问夏革

殷汤问于夏革曰:"古初有物乎?"夏革曰:"古初无物,今恶得物?后之人将谓今之无物,可乎?"殷汤曰:"然则物无先后乎?"夏革曰:"物之终始,初无极已。始或为终,终或为始。恶知其纪?然自物之外,自事之先,朕所不知也。"殷汤曰:"然则上下八方有极尽乎?"革曰:"不知也。"汤固问。革曰:"无则无极,有则有尽。朕何以知之?然无极之外,复无无极。无尽之中,复无无尽。无极复无无极,无尽复无无尽。朕以是知其无极无尽也,而不知其有极有尽也。"

汤疑万物有始,革以无始答之。汤会其意而知物无先后,革即申明终始循环之妙。复恐汤问物外、事先,预以不知杜其推求之心。盖思虑所不及处,即是物之外、事之先。汤又疑虚空有尽,革答不知,是截断情识之利刃也。汤不能领而固问之,革以有无二门详答。所言无者,十方虚空也。有者,天地万物也。虚空无极,天地有尽,人所共知。而说不知者何也?盖有从无生,无从有显,有无互摄,总非意言分别所能楷定也。故下文层层披剥,以明无极无尽之义,与内典所云"虚空无边、世界无边、众生无边"同义。

焦螟

江浦之间生么虫，其名曰焦螟，群飞而集于蚊睫，弗相触也。栖宿去来，蚊弗觉也。离朱子羽，方昼拭眦扬眉而望之，弗见其形；𪆟俞师旷，方夜擿耳俯首而听之，弗闻其声。唯黄帝与容成子，居空峒之上，同斋三月，心死形废。徐以神视，块然见之，若嵩山之阿；徐以气听，砰然闻之，若雷霆之声。

佛制罗汉饮水，只用肉眼观，不得用天眼观。若以天眼观之，欲求无虫之水，不可得矣。黄帝、容成得天眼、天耳通，能见焦螟之形，闻焦螟之声。所谓"同斋三月，心死形废"者，修通之方法也。经云：一一微尘，皆有广大法界，佛与菩萨集会说法。世人多不能信，若以焦螟之说证之，复何疑哉！

愚公移山

大形人相王屋我相二山，巍然对峙，方七百里，高万仞。本在冀州之南，河阳之北。适当其中。北山愚公者，不度德不量力，称之为愚。年且九十，面山而居。阅历既深，方知二山为碍。惩山北之塞，出入之迂也。二山亘于怀中，不能直道而行。聚室而谋曰："吾与汝毕力平险，指通豫南，达于汉阴，可乎？"忽起移山之计，其愚不可及也。杂然相许。去塞就通，人所乐从。其妻献疑曰："以君之力，曾不能损魁父之丘，如大形、王屋何？且焉置土石？"愚公之心阳而直，其妻之心阴而曲，道心人心，两相违背，是以献疑而阻之。杂曰："投诸渤海之尾，隐土之北。"消散于不可见之地。遂率子孙荷担者三夫，"道生一，生二，二生三，三生万物"，今有三人，即万夫之渐也，愚公之气壮矣。叩石垦壤，箕畚运于渤海之尾。不以己所恶者，贻害他人。邻人京城氏之孀妻，有遗男，始龀，跳往助之。京城氏有大家风范，助道缘也。以孀妻弱子而能助力，益坚愚公之志矣。寒暑易节，始一反焉。河曲智叟笑而止之曰："甚矣，汝之不惠！以残年余力，曾不能毁山之一毛，其如土石何？"叟之心思，如河流之屈曲盘旋，障道缘也。以世智辩聪，巧言乱德，幸愚公不为所动。不然，殆矣。北山愚公长息曰："汝心之固，固不可彻，曾不若孀妻弱子。虽我之死，有子存焉。子又生孙，孙又生子。子又有子，子又有孙。子子孙孙，无穷匮也。而山不加增，何苦而不平？"愚公以生灭心为主，凡夫意识也。虽相续无穷，而其力甚微。河曲智叟亡以应。操蛇之神闻之，传送识也。惧其不已也，告之于帝。帝者，真识也。真识为主，能起大用。帝感其诚，命夸蛾氏夸，大也；蛾，能飞者也。即是大乘，亦名摩诃衍。二子，一名奢摩陀，止也；二名毗婆舍那，观也。负二山，一厝朔东，一厝雍南。以大乘止观之力，除人我二山，顷刻都尽。自此冀之南，汉之阴，无陇断焉。履道坦坦，一望无垠，愚公从此安享太平矣。

此章策励世人精勤修道，不存退志也。人我二见，为害甚巨，令修行者不得自由，故须除之。然以思惟心除之甚难。必由真智为主，以止观力而移去之。中间许多周折，形容初步艰难，至止观双行，而一道齐平矣。

愚公、智叟，判然两途。学愚公者，能获大益；学智叟者，终身无成。世俗之人，鲜不以此言为迂也。

夸父追日

夸父不量力，欲追日影。遂之于隅谷之际。渴欲得饮，赴饮河渭。河渭不足，将走北，饮大泽。未至，道渴而死。弃其杖尸，膏肉所浸生邓林。邓林弥广数千里焉。

此章人皆不识其意之所指，合上章而观之，则晓然矣。愚公身老力衰，以子孙无尽之传，不限时代，而建业移山，竟得成功。夸父恃其身强力大，欲以崇朝之功，追及日影，遂致渴死。世之学道者，当以是为鉴。起恒常心，经久不懈，绵密用功，必能遂意。若以急躁心，求其速成，虽有大乘根器，亦不免于中途而废也。何则？克期太促，用力太猛，或遭邪魔，或觏疾病，以至退失初心，与渴死何以异哉？愚公所移之山，人我障也，移其可移者也。夸父所追日影，虚幻相也，追其不可追者也。发趣异途，成坏立判矣！

两儿辩日

孔子东游，见两小儿辩斗。问其故，一儿曰："我以日始出时去人近，而日中时远也。"一儿以日初出远，而日中时近也。一儿曰："日初出大如车盖，及日中则如盘盂。此不为远者小，而近者大乎？"一儿曰："日初出沧沧凉凉，及其日中如探汤。此不为近者热，而远者凉乎？"孔子不能决也。两小儿笑曰："孰谓汝多知乎？"

此章与二僧论风幡相似。所谓大小、远近、炎凉，皆是六识妄缘，都无实义。若离遍计性，此等情见纤毫不起。孔子见两儿迷执太坚，不能晓以大道，故且置之，而任其讪笑也。

今依天文格致家之理，亦甚易解。地为圆体，半径一万二千里，日初出时，远半径；日中时，近半径。晨光横射而来，故凉；午景直射而下，故热。又依视学，凡见远物，平视大于仰视。如将纸鸢之线撒尽，执于远处则见其大，放至空中则见其小，此实证也。日初出时，蒙气厚，故显大；日渐高，蒙气渐薄，故渐小。此皆俗谛，无关大道。略述梗概，以破两儿之愚迷而已。

扁鹊换心

鲁公扈、赵齐婴二人有疾，同请扁鹊求治。扁鹊治之，既同愈，谓公扈、齐婴曰："汝曩之所疾，自外而干府藏者，固药石之所已。今有偕生之疾，与体偕长，今为汝攻之何如？"二人曰："愿先闻其验。"扁鹊谓公扈曰："汝志强而气弱，故足于谋而寡于断。齐婴志弱而气强，故少于虑而伤于专。若换汝之心，则均于善矣。"扁鹊遂饮二人毒酒，迷死三日，剖胸探心，易而置之。投以神药，既悟如初。二人辞归。于是公扈反齐婴之室，而有其妻子，妻子弗识。齐婴亦反公扈之室，而有其妻子，妻子亦弗识。二室因相与讼，求辨于扁鹊。扁鹊辨其所由，讼乃已。菩萨入俗利生，须学五明。文挚、扁鹊，皆医方明者也。

此章述扁鹊之神技也。以后世同类之事证之，则不必剖胸换心，专易二人之神识，足矣。尝有道家者流，自嫌衰老，欲换少壮之身，与人同寝，即交易而去。又晋时有梵僧昙无谶者，人求其讲《涅槃经》。谶以不善华言，祈祷观音。夜梦观音易其头，遂通华言。而头之形容如故，乃观音之神力也。《悟真篇》内有投胎、夺舍并移居之句。投胎者，住胎十月方生也。夺舍者，胎中婴孩，本有识神，于出胎时，被有力者撞而夺之也。世人临产，见有僧道或显者来，即此类也。移居者，必炼气功深，乘人之熟睡而换之。文中剖换之术，不必判其真假，但以扁鹊之神技，必有法互易神识，而令二人均其志气也。

师文鼓琴

瓠巴鼓琴,而鸟舞鱼跃。郑师文闻之,弃家从师襄游。柱指钧弦,三年不成章。师襄曰:"子可以归矣。"师文舍其琴,叹曰:"文非弦之不能钧,非章之不能成。文所存者不在弦,所志者不在声。内不得于心,外不应于器,故不敢发手而动弦。且小假之,以观其后。"无几何,复见师襄。师襄曰:"子之琴何如?"师文曰:"得之矣。请尝试之。"于是当春而叩商弦以召南吕,凉风忽至,草木成实。及秋而叩角弦以激夹钟,温风徐回,草木发荣。当夏而叩羽弦以召黄钟,霜雪交下,川池暴沍。及冬而叩征弦以激蕤宾,阳光炽烈,坚冰立散。将终,命宫而总四弦,则景风翔、庆云浮、甘露降、醴泉涌。师襄乃抚心高蹈曰:"微矣,子之弹也! 虽师旷之清角,邹衍之吹律,亡以加之。彼将挟琴、执管,而从子之后耳!"

师文鼓琴,三年而不成章,固有异于常人矣。"文所存者"数语,非但常人不知,恐师襄亦不能知。及其有得而试之,则变换四时,何其妙也。而疑之者则曰:文中有"当春""及秋""当夏""及冬"八字,则知变换四时必依当时原有之气候为本,方能变为异时气候。是则欲试其技,必分四时鼓之,不能一时全试也。解之者曰:按此文意,应在一时。设鼓琴正当春时,以商弦叩之,则变而为秋。既变而为秋矣,即以所变之秋为本,而叩之以角弦,遂变而为春。作者但取文便,以春秋作一对,夏冬作一对,不暇计及夏之无本也。应以秋变而为夏,夏变而为冬,皆以所变之景物为本而转换之。遂得一日之间,备历四时,而毫无遗憾。乃"命宫而总四弦",则祥瑞齐现,妙用全彰。宜乎师襄叹赏不置也。或疑鼓琴何关乎道? 当知道体无所不在，琴之妙，即道之妙也。

薛谭学讴

薛谭学讴于秦青，未穷青之技，自谓尽之，遂辞归。秦青弗止，饯于郊衢。抚节悲歌，声振林木，响遏行云。薛谭乃谢求反，终身不敢言归。秦青顾谓其友曰："昔韩娥东之齐，匮粮，过雍门，鬻歌假食。既去，而余音绕梁欐，三日不绝。左右以其人弗去。过逆旅，逆旅人辱之。韩娥因曼声哀哭，一里老幼，悲愁垂涕相对，三日不食。遽而追之，娥还，复为曼声长歌，一里老幼，喜跃抃舞，弗能自禁，忘向之悲也。乃厚赂发之。故雍门之人，至今善歌哭，效娥之遗声。"上章鼓琴，此章讴歌，皆五明中之声明也。

随举一技，至造极时，皆非思议所能及，此何故耶？因其本如来藏妙真如性也。六根六尘，莫不皆然。故发为讴歌，能振林木，遏行云，遍虚空界显妙用也。以才生即灭之音声，而能绕梁三日，其经于众生耳根者，何其深也。至于哀哭长歌，而令人悲喜转变，不能自主，韩娥之声学，可谓至矣。然比于佛之音声，犹其小焉者。内典所载，法界无边，佛音声亦无边。"佛以一音演说法，众生随类各得解。皆谓世尊同其语，斯则神力不共法。"岂凡情所能测耶？《列子》此章述音声之妙，出过常情。以见本性德用，随处显露，令人起欣慕之心耳。

来丹报仇

魏黑卵粗恶之名以暱嫌杀丘邴章。丘邴章之子来丹诚笃之称，谋报父之仇。丹气甚猛，形甚露，计粒而食，顺风而趋。虽怒，不能称兵以报之。耻假力于人，誓手剑以屠黑卵。体弱志强，宜得宝剑。黑卵悍志绝众，力抗百夫，筋骨皮肉，非人类也。延颈承刃，披胸受矢，铓锷摧屈，而体无痕挞。负其材力，视来丹犹雏鷇也。来丹之友申他曰："子怨黑卵至矣，黑卵之易子过矣，将奚谋焉？"来丹垂涕曰："愿子为我谋。"申他曰："吾闻卫孔周，其祖得殷帝之宝剑。有其人，方有其器。非殷帝不能用，非孔周不能藏。若入他人之手，早已化龙飞去矣。一童子服之，却三军之众。以威神制之，非在杀也。奚不请焉？"来丹遂适卫。见孔周，执仆御之礼，请先纳妻子，后言所欲。孔周曰："吾有三剑，唯子所择。皆不能杀人。内典云：般若大火，烧尽一切世间尽无有余，而不损一草。即此义也。且先言其状：一曰含光，视之不可见，运之不知有。其所触也，泯然无际，经物而物不觉。二曰承影，将旦昧爽之交，日夕昏明之际，北面而察之，淡淡然若有物存，莫识其状。其所触也，窃窃然有声，经物而物不疾也。三曰宵练，方昼，则见影而不见光；方夜，见光而不见形。其触物也，騞然而过，随过随合，觉疾而不血刃焉。此三宝者，传之十三世矣，而无施于事。剑之为用，非凡情所测。匣而藏之，未尝启封。"来丹曰："虽然，吾必请其下者。"孔周乃归其妻子。与斋七日。晏阴之间，跪而授其下剑。与斋七日，而于晏阴之日授之，此何物也？岂世间钢铁所铸者耶？其质在有无之间，来丹若不慎密，则失之矣。来丹再拜，受之以归。来丹遂执剑从黑卵。时黑卵之醉，偃于牖下。自颈至腰三斩之。黑卵不觉。忒煞昏迷。来丹以黑卵之死，趣而退。遇黑卵之子于门。击之三下，如投虚。人之形体本虚，世人妄以为实。今以宵练击之，方知其虚。来丹可以悟矣，何仇之足云。黑卵之子方笑曰："汝何蚩而三招予？"来丹仇人也，忽而三招予，不悟何待。来丹知剑之不能杀人也，叹而归。来丹既悟人剑俱空,报仇之念消矣。黑卵既醒,亦有悟时。怒其妻曰:"醉而露我,使我嗌疾而腰急。"其子曰:"畴昔来丹之来,遇我于门,三招我,亦使我体疾而支强,彼其厌我哉!"章末余波,不关道意。

情与无情,皆以真空法性为体。证道之人,物不能伤,如别章所说。至精之物,亦不伤人,如此章所明。人皆以报仇不成,为来丹惜;我则以报仇事毕,为来丹庆。何也?冤仇相报,无已时也。今知四大本空,五阴非有,则当处解脱,转热恼为清凉,岂非大快事哉!

或疑三剑,必无此物,今为释之。内典所载,忉利天王与修罗战,用种种兵。四天王及护法诸天亦有执剑者。证知此剑乃天人所授也。殷帝御世,用此剑以降服鬼神,驱除恶魔,去其害民者。又若临敌交战,仗此剑以往,则敌兵威服,自然退却。殷帝既没,入于孔氏之家。惜乎来丹请下剑,志在杀仇,非其用也。倘来丹请上剑以往,数黑卵之罪,而以剑临之,自然低首下心,悔过请宥,从此黑卵改为良善,则剑之为用大矣。

○ 力命第六

力不胜命

力谓命曰:"若之功奚若我哉?"命曰:"汝奚功于物,而欲比朕?"力曰:"寿夭穷达,贵贱贫富,我力之所能也。"命曰:"彭祖之智,不出尧舜之上,而寿八百;颜渊之才,不出众人之下,而寿四八。仲尼之德,不出诸侯之下,而困于陈蔡;殷纣之行,不出三仁之上,而居君位。季札无爵于吴,田恒专有齐国。夷齐饿于首阳,季氏富于展禽。若是汝力之所能,奈何寿彼而夭此,穷圣而达逆,贱贤而贵愚,贫善而富恶耶?"力曰:"若如若言,我固无功于物,而物若此耶?此则若之所制耶?"命曰:"既谓之命,奈何有制之者耶?朕直而推之,曲而任之。自寿自夭,自穷自达,自贵自贱,自富自贫。朕岂能识之哉?朕岂能识之哉?"

力者,现世所用之才智也。命者,过去所作之业因也。业因为种,存于八识田中,强弱不齐,生熟不等,先后发现,即为果报。世人不知,称之谓命。自古以来,莫不皆然。《列子》此篇劝人安命,损却许多烦恼也。文中历叙寿、夭、穷、达之差池,不与其人贤、愚、善、恶相称。令人欲问彼苍而莫得其解,徒以一"命"字了之。章末"自寿""自夭"等八个"自"字,隐含自种发现、自身酬业之意,非命所能制,不过直推曲任而已。不然,彼造物者何能受廓然大公之名哉?

北宫子安命

北宫子谓西门子曰:"朕与子并世也,而人子达;并族也,而人子敬;并貌也,而人子爱;并言也,而人子庸;并行也,而人子诚;并仕也,而人子贵;并农也,而人子富;并商也,而人子利。朕衣则裋褐,食则粢粝,居则蓬室,出则徒行。子衣则文锦,食则粱肉,居则连楯,出则结驷。在家熙然有弃朕之心,在朝谔然有敖朕之色。请谒不相及,遨游不同行,固有年矣。子自以德过朕邪?"西门子曰:"予无以知其实。汝造事而穷,予造事而达,此厚薄之验欤?而皆谓与予并,汝之颜厚矣。"北宫子无以应,自失而归。中途遇东郭先生。先生曰:"汝奚往而反,偊偊而步,有深愧之色邪?"北宫子言其状。东郭先生曰:"吾将舍汝之愧,与汝更之西门氏。"而问之曰:"汝奚辱北宫子之深乎?固且言之。"西门子曰:"北宫子言世族、年貌、言行与予并,而贱贵、贫富与予异。予语之曰:'予无以知其实。汝造事而穷,予造事而达,此将厚薄之验欤?而皆谓与予并,汝之颜厚矣。'"东郭先生曰:"汝之言厚薄,不过言才德之差。吾之言厚薄异于是矣。夫北宫子厚于德,薄于命;汝厚于命,薄于德。汝之达,非智得也;北宫子之穷,非愚失也。皆天也,非人也。而汝以命厚自矜,北宫子以德厚自愧,皆不识夫固然之理矣。"西门子曰:"先生止矣!予不敢复言。"北宫子既归,衣其裋褐,有狐貉之温;进其茙菽,有稻粱之味;庇其蓬室,若广厦之荫;乘其筚辂,若文轩之饰。终身逌然,不知荣辱之在彼也,在我也。东郭先生闻之曰:"北宫子之寐久矣,一言而能寤,易怛也哉!"

北宫子以世俗之见,与西门子较量穷达,宜乎为西门子所讪笑也。幸东郭先生以天命晓之,西门子既服,北宫子亦释然心安,何其感化之速耶?虽然,此三子者,皆未闻道也。夫闻道者,不为命之所囿,而能造乎命者也。且能断己之命根,以出没于命所不及之处。人天三界,随意寄托。十方国土,应愿往生。博施济众,而不受福德。永劫修行,而不辞劳瘁。菩萨有十力,佛有十力,皆以力胜,谓之力波罗蜜,何命之足云。若规规然以听天任命为宗,亦终于随业流转而已。

○ 杨朱第七

此章恣情放逸,非列子之书,不足取也。

○ 说符第八

持后处先

　　子列子学于壶丘子林。壶丘子林曰："子知持后，则可言持身矣。"列子曰："愿闻持后。"曰："顾若影则知之。"列子顾而观影：形枉则影曲，形直则影正。然则枉直随形而不在影，屈伸任物而不在我。此之谓持后而处先。

　　此以形影喻心法也。"形枉则影曲，形直则影正"，以喻心邪则万法皆恶，心正则万法皆善。法从心生，犹之影随形现也。学道之人，心有主宰，则万法唯心所转。心则处先而能持其后矣。非若世人心随物转，不能自由，以致后先倒置也。"屈伸任物而不在我"一语，是转机，恐后人执成死句，不能超脱耳。"任物"云者，即是一切无心而已。

九方皋相马

　　秦穆公谓伯乐曰："子之年长矣，子姓有可使求马者乎？"伯乐对曰："良马可形容筋骨相也。天下之马者，若灭若没，若亡若失，若此者绝尘弭辙。臣之子皆下才也，可告以良马，不可告以天下之马也。臣有所与共担缠薪菜者，有九方皋。此其于马，非臣之下也。请见之。"穆公见之，使行求马。三月而反，报曰："已得之矣，在沙丘。"穆公曰："何马也？"对曰："牝而黄。"使人往取之，牡而骊。穆公不说。召伯乐而谓之曰："败矣！子所使求马者，色物牝牡尚弗能知，又何马之能知也。"伯乐喟然太息曰："一至于此乎？是乃其所以千万臣而无数者也。若皋之所观，天机也。得其精而忘其粗，在其内而忘其外。见其所见，不见其所不见。视其所视，而遗其所不视。若皋之相马，乃有贵乎马者也。"马至，果天下之马也。

此章可作三种喻。一者，求经世之才，须具九方皋眼目，方能得伊尹、太公其人者。二者，接超世之机，须具九方皋眼目，方能得六祖、临济其人者。三者，读载道之书，须具九方皋眼目，不在语言文字上计较短长。心与古会，而离言妙旨，豁然显露，求文字相，了不可得。观其言天下之马，"若灭若没，若亡若失"，岂专论马也哉？其寄意远矣。唯九方皋观之以天机，始能见其神。既得其神，则牝牡、骊黄，何庸介意？故伯乐以"得精忘粗"等四句称之。此四句义，实为三喻之秘密心法也。

不死之道

昔人言有知不死之道者，燕君使人受之。不捷，而言者死。燕君甚怒其使者，将加诛焉。幸臣谏曰："人所忧者莫急乎死，己所重者莫过乎生。彼自丧其生，安能令君不死也。"乃不诛。有齐子亦欲学其道，闻言者之死，乃抚膺而恨。富子闻而笑之。曰："夫所欲学不死，其人已死，而犹恨之，是不知所以为学。"胡子曰："富子之言非也。凡人有术不能行者有矣，能行而无其术者亦有矣。卫人有善数者，临死以诀喻其子。其子志其言，而不能行也。他人问之，以其父所言告之。问者用其言而行其术，与其父无差焉。若然，死者奚为不能言生术哉？"

此章示学道之要门也。知而未行者可以教人，而得其传者可以成道,此理之当然者。而世人每不信之,以致当面错过,终身无学。为治此病,分作三层。一者,燕君不得其术而怒使者,纳幸臣之谏而释然无悔,可谓毫无灼见矣。二者,齐子恨言者之死,而富子笑之。胡子申其正义,以解富子之诮。三者,胡子引卫人之事,以实其说。卫子得父之传而不能行,告之于人而人行之,与其父同。学道之人,苟知此意,则寻师访友,随处获益。然亦须辨其邪正,方不被外道所惑也。

不死之道,出自黄帝。战国末时,已失其传。秦皇、汉武求之而不可得。后来金丹之术行于世间,真伪杂出。梁隐士陶弘景得其真传,授之沙门昙鸾。鸾遇菩提留支,详论不死之道,遂焚仙经而修净土。以《观经》为宗,即得上品上生,瑞应弥空,人所共见。六朝以来,行此法者,皆能往生净土,得不死之道,无有终极。此法以《无量寿经》《观经》《阿弥陀经》《往生论》四种为本,卷册具在,不烦他求。若不依此法,而别求师传,误入邪途,深为可惜。岂知不死之道,即在目前,人人可学,只须发起真实信心,便能超出三界,永脱轮回也。

简子放生

邯郸之民,以正月之旦,献鸠于简子。简子大悦,厚赏之。客问其故。简子曰:"正旦放生,示有恩也。"客曰:"民知君之欲放之,竞而捕之,死者众矣。君如欲生之,不若禁民勿捕。捕而放之,恩过不相补矣。"简子曰:"然。"

简子之误,在厚赏献鸠者,即以启网捕之害也。客以正义晓之,实探源之论。为人上者所当学。然不可以此言,而遂废放生之善举也。盖力之所能禁者,禁之。力所不能禁者,买而放之。远追流水长者之遗风,而与业道众生结未来出世因缘,岂非菩萨道中之大方便乎?

鲍子进言

齐田氏祖于庭,食客千人中坐。有献鱼雁者。田氏视之,乃叹曰:"天之于民厚矣! 殖五谷,生鱼鸟,以为之用。"众客和之如响。鲍氏之子,年十二,预于次。进曰:"不如君言。天地万物,与我并生类也。类无贵贱,徒以小大智力而相制,迭相食。非相为而生之。人取可食者而食之,岂天本为人生之? 且蚊蚋噆肤,虎狼食肉,非天本为蚊蚋生人、虎狼生肉者哉?"

田氏以世俗之见,叹天之厚于人,与西洋教义相同。鲍氏之子,突然而出,如霜钟破晓,警醒昏迷,非菩萨应化而何? 此等语言,中夏未之前闻。唯西竺婆罗门制断肉戒。释迦降生,演说六道轮回之苦。一切有情,无非过去世中父母六亲,尚忍食其肉,以资一时之口腹哉? 故《楞伽经》终之以不食肉。《列子》八篇将终,亦有二章述救护生灵之道。何其与佛经遥遥相应如出一辙耶?

《南华经》发隐

叙

太史公言：庄周作《渔父》《盗跖》《胠箧》，以诋訾孔子之徒，以明老子之术。岂知《渔父》《盗跖》皆他人依托，大违庄子本意。观其内篇推尊孔子处，便可知矣。司马氏不于内篇窥庄子之学，而据伪撰以判庄子，宜其将老、庄、申、韩合为一传也。至唐初尊之为《南华经》，而作注解者渐多。唯明之陆西星、憨山清二家，以佛理释之。憨山仅释内篇，西星则解全部。今阅二书，犹有发挥未尽之意。因以己意释十二章，与古今著述迥不相同。质之漆园，当亦相视而笑。尝见《宗镜》判老庄为通明禅，憨山判老庄为天乘止观。及读其书，或论处世，或论出世，出世之言，或浅或深，浅者不出天乘，深者直达佛界。以是知老、列、庄三子，皆从萨婆若海逆流而出，和光混俗，说五乘法人乘、天乘、声闻乘、菩萨乘、佛乘，能令众生随根获益。后之解者，局于一途，终不能尽三大士之蕴奥也。

光绪甲辰仲秋之月石埭杨文会
识于金陵刻经处

鲲鹏变化 《逍遥游》

北冥有鱼,其名为鲲。鲲之大,不知其几千里也。化而为鸟,其名为鹏。鹏之背不知其几千里也。怒而飞,其翼若垂天之云。是鸟也,海运则将徙于南冥。南冥者,天池也。《齐谐》者,志怪者也。《谐》之言曰:"鹏之徙于南冥也,水击三千里,抟扶摇而上者九万里,去以六月息者也。"野马也,尘埃也,生物之以息相吹也。天之苍苍其正色耶?其远而无所至极耶?其视下也,亦若是则已矣。且夫水之积也不厚,则负大舟也无力。覆杯水于坳堂之上,则芥为之舟。置杯焉则胶,水浅而舟大也。风之积也不厚,则其负大翼也无力。故九万里,则风斯在下矣。而后乃今培风,背负青天而莫之夭阏者,而后乃今将图南。蜩与学鸠笑之曰:"我决起而飞抢榆枋,时则不至,而控于地而已矣。奚以之九万里而南为?"适莽苍者,三餐而反,腹犹果然;适百里者,宿舂粮;适千里者,三月聚粮。之二虫又何知!小知不及大知,小年不及大年。奚以知其然也?朝菌不知晦朔,蟪蛄不知春秋,此小年也。楚之南有冥灵者,以五百岁为春,五百岁为秋。上古有大椿者,以八千岁为春,八千岁为秋。而彭祖乃今以久特闻,众人匹之,不亦悲乎!汤之问棘也是已。穷发之北,有冥海者,天池也。有鱼焉,其广数千里,未有知其修者,其名为鲲。有鸟焉,其名为鹏。背若泰山,翼若垂天之云。抟扶摇羊角而上者九万里。绝云气,负青天,然后图南,且适南冥也。斥鴳笑之曰:"彼且奚适也。我腾跃而上,不过数仞而下。翱翔蓬蒿之间,此亦飞之至也。而彼且奚适也。"此小大之辨也。故夫知效一官,行比一乡,德合一君,而征一国者,其自视也亦若此矣。而宋荣子犹然笑之。且举世而誉之而不加劝，举世而非之而不加沮。定乎内外之分，辨乎荣辱之境，斯已矣。彼其于世未数数然也。虽然，犹有未树也。夫列子御风而行，泠然善也。旬有五日而后反，彼于致福者未数数然也。此虽免乎行，犹有所待者也。若夫乘天地之正，而御六气之辨，以游无穷者，彼且恶乎待哉？故曰：至人无己，神人无功，圣人无名。

　　此一章书，有十大。一者，具大因；二者，证大果；三者，居大处；四者，翔大路；五者，御大风；六者，享大年；七者，游大道；八者，忘大我；九者，泯大功；十者，隐大名。初释大因：北冥，幽暗之处也，鲲鱼潜藏其内，喻根本无明也。此无明体，即是诸佛不动智，是之谓具大因。二释大果：鲲化为鹏，奋迅而飞，脱离阴湿，而游清虚，无障无碍，是之谓证大果。三释大处：南冥天池，离明之方也。善财南询，龙女南往，皆以处表法。天池者，浮幢王刹诸香水海之象也，是之谓居大处。四释大路：水击三千，高翔九万，苍苍一色，远而无极，虽六月乃息，仍不离一真法界也，是之谓翔大路。五释大风：风积不厚，则不能负大翼，乘九万里之风，方可图南。此风何所表耶？乃表大愿也。现身九界，普行六度，乘此大愿，方证妙果，是之谓御大风。六释大年：以小年大年相形，皆有限量之年也，意在无限量之年。如《齐物论》"莫寿乎殇子，而彭祖为夭"。寿夭齐，而大年显矣，是之谓享大年。七释大道：若夫乘天地之正，而御六气之辨者，即大道也。无待于外，而游无穷者，即逍遥游也，是之谓游大道。八释大我：夫至人者，宇宙在乎手，万化生乎身者也。法身大我，竖穷三际，横亘十方，而无我相可得，是之谓忘大我。九释大功：藐姑神人，利泽遐敷，年丰物阜，而不见其功，是之谓泯大功。十释大名：圣如唐尧，荡荡乎民无能名焉，是之谓隐大名。旧解谓此三人无有浅深,窃窥庄生之意,当以法、报、化三身配之。以上略举十大,为《南华》别开生面,阐《逍遥游》之奥旨。至于文字离奇,章法变幻,诸家论之详矣,不烦赘述。

子綦丧我 《齐物论》

南郭子綦隐几而坐,仰天而嘘,嗒焉似丧其耦。颜成子游立侍乎前,曰:"何居乎?形固可使如槁木,而心固可使如死灰乎?今之隐几者,非昔之隐几者也。"子綦曰:"偃,不亦善乎而问之也。今者吾丧我,汝知之乎?"

此篇摘录开章七十余言,辨明丧耦、丧我二种差别。盖旁人见其容貌异常,有似丧耦。耦者对待之法也。心不外缘,几如槁木死灰矣。而岂知南郭子内证无心,我执已亡乎?倘我执未亡,定有对待法时时现前,不能深入宝明空海,平等普观也。下文种种不齐之物论,皆从丧我一法而齐之,了无余蕴。所谓得其一万事毕者,此之谓也。

回问心斋 《人间世》

回曰:"敢问心斋。"仲尼曰:"若一志,无听之以耳,而听之以心。无听之以心,而听之以气。听止于耳,心止于符。气也者,虚而待物者也。唯道集虚。虚者,心斋也。"颜回曰:"回之未始得使,实自回也。得使之也,未始有回也,可谓虚乎?"夫子曰:"尽矣。"

仲尼欲示心斋之法,先以返流全一诫之。然后令其从耳门入,先破浮尘根,次破分别识,后显遍界不藏之闻性,即是七大中之根大。何以名之为气耶？盖所谓气者，身内身外，有情无情，平等无二者也。随有声动，闻根即显，所谓循业发现者是也。听止于耳，释浮尘根之分齐，根尘交接，滞而不脱，所以须破。心止于符，释分别识之分齐，五根对境，有同时意识，与五识俱，不前不后，故谓之符。此识盖覆真性，所以须破。"气也者，虚而待物者也"，名之为气，其实真空也。自性真空，物来即应，故为道之本体。见此本体，安有不心斋者乎？颜子即时领解，而应之曰："未闻师训，妄执为我。既闻师训，本来无我。可得谓之虚乎？"夫子印之曰："心斋之法，尽于是矣。"

吾语若，吾告汝，**若能入游其樊**，入卫君之樊，而不干其禄，故谓之游。**而无感其名**。不自炫其能，故无名可感。**入则鸣，不入则止**。闻者信从，则言之；闻者不信，则不言。**无门、**不立门户。**无毒、**不设医方。**一宅，而寓于不得已**，以一清虚之境，为栖神之所。感而后应，不为物先。**则几矣**。于入世之道，其庶几乎。

"若能"二字，与"则几矣"三字，首尾相应。

下文劈空而来，纵横排荡，神化莫测，非法身大士，不能道其只字。

绝迹易，行无辙迹，犹是易事。**无行地难**。让公答六祖云："圣谛亦不为，何阶级之有？"六祖云："汝如是，吾亦如是。"故知宗门极则，到无行地，所以最难也。**为人使，易以伪**。随情流转，动成虚妄。**为天使，难以伪**。率性而行，触处全真。**闻以有翼飞者矣，未闻以无翼飞者也**。古人云，不疾而速，不行而至，即是此义。有梵僧晨离天竺，午至东土，禅德犹嫌其缓。邓隐峰振锡凌空而过，令两军罢战。此皆无翼而飞者也。**闻以有知知者矣，未闻以无知知者也**。孔子曰："吾有知乎哉？无知也。"梁武帝问达摩曰："对朕者谁？"答曰："不识。"此皆无知而知者也。上二语皆说未闻，乃系叹美之辞，非谓其无有也。**瞻彼阕者，虚室生白**。分破无明，性空自显。**吉**

祥止止。吉祥者,至善之地也。求其动相,了不可得,即是性定。而以修定契合,故重言止止也。《大学》言知止而后有定,亦同此意。夫且不止,此一转语,警醒愚迷。是之谓坐驰。虽妄念纷驰,而自性未尝动也。夫徇耳目内通,返见返闻,彻证心元。而外于心知,离分别识。鬼神将来舍,三界有情,同归性海。而况人乎?天下归仁。是万物之化也,无不从此法界流。禹、舜之所纽也,伏羲、几蘧之所行终,而况散焉者乎?"历举上古圣帝共行此道,以启后人信修之心。

此章孔颜问答有千余言,今录后段二百余言,为之解释,以通其义。以前皆孔子征诘之辞,至心斋以后,乃正答入卫之道,又复详示超世之学,穷高极微,为传心妙旨。至"耳目内通"一语,应前"听之以气"。"而况人乎"一语,作入卫收束。言辞如此善巧,而实出于无心也。

兀者王骀　《德充符》

鲁有兀者王骀,从之游者与仲尼相若。常季问于仲尼曰:"王骀,兀者也。从之游者,与夫子中分鲁。立不教,坐不议。虚而往,实而归。固有不言之教,无形而心成者耶?是何人也?"仲尼曰:"夫子,圣人也。丘也直后而未往耳。丘将以为师,而况不若丘者乎?奚假鲁国!丘将引天下而与从之。"常季曰:"彼兀者也,而王先生,其与庸亦远矣。若然者,其用心也独若之何?"

王骀与仲尼分道扬镳,一显一密。行显教者,耳提面命,进德修业,人所共知。行密教者,潜移默化,理得心安,人所难见。常季怪而问之,仲尼直以圣人称王骀,而愿引天下从之游,益动常季之疑矣。

仲尼曰："死生亦大矣，而不得与之变，虽天地覆坠，亦将不与之遗。审乎无假，而不与物迁，命物之化，而守其宗也。"常季曰："何谓也？"

痛切至死生，而不能动其心。毁坏至天地，而不能易其性。深知真常不变之义，不随万物迁化。且万物化生，同出一原。既穷其原，何有一物而不由之化生耶？"命"者，主宰义。入此三昧者，无作妙用，非情量所测，岂有主宰之心，如外道所称大梵天王者乎？"宗"者，万法之本也。若有可守，则非宗矣。愚者昧之，智者见之，知其头头显露，法法全彰，无坏无失，强名为守。此二句中，"命"字、"守"字，俱要活看，慎毋执言失旨也。仲尼如此开示，常季仍不能晓，故复问之。

仲尼曰："自其异者视之，肝胆楚越也。依生灭门，作差别观。自其同者视之，万物皆一也。依真如门，作平等观。夫若然者，且不知耳目之所宜，而游心乎德之和。二门不二，则不为耳目所牖，而情与无情，焕然等现矣。物视其所一，而不见其所丧。差别即平等，何得丧之有？视丧其足，犹遗土也。"内四大与外四大，无二无别，善忘我者也。

常季曰："彼为己，言其专为修己。以其知，得其心。以六识观照，而得八识现量。以其心，得其常心。超八识现量，而显常住真心。物何为最之哉！"彼但修己，无益于人，人何为尊崇如此耶？

常季只悟王骀之体，不悟即体之用，故劳仲尼委示也。

仲尼曰："人莫鉴于流水，流动之水，不能鉴物。而鉴于止水。止水澄清，方能鉴之。唯止，能止众止。就俗谛言之，一家仁，一国兴仁。一家让，一国兴让。就真谛言之，一人发真归元，十方虚空，尽皆消殒。均同此意。以下文势，分宾主四科。受命于地，唯松柏独也在，冬夏青青；引植物为喻，谓之宾中宾。受命于天，唯舜独也正，幸能正生，以正众生。引古圣作证，谓之宾中主。**夫保始之徵**，彻证心元，妄想不起。**不惧之实**。一切无畏，魔不能挠。**勇士一人，雄入于九军。将求名而能自要者，而犹若是**，保始二语，既为王骀写影，而忽插入勇士一喻，所以谓之主中宾。**而况官天地**，官者主宰也。即先天而天勿违者也。**府万物**，府者囊括也。心月孤悬，光吞万象。**直寓六骸**，应身入世直寄寓耳。六骸者，头身二手二足也。**象耳目**，在目为见，在耳为闻，人所共知。而胜义根，非人所知也。**一知之所知**，证无分别心，而有分别用。**而心未尝死者乎！**本自无生，何死之有？《金刚经》'应无所住而生其心'，亦同此义。此段方是主中主，二十七字，作一句读。**彼且择日而登假**，言其不久当入涅槃。**人则从是也**。人之从游者，以其妙用无形，随根普益耳。**彼且何肯以物为事乎？**"王骀自他两忘，不住有为，不住无为，何尝有教人之意，存乎其心耶？

　　此文出于庄周之手，称王骀盛德，由常季发问，而仲尼答之。究竟王骀有无其人，而常季、仲尼有无其言耶？皆不必问也。以慧眼观之，庄周者幻化人也，王骀、常季、仲尼，幻中之幻者也。乃至三界、四生、六道，无一而非幻也。幻化之中，有知幻者，知幻即离，离幻即觉。觉则非幻乎？曰：否也。经云：若有一法过于涅槃，我亦说为如幻如化。然则如之何而可也？曰：不起妄计而已矣。太史公作《项羽本纪》，述战时之言行，太史公亲见之而亲闻之乎？抑从他人传闻而笔之于书乎？谁得而究诘也。一切唯心造一言，足以概之矣。古今人同此心也。此心之妙，同而别，别而同者也。今人展阅此书，有庄周出现，又有王骀、常季、仲尼同时出现。仲尼之言、王骀之德毕现于心镜中。一真法界，主伴交参，妙旨泠然，非今非古。谁谓参访知识，须历百城烟水也。

女偊论道 《大宗师》

南伯子葵葵心向日,表慕道之诚也。问乎女偊曰:"子之年长矣,而色若孺子,何也?"曰:"吾闻道矣。"南伯子葵曰:"道可得学耶?"曰:"恶!恶可!子非其人也。时节未至。夫卜梁倚有圣人之才,而无圣人之道。我有圣人之道,而无圣人之才。吾欲以教之,庶几其果为圣人乎!不然,以圣人之道,告圣人之才,亦易矣。吾犹守而告之,虽得上根,犹不轻授,慎之又慎,其道始尊。三日而后能外天下。人在天下,犹牢笼也。外天下,则脱牢笼矣。已外天下矣,吾又守之,七日而后能外物。《阴符经》云:"心生于物,死于物。"既能外物,则心不随物转矣。已外物矣,吾又守之,九日,而后能外生。人之所最重者莫如生,既能外生,则无一法可当情矣。已外生矣,而后能朝彻。长夜漫漫,忽然天晓。朝彻,而后能见独。灵光独耀,迥脱根尘。见独,而后能无古今。妄念迁流,方有古今之异。既能见独,则妄念全消,过未现在,不出当念,遂能长劫入短劫,短劫入长劫,延促自由,岂有古往今来之定相耶?无古今,而后能入于不死不生。古今迁流,方有死生去来之相。今证一刹那际三昧,时量全消。迷者妄见生死,实无生死。悟者本无生死,示现生死。所谓生死涅槃,二俱平等,方是不死不生之义也。杀生者不死,生生者不生。即用明体,以释不死不生之义。道之真体,具杀生、生生二用,所以证其不死不生也。禅宗谓之杀活自在。

其为物,即指道体。无不将也,一入一切。无不迎也,一摄一切。上文外天下、外物、外生,皆是不将不迎,此文反之,为无不将无不迎。无不毁也,一坏一切坏。应上文杀生者不死。无不成也。一成一切成,应上文生生者不生。其名为撄宁。即将、即迎、即毁、即成,合四句为一"撄"字。朝彻、见独、无古今、不死生,合四句为一"宁"字。前文先宁而后撄,此文先撄而后宁,颠倒妙用,存乎其人,道无定法也。撄宁也者,撄而后成者也。撄者烦扰也,宁者沉静也。两门相反,适以相成。所谓八万尘劳,即解脱相也。

南伯子葵曰:"子独恶乎闻之?"曰:"闻诸副墨之子,去圣时遥,寻诸简册,可得道意。副墨之子闻诸洛诵之孙,进而求之,读诵纯熟,妙义自显。洛诵之孙闻之瞻明,见地明彻。瞻明闻之聂许,摄念自许。聂许闻之需役,拳拳服膺。需役闻之于讴,咏叹入神。于讴闻之玄冥,万法俱泯。玄冥闻之参寥,真空显露。参寥闻之疑始。"始觉有始,本觉无始,始觉合本,有始无始,皆不可说。

此章分为两段,前段言卜梁倚依教进修,凡有七层。前三层渐修渐证,自"朝彻"以下,势如破竹,一时顿证,以显真体。"其为物"以下,将、迎、毁、成四句,一切普应,以彰妙用。体用具足,乃以"撄宁"二字收之。后段女偊自叙闻道,凡有九层。前二层闻慧,次二层思慧,次二层修慧,后三层证道,是之谓九转功成也。此九层,皆以"闻"字贯纂到底,但取文便,其实后之三层,言说不到,思虑不及,岂耳根所能领耶?

谋报浑沌　《应帝王》

南海之帝为儵,北海之帝为忽,中央之帝为浑沌。儵与忽时相与遇于浑沌之地,浑沌待之甚善。儵与忽谋报浑沌之德,曰:"人皆有七窍,以视听食息,此独无有,当试凿之。"日凿一窍,七日而浑沌死。此章在内篇之末。

儵、忽,六、七识生灭心也。浑沌,八识含藏心也。浑沌无知,为儵忽所凿而死。浑沌虽死,其性不死,随儵忽转,而冥熏儵忽,生其悔过之心。遂谋所以生浑沌者,时相谓曰:浑沌德我,今亡浑沌矣,为之奈何?旦夕推求浑沌之性而培植之。久之而浑沌复苏,曩之无知者,转而为精明之体矣。于是倏忽奉为宗主,听其使令,非但分化于南北,抑且并八方上下而统治之。浑沌改名为大圆镜,倏名妙观察,忽名平等性,与倏忽为侣者,皆名成所作。四智菩提,圆彰法界。《南华》之能事毕矣。

以无始无明,称为浑沌。既是浑沌,必有倏忽。既有倏忽,必至凿窍。后之解者,但恶其凿,意谓不凿,则天性完全。岂知纵不被凿,亦是暗钝无明,不能显出全体大用也。庄生决不以浑沌为道妙,有他文可证。此章说到迷妄极处而止,未说返流归真之道,留待后人自悟。奈何二千年来,幽关未辟,故为揭而出之,以饷知言君子。

篇末之浑沌,即首章之鲲鱼也。鲲喻大心凡夫,在冥海中长养圣胎,一变而证大果。浑沌喻毛道众生,莫不被凿而死。庄生哀世人之沉沦,而以此章结之,其无尽大悲,可想见矣。

象罔得珠 《天地》

黄帝游乎赤水之北,登乎昆仑之丘而南望,还归,遗其玄珠。使知索之而不得,使离朱索之而不得,使吃诟索之而不得也。乃使象罔,象罔得之。黄帝曰:"异哉!象罔乃可以得之乎?"

赤水,浑浊污秽之至也。游乎其北,举目无可乐之境也。昆仑,巉岩危险之处也。登乎其丘,置身可畏之地也。一念回光,始知玄珠已失矣。虽然,未尝失也。知,善于用心者也。离朱,明察秋毫者也。吃诟,辞辩纵横者也。皆不能得,计已穷矣!乃使象罔,虽使而无所使也。象罔得之,得其本有也。黄帝叹异一语,意味深长，百世之下，令人闻之而心折也。

世之所贵 《天道》

世之所贵道者，书也。书不过语，语有贵也，语之所贵者意也。意有所随，意之所随者，不可以言传也。而世因贵言传书。世虽贵之哉，犹不足贵也，为其贵非其贵也。故视而可见者，形与色也；听而可闻者，名与声也。悲夫！世人以形色名声为足以得彼之情。夫形色名声，果不足以得彼之情，则知者不言，言者不知，而世岂识之哉！

此章为执著文字者下针砭。今进一解，为扫除文字者下针砭。古圣遗言，如标月指。执指固不能见月，去指又何能见月。庄子恐人认指为月，不求见月，故作此论。令全书文字，如神龙变化，若有若无。犹释典中之有《金刚经》，能令一代时教飞空绝迹也。达摩西来，不立文字，直指人心，见性成佛。当时利根上智，得其旨趣者，固不乏人。而数百年后，依草附木之流，正眼未开，辄以宗师自命。邪正不分，浅深莫辨，反不若研求教典之为得也。盖书之可贵者，能传先圣之道至于千百世，令后人一展卷间，如觐明师，如得益友。若废弃书籍，师心自用，不至逃坑落堑不止也。下文轮扁答桓公之言曰："君所读者，古人之糟粕。"试反之曰："予所读者，古人之英华。"有何不可？

天门 《庚桑楚》

出无本，入无窍。无本，则无所出。无窍，则无所入。而云出入者，皆假名耳。**有实而无乎处**,实者,实际也。处者,方域也。既有实,宜有处。而无处者,方之妙也。**有长而无乎本剽**。长者,久长也。本剽者,本末也。既有长,宜有本剽。而无本剽,时之妙也。**有所出而无窍者,有实**。此句束出入二句,互为影略。吕氏谓有缺文,宣氏谓是衍文,皆非也。因有出有入,所以证其有实。**有实而无乎处者,宇也**。宇者,上下四方也。既无处矣,何得名宇?乃知宇者,唯心之方,非妄计之方也。**有长而无本剽者,宙也**。宙者,往古来今也。既无本剽,何得名宙?乃宙者,唯心之时,非妄计之时也。**有乎生,有乎死,有乎出,有乎入**。生死出入,非有而有,即空之有也。**入出而无见其形,是谓天门**。无形可见,而有出入,何以名之?名为天门。天门者,无有也。克实而言,唯是真空。**万物出乎无有**。从真空,现妙有。有不能以有为有,必出乎无有。重申上义。**而无有一无有**,此即重空,亦名空空,亦名大空,亦名究竟空,亦名第一义空。**圣人藏乎是**。即是圣人放舍身命处。

此章语语超越常情,显示空如来藏也。世出世法,皆以真空为本,强名之为天门。天者,空无所有也。门者,万物所由出也。既以有无二端互相显发,而仍结归甚深空义,恰合般若旨趣。

七大　《徐无鬼》

知大一,知大阴,知大目,知大均,知大方,知大信,知大定,至矣。知此七大,蔑以加矣。上举七大名,下述七大用。**大一通之**,体则无二,用乃万殊。**大阴解之**,寂灭大海,究竟解脱。**大目视之**,正法眼藏,彻见本源。**大均缘之**,平等一如,普缘十界。**大方体之**,无边刹土,不出自心。**大信稽之**,因果历然,纤毫不爽。**大定持之**。本来无动,不持而持。**尽有天**,业识消亡,天真独露。**循有照**,随顺群有,智照无遗。**冥有枢**,得其环中，以应无穷。**始有彼。**有始则有彼，自他宛然；无始则无彼，自他双泯。**则其解之也，似不解之者。其知之也，似不知之也。**圣解非同凡解，真知异于妄知。**不知，而后知之。**禅宗所谓髑髅无识眼初明者是也。**其问之也，不可以有崖，而不可以无崖。**此诫学人发问，不可堕有无二边也。盖有则堕增益过，无则堕损减过。若欲免此二过，心计亦有亦无，则堕相违过。又计非有非无，则堕戏论过。离此四过，方可问道。**颉滑有实，**颉滑者不可捉摸也。虽不可捉摸，而义非虚无，则超断常二见矣。**古今不代，**古未尝往，今未尝来。见有时代迁流者，皆妄情耳。**而不可以亏。**既无往来，何亏之有？**则可不谓有大扬榷乎？**具宣七大，故名大扬榷。权小之机，岂能领会？**阖不亦问是已，奚惑然为？**何不研究此道，而徒自迷惑，汩没于三有之海耶？**以不惑解惑，**修也。**复于不惑，**证也。**是尚大不惑。**造极也。此三句谓以不惑之理，解瞑眩之惑，以复其本性之不惑，然后进而至于大不惑，则契于道矣。

此章历举七大，陆氏谓其名目，皆庄子所自命，而不知其与佛经暗合也。众生流转，由起惑而造业，由造业而受苦，故以起惑为病源。佛经说有三惑，一曰见思，粗惑也；二曰尘沙，细惑也；三曰无明，根本惑也。起时由细而粗，灭时由粗而细。无明贯于本末。此文断惑次第有三层，至大不惑，则无明破尽，永脱轮回矣。

得其环中 《则阳》

冉相氏古之圣君得其环中，自证之道，如禅宗一圆相。**以随成**随众生机而成就之。**与物真俗圆融无终无始，**始或为终，终或为始。**无几无时。**几心尽息，时量全消。以上四无，环中之妙也。**日与物化者，一不化者也。**恒顺众生，与之俱化，而自无化相可得，此即随物曲成也。**阖尝舍之！慈心济世，何肯舍弃众生，而自求安乐耶？以上述冉相氏之德。

夫师天而不得师天，与物皆殉。此言世人不达真理，错乱修习，虽欲师天，不知"天法道，道法自然"，而以为有天可师，则与殉物何异。**其以为事也，若之何？**以此为事，何能合道？反诘之语，映起下文。**夫圣人超越常情未始有天，未始有人，未始有始，未始有物。**四者皆无，空之极也。既言未始有天，可知非师天者，乃先天之圣人，得环中之体者也。**与世偕行而不替，**虽证真空，而不绝世缘。偕行者，同事摄也。不替者，不休息也。**所行之备而不洫。**万行备修，而不混滥。洫者，滥也。以上二语，得随成之用。**其合之也若之何？**如此行道，方顺正轨。反诘语，映带上文。**汤得其司御，门尹登恒，为之傅之。**又引成汤得贤臣为之辅弼，方能行圣人之道。**从师而不囿，**虽以贤臣为师，而不为师所囿。**得其随成。**与冉相氏无异也。**为之司其名，**无为而治，虽居君位，但虚名耳。**之名赢法。**此名不过赢余之法，无关大要。**得其两见。**要在得两见耳。实智见真谛，性空也；权智见俗谛，假有也。得此两见，方能治天下。**仲尼之尽虑，为之傅之。**又引仲尼与汤相形。汤为人君，以贤臣为傅；仲尼为人师，以己之尽虑为傅。尽虑者，虑至极尽处也，见无不彻，智无不周，即以傅师道之，传于万世也。此虑非凡夫六识妄缘，乃自性所起妙观察智耳。

容成氏曰：引古圣之言，以结上文之意。"**除日无岁，**破时量也。积日而成岁，除日则无岁矣。积刹那而成日，除刹那则无日矣。刹那者，时之极促，无时量之可得也。证刹那际三昧者，延一念为无量劫，促无量劫为一念，过未入现在，现在入过未。即冉相氏无终无始，无几无时，莫不由此道也。**无内无外。"**破方量也。自外观之，以内为小。小之内更有小焉，小而不可极，则归于无内而已。自内观之，以外为大。大之外更有大焉，大而不可尽，则归于无外而已。内外消融，遂能小中见大，大中见小。一尘遍法界，法界入一尘。何方量之有？即圣人之非天、非人、非始、非物，莫不由此道也。

此章显示行菩萨道之正轨也。发大乘心者，以第一义空为本。

冉相氏既得此理，入俗利生，不转而转，转而不转，诚为无上至德，不可以常情测度也。次则举下凡妄修，以启上圣真修，彻证真空，而不舍度生之业。又举成汤、仲尼，以明君师之别。然后引容成氏二语结之。二语之义，竖穷三际，横亘十方。前文"环中""随成""不化""尽虑"种种法门，摄无不尽矣。

得意忘言 《外物》

　　筌者，所以在鱼，得鱼而忘筌；蹄者，所以在兔，得兔而忘蹄；言者，所以在意，得意而忘言。吾安得夫忘言之人，而与之言哉！

　　筌者，鱼笱也。蹄者，兔罝也。因筌而得鱼，因蹄而得兔。鱼兔既得，筌蹄可舍。后人不达此意，竞欲舍筌蹄而求鱼兔，鱼兔何由可得耶？章末二语，神韵悠然。《天道篇》内《世之所贵》一章，专主离言；此章先即后离，以救其弊。《维摩经》云："言说文字，皆解脱相。"则非即非离，更进一层矣。

补遗

天地球图说

天球图说

　　天球者,古之浑天仪也。盖天之术,始于《周髀算经》,厥后变而为浑天。虽知有南极,而未见南极之星。晋法显度雪山,至印度求经,由师子国航海而归,途经耶婆提国,即今之新加坡也。在赤道北一度有奇,已见浑天全体矣。惜法显志崇佛教,未曾详记天象。天图之备载南北两极星象者,自利玛窦始。《高厚蒙求》中所附恒星图二幅,即利氏原本也。近时泰西学者,考求愈精,星之大小,时有变更,或古有而今无,或古无而今有,莫不随时增减,非若东土专依古法而不知变通也。今于法兰西国,仿制天球,用西人最新之图为本,而以中华星名标记牵线,庶几观象之家,按球窥星,经纬相距,光明等差,毫发不爽。诚学界中之一助也。

　　制球之法,用铜圈二具,一曰地平圈,分三百六十度,定东西南北四向,安于架上;二曰子午圈,亦分三百六十度,与地平圈作正交形,安于南北二向之中。球之两极有轴,安在子午圈内,可以旋转,如在江南省城,北极出地三十二度,即将子午圈北极之下三十二度,与地平圈相切,则星之转动自东而西,赤道之斜度恰与天合。若在北京,北极出地四十度,则赤道之斜度更大,冬日愈短,夏日愈长,其理易明。若在新加坡,北极出地一度有零,则赤道已近天顶。星之行度正直而过,昼夜平分,无长短之差。以球旋转,自明其理,此制用之大略也。

"倬彼云汉,为章于天",诗言之矣。世俗或称为河汉,或称为天河。西人以大镜窥之,见有无数小星,星之密处色愈白,星之疏处色稍淡,并非云气也,图中以疏白表之。

此球所载之星,共分六等,皆目力所能见者。若用二寸径之天文镜窥之,可见八九等,镜愈大见星愈多。近时美国立克天文台,安三十六寸透光镜,所见之星至二十余等,其数无量无边,非算数譬喻所能及也。

地球图说

地球之说,初入中华,人皆骇而不信。以月蚀之理证之,可无疑义。盖推步家欲知日月交蚀,必从日月地三者起算,方能得之。月掩日则日蚀,地影掩月则月蚀。掩月之黑影,古时名为暗虚,即地影也。影之边界常圆,可知地为圆体矣。近时四海交通,欲绕地球者,向西而行,则从东而归。向东而行,则从西而归,地球之说信而有征。唯南北两极,无人能到,皆为冰所阻也。西人探北极者,已至八十三度,离极仅七度,不过一千四百里耳。将来更出新法,必有亲至北极之地者。或山或海,当绘图以示人也。唯南极则难以深入,尝有极大冰山,时时流动,轮船夹于两山之中,便成齑粉矣。

此球作于法国巴黎都城,周围计法尺八十生的,合地球五千万分之一，用地平子午二圈，与天球同。假如人在江南省城，则将北极高出地平圈三十二度，将球面之江苏转近子午圈，恰当正中，便知各处方向。上下四方，人所立处，足对地心，有倒立者，有侧立者，而各处之人，皆以为正立也。此乃地球自转每日一周，在虚空中毫无依傍，所以无上下四方之别，然为日所摄，绕日而行大周，谓之黄道圈。其绕日之道，有二力焉：一者向心力，若无此力，径直而去，不能绕日；二者离心力，若无此力，与日渐合。有此二力，所以终古不变也。

地球自转，两极不动；中腰一圈，名曰赤道。赤道之向与黄道斜交，相距二十三度半，有虚线为界，名曰黄道限。夏至北极向日，冬至南极向日，春分秋分赤道向日，遂成四时寒暑之分。近南北极二十三度半，有虚线为界，名黑道限。每岁有一昼夜不能见日，渐近极，日愈差，至两极，则半年为昼，半年为夜，日月星辰皆横转，不见有出没之象，是以不能生物。

大海中有蓝线是温流，白线是寒流。线之疏者其流缓，线之密者其流急，有红箭以指其行向。其流或直或曲，或顺或逆，格致之士，终不解其何故，殆如人身之血脉，常时运动，以显造物之妙也。

海中有红线，系邮船常行之路。又有红虚线，系电报所设，沉于水底，虽数万里重洋远隔，消息灵通，诚古来所未有也。

舆图尺说

古之言舆地者，以二百五十里为一度，地球周圆共计九万里。康熙年间，命西人测量各处经纬度，定为每度二百里，盖向南直行二百里，则北极低一度，是地球一周，实计七万二千里也。乾隆间，泰西蒋友仁，按京师营造尺一百八十丈作一里，测得每度一百九十二里有奇，是地球全周仅有六万九千余里矣。种种差池，皆因古今尺制之不同也。近时法兰西人，竭数十年之力，测量地球圆周之数，减去地面高低差，以海平圆面为准，分作四千万分，定为法国尺码，欧洲各国皆匙之。

夫舆图之学，以测量为本。测量之法，莫要于定底线，欲定底线，非极准之尺不为功。今以中国每度二百里为定率，通计地球一周，共有一万二千九百六十万尺。与法国四千万码比例，每尺应得法国码十万分之三万零八百六十四分，恰与地球全周之数相合。用此尺作底线，测量地面，正合每度二百里之数。若以度分秒计之，每度三十六万尺，每分六千尺，每秒一百尺，均得整数，无有奇零，他国尺式，皆不及也。盖古者以尺准地，故难以吻合，今也以地准尺，故纤毫无差。再以此尺绘舆图，作大小比例，最为适用。其一边分十寸，每寸作十分，每分内作五小分，可得二厘之数。若绘万分之一地图，每尺作一千丈，每寸作一百丈，每分作十丈，每小分作二丈，至于十万分之一，百万分之一。各种地图，照此类推。又一边分二十五格，每格作十分，每分内有短线表半分，若绘二万五千之一地图，每格作一百丈，每小分作十丈，半分作五丈，尺中宽微分，能得一丈。若绘五万分之一地图，每格作一百丈，每半分作十丈，窄微分内可得一丈，至于二十五万分之一，五十万分之一。各种地图，照此类推。

以上所言度数，均系南北距等圈，所谓纬度是也。若论经度，唯在赤道，每度相距二百里，或南或北，渐次减少，须用八线表正弦真数推之。中国尺式，有工部营造尺、海关尺、民间裁衣尺，种种不同。今此尺式,专为测绘舆图而设,故名舆图尺也。往昔所绘舆图,均系古法,近时电线铁路,兵船码台,仿照西法,次第兴办,则舆图一门,实为要务。将来亦必采用新法,精详测绘,故制此尺以待用,至于测量仪器,西人造之最精,随时可购。不必另出新裁也。尺中数目,均用西字,取其纤小,不占地位耳。

募刻全藏章程

一、刊全藏,均用书册本,以便刷印流通。其行数、字数、版式大小,悉照祖定师写刻《华严》等经为则,但易楷字为宋字。此本募疏章程,即是刻经式样。

二、经、律、论种数,南北藏互有出入。此次拟照楞严寺书册本目录,不复增减。唯公议分为数起,如募捐第一起时,即将第一起经、律、论等目录开明;捐有成数即续募捐第二起,以至末起期满。全藏随募随刻,唯指刻者不在此例。

三、刻经须分先后缓急,不拘经、律、论等,但取现前所亟须者为第一起。捐得某部之资,即将某部开雕,一部刻竣,续刻二部。唯卷帙有繁简之分,即捐刻有难易之别。就第一起中,亦拟捐得何部,即先刻何部,不必挨次,恐阻善缘。

四、名德撰著,藏内未收者尚多。全藏刻竣后,倘有余力,须众议佥同,亦可续刻。或有指刻某部者亦听,但非由戒、定、慧三学出者,不得滥收。

五、刻经处现设江宁省城鸡鸣山之北极阁,以便十方善信前来随喜。其刻成经版,此间屋宇无多,须另择名山大刹尊藏,以垂永久。届时公议,不得散存他处。

六、发心大士,或认刻一卷、二卷、一部、二部,乃至数十卷、数十部,以及全藏十分之几;或数人合认一部、一卷,书尾皆载明施主姓氏。其不指定者,功德用何部、何卷,即于何部、何卷之尾,如式写记。倘有不愿题名者,亦载无名氏捐资若干所刻,以便稽考。

七、某部几时刻竣,字数若干,用钱若干,并请印工料若干,俱于经尾载明。

八、檀施功德净资,或亲交刻经处比丘、居士等手收,或亲交刻经处出募之僧妙空,方无舛误。若系转寄,必须付托施主素所亲信之人,以杜意外。此卷《募疏章程》,流通在外,但为劝发善心,不登捐款。

九、南、北两藏及楞严寺藏,皆须校阅访明何处有藏。信知藏主,俟刻某部,即请某部,刻竣,当即送还原处。其有藏者,幸布法施,俾成善本。其借书者,切须慎重,免致贻误。

十、刻经处另立章程,以便永守。

同治七年秋八月望日江宁杨西华、无锡余莲邨、长白隆凯臣、丹徒赵季梅、湘乡龚熙亭、邵阳魏刚己、江都徐璧如、武进刘恺孙、钱塘许荫庭、贵筑黄桐轩、阳湖赵惠甫、顺德张溥斋、邵阳魏棨仲、海宁唐端甫、钱塘汤衣谷、石埭杨仁山等公议

金陵刻经处章程

一、刻经处甫经创始，必须筹有常款，渐次扩充。今约同志十人，每人月捐制钱一千四百文；各又转募三股，亦同此数，共五千六百文，十人共五十六千文。以四十八千文作为正款，养写手一人、刻手七人。以八千文作为附款，养主僧一人、香火二人，及供佛香灯、应客茶茗之用。多余务宜节省，以备不时之需。不足亦止可清苦支持，不得侵动正款。

二、月捐四十股外，如有增添，照前分出正、附二款，加募写手、刻手。将来局面渐大，主僧一人不能照料，应酌增一众，以至多众，随时公议。

三、月捐四十股，十居士各宜认定。缺则自行续劝添补，有增无减，唯新增股数听便。

四、十方檀资不在月捐之内者，到本处后，随时酌量增募写手、刻手。约计资之多寡，可刻某部某卷，即行办理。其指刻某部某卷者，如经费多寡不合，信知善友增减捐数，或有余，愿另刻他种，咸从其意。

五、刻经处宜延主僧一人，今妙空上人发愿担荷，即应留司其事。惟妙公自任劝募，则本处宜另请一人，代为料理，以专责成。

六、十同志中，必宜有一二人常在本地，可以照料。自下月捐既微,刊书尚少,无须特延校家。将来净资坌集,付刻纷纷,必须多请校勘善手,方无贻误。此项费用,亦宜与写手、刻手一并核计。

七、本处僧人,不应经忏。

八、本处不留游僧以及闲人。

同治七年秋八月望日金陵刻经处居士等公议

金陵所刻佛典附言及跋（七篇）

造像量度经题记

敬选良工精刊此部。伏愿造像师资研求通彻，如法兴造，为世福田，普令现在、未来一切众生皆得瞻礼诸佛菩萨胜妙身轮，发无上心，速成正觉。

同治十三年

高僧传初集附言

藏内高僧传，凡有四部，此其一也。古本十六轴，今作十六卷，至梁天监中而止。唐释道宣续之，终于贞观间，凡四十卷，名曰《续高僧传》。宋释赞宁又续之，迄于端拱之初，凡三十卷，名曰《宋高僧传》。至明季沙门如惺，辑录南宋、元、明大德，仅成六卷，名曰《明高僧传》。窃以宋、明二传，命名未恰，盖宋传中唐五代人居多，而明传中宋元人居多也。今酌易其名，于第一部则曰《高僧传初集》，《续集》则曰《二集》，《宋传》则曰《三集》。至于明传，遗漏殊多，未臻完善。拟博采群书，自北宋以迄于今，择其道行超卓者，汇为一编，名曰《四集》。由斯以降，续续无尽，是所望于将来。

光绪十年夏六月后学杨文会谨识

书本藏经启

书本藏经从同治七年起，迄今光绪戊子，共二十一年，刻成者约二千九百卷上下。此外若寂音、中峰、云栖、幽溪、灵峰诸大士撰述，及安士、尺木二居士著述，未入藏者约共二千数百卷。此时流通约五千卷，未刻者约四千三百卷上下。

另有《龙藏汇记》，注明已刻、未刻、现刻，一览便知。《记》中所载连数，藏本每连共四百二十五字控缺照除。每连抵书本一页多二十五字，边号作二十字，圈句约作二十字，满页作四百六十五字。刻价一个四毫半，经架、校对、打样及佛前香灯、局用作三毫半，共一个八毫。照连数算计，每连合八百三十七文控缺照数。扣除经后注明字数及功德名字数，钱数一一均列于后。

近来购请日藏，句读精详，洵称善本；局内刻工，亦渐就精良，此时得有力量人振起，诚难遇之缘也。再启。

《成唯识论》附记

此论以宋元明丽四藏雠校，《丽藏》最善，兼考基师《述记》，然后改定。阅者幸勿以字句与别本有异，遂谓写刻之误也。

光绪二十二年　杨文会记

《华严五十要问答》跋

此本共有五十三问答,每章之首有一记号,殊不可解,刻时拟除去。以双行小字改作正行,低二格写为题目,问字顶格作正文,答字上空一格。文内每称疏本,未知所指何疏。《华严》作疏者始于清凉,当雪华时只有魏灵辨之论行世,倘别有他疏,未可知也。雪华自作《搜玄记》,或即指以为疏耳。

《梵网经菩萨戒本疏》跋

《梵网戒经》,古今各本,增减不同。光绪十年,依蕅益合注本,刊成正文,仍不能释然于心。兹从日本传来贤首《戒疏》,复依缩本《藏经》,参校宋、元、明、丽四藏。其中以《丽藏》为最善,今多从之,俾与疏意相符也。诵戒者当以此本为正。

重刻《云栖法汇》新例

光绪己亥,重刻《云栖法汇》竣,增附新例于后。一、《西方愿文》已汇入《诸经日诵》内,其《略释》即附于《日诵》之后,以类相从也。二、藏本《大悲咒》内,实无"那摩婆萨哆"五字。《云栖》原刻,注藏本有此五字,今改作无字,不敢违经也。三、《施食补注》,原刻遗漏,今照宝华山刻本增入。注中采集古书甚多,故亦列入辑古。四、《戒杀放生文》,移附《放生仪》后,从其类也。五、目录移置卷首,使人便于检阅。

与杨自超书三通

一

琴轩想已回宁,请其管理经局事件。甘国有、汤炳南二人,刻工账目,年底均须付清,不可挂欠,亦不可长支。在上海时所汇宝纹七百两,当可敷用。蒯礼卿兄尚欠《翻译名义》刻资银一百两有零,许以年底见付,至迟亦在正、二月。收到后可归经局支用。李眉翁许汇刻资二百金,俟用完时,再行续付。《佛顶蒙钞》刻成几本,印刷样寄眉翁阅看,其刷样时须用好毛边,装订精工为要。

周玉翁有无来信?其屋照常居住固佳,倘要搬让,则有陈莘耕兄之屋可租。莘耕,江西人,与我同在英国,其家眷住在斗门桥下之徐家巷,问徐公馆便知。其屋宽大,可分出四进,计十二间,与我家居住。

光绪四年腊月二十一日

二

旧岁腊月抵巴黎后,曾寄一信,想二月初间,家中可以收到。

兹于正月二十四日接汝腊月初四日来函，欣慰之至。展阅书信及日记，一切详明甚好。虽隔四万里，家中情形，如在目前。此后须半个月寄信一次，经局及家务，细列于日记中，即不必另写信笺，单以日记及远方来函，封而寄之可也。每月有两次信到巴黎，则大妙矣。兹将各事条列于后，汝细阅之。

一、《极乐图颂》，现已请曾侯写成，封在信内寄回。汝接到后，叫黄正喜拣板一块，或用湖南带来之大板，或用西边房内靠窗边横架之大板。唯去岁在朝天宫选来最细之大板不可用，留他刻细图。此字交黄正喜记工刻。上板时，叫潘文法相帮，切须用心，不可擦碎。刻成用薄纸印二张寄法。

二、曹义茂购来六尺匹五百张，未知是净皮否？裁五寸宽、五寸长一小块，寄我一看。若是净皮，则价值甚廉，下次可托他照办。以薄为妙，太厚便不好印。新做之纸不好印，愈陈愈好。候《极乐图颂》刻成时，以此纸三百张，下半印《极乐圆图》，上半印《图颂》，上中下纸之空处宽仄须要得宜。仍存纸二百张，用一百张印最大观音像，周嵩山稿，流通寄一张来法，用薄纸印。其余大纸一百张存储备用。《四十八臂大悲观音像》刻成时，买净皮料半，预先购存四刀印之，用薄纸印一张寄法；《秽迹金刚像》，亦印一张寄来。以上各种像，均须墨烟刷印，有一大包在我房内。

三、去岁临行时交湛廷信稿一纸，并经书图像一箱，俟《悲华经》订成后，由金华带至扬州，转寄四川文殊院，望向湛廷一问，曾否寄去。

四、许六先生刻《三十二相观音》一册，我随后当寄信许君，荐潘文法往苏州刊刻。如果允许，彼当有信到金陵，俟我家之图像尽行刻完后，方可听其赴苏。此时文法在我家刻图像，汝当耐心看待,令其专意刊刻,完成几种尊像也。许家之荐书,此信顷已寄去,可先向他说。俟潘文法往苏说定后,或许家要添人,即令朱长海、黄正喜赴苏,我信已说。

五、蒯礼卿欠经局刻《翻译名义》银一百余两,所交本洋五十圆,权且收入刻资款内,随后再算也。

六、《六度集经》尚有两本未点。我因初到外国,心绪不定,未办刻经事件。现在曾侯定于初八日挈眷赴英,同去三十余人。我仍住法国,署内上下十余人,公事无多,正好点经,暇时念佛参禅,亦甚自在。点过经典,当托便人寄回发刻也。

七、曹镜翁所要之经,余佐卿托买之书,均交余柳堂带去;周玉翁信内所云《楞严宗通》一书,系如冠九年伯借与妙空师者,今此书未到,当请妙空师寄还。余佐卿已奉调出洋,夏间当到英。

八、请曾侯写得隶字一纸,交黄正喜刻成,分作两条,印封套用。

光绪五年二月初八日

三

此时巴黎,天气极长,三点钟天明,九点钟始暗,到夏至更长。各事条列于后,汝细阅之。

一、潘文法刻图像之事,最为要紧。彼若已来甚好,若往别处做工,则请张小泉寄信去,劝其来宁。将去岁已上样之板数种,尽行刻完,即酌添工价亦可。其未刻之板,有画样贴在板面,最妨虫蚀及鼠耗、漏湿等事,须时常察看,以纸隔之,样面须坎放,不可向上，刻完后方可无虑。

二、后进屋内所存已刻经板，在东边房内者，贴地易受潮湿，须设法架高，离地一尺，可无虑矣。蔡永立闲空时，令其将板上之霉，次第刷去，不可令他人刷，恐其伤板。另有未刻之厚板，在大桶内亦易霉坏，须另架好，以草护之，免其开裂。

三、房屋既可久住，则地板之烂者，便当换补，其钱另记一处，不可在房租内扣，俟让屋之日，再作道理。后进之山墙，可以无碍，则听之。若见其必不可久，然后重砌，工钱亦记存后算。

四、房租一款，此次既已付去三十圆，秋间周世兄来宁时，将年内应付之租金，一并付讫，照南京租屋章程算之。周世兄到宁，照前次一样，将湛廷所住外经房搬空两间，让他居住。伙食在我家吃，不必收钱。

五、黄正喜既欲赴苏，即可听其前往。须嘱他写一详信，寄回家中，令他家中之人知其去处。

六、内经房我所住五间，下雨时，总须看漏要紧。经局事件条列于后，琴轩、辅廷、湛廷、向清同看。

七、今年科场，不必另设经坊，即在锦茂号寄售，价值照原单一律，不必外加用费。倘本店售烛事忙，无人兼顾，或请辅廷每日前去照料可也。

八、经书价目单，去岁重理一番，分类粘贴，交湛廷收存。望即查出一看，是否妥当，排定章法，即速刻成。于科场前刷印，以便两江文人取阅，并用薄纸印两张寄来。《楞严蒙钞》不必入单，若已刻，暂且铲去。

九、张小泉店内生意必忙，售书恐有错误，只售图像可耳，亦照原价，不必加增。

十、《秽迹金刚》，用全张顶上杭连印刷；《四十八臂大悲像》，用净皮料半印刷；《大观音立像》，用印《圆极乐图》一样纸刷印。新出三种，去冬曾定价值与否，现在记忆不清。如未定价，则《秽迹金刚》照《四十八臂观音》一样，《四十八臂像》照《弥陀法会图》一样，《观音立像》照《圆（极乐）图》一样。

十一、李眉翁处，若欠无银到，则难以多垫，须寄信去说明，候银到再刻。

十二、日后买毛边，总以横江为妙，太和、万和、仁和均可用。太和在五圆外，万和、仁和在五圆上下，尚不为甚贵。若落至四圆左右，则为至贱矣。

十三、《传灯录》我家有两部，如未检出，可向我住房内，靠隔间板近后檐墙，有柏木书箱四只，二大二小，在大的二只内，有夹板共十本。若寻不着，即向白果书箱一律十二只，约在七、八、九三号内，检出后，送交蒯礼卿点句。

十四、妙空师所要经书，无论何项大部，均不要夹板。我房内所有楠板夹板，暂且留存不用，售书时若缺夹板，每缺一付，减钱一百文。

十五、苏州、上海所要之书，均可由船行，交妥当信船寄去。

十六、去岁送蒯礼卿之书，不可收价，其所付之五十圆，收入礼卿请经账内，随后汇算。

十七、常熟小石山房所办《法苑珠林》，如未送来，湛廷须写信去催。

　　　　　　　　　　　　光绪五年四月初三日

与日本南条文雄书五通

一

南条上人法座：

前年九月奉覆一缄，系恳义夫白君转寄，想邀台鉴，时极大驾光临，得以畅聆雅教。顷在杭州，晤贵宗无适上人，得悉君在东京，主教梵字，欣羡之至。远隔沧溟，未能一亲道范，惆怅奚如。前闻笠原君西逝，殊深悲悼。陈君松生已于去年谢世，人世危脆，转瞬变迁，若非净土一门，何由得脱轮回耶？弟与同志诸友募刻藏经，将及一半，再过十余年，或可完成也。传闻贵国古本内典甚多，《宋藏》内有《神变疏钞》《曼拏罗钞》二种，《明藏》无之，至今无从得见，贵国若有此书，祈代购每种一部，寄由上海森昌信局转寄金陵花牌楼池州杨公馆，交弟手收是荷。再前次承寄梵文各书均未收到，如有可购之处，仍求代购，见寄为幸，垫付之款请示明奉缴。兹有松涛比丘，与无适公友，远慕高风，附片致候。泐此敬颂道祺，余维心印。不具。

　　　　弟杨文会顿首　四月二十五日书于武林舟次①

---

① 此信作于1885年6月7日。——编者注

二

南条上人法鉴：

前由苏君递到五月二十日赐函，承赠经籍八十六本，东海君四本，有知名者，有未知名者，一旦得之，喜出望外，珍重顶受，不啻百朋之赐也。谨将奉复各款，条列于后。

一、东海君所赠《藏外目录》，其中欲得者甚多，开列甲乙二单，请先由书肆觅购，其不可得者，在甲单内即请人楷字钞写，工资由苏君照付，在乙单内即不写也。另有信一函，经籍二十本，奉赠东海君，祈转达为荷。

二、町田君所示《钟铭》，已由敝友为之笺释。弟作一函寄町田君，奉赠经籍二百五十六本，图十三纸，共装一箱，请尊处转交。觅购旧书之事，并烦町田君留意是幸。

三、从前所开《神变疏钞》《曼荼罗》二种见于《显密圆通》内一行《大日经疏钞》，恐其非是。

四、承赠《维摩义疏》《大经会疏》《望西钞》及因明等部，想见贵国佛法之盛，钦佩莫名。《七祖圣教》《注维摩经》，刻本甚精，便于携带。《大乘义章》，千余年来无人提及，兹复至华，甚可喜也。

五、《阅藏知津》，敝处有写本，正拟发刻，得贵国刻本以资雠校甚善。序内所述蕴空沙门作《大明释教汇目义门》，久知此书四十一卷，目录八卷，敝处只得破残二本，贵国若有全部，乞代购之。

六、承代购经籍八十五本，已由苏君寄到，感荷无既。《瑜伽论略纂》，《藏外目录》载十六卷，今来十五卷，至论本第六十而止，似缺少一卷，请向原售书肆问之，若无可觅，即可在藏外经书内写一卷,补足为祷。

七、《八宗纲要》系法藏馆版。此馆如有内典目录祈寄示。

八、善导《观经疏》,闻沈君云贵国单行本与《七祖圣教》内刻本有别,沈君藏本已失,仍望购单本一部,以备雠校发刻。

九、奉赠经籍五十本,开列于下。

《梦游集》二十本

《观楞伽记》四本

《起信论纂注》一本

《起信论直解》一本

《居士传》六本

《善女人传》一本

《老庄注解》四本

《一行居士集》四本

《中庸直解》一本

《佛尔雅》一本

《肇论略注》二本

《圆觉经近释》一本

《心赋注》一本

并赠海东君书籍二十本,共装小木箱,祈分别察收。苏君云台驾赴北越避暑,凉飙渐至,秋气宜人。伏惟四大调适,起居轻利,至以为颂。泐此即请法安。

弟杨文会顿首　六月二十八日①

---

① 此信作于1891年8月2日。——编者注

三

南条上人台鉴：

　　顷由苏君递到复函，敬悉法履安康，式符臆颂。承代购书籍五十二部，并东海君代购四部，欢喜踊跃，非可言宣，其余各种仍期陆续代购，是为至盼。唐法藏所撰《大乘密严经疏》四卷见于东海君抄示书目内，若宏教书院存有此本，即照钞一部，将后各种，一一钞写。其工资即照尊示，每纸五钱。均写楷字，对校无讹，钱款由苏君代付也。渎费清神，心感不尽。阁下归觐高堂，叙天伦之乐事，今读佳句，喜溢毫端。真俗二谛称性圆融，其斯之谓乎？即此敬颂道祺，诸维爱照不宣。

　　　　　　　　弟杨文会顿首　九月初三日①

今将欲写各种，开列于下：

《大乘密严经疏》四卷　　唐法藏
《阿弥陀经义记》　　　　天台大师说、荆溪大师记
《义海百门》　一卷　　　唐法藏
《华严五教止观》一卷　　唐杜顺
《一乘十玄门》　一卷　　唐智俨

补缺《华严经探玄记》卷第一之余仅有四纸，从五纸写起至本卷终不过一二十纸，第七释教题目不全，第八明部类传译、第九辨文义分齐均无，此三段文均在第一之余内，第十随文释义现有。若钞写之事，贵处不就便，能否借至敝处，抄成后原本寄还，亦融通办法也。

　　　　　　　　　　　　　　　文会又启

---

① 此信作于1892年10月23日。——编者注

四

南条上人法鉴：

接十二月四日惠函，展读回环，莫名欣慰。承赤松连城君赠书八册，感谢无极。万里同风，作法门文字交，诚千古胜缘也。虽未能把臂倾谈，而展玩手写之本，不啻睹面亲承矣，晤时祈代述鄙怀。兹奉赠阁下：

《阅藏知津》　十本　敝处仅存写本，旧岁以贵赠刻本校订刊版

《六妙法门》《入楞伽心玄义》　一本　照贵国来本刊版，暂时合订，随后分入两宗

《弥陀疏钞》　五本　今年新刻

《龙藏目录》　一本

徽墨四盒

茶叶四瓶

祈鉴收。又赠东海君：

《阅藏知津》　十本

《六妙法门》《入楞伽心玄义》　一本

徽墨四盒

茶叶四瓶

《弥陀疏钞》　五本

又赠赤松君：

《龙藏》目录　一本　从前未刻提要之书以此代之，与《阅藏知津》大同小异

《法轮宝忏》 八本

《中庸直指》 一本

《佛尔雅》 一本

《四书小参》 一本

《蕅益四书解》 三本 仅有《学》《庸》《论语》,其《孟子择乳》久已失传

《阅藏知津》 十本

《弥陀疏钞》 五本

《六妙法门》《入楞伽心玄义》 一本

均请尊处转致,是为至祷。浅浅之仪,略表微忱耳。天气微寒,伏惟珍摄。泐此敬请道安。

弟杨文会顿首　冬月初十日①

五

南条上人法座:

前接九月二十七日手函,得知寄呈书籍等件均已达到,欣慰之至。承赤松君赠《华严搜玄记》一部,计九本,庆幸无极,请代为致谢。承示《大般若开法》五卷,可以借抄刻,因苏君三年期满归计匆匆,想难经理,且作缓图。前阅《莲门经籍录》,内载有唐澄观所撰《观无量寿佛经疏》一卷,甚愿得之。又《大乘密严经法藏疏》,及窥基《述赞》二种,请于巡教时,随处访之,倘有所得,或购或写,不惜重价。再书目内见有《诸宗疏章》三本,请代购一

---

① 此信作于1892年12月28日。——编者注

部。从前所得《起信论义记》系会刊之本,如有法藏原文未经会合者亦愿得之。闻东大寺有收藏古书目录,请将弘教书院所无者摘录示悉为幸。渎费清神,心感不尽。天气严寒,伏惟珍摄。泐此敬请台安。

    弟杨文会顿首　十月二十四日①

---

① 此信作于1893年12月1日。——编者注

诗十九首

赠别程碧山归里

仲春访我来,孟夏辞我去。相携三月间,隙驹一何骛?
与君交有年,方寸抱幽素。见少别离多,岁岁愁中度。
岂无新相知?纵好不如故。故人得聚首,心喜口难语。
悠悠两忘机,夜坐辄达曙。有家在皖南,豺虎久窃据。
一旦捷书来,归骖不容驻。我闻兵燹余,惫矣吁可怖。
废井腥有人,荒邱赭无树。田畴乱蓬蒿,村落聚狐兔。
冤魂白昼哭,萧阒安可住?君独何为者?汲汲趋归路。
但云罔极恩,及身待反哺。亦既隔幽明,而未营邱墓。
庶往尽子心,择地更安厝。恸哉君此言,使我泪如注。
把袂临江皋,欲赠无好句。飘零十年来,颇能知远虑。
中孝贵敬身,言动勿自蠹。君看轩冕荣,何如山林趣?
蛾痴扑灯燃,龟拙曳泥污。观变穷世情,尺地千滟滪。
愿君守坤六,括囊无咎誉。纵欲岂云刚?至静乃生悟。
披书衡茅下,天地真旦暮。相期古谊敦,行矣慎勿误。

燕子巢余书室感而有作

碧山既已去,伴我者为谁?金曰君毋忧,君家燕来归。
嗟嗟尔燕子,就我一何为?我本疏狂士,肝肠与世违。

世人弃不顾,尔独来相依。居然成主客,影响了不疑。
衔泥百十反,筑垒忽如箕。阳和勤梭绩,阴晦镇幽栖。
晓睡我正酣,雌雄绕床飞。早起放之去,薄暮始下帏。
篝灯烛其巢,并睡息微微。跳梁有硕鼠,旦夕为汝危。
待汝翔秋风,将雏遒海湄。翩然谢我去,我方息肩仔。
只今膺寄托,得毋劳且疲?简慢幸我谅,往还殊委蛇。
得食更无事,喃喃诵我诗。我诗忌平庸,跨海探幽奇。
吐词摄神思,挥翰腾蛟螭。汝独不之怪,婉言相娱越。
有如野草花,飞缀虬松枝。作合虽偶然,聊足供品题。
缅怀碧山子,索居白云陲。久别金兰友,顾影能不悲?
断蓬转惊飙,会面安可期?不如两相忘,洗心参菩提。
我今谢拘束,乘化遨似嬉。子当蹑清虚,无为尘缘羁。
去来适时运,尔燕诚忘机。何当将此意,为我寄天涯?

夜宿太微院

高卧蓬莱阁,秋风掩石扉。梦和残月破,心共断云飞。
遥夜悟元妙,客星参太微。可怜名利者,不解步虚归。

云岩绝句十首

望仙台
寻仙入仙山,山险欲无路。却上望仙台,仙人在何处?

天　门
半壁冷红攒,幽岩深翠滴。天开众妙门,问道从兹入。

珍珠帘
空碧落飞泉,晴峦自风雨。洞天锁古春,好花闲不语。

碧莲池
仙风吹碧莲,开落成今古。照影水中天,浮生渺何许?
太素宫
万化生乎身,宇宙在乎手。终古此宫高,真人名不朽。
香炉峰
众壑劈幽深,杰出一峰陡。铁索缨其巅,曳之山欲走。
插剑峰
安得骑老龙,拔取倚天剑。一啸谢红尘,形影忽不见。
紫玉屏
截然紫玉屏,壁立浑如削。想见太初先,巨灵运斧凿。
紫霄岩
劫火毁云岩,岩石今犹紫。惟余石上云,不见潜云子。
笔翠庵
悬岩到者稀,尽日禅关掩。天半一声钟,白云自舒卷。

南条上人寄示诗稿,作此报之,即希吟正[①]
业海横超仗愿船,宏施法雨润无边。
古今贯彻声方妙,华梵融通义自圆。
刻苦穷经真佛子,无心得句亦诗仙。
他年倘遂同游志,历览高风遍五天。

咏剑送汤服民
检我箧中诗,倾我杯中酒。把我手中剑,谓我世无偶。
此剑人罕知,刺心不刺首。有时光明照,大作狻猊吼。

---

① 本诗见日本南条文雄《怀旧录》。——编者注

威声震八荒,闻者尽束手。为君试一挥,霜风摧败柳。
君去莫迟回,元珠在渊薮。

送程碧山赴沪

日落大江昏,孤城早闭门。风潮争送客,去住各销魂。
歧路休回首,男儿重报恩。相期在霄汉,挥手欲无言。

送别章镕甫乱后归里,兼示碧山

我昔家陵阳,莲社萃诗友。兴酣辄吟诗,诗成劳以酒。
戎马西南来,华堂生蓬莠。阴气昏白日,十载苦奔走。
穷困各天涯,襞冷衣露肘。浩劫历红羊,神奇忽腐朽。
颇怪下泉人,心迹未分剖。次第赴瑶京,遗我如刍狗。
我居逆旅中,青灯谁共守?笔秃黯无花,剑涩寒不吼。
今年碧山来,满面蒙尘垢。故交惟一人,贫病况相纠。
下榻读书堂,悲叹感蒙叟。春风一放歌,大言缀千首。
自诩两狂夫,已占风雅右。孰云绩溪章,诗文焕星斗?
同游大化中,赋性君何厚?命驾趋我曹,驰骋惟恐后。
伊我支离人,攘臂忘老丑。方期磨砺功,顽钝出琼玖。
奈何志未伸,征鞭已在手。此别信难留,还家省慈母。
欲作送君诗,愁肠忽如纽。昨闻碧山言,亦欲归畎亩。
公等别我归,写心向谁某?旧友既寥寥,新知复何友?
寂寞杨子居,夜夜月当牖。有约在端阳,定知君践否?
揆我输君忱,谅君不我负。好趁南风回,相迎大江口。

夜　起

雁背晓风酸,缺月刚停午。恶梦不分明,荒烟黯平楚。

洋舶歌送陈穗九赴上洋

两轮疾转声如雷,层楼复壁何掀豗?
中流十丈雪花堆,知是西夷洋舶来。
百石煤炭燃铜柱,来如风兮去如雨。
眼中一瞥失奇观,但见飞空烟缕缕。
我欲乘之游八荒,濯足咸池睎扶桑。
岂知蹭蹬意不遂?却送陈君赴上洋。
上洋君去乘洋舶,群山退走如电掣。
振衣猎猎出海门,笑看飞涛卷新月。

附录

杨氏分家笔据

　　立分家笔据：杨自新、自超、福严，今奉父命，兄弟三人家口日众，理宜分居，各图生业，俾得人人振作，家道日昌。择于光绪二十七年三月十九日三房分爨。所有祖遗房屋在岭下二甲住宅内，仅得正房一间、厨房一股、堂心公用，菜园一股均与琴轩二叔共业，归长孙庭芬执管。祖遗及添置熟田二十亩，作为先祖朴庵公支下祭扫田，契据归长房收执。金陵城内延龄巷父置屋宇一所，围墙东至西二十四丈，西边南至北二十丈，东边南至北十六丈，与漆匠店毗连。此屋专作刻经处公业。系父亲三十余年经营所成，永远作为流通经典之所，三房均不得认为己产。目前家眷暂住在内，以十年为限。十年之后，照例起租。不得自添屋宇，以杜占踞。俟各房自造住宅，即当移居。经局刻板之资，系十方善信捐助。永远作为公业，经营之人公同选举。近年家用不敷，积有欠债，通盘清算，所欠各处债项计银三千八百一十两。以目前进款大小分认归还；计大房一千二百七十八两，又浮桥地基房屋归大房收受，值银六百两，共银一千八百七十八两；二房计银一千零五十七两；三房计银八百七十五两。共认债款三千八百一十两。彼此商议，均无异言。公同凭中写立分家笔据，一样三纸，各执一纸，永远存照。

光绪二十七年三月十九日立
底稿留存以备查考　仁山志

杨居士塔铭

沈曾植

圣教之兴，以声为体。言语文字，三身五心，圣凡生佛，感应之道，莫切于斯。佛宝绝思量，僧宝有隆替。弘济万类，传佛种性者，其法宝乎！其在西土，以结集为抉择。灭后七日，迦叶、阿难为一结集于毕钵罗窟，而《四含经》定。后一百年，优波麴多为第二结集于毗舍离城，而《五部律》出。后三百年，胁尊者为第三结集于弗楼沙国，而大小二乘十二部三藏备。全《四含》《五部》之流为《六足》，为《婆沙》。十二部立，而《方等》《瑜伽》《般若》《法华》《华严》《涅槃》《大日》，显密具焉。盖一度结集，即一度光明。于西土成事既然，其在东土，始以叙录为甄综，继以雕刻为宏布。自宋、辽、元、明爰暨我朝，敕刊经藏不具论。其人间僧俗发愿雕刻者，则隋静琬刻石于云居，宋冯楫、王求从锓木于闽东禅、浙思溪，明密藏刊方册于浙径山，而今时杨居士刊《辑要》兼刻全藏于金陵。上下千年，作者五人，甚难希有，卓哉！然静琬受付属于南岳思大师，冯、王生五宗、四家禅席风行之世，密公有憨山、紫柏、陆五台、冯开之相助激扬，独居士奋起于末法苍茫、宗风歇绝之会，以身任道，论师、法将、藏主、经坊，四事勇兼，毕生不倦，精诚旁薄。居士事盖视前人为倍难。景与向相承，因与果不二。以法运通塞验之，华严极盛于隋唐，天台中兴于南宋，净土普行于明末国初，皆非刻经人所及见，而今者诸方竞进，贤首、嘉祥、慈恩之微言绝学，浸昌浸炽，金胎教令，朕兆萌芽,佛日光明,重昭坏劫,居士实亲见之,非创刻时所预期。则居士之效,视前人倍疾乎？居士于三学教典,搜集于藏外若干种,选择《大藏辑要》若干种,校刻大藏全经已成者若干卷,寓抉择于甄综宏通之中,至精且当,又非前人比。呜呼！盛已！经坊始在北极阁,后徙所居延龄巷宅中。治命舍宅为坊,建塔坊中以葬。诸子门人敬遵将事,昭其志也。居士名文会,字仁山,安徽池州府石埭人。其学以马鸣为理宗,以法藏为行愿,以贤首、莲池为本师,性相圆融,禅净彻证。所著书若干卷目,世系出处,在墓表不具书。居士示寂后七年,岁在戊午,塔成。故人浙西寐叟为著铭,辞曰：

  马鸣道统,前婆须密,后闷剌那。
  是宣法性,次第法相,逮阿僧伽。
  《摩诃衍论》,义该般若,识阿梨耶。
  南北两宗,文殊、弥勒,平等无差。
  洋洋道岸,信为舟楫,念极津涯。
  华严证信,弥陀证念,生佛陀家。
  有始有卒,以易以简,万荂一茄。
  五教五宗,摄之二论,自在开遮。
  《大宗地本》,师说不传,讲树无花。
  科叶义枝,先生创通,有圣冥加。
  回此法施,总持法宝,医世瘵瘥。
  万卷万德,万行所则,普贤愿嘉。
  十二部经,十二门智,文殊悦瑳。
  此窣堵波,灵骨归存,昔讲堂些。
  满字之都,有音如雷,有气如霞。
  万岁不骞,或来瞻敬,福等奄嘛。

杨仁山居士事略

濮伯欣

石埭杨居士文会,生于道光丁酉年十一月十六日丑时。母孙太夫人娠居士时,梦入一古刹,庭有巨瓮,覆以箬笠,启视,则有莲花高出瓮口,旋惊寤,是年居士生。居士父朴庵先生适于是年举于乡,先生因是益钟爱之。明年成进士,授职西部,举家北上。

居士童时示现游戏,条理秩然。九岁南归,十岁受读,甚颖悟。十四能文,雅不喜举子业。唐宋诗词,时一浏览,间与知交结社赋诗为乐。性任侠,稍长,益复练习驰射击刺之术。年十六,夫人苏氏来归。次年,洪杨起事,乡时傲扰,不遑安居。计自朴庵先生以次,老幼几十人,转徙徽、赣、江、浙间。往还十年,屡濒于危,然卒未尝遭险者,居士部署之力也。里居,襄办团练,在徽宁,则佐张小浦中丞、周百禄军门理军事。跣足荷枪,身先士卒,日夜攻守不倦。论功,则固辞不受。生平好读奇书,流离转徙,舁敝簏贮书以随。凡音韵、历算、天文、舆地,以及黄、老、庄、列,靡不领会。同治元年壬戌,皖省平,由江西迁居安庆。逾年秋,朴庵先生捐馆舍,时居士年二十七,家无担石储,曾文正檄委谷米局。甲子,归葬朴庵公于乡,事毕回省,感时疫,病久。自是厥后,率为居士学道之年矣。

---

① 本文首次发表于民国元年(1912)10月1日出版的《佛学丛报》创刊号,据考作者为濮一乘(伯欣)。——编者注

先是，有不知谁何之老尼，授居士《金刚经》一卷，怀归展读，猝难获解，觉甚微妙，什袭藏弆。嗣于皖省书肆中得《大乘起信论》一卷，搁置案头，未暇寓目。病后，检阅他书，举不惬意，读《起信论》，乃不觉卷之不能释也。赓续五遍，窥得奥旨，由是遍求佛经。久之，于坊间得《楞严经》，就几讽诵，几忘身在书肆。时日已敛昏，肆主催归，始觉悟。此后，凡亲朋往他省者，必央觅经典，见行脚僧，必询其从何处来、有何刹竿、有无经卷。一心学佛，悉废弃其向所为学。

乙丑，来金陵，得经书数种。明年移居宁，于时董江宁工程之役。同事真定王公梅叔，邃于佛学，相得甚欢。复与邵阳魏刚己、阳湖赵惠甫、武进刘开生、岭南张浦斋、长沙曹镜初诸君子游，互相讨论，深究宗教渊源。以为末法世界，全赖流通经典，普济众生。北方《龙藏》既成具文，双径书本又毁于兵燹。于是发心刻书本藏经，俾广流传。手草章程，得同志十余人分任劝募。时发心最切者，为江都郑学川君，郑君未几即出家，名妙空子，创江北刻经处于扬州东乡之砖桥鸡园，刻经甚夥。居士乃就金陵差次，擘画刻经事。日则董理工程，夜则潜心佛学。校勘刻印而外，或诵经念佛，或静坐作观，往往至漏尽就寝。所办工程，费省工坚，轶其侪辈。

曾、李诸公咸以国士目之，知其淡于名利，每列保奖，不令前知。凤著勤劳，身兼数事，颇以障碍佛学为苦。癸酉岁，屏绝世事，家居读书。北洋李文忠函聘办工，辞不往。是岁参考造像量度，及净土诸经，静坐观想，审定章法，延画家绘成《极乐世界依正庄严图》《十一面大悲观音像》，并搜得古时名人所绘佛菩萨像，刊布流通，以资供养。甲戌，泛舟游历苏、浙，礼舍利，朝梵音。闻洞庭西山有古刹，度多旧经，只身独往，搜求殆遍，迄无所得，而资斧缺乏，几至不成行。时家计亦艰窘，因复就江宁筹防局差。综计数年以求所刻之经，渐次增益，择定金陵北极阁，集资建屋，为藏庋经板地，延僧住持，供奉香火。旋为人所觊觎，起争端，乃移藏家中，延友人专司其事。居士后虽暂离金陵，而刻印不辍。

光绪元年乙亥，经理汉口监局工程。明年，曹君镜初约赴湘议长沙刻经事，兼受曾惠敏聘，襄办传忠书籍，因获览南岳之胜，登祝融峰顶。戊寅，惠敏奉使使欧洲，随赴英、法，考求法国政教生业甚详。精究天文显微等学，制有天地球图并舆图尺，以备将来测绘之需。期满假归，辞不受奖，仍以刻经为事。壬午，至苏州，觅藏板之地于元墓山香雪海，经费未集，购地未成，比辍议。丙戌春，应刘芝田星使召，随往英伦，考察英国政治制造诸学，深明列强立国之原。三年既满，先行假归，仍不受保奖。居士时已五十有三，尝语人曰："斯世竞争，无非学问。欧洲各国政教工商，莫不有学。吾国仿效西法，不从切实处入手，乃徒袭其皮毛。方今上下相蒙，人各自私自利，欲兴国，其可得乎？"复以世事人心，愈趋愈下，誓不复与政界往还。乃于东瀛购得小字藏经全部，闭户诵读。

庚寅夏，走京师，礼旃檀佛像，并求藏外古德逸书。适居士内弟苏少坡随使节东渡，则寓书南条文雄君，广求中国失传古本。南条学梵文于英国，与居士素稔。厥后由海外得来藏外书籍二三百种，因择其最善者，亟付剞劂。资不给，则出售西洋买回之各种仪器充数。甲午，与英人李提摩太君译《大乘起信论》，释成英文，以为他日佛教西行之渐。乙未，晤印人摩诃波罗于沪渎，缘其乞法西行，兴复五印佛教，志甚恳切。居士于是提倡僧学，手订课程，著《初学课本》，俾便诵读，一以振兴佛学，一以西行传教，庶末世佛法有普及之一日。是时，日本真宗设本愿寺于金陵，幻人法师建讲席于江南，相与辩论教宗，书牍往来，不惮万言，期以补偏救弊为宗。

丁酉年，筑室于金陵城北延龄巷，为存经板及流通经典之所。是夏，孙太夫人寿终。阕服，诏其三子曰："我自二十八岁得闻佛法，时欲出家，徒以有老母在，未获如愿。今老母寿终，自身亦已衰迈，不复能持出家律仪矣。汝等均已壮年，生齿日繁，应各自谋生计，分炊度日。所置房屋，作为十方公产，以后毋以世事累我也。"居士自此得安居乐道，然会释经疏，维持法数，日无暇晷。尝语人曰："吾在世一分时，当于佛法尽一分时之力。"戊戌夏，患头风，电召长子自新由沪归来，嘱曰："我病如不起，《楞严正脉科判》可托陈稚庵成之，以完此书。"嗣幸医药奏效，得以渐痊。

丁未秋，就刻经处开佛学学堂，曰祇洹精舍，冀学者兼通中西文，以为将来驰往天竺，振兴佛教之用。国文、英文，同志任之；佛学，居士自任。就学者缁素二十余人，日有进益。未及两稔，因经费不给而止。宣统庚戌，同人创立佛学研究会，推居士为会长，月开会一次，每七日讲经一次，听者多欢喜踊跃。居士悯宗教之颓衰，悲大道之沉沦，非具择法眼，难免不为邪见所误。见日本重印《续藏经》，多至一万余卷，似驳杂，特加以选择，归于纯正，详订书目，编辑提要，以示门径。志愿未遂，慧灯辍照，悲哉！辛亥秋初示疾，自知不起，回忆往时刻经事，艰苦备尝，而《大藏辑要》未睹成书，心颇戚戚，及得同志三人承认分任，则熙怡微笑。佛学研究会同人择于八月十七日开会，集议维持保护金陵刻经处之法，并议举会长一席。会席未散，居士已于申刻去矣。是日上午，犹与同人详论刻经诸务，及闻近得古本注释数种，欢喜不已，曰："予幸得闻此书之存也。"午刻，嘱家人为之濯足剪指甲。至时，乃曰："此时会友当已齐集会所矣。"须臾小解，身作微寒，向西瞑目而逝，面色不变，肌肉细滑不冰,所谓吉祥而逝者非欤!病中嘱其子媳曰:"我之愿力,与弥陀愿力吻合,去时便去,毫无系累,惟乘急戒缓,生品必不甚高,但花开见佛较速耳。尔等勿悲惨,一心念佛,送我西去,如愿已足。"

居士弘法四十余年,流通经典至百余万卷,印刷佛像至十余万张,而愿力之弘,所嘱望于将来者,更无有穷尽也。著有《〈大宗地玄文本论〉略注》四卷,《佛教初学课本》,《阴符》《道德》《庄》《列》发隐诸书,久已风行海内;又,《等不等观杂录》,《论》《孟》发隐各若干卷待梓。居士卒年七十有五。配苏夫人,先居士十八年卒。子三人,长自新、次自超、次福严;孙七人,庭芬、桂芬、颖芬、智生、缘生、雨生、祥生;曾孙,时逢、时中。

杨仁山居士传

欧阳渐

清末,杨仁山居士讲究竟学,深佛法,于佛法中有十大功德:一者,学问之规模弘扩;二者,创刻书本全藏;三者,搜集古德逸书;四者,为雕塑学画刻佛像;五者,提倡办僧学校;六者,提倡弘法于印度;七者,创居士道场;八者,舍女为尼,孙女外甥女独身不嫁;九者,舍金陵刻经处于十方;十者,舍科学技艺之能,而全力于佛事,菩萨于五明求,岂不然哉!

此土思想,涵盖浑融,善而用之,登峰造极,故曰中土多大乘根器;其不善用,则凌驾颠顶,毫厘千里,亦足伤慧命之源。北魏菩提流支重译《楞伽》,大异宋译,译籍虽多,歧义屡见,于是《起信论》出,独帜法坛,支离笼统之害千有余年,至今不熄。盖《起信》之谬,在立真如门,而不立证智门,违二转依。《般若》说与生灭合者为菩提,不与生灭合者为涅槃,而《起论》说不生不灭与生灭合者为阿梨耶识。《瑜伽》熏习是识用边事,非寂灭边事,而《起信》说无明真如互相熏习。

贤首、天台欲成法界一乘之勋,而义根《起信》,反窃据于外魔。盖体性智用樊乱淆然,乌乎!正法乘教何分?而教网设阱,都谈一乘,胡薄涅槃,天台过也;不明增上皆一合相,圆顿奚殊,袭四而五,贤首过也。奘师西返,《瑜伽》《唯识》日丽中天,一切霾阴荡涤殆尽,诚胜缘哉。有规矩准绳,而方圆平直不可胜用,法界一乘建立,自无殒越之殊。独惜后人以唯识不判五法,圆顿甘让《华严》,而一隅自守。职其法义,精审有余,论其法门,实广大不足耳。

仁山居士,学贤首遵《起信论》,刻贤首《起信论义记》及《释摩诃衍论》,而集志福等注以作疏,博求日韩,得贤首十疏之六,与藏内十余卷,部二十种,汇而刊之,曰《贤首法集》。刻《玄文本论》,而详论五位以笼罩一切法门。然其《与桂伯华书》曰:研究因明、唯识期必彻底,为学者楷模,俾不颟顸笼统,走入外道而不自觉。明末诸老,仗《宗镜录》研唯识,以故《相宗八要》诸多错谬,居士得《唯识述记》而刊之,然后圭臬不遗,奘、基之研讨有路。刻《门论》《百论》等,然后中观之学有籍,而三论之宗复明。尝示修禅,曰离心意识参,曰守当前一念,曰《中峰广录》善,然后禅有彻悟之机而宗门可入。与日人论十念往生,而必发菩提心,然后净土之宗践实。唯居士之规模弘广,故门下多材。谭嗣同善华严,桂伯华善密宗,黎端甫善三论,而唯识法相之学有章太炎、孙少侯、梅撷芸、李证刚、蒯若木、欧阳渐等,亦云夥矣。然其临寂遗嘱,一切法事乃付托于唯识学之欧阳渐,是亦可以见居士心欤。

居士喜奇书,有老尼赠以《金刚》,发逆乱甫定,于皖肆得《起信》《维摩》《楞严》,循环研索,大畅厥心。因而遍觅经论,又卒不一获,于是发愤而起,与王梅叔、魏刚己、曹镜初等谋刻大藏全经。独江都郑学川最切至,厥后出家名妙空,创江北刻经处于扬州砖桥鸡园,而居士创金陵刻经处于南京。居士在英牛津时,与倭人南条文雄善,后仗其力由海外得古德逸书三百种,抉其最善者刻之。而倭印《续藏》,居士亦供给多种。然以为《续藏》芜杂,应区别必刊、可刊、不刊三类而重刻之也。

居士尝谓，刻经事须设居士道场，朝夕丹铅，感发兴致，然后有继以渐而长。昔年同志共举刻事，乍成即歇者为多，虽砖桥刻经不少，而人亡业败，以故设立学会于金陵刻经处，日事讲论不息。今以避难移川，而刻事犹未衰歇者，由是而来也。

居士谓比丘无常识，不通文，须办学校。当时金陵南郊、扬州、常州，皆设僧学，而金陵刻经处办祇洹精舍，僧十一人，居士一人，以梵文为课，以传教印度为的，逾年解散。因询居士何因歇废，居士以无学生答。意以槃师未游印时，《婆沙》诸籍精熟无伦，今欲印游，须研解固有学义，而后法施资量不匮。今时印通，若谈游印，非仍居士之说无当耳。

居士于事纯任自然，每有水到渠成之妙。尝谓渐曰：牛应贞女梦中读《左传》全部，以志不遂而夭折，此父母不善处之过也。故于女圆音任其出家，于孙女辈听其独体。辛亥八月十七开护刻经处会，居士问几钟，而曰：吾刻事实落，吾可以去。即右胁而逝。盖自然如此，生死亦自由矣。

居士于事又复能舍。金陵刻经处经营五十年，刻经三千卷，房室数十间，悉举而公诸十方，以分家笔据为据。此犹物质，而精神亦舍。

居士聪慧娴科学，从曾惠敏赴英法，又复从刘芝田赴伦敦，广有制造，悉售于湘时务学校，而以其资创金陵刻经处。

居士善工程，李文忠函聘不往，曾文正密保不就。志在雕塑，先事绘画，成《极乐世界依正庄严图》《灵山法会图》，布列数十人无间隙，雕刻则极其精微，而又一本造像度量，使人观想不误。

居士名文会，字仁山，石埭人。父朴庵，成进士，官部曹。居士二十七失怙，家贫世乱，跣足荷枪从戎，百炼险阻以成器，而一趣于佛事,年七十五而卒。著有《等不等观集》若干卷,《玄文本论略注》四卷,《佛教初学课本》一卷、注一卷,《十宗略说》一卷,《观无量寿略论》一卷,《阐教编》一卷,《阴符》《道德》《南华》《冲虚》四经发隐四卷,《论》《孟》发隐二卷。子自新、自超、福严,孙庭芬、桂芬、颖芬、智生、缘生、雨生、祥生,曾孙时逢、时中。塔于金陵刻经处,遵居士嘱,经版所在,灵柩所在也。

赞曰:居士有言,末法有七千余年,初分时,经论不昌,安能延此长久?居士初生,母梦古刹有巨瓮,启笠则一朵莲花,殆天生居士昌大教于初分时耶。元明来,书则有缺,佝佝仳仳以迄清末,居士出而宗风畅。呜呼!岂偶然哉!

图书在版编目(CIP)数据

杨仁山文集 / 杨文会著；张华选编. —北京：商务印书馆，2018
（中华现代佛学名著）
ISBN 978-7-100-15279-2

Ⅰ. ①杨… Ⅱ. ①杨… ②张… Ⅲ. ①佛教—文集
Ⅳ. ① B948-53

中国版本图书馆CIP数据核字（2017）第221623号

本丛书由南京大学人文基金资助出版。

权利保留，侵权必究。

杨仁山文集

杨文会 著　张 华 选编

商务印书馆出版
（北京王府井大街36号　邮政编码100710）
商务印书馆发行
江苏凤凰新华印务有限公司印刷
ISBN 978-7-100-15279-2

2018年7月第1版　　　开本 889×1194 1/32
2018年7月第1次印刷　　印张 17¼

定价：68.00元